French Cuisine Bible

정통
프랑스요리
바이블

박정준 지음

군자출판사

머리말

프랑스요리는 전 세계의 미식가들을 매혹시키고 있고, 프랑스요리가 세계최고의 요리라는 것은 누구나가 인정한다. 풍부한 식재료와 독톡한 소스의 다양함에서 느끼는 섬세한 맛과 탁월한 조리방법으로 만들어내는 예술적 경지의 음식을 본고장에서 맛보고자 하는 욕망은 인간이 "먹는다"는 본능을 가지고 있는 한 영원히 이어질 것이다. 그 다양한 음식을 우리나라의 특급호텔과 전문레스토랑에서도 미식가들의 관심을 자극할 수 있어야 할 것입니다.

프랑스 파리에는 레스토랑이 실로 다양하게 이루어져 있다. 레스토랑의 등급과 그에 따라 요리의 종류, 음식가격, 음식품격, 음식서비스 등에서 너무도 고급화, 세분화 되어 있으므로 누구나 호주머니와 분위기, 환경, 기분에 따라서 마음에 맞는 레스토랑을 고를 수가 있다. 현대적인 초일류 레스토랑에서 부터 전통을 자랑하는 가장 오래된 레스토랑, 서민적인 비스트로, 브라스리, 살로 드 테에 이르기까지 다양하게 레스토랑 영업을 하고 있다. 우리나라도 전문 레스토랑 외식산업의 홍수 속에 특징적인 고급 레스토랑이 사람들에게 회자되고 있는 실정이다.

따라서 이 책은 저자가 다년간 특급호텔 요리현장 경험과 학습, 해외 특급호텔 요리경험을 통해서 수집 되고 인지된 자료들을 모아서 불특정다수의 모두에게 정보를 공유하고자 프랑스요리의 이론과 실제적인 측면을 나름대로 정리해서 엮어 놓았다.

그리고 이 책은 편성 차례는 프랑스요리의 기초적인 이론 편을 엮었으며,그리고 프랑스요리의 코스 영역별로 차근차근 되어 있으므로 정통 프랑스요리에 관심이 있는 분들이나 응용적으로 창의력을 개발하고자 하는 사람들에게 전통적인 조리방법과 그 기본 요리모델을 제시하는데 의미를 두고자 한다.

이 책은 특급호텔, 전문 레스토랑 전문조리사나 프랑스요리 전공자들에게 어느 정도의 중 · 고급과정에 속한다고 할 수 있다. 그렇다고 비전공자들이 이 책을 보고 프랑스요리에 전혀 접근할 수 없는 것은 아니다. 이 책은 프랑스요리가 코스별로 엮어져 있고, 고급 레스토랑을 opening하는 데 필요한 메뉴의 종류들로 이용할 수 있도록 구성되어 있다.

그리고 이 책은 요리사진을 중심으로 엮어져 있지 않으며, 이 책은 프랑스요리의 이론적 측면과 메뉴 레시피를 누구나 찾기 쉽고, 알기 쉬게 총 집대성하는데 큰 의미를 두고 있다. 그리고 이 책의 메뉴 레시피는 프랑스어, 영어, 한국어를 혼용하여 기술 되어 있다. 따라서 이 책은 프랑스요리 전문가이든 비전문가이든 누구든지 프랑스요리의 메뉴를 구성하는데 참고 자료로 활용하여 요리기술의 다양성과 창조성을 불러오도록 하는데도 그 목적이 있다. 특히 이 교재는 그동안 저자가 오랜 동안 특급호텔 현장에서 요리 메뉴를 썼던 자료들과 다양한 요리 연수를 통하여 수집된 요리 재료들이다.

이 책의 구성은 프랑스요리 메뉴순서에 의하여 총 5편으로 엮어져 있다.

아무쪼록 미흡하고 부족한 점들이 곳곳에 내재해 있지만 앞으로 보다 충실한 책이 될 수 있도록 선배님, 후배님, 전공 학생, 독자 여러분의 많은 충고와 편달을 바란다.

끝으로 이 책이 나오기까지 군자출판사 사장님과 임직원이하 여러분들의 출판사 관계자들께 진심으로 감사를 표하는 바입니다.

박 정 준 지음

차 례

제 1 편 프랑스요리의 개요 및 역사

I. 프랑스요리의 개요 ··· 002
II. 프랑스요리의 역사 ··· 002
III. 프랑스요리의 지방적 특색 ··· 004

제 2 편 프랑스요리의 조리기초 준비

I. 프랑스요리 기초 조리용어 해설 ··· 014
II. 간단한 조리기구 및 주방용 도구 ··· 026
III. 기본적 프랑스요리 도구 ··· 028
IV. 프랑스요리 메뉴작성법과 읽는 법 ··· 029
V. 프랑스요리와 와인의 관계 ··· 030
VI. 프랑스요리 기본적 소스 분류 및 조리방법 ··· 035
1. 프랑스요리의 기본적인 루의 종류 및 조리방법 ··· 035
2. 프랑스요리의 기본적인 스톡의 분류 및 조리방법 ··· 036
3. 프랑스요리의 기본 소스의 종류 및 조리방법 ··· 039
4. 프랑스요리의 기본적인 조리방법 ··· 047
5. 프랑스요리 정찬 코스의 내용 ··· 058

제 3 편 프랑스요리 기본 소스 및 조리방법

I. Fonds(폰)
1. Fond de Veau Brun ··· 066
2. Fond Blanc de Volaille ··· 067
3. Demi-glace Tomaté ··· 068

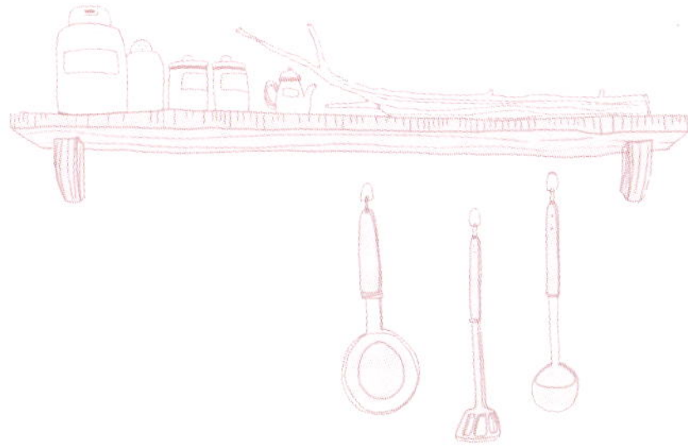

4. Glace de Viande ··· 069
5. Fond de Gibier ··· 070
6. Fumet de Poisson ··· 071
7. Nage pour Poissons Crustacés ou Coquillages ··· 072

II. Pates(파테 생지)
1. Pâté à Foncer Fine ··· 074
2. Pâté Feuilletée ··· 075
3. Pâté Sucree ··· 077
4. Pâté a Choux ··· 078

III. Sauces(소스)
1. Coulis de Tomates ··· 092
2. Sauce Froide pour crustacés ··· 093
3. Sauce Albert Prost ··· 094
4. Sauce Digoinaise ··· 095
5. Sauce Costelloise ··· 096
6. Sauce Froides à la Tomaté Pourjean ··· 097
7. Sauce Purée d' Estragon ··· 098

제 4 편 프랑스요리 전문 코스별 이론과 실제

I. Hors d' Oeuvre-Appetizer(전체요리)
1. Tourte de Pommes de Terre ··· 109
2. Champignons à la Greceque ··· 110
3. Ratatouille au Fenouil ··· 111
4. Maquereaux au Vin Blanc ··· 112

차 례

5. Oeufs Farcis Andalouse · · · 113

6. Figues au Jambon de Parme · · · 114

7. Celeri-rave Remoulade · · · 115

8. Salade de Riz, Petits Pois et Crevettes Rose · · · 116

9. Salade de Francais · · · 117

10. Ratatouille Glacée · · · 118

11. Tomatoes Fouler au Thon · · · 119

12. Foies de Volailles en Gelée · · · 120

13. Escargots à la Nicoise · · · 121

14. Foie Gras Flambée · · · 122

15. Paupiettes de Jambon aux Bananes · · · 123

16. Canapés de Saumon · · · 124

17. Champignons Farcis · · · 125

18. Oeufs au Lit Tomate · · · 126

19. Oeufs Brouillée Vancouver · · · 127

20. Crêpes Gratinée · · · 128

21. Soufflé au Fromage · · · 129

22. Soufflé de Volaille · · · 130

23. Soufflé aux Epinards et Jambon · · · 131

24. Crêpages · · · 132

25. Bouillon d' Escargot Dormeurs · · · 133

26. Cassolet de Gueues d' Gcrevisses · · · 124

27. Coffrets de Ris de Veau · · · 135

28. Escargots de Bourgogen Poêlés · · · 136

29. Grenouilles au Blanc de Blanc · · · 137

30. Foie gras de Canard Sauté aux Céleris Boules · · · 138

31. Huîtres Chaudes aux Bigorneaux · · · 139

32. Ragoût de Truffée en Chaussons · · · 140

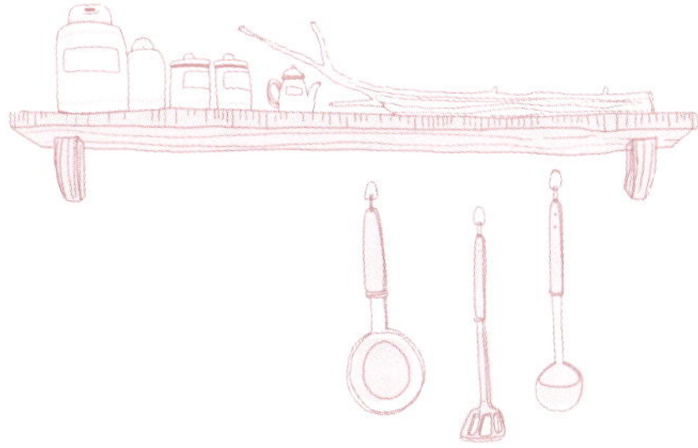

33. Quiche au Sandre de Loire · · · 141
34. Saumon et Saint-Pierre Crus au Sel de Morue · · · 142
35. Soufflé aux Truffes · · · 143
36. Tarte à la Fourme du Cantal · · · 144
37. Terrine de Légumes(olympe) · · · 145

II. Pâtés and Terrine(파테와 테린요리)
1. Terrine de Légumes(olympe) · · · 147
2. Terrine de Volaille · · · 148
3. Terrine des Foies de Volaille · · · 149
4. Terrine de Canard à l' Orange · · · 150
5. Terrine de Faisan aux Olives · · · 151
6. Terrine de Bécasse aux Truffles · · · 152
7. Terrine de Lapin de Garenne · · · 153
8. Terrine aux Aromates · · · 154
9. Terrine de Veau et Porc · · · 155
10. Terrine de Foie de Porc · · · 156
11. Terrine de Dinde · · · 157

III. Potages(수프)
1. Potage aux Cosses de Petits Pois · · · 163
2. Potage Bigourdan · · · 164
3. Soupe Paysanne · · · 165
4. Crème de Céleri-Rave · · · 166
5. Soupe de Poisson · · · 167
6. Crème d' Ail · · · 168
7. Soupe Glacée à la Tomate · · · 169
8. Soupe d' Oeufs Natalie · · · 170

차 례

9. Soupe à i' Oignon Gratinée · · · 171
10. Crème de Petits Pois · · · 172
11. Soupe aux Epinards · · · 173
12. Crème de Cresson · · · 174
13. Crème aux Crevettes · · · 175
14. Crème de Laitue · · · 176
15. Potage à Crécy · · · 177
16. Soup à l' Oreille · · · 178
17. Soupe aux Amandés · · · 179
18. Crème de Grives à la Tuilliere · · · 180
19. Crème de Pétoncles · · · 181
20. Potage de Flageolets aux Foies de Volaille · · · 182
21. Soupe de Carpes · · · 183
22. Soupe de Homards et de Civelle · · · 184
23. Soupe aux Moules à la Feuille de Thym · · · 185

IV. Oeufs-Eggs(계란요리)
1. Oeufs Brouilles aux Oursins · · · 188
2. Omelette à la Chiffonnade de Cresson · · · 189
3. Oeufs durs Villemont · · · 190
4. Oeufs Coque aux Crevettes Grises · · · 191
5. Oeufs au Plat Paoli · · · 192
6. Oeufs Pochés Bodin · · · 193
7. Oeufs Pochés et Frits à la Purée Stéphanoise · · · 194
8. Oeufs Pochés à la Fausse Coque · · · 195

Ⅴ. Salade-Salad(샐러드)
1. Salade d' Épinards Nouveaux · · · 200

2. Salade de Faisanes · · · 201

3. Salade Nouvelle · · · 202

4. Salade de Gueues d' Écrevisses · · · 203

5. Salade Riche · · · 204

Ⅵ. Poissons-Fish(생선류 요리)

1. Mulet au Citron Grey · · · 208

2. Poisson Grille au Fenouil · · · 209

3. L'iglefin au Concombre · · · 210

4. Tranches de Fletan à la Mornay · · · 211

5. Gratin d'Homard · · · 212

6. Maquere aux Marmande · · · 213

7. Rougets à la Bordelaise · · · 214

8. Moules à la Crème · · · 215

9. Quenelles de Brochet · · · 216

10. Filets de Sole Normande · · · 217

11. Fillet de Sole Tante Marie · · · 218

12. Fillets de Sole au Vermouth · · · 219

13. Truites aux Amandes · · · 220

14. Turbot Poche aux Sauce Mousseline · · 221

15. Filets de Poissons à la Bretonne · · · 222

16. Raie au Beurre Noir et Capres · · · 223

17. Coquilles Saint-Jacques à la Vapeur · · · 224

18. Escalopes de Saumon à l'o'oseille Troisgros · · · 225

19. Feuillée de Morue Berchoux · · · 226

20. Filets de Rouget à la Moelle de Boeuf · · · 227

21. Gigot de Mer Braisé aux Nouilles Fraîches · · · 228

22. Maquereau aux Saint-Jacques · · · 229

차 례

23. Merlan "H"ôtel des Platanes" · · · 230

24. Navarin de Homard · · · 231

25. Panaché aux six Poissons "Ajano" · · · 232

26. Filets de Perche Citronnelle · · · 233

27. Raie Bouclée à l'Huile et au Vinaigre · · · 234

28. Saint-Pierre à la Boulangère · · · 235

29. Sole à la Ciboulett · · · 236

30. Filet de Turbotin aux Concombres · · · 237

31. Anguilles aux Herbes · · · 238

Ⅶ. Volailles-Chicken(가금류 요리)

1. Poulet aux Chiconss · · · 241

2. Poultry à la Basquaise · · · 242

3. Poulet aux Poivrons de Francien · · · 243

4. Poulet des Karpatique · · · 244

5. Poulet de Mayencaise · · · 245

6. Poulet en Daube · · · 246

7. Poulet à la Rouennaise · · · 247

8. Suprêmes de Volaille Noisette · · · 248

9. Canard aux Cerises · · · 249

10. Canard à l' Ananas · · · 250

11. Pintadeau au Porto · · · 251

12. Pigeoneaux à la Catalan · · · 252

13. Pigeoneaux aux Petits Pois · · · 253

14. Ramiers aux Raisins Noirs · · · 254

15. Dinde aux Rotie · · · 255

16. Faisan à la Normand · · · 256

17. Bécass en Cocotte · · · 257

18. Lapin en Compote · · · 258
19. Selle de Cheveruill aux Marrons · · · 259
20. Canette aux Baise de Cassis · · · 260
21. Dindonneau Poche à la Vinaigrette · · · 261
22. Pigeonne aux Gousses d' Ail en Chemise · · · 262
23. Pogeonne aux Sable Doré · · · 263
24. Poulet au Vinaigre de Vin · · · 264
25. Poulet aux Herbes de Province · · · 265

Ⅷ. Viandes-Meat(육류 요리)
1. Boeuf à la Mode · · · 274
2. Boeuf à la Bourguignonne · · · 275
3. Rôti de Beouf Jardiniere · · · 276
4. Bifteck à l' Estouffade · · · 277
5. Biffeck Haché à la Lyonnaise · · · 278
6. Blanquette de Veau Fouree · · · 279
7. Veau à la Provençal · · · 280
8. Veau Thonne · · · 281
9. Nids d' Hirondelles · · · 282
10. Épaule d' Agneau Farcie · · · 283
11. Selle d' Agneau Gitane · · · 284
12. Selle d' Agneau au Beurre d' Estraon · · · 286
13. Navarin Printanier · · · 287
14. Cotelettes du Porc aux Aromates · · · 288
15. Cotes de Porc, Pats d' Auge · · · 289
16. Carre de Porc Marechal · · · 290
17. Le Coupe-Jarret · · · 291
18. La Bouillonnade · · · 293

차 례

19. Canon d' Agneau aux Féves · · · 294
20. Épaule de Chevreau aux Oignons Nouveaux · · · 295
21. Les Corsus de Veau aux Graines de Moutarde · · · 296
22. Emincés de Rognons de Veau aux Haricots Blancs · · · 297
23. Côte de Veau Cressonnière · · · 298
24. Sauté Jarret de Veau aux Poireaux · · · 299
25. Tendrons de Veau Braisés aux Salsifis · · · 300
26. Tête de Veau Amourette · · · 301
27. Côte de Boeuf Fleurie · · · 302
28. Entrecôte Dix sur Dix · · · 303
29. Filets Mignons de Boeuf aux Échalotes · · · 304
30. Jambon de Roanne Enrubanné · · · 305
31. Côelettes de Porc Sance Coufuse · · · 306
32. Palette de Porc "Pauvre Femme" · · · 307

Ⅸ. Gibier-Game(야금류 요리)
1. Lapin Farci "Georgette Badaut" · · · 310
2. Agates de Palombes à la Menthe · · · 312
3. Aiguillttes de 'col vert' aux Mousserons des Prés · · · 313
4. Bécasse Maître Richard · · · 315
5. Compote de Lapin de Garenne aux Abricots Secs · · · 316
6. Daube de Lièvre au Vin d' Ambierle · · · 317
7. Perdreaux aux Lentilles Vertes · · · 318
8. Sarcelle aux Pêches · · · 319
9. Selle de Chevreuil Panée au Poivre Blanc · · · 320
10. Côtes de Marcassin "Fructidor" · · · 321

Ⅹ. Légumes-Vegetables(야채류 요리)

1. Fonds d' Artichauts au Fromage · · · 324
2. Fonds d' Artichauts à la Moelle · · · 325
3. Aubergines Papeton · · · 326
4. Aubergines 'Chutney' · · · 327
5. Courgettes à la Marie · · · 328
6. Les Choux de Bruxelles aux Marrons · · · 329
7. Chou-fleur au Beurre Noir · · · 330
8. Chou-fleur à la Zita · · · 331
9. Endives Gratinees au Jambon · · · 332
10. Endives à la Meunière · · · 333
11. Puree de Lentilles · · · 334
12. Kartoffel Schnitz · · · 335
13. Pommes de Terre Rissolees · · · 336
14. Petitis Pois à la Paysanne · · · 337
15. Salsifis Frits · · · 338
16. Couronne Vegetarianne · · · 339
17. Fenouil Gratine · · · 340
18. Topinambours au Jus · · · 341
19. Tomatoes à la Provençale · · · 342
20. Haricots Verts à la Maitre d' Hotel · · · 343
21. Cuisson des Légumes Verts · · · 344
22. Cuisson des Asperges · · · 345
23. Aubergines Stendhal · · · 346
24. Chou Vert aux Lardons · · · 347
25. Côtes de Bletters à la Fourme de Montbrison · · · 348
26. Dou de Truffe à la Vapeur · · · 349
27. Émincé d' Artichaut au Cerferil · · · 350

차 례

28. Frisons de Concombres · · · 351

29. Haricots Blancs au Vin Rouge · · · 352

30. Gratin de Pommes de Tere à la Foréziennne · · · 353

31. Purée Mauve · · · 354

32. Palets au Potiron · · · 355

33. Marrons en Soufflé · · · 356

34. Latiues Farcies à la Bourbonnaise · · · 357

35. Pommes gaufrettes au Beurre · · · 358

36. Pommes de Terre "Mère Carles" · · · 359

37. Pommes de Terre en Rode de Chambre Soufflés · · · 360

38. Purée de Légumes Stéphanoise · · · 361

39. Serpentins de Légumes · · · 362

40. Tomates à la Tomate · · · 363

41. Coquillettes aux Truffes "Jolly Martine" · · · 364

42. Nouilles au Lard · · · 365

XI . Douceur-Desserts(디저트)

1. Clafoutis aux Kiwis · · · 376

2. Gouire aux Myrtilles dans à la Feuille de Chou · · · 377

3. Coffret de Cerises Lamartire · · · 378

4. Gâteau aux Pommes Reinettes · · · 379

5. Le Grand Dessert Trois-gros · · · 380

6. Glace aux Noix · · · 382

7. Millet au Potiron · · · 383

8. Oranges Tango · · · 384

9. Oreillettes · · · 385

10. Pamélas · · · 386

11. Pêches et Amandes au Brouilly · · · 387

12. Pruneaux au Rasteau et à la Crème Fraîche · · · 388
13. Sorbet à la Figue de Barbarie · · · 389
14. Crème Pîlissière pour Soufflé · · · 390
15. Soufflé Flambé aux Prolines · · · 391
16. Le Trois-Tiers au Chocolat · · · 392
17. Soufflé à la Fleur d' Acacia · · · 393
18. Tarte au Rock Melon · · · 394
19. Tarte à la Rhubarbe à la Crème · · · 395
20. La Grosse Tuile · · · 396

제 5 편 프랑스요리의 메뉴 구성 내용

Ⅰ. 세계적 명품요리의 역사적 배경 · · · 400
Ⅱ. 특급호텔 프랑스요리 메뉴 목록 실례(324가지) · · · 413
Ⅲ. 세계적인 훌륭한 요리명장의 일생 · · · 433
Ⅳ. 특수 야채와 향신료 목록 · · · 437

부록 참고문헌 · · · 444

제 1 편

프랑스요리의 개요 및 역사

Ⅰ. 프랑스요리의 개요

Ⅱ. 프랑스요리의 역사

Ⅲ. 프랑스요리의 지방적 특색

제 1 편

프랑스요리의 개요 및 역사

Ⅰ. 프랑스요리의 개요

한 나라의 지리적 성격은 그 곳의 자연환경과 그 곳의 오랜 역사 문화를 기초로 하여 만들어진 것으로 국민의 생활양식 특징에서 잘 나타난다.

프랑스요리에 대한 개요를 한마디로 요약하기란 어렵지만, 여기에는 지리적 조건, 역사, 문화, 국민성 등을 통하여 이해를 할 수 있겠다.

많은 사람들은 프랑스하면 예술의 나라, 요리의 나라라고 한다. 특히 요리에 대해서는 세계에서 제일이라고 자부심을 가지고 있다.

전 세계에는 많은 요리가 있다. 그 중에서도 프랑스요리는 특히 서양요리의 대명사처럼 여겨진다. 이것은 어느 하나의 이유라기 보다는 프랑스인은 살기 위해서 먹지 않고, 잘 먹기 위해서 산다는 철학을 갖고 있기 때문인 것 같다.

그리고 프랑스요리의 발전요인을 보면, 풍부한 식재료와 수많은 양념, 향신료와 소스의 사용, 세련된 요리기술, 전통 조리법으로 만들어지는 세심한 맛에 있다. 유럽에서 러시아 다음으로 큰 국토와 풍부한 자연조건으로 주변국가의 각기 다른 문화권을 접하고 있고 그 영향으로 조리법이 풍부하고 다양함은 말할 것도 없다. 프랑스 역사를 보면, 먹는 것에 대한 집착내지는 탐닉하는 생활 태도가 기술되어 있다. 그들은 전쟁으로 인하여 식량난을 겪었다. 18세기경 여러 차례에 걸친 한파로 인한 시련, 프랑스혁명을 전후한 황폐로 잇다른 기근, 1870년의 보불전쟁으로 식량난을 더욱 겪은 것이다. 이런 역사적 경험으로 보아 주위에서 쉽게 접하는 식재료로 달팽이, 개구리, 비둘기, 야금류 등 온갖 것을 먹는 방법과 습성을 몸에 익혔던 것으로 평가되고 있다.

Ⅱ. 프랑스요리의 역사

서양요리의 기본은 프랑스요리에 있다고 할 수 있으며, 이 프랑스 요리는 고대 로마요리에서 전래되었다고 한다. 12세기 이전만 하여도 끓여 익히는 조리법이 그다지 발달되지 않았기 때문에 로스트한 고기와 삶은 야채를 곁드린 요리가 전부였다. 그 당시의 조리장에는 불을 지펴 놓고 긴 쇠꼬챙이를 사용하여 굽는 장치와 냄비를 올려 놓은 수 있는 화로가 고작이였다고 한다. 13세기 건축가들에 의해 조리장 안에 부뚜막 같은 형식의 구조물과 식탁에 서빙 전에 요리를 담고 준비하는 조리대 구실을 하는 테이블을 설치하기 시작하였다. 14세기 이후에는 소스(Sauce)의 사용이 개발되어 조리기술 중의 으뜸으로 평가되어 이 시대 귀족의 대연회장에는 화려한 요리를 제공하였는데, 이때부터 조리장은 조리 시에 필요 시설 및 설비의 확충으로 요리 발전을 거듭하게 되었으며 조리도구 역시 매우 다양하게 개발되기 시작했다.

15세기경에는 요리의 다양화가 이루어지는 시대였으며, 샤를르 5세의 요리사 였던 기욤티렐이 1370년에 쓴 그의 저서 "Le Viander" 중에는 이 시대 전통적 요리의 실제와 식생활 습성에 대한 모든 것이 서술되어 있으며 중세요리의 집대성이다. 몇 가지 소개해 보면 다음과 같다.

포타지(Potage)는 보통 우유를 끓여 꿀과 샤프랑(Saffran)맛에 와인을 첨가하여 여기에 계란노른자와 버터를 첨가하였다.

또한 쌀로 만든 포타지와 여러 가지의 퓨레(Puree)가 만들어졌으며, 이것들은 가브레(GARBURES: 프랑스 서남부 베아른 지방의 특별수프))지방의 특별수프와 같은 것으로 그 속에 슈페(Soupe)라 불렀던 빵 잘라 넣었다. 16세기에는 프랑소와 1세 치하에서 요리기술이 더욱 번창하여 갔으며 르네상스의 세련미가 요리부문까지 파급되어 예술의 경지에 이르기 시작하였다. 17세기에는 국왕 앙리2세의 황후 카트린 메디시스(Catherine-Medicis)가 향신료로 그 풍미를 자랑하는 이탈리아의 조리법을 메디시스(Medicis)가 프랑스에 혼가해 와서 더욱 발전하게 되었으며 앙리4세 때에는 라바랭(La Varenne)이라는 훌륭한 요리사가 있었는데 그는 딕셀(D' uxelles)후작의 조리장으로 탁월한 직업 조리인 뿐만 아니라 말년에는 요리사로서 정치가와 같은 일을 하여 대신과 같은 입장이 되기도 하였다. 루이 14세와 루이 15세 때부터 프랑스요리는 한층 더 발전하였는데, 이 시대에는 요리에 이름을 붙이는 것이 유행하였다. 루이 16세 초기에는 조리방법을 개량하여 대연회장용 메뉴를 선보여 요리를 보다 좋게 만들어 더욱 더 우아함을 갖게 되었다. 19세기 초에 조리장은 거의 완벽할 정도로 모든 설비와 장비들을 구비하고 있었다. 따라서 "조리실은 하나의 완벽한 세계이며, 스토브는 태양 이다" 라고 빅토르위고는 말했다고 한다. 20세기에 들어서면서 요리의 대가 오규스토 에스코피에(Auguste Escoffier)의 초기 요리저서 Le guide Culinaire(1903년)와 보완책으로 만든 Le livre des Menus(1912년)는 지금까지 프랑스요리를 체계적으로 정리하여 현대요리의 기본이 되는 프랑스요리 이론을 완벽하게 완성시켰다.

이와 같이 프랑스요리는 역사가 길고 또 많은 전문가, 미식가들의 노력으로 21세기 현대의 프랑스요리가 있게 된 것이다.

프랑스요리의 특징은 다른 나라 요리에 비하여 뛰어난 소스(sauce)를 들 수 있는데, 한 가지의 소스를 대체로 1주일에서 10일간씩 농축시켜 만드는 조리법은 다른 어떤 나라의 요리에서 찾아볼 수 없다. 더욱이 수 백종의 포도주(Wine)와 리큐(Liqueur)등을 사용하여 파생되는 소스의 종류는 헤아릴 수 없이 많다.

또한 따뜻한 기후와 광대한 국토에서 생산되는 유제품의 다양함과 향신료의 다양성은 매우 뛰어나기 때문에 이를 기반으로 하여 다양한 요리와 조리법이 프랑스요리로 발전하게 되었다.

Ⅲ. 프랑스요리의 지방적 특색

프랑스의 국토를 지리적으로 살펴보면 6각형의 모습이고 총 넓이가 549,000㎢이며, 한반도의 약 2.4배 정도이다. 현재 총 인구는 약 6천4백만 명이 된다. 유럽에서 프랑스 위치를 보면 동북쪽을 통해서 광막한 유럽 평원에 이를 수 있고 대서양과 지중해를 통해서 해외 진출이 이용한 개방적 특성이 있는 반면, 인접국과 자연적 경계를 이루는 폐쇄성 특성도 겸하고 있는 나라이다. 이러한 양면성 특징 때문에 나라의 국민적 성격, 음식문화, 생활양식과 무관하지만은 않다고 본다. 기후를 보면 서안해양성 기후, 지중해성 기후, 대륙성 기후가 동시에 나타난다. 이렇게 지형적, 기후적인 측면에서 뿐만 아니라 역사적, 경제적인 측면에서 각 지역별 개성을 달리한 프랑스 각 지방들은 상호간 조화를 이루면서 긴밀하게 결합되어 국가 전체적으로 하나의 통일성을 나타낸 것을 알 수 있다.

프랑스요리 조리법의 미묘한 이론을 알기 위해서는 지리적체계의 다양성이상으로 특별히 다른 요소들이 그것들을 대체하고 있고, 이러한 요소들이 윤리적, 문화적 질서를 이루고 있음을 이해해야 한다. 이 모든 요소들을 총합해 볼 때, 이전에는 프랑스요리를 어느 누구도 예술로 인정하지 않았던 요리법이 예술로 승화된 것이다. 따라서 프랑스요리 이론을 쉽게 이해하기 위해서는 큰 지방별 특성들에 대한 간략한 이해가 필요하다. 프랑스 국가는 19개 지방으로 나누어서 각 지역마다 요리법의 특성 들을 분석했다.

1) 플랑도르(Flandres), 아르뜨와(Artois), 피카르디(Picardie) 지방

이곳에서는 청어를 주로 잡는데 어획량이 풍부하여, 이것을 훈제로 소금에 절임, 소스에 절임, 또는 가공하지 않은 상태로 팔려진다. 이 지역의 요리법은 간단하면서 확실하다.

가장 많이 요리에 사용되는 야채들로서는 파, 풀 상치, 붉고 흰 양배추, 감자, 마른 제비 콩 등이 있다.

또 그들이 기르는 개구리로는 개구리 수프, 뱀장어로는 푸른 뱀장어라고 하는 유명한 요리들을 만든다.

2) 알자스(Alsace) 지방

이 지역은 곡물과 야채를 지배하는 광대한 평야, 포도 과수원, 생선이 많이 서식하는 수많은 작은 강들로 이루어진 라인 강 등으로 풍부한 요리를 만들 수 있는 조건들이라 할 수 있다.

프랑스 곳곳에서 아주 유명한 요리로는 양배추 절임, 훈제한 돼지고기, 소세지, 햄, 훈제 돼지고기의 갈비, 감자요리 등이 만들어진다.

오리 간을 주로 생산해 내는 곳은 뻬리고르(Perigord)와 알자스지역이며, 꽁따드(Contades)원수의 요리사인 쟝 삐에르 끌로즈(Jeau Pierre Clause)가 "거위 간 파이"를 요리로 개발했다.

원래 잘게 썬 쇠고기와 밀가루 반죽(Dough)으로 둘러싼 간 파이는 후에 차게 식혀 먹는 파이가 되었고, 그 후 버섯을 더 첨가하게 훌륭한 요리가 되었다.

그리고 개구리와 가재 또한 이 지방에 아주 풍부하여 송어, 곤들 메기, 연어 등은 품질이 아주 우수하다.

3) 로랜느(Lorraine) 지방

매우 평화로운 전경을 갖고 있는 로랜느 지방은 소 목축과 광대한 과수원이 그 특징이며, 이 지방의 대표적인 과일은 오얏을 많이 재배한다.

오얏은 신선한 상태 그대로 혹은 말려서 먹기도 하며 파이 까뜨르 까르(quatre quart:밀가루, 버터, 계란, 설탕을 같은 분량으로 섞어 만든 빵, 케익), 수풀레(Souffle:달걀 흰자에 설탕, 밀가루, 우유를 섞어 구운 요리 또는 케익등을 만들고, 특히 로랜느 지방의 대표적인 브랜디 요리로 만드는데 쓰인다. 이 지방은 야채(양배추, 감자), 생선(가재, 곤들 메기, 잉어, 송어), 야금류 고기(멧돼지, 토끼고기, 야생오리고기)등이 풍부하다.

그리고 키쉬(quiche : 밀가루 반죽에 생크림, 달걀, 햄, 지방 따위로 만든 케이크)를 만들고, 여기에 뮈로뜨(murotte)라는 생크림을 많이 사용하고 있으며, 이 키쉬는 로랜느 지방의 맛있는 대표 음식중의 하나이다.

그 외에 바바(Baba: 럼주에 적신 건포도를 넣어 만든 케익)와 마들레느(Madelaine : 스폰지 케이크 일종)를 만들어 낸다.

4) 샹파뉴(Champagne)지방

샹파뉴 지방은 포도주로 대단히 유명하며, 이 지역의 이름인 샹파뉴(Champagne)는 지역

이름 이며, 같은 이름의 술인 샴페인은 요리를 만드는 기본 재료로서 매우 중요하게 쓰이고, 특히 진한 수프가 유명하다.

이 지방 가장 널리 쓰이는 고기는 양고기와 돼지고기이며, 그 유명한 트로이의 소세지를 만든다.

전통적인 야채로는 양배추, 풀 상치, 감자 등이 있다. 그리고 생선류가 풍부하며, 마텔로뜨(matelotes : 포도주와 양파, 마늘로 양념한 생선요리, 수프)가 유명하다.

원래 돼지족발로 만들었던 아 라 생뜨 만울드(A LA Sainte manehould)는 요즘에 와서는 송아지와 양 족발 또는 송아지 가슴, 쇠꼬리 등으로 만들어지고 있다.

5) 프랑쉬 꽁떼(Frache Cornte) 지방

프랑쉬 꽁떼의 주변 주요 도시는 벨포르(Belfort), 브장송(Besancon), 롱르 소니에(Lonsle-Saunier)이며, 이곳은 대체로 고원, 평야, 산악지대이며, 강 급류가 곳곳에 있는 프랑쉬 꽁떼는 겨울이 매우 길고 추우며, 초원이 넓어 아주 장관을 이룬다.

강에는 생선과 가재가 많고, 돼지고기도 풍부하다. 따라서 모르또(Mortea)의 소세지가 유명하다.

프랑쉬 꽁떼는 특히 농업과 목축의 지방으로 그 중 소를 많이 키우며 그로부터 얻는 우유, 생크림, 치즈 등을 많이 생산하고 있다.

6) 리에 드 프랑스(Iie de France) 지방

역사적으로 유서 깊은 지방인 Iie de France도 파리의 샹뜨르 바쟁(Centre Bassin: 중앙 항구)이며, 파리 시내를 둘러싸고 있는 지역은 모두 포함된다.

과거에는 끌라마르(Clamart)의 버터, 아르장뙤이유(Argenteuil)의 아스파라가스, 몽모랑시(Montmorency)의 버찌, 몽마르뜨(Montmartre)나 쌩 끌루(Saint Colud)의 포도주 등이 아주 유명했다.

지혜로운 요리사들이 매우 유명한 요리들을 만들어 냈는데, 베샤멜(Béchamel)소스, 르 보 메랑고(Le Veau Marengo), 앙뜨레 꼬뜨 베르시(Entrecote bercy), 르 쌩또 노레(Le Saint honore), 라 크렘므 샹띠(La Crème Chantilly)등이 바로 이곳에서 만들어졌다.

7) 노르망디(Normandie)지방

바다를 따라 위치해 있는 세느 강의 르 아브로(Le Havre)가 있으며, 이 지방 역시 요리의 기본 재료가 풍부한 곳으로 우유, 버터, 생크림, 닭, 오리가 유명하고, 새끼 양, 암양의 살코기는 아주 부드럽고, 돼지고기도 역시 명성이 아주 높다.

특히 바다 생선으로 맛있는 다양한 수프를 만들며, 조개류와 갑각류는 다른 지방 것과 비교 할 수 없을 정도로 품질이 높다.

브르따뉴와 마찬가지로 노르망디에서도 인기 있는 음료수 중의 하나인사과주는 수많은 요리의 기본재료로 쓰인다.

8) 브레따뉴(Bretagne)

여러 지역으로 구분되는 브레따뉴는 코르시 섬과 마찬가지로 지역적인 특이성을 가장 많이 가지고 있는 곳이다.

매우 다양하게 분해되어 있는 이 지방의 한쪽은 바다를 향해 있으며 다른 한쪽은 육지를 향해 있다.

이 지방은 다른 지방보다 고유한 전통요리법이 아주 많이 발달해 있다. 바다에서 나는 생선으로는 멸치에서 부터 가자미, 대구, 가오리, 참치 등은 튀김이나 그라탕(Gratin)요리 등으로 만들어 지고 있다.

해산물로는 갑각류가 매우 유명하고 그 외에도 굴, 섭조개, 대합, 성게 등이 있다.

새끼양고기, 돼지고기 등이 다른 지방과 마찬가지로 요리에서 주된 역할을 하고 있으며, 소세지, 햄, 순대, Pâté용 등을 만드는데 주로 쓰인다.

야채는 특히 양 엉겅퀴와 꽃양배추가 많이 생산되고 있다.

9) 방대(Vendee), 뿌와뚜(Poitou), 샤랑뜨(Charente)

이 지방의 요리는 그 경치만큼이나 다양하고 바다와 맞닿아 있는 방데(Vendee), 샤랑뜨(Charente)는 낚시를 많이 하는 지방으로써 생선, 갑각류, 각종 해산물이 요리에 많이 등장한다.

니오르(Niort)에서는 안젤리카(미나리과 식물: 줄기를 설탕에 졸인 것)를 많이 생산하며 이것은 정화제, 강장제로 많이 이용되고 있으며 과자나 향기가 좋은 리큐르 술을 만들기도 한다. 그렇지만 가장 잘 알려진 것은 안젤리카의 줄기채로 잘라서 설탕에 졸인 콩피(Confit : 거위, 오리, 돼지고기 등에 소금을 넣어 그 자체의 맛과 향을 보존하기 위해 항아리에 오랫 동안 담궈두는 프랑스식 전통 조리방법이며, 또는 설탕으로 졸여 만든 과자)이며, 니오르(Noirt)시에선 이것으로 개구리, 달팽이, 토끼, 오리 등의 모양으로 만들어 요리나 디저트 장식용으로 많이 쓰인다.

10) 빼이 드 로와르(Pays de Loire)

이 지역의 광대한 평야에서는 밀, 옥수수, 사탕, 무 등을 주로 지배하여 나무와 초원으로 가득 찬 비옥한 골짜기 토지에 경작지가 많다.

이 지방에선 과일을 Pâté용 식으로 만들어 먹으며 자두, 사과, 버찌, 살구, 배 등으로는 통조림을 많이 만든다.

11) 베리(Berry), 오베르뉴(Auvergne), 리무쟁(Limousin)

이 지방의 요리는 시골풍이며, 주요한 특징들은 잘 알려지지 않고 지역자체의 생산품을 많이 쓰며, 외지에서 들어오는 물품들은 거의 없다고 한다.

이 지방은 감자, 버섯, 양배추, 무 등을 가장 많이 재배한 것을 사용하며 주로 요리나 후식을 만드는 데는 오베르뉴(Auvergne)와 리무쟁(Limousin)에서 생산되는 밤을 많이 쓴다.

이 지방은 다양한 육류도 많이 쓰지만, 특히 영계를 요리에 많이 사용한다. 수프는 미또네 베리손느(mitonnee berrichone : 베리 지방의 요리로 괴와 치즈를 넣어 약한 불에서 은근히 오래 끓인 수프))가 있으며 아주 걸쭉하고 원기를 돋구어 주는 것으로 빵과 함께 먹는 것이 일품이다.

프랑스에서 가장 유명한 후식은 오베르뉴(Auvergne)에서 만드는 것으로 끌라 푸띠(Clafoutis : 밀가루, 우유, 계란, 버찌가 든 파이 일종)가 있으며 이것은 아주 잘 익은 버찌로 만들고 그 요리법이 아주 다양하다.

12) 루르그(Rouergne), 세벤느(Cevennes)

프랑스 남쪽에 위치한 이 지방 유행은 베리(Berry) 지방과 비슷하다.

이 지역에서는 Roquefort시가 있는데 세계적으로 유명한 로그포르 치즈에 이 도시의 이름을 붙였다. 또 이곳에서는 트리포오(Tripoux : 양 족발과 송아지 내장 간막을 곁드려 만든 오베르뉴식 요리 또는 수프))을 맛 볼 수 있으며, 냉동 밤으로도 아주 유명하다.

13) 리오네즈(Lyonnaise), 부르고뉴(Bourgone)

이 지역은 포도주로 유명한 부르고뉴 지방이며, 프랑스에서 가장 품질이 우수한 소고기가 생산되는 지방이기도 하다.

리에 드 프랑스(Iié de France)와 함께 리오네즈(Lyonnaise)는 프랑스 미식이론의 중심지로 여겨진다. 리용(Lyon) 근처에는 보졸레(Beaujolaise) 포도주로 널리 알려져 이것을 사용하여 많은 소스와 요리를 만드는 기본이 된다.

이 지역 일반적인 요리의 중요 재료는 볶거나 생크림을 넣어 요리되며 가재, 개구리, 민물고기, 갑각류, 양파 등도 중요 재료로 사용되고 있다.

14) 도피네(Dauphine), 사브와(Savoie)

이 지역은 다른 지역에 비해 산은 많으나, 호수와 강의 급류가 없어 다른 지방에는 거의 잡히지 않는 연어, 송어, 곤들 메기 등의 생선류가 많이 잡힌다.

목축이 왕성하여 암소에서 품질 좋은 치즈와 버터를 생산하는 우유를 많이 짜낸다.

버섯은 항상 대식가의 식욕을 돋구는 식품이며, 감자는 이 지역의 대표적인 요리로써 유명한 감자요리인 그라틴(Gratin)과 도피네 요리(dauphinaise)를 많이 만든다.

또 이 지역에서는 호두 술과, 야생 버찌로 마든 끼르쉬(Kirsch)라는 증류주가 많이 생산된다.

15) 아끼뗀느(Aquitaine)

이 지역의 요리는 맛과 품질이 우수하며, 식재료 생산품에 있어서 매우 풍요롭고 다양하다. 야생버섯, 송어, 오리, 간을 생산해 내는 거위, 해산물, 가재, 굴, 과일, 야채 등이 풍부하다.

16) 뚤루즈(Toulouse)

이 지방은 과일, 야채가 풍부하고, 아끼뗀느(Aquitaine), 뻬리고르(Perigord)지방과 마찬가지로 송어, 거위 간 등이 많으며 지중해와 대서양의 중간지대에 위치하여 생선도 풍부하다.

대표적인 전통적인 요리는 카술레(Cassoulet : 고기와 콩을 넣어 은근히 끓인 스튜요리의 일종)이며 도시에 따라서 조리법도 다르고 원래는 돼지고기로만 카술레(Cassoulet)를 만드는데, 뚤루즈(Toulouse) 지방에서는 양고기를 사용하고, 뻬리고르(Perigord) 지방에서는 거위의 목 부분으로 요리에 사용하여 카술레를 만든다. 랑그독 지방에서도 카술레 요리를 만든다.

17) 랑그독 루시옹(Lanquedoc-Roussillon)

이 지역은 복숭아, 홍합, 굴의 중요 생산지이다.

이 지방의 요리에는 생선, 갑각류, 양, 염소, 과일, 야채(고추, 긴 호박, 가지, 양 엉겅퀴, 토마토 등)류가 많이 재배되어 사용되며, 아울러 올리브 유를 요리 재료에 많이 사용한다. 이 지역도 대표적인 음식이 카술레 요리이다.

18) 프로방스 꼬뜨 라쥐르(Provence-Cote d' Azur)

이 지역은 랑도그 지방처럼 올리브가 요리의 기본 재료로 쓰이고 과일, 채소, 생선, 갑각류, 암양, 새끼 양, 새끼 염소 등이 요리에 이용된다.

이 지방의 주요 생산물 중의 하나인 마늘을 끈으로 엮어 파는데 이런 방식으로 하여 1년 내내 보관한다.

마늘 재료로는 아이올리(Aioli : 잘게 다진 양파, 마늘과 올리브유, 레몬주스 등으로 만든 일종의 걸죽한 소스 ; 마요네즈)와 피스투(Pistou : 이태리식으로 페스토(pesto)이며, 으깬 바질,

마늘, 올리브오일의 혼합물 소스 또는 양념류이다.. 그리고 야채수프로서 녹색 콩, 흰콩, 양파 등으로 만든 수프)) 수프에 맛과 향을 낸다.

그 이외에 바지락, 로즈마리, 마오라나, 희향 풀 등 다양한 향신료가 있으며 이것은 프로방스 요리에 중요한 맛과 향의 역할을 한다.

19) 코르시(Corse)

이 지방은 바다 속의 산이라고 할 수 있는 지중해안의 한 섬이다.

대도시들 외에 전통적인 초원생활을 하는 사람들은 암염소, 암양, 새끼 양, 새끼 염소의 젖으로 만든 다양한 치즈를 대대로 생산하고 있다.

포도, 복숭아, 살구, 배 등도 많이 재배되며, 또 석류, 서양모과, 대추, 밤가루(밤나무)는 수많은 기본 재료를 요리에 쓰이고 있다.

제 2 편

프랑스요리의 조리기초 준비

Ⅰ. 프랑스요리 기초 조리용어 해설

Ⅱ. 간단한 조리기구 및 주방용 도구

Ⅲ. 기본적 프랑스요리 도구

Ⅳ. 프랑스요리 메뉴작성법과 읽는 법

Ⅴ. 프랑스요리와 와인(Wine)의 관계

Ⅵ. 프랑스요리 기본적 소스 분류 및 조리방법

제 2 편

프랑스요리의 조리기초 준비

Ⅰ. 프랑스요리 기초 조리용어 해설

- **Abaisser(아베세)** 파이지를 만들 때 반죽을 방망이로 밀어 주는 것.
- **Ail en Chemise(아일)** 마늘 한쪽을 둘러 싸고 있는 얇은 껍질을 벗기지 않고 손질한 것.
- **Ajouter(아주떼)** 더하다, 첨가하다.
- **Appareil(아빠레이)** 조리 시 필요한 여러 가지 재료를 미리 밑장만하여 혼합해 준비해 두는 것.
- **Arroser(아로제)** 볶거나 구워서 색을 잘 낸 후 그것을 찌거나 익힐 때 재료가 마르지 않도록 구운 즙이나 기름을 표면에 끼얹어 주는 것.
- **Assaisonnement(아세조느망)** 요리에 소금, 후추를 넣는 것.
- **Assaisonner(아세조네)** 소금, 후추, 그의 향신료를 넣어 요리의 맛과 풍미를 더해 주는 것.
- **Appareil(아빠레이)** composition과 같은 뜻의 요리용어로 여러 가지 재료를 미리 준비해 두는 것.
- **Barde(바르드)** 얇게 저민 돼지비계 재료.
- **Barder(바르데)** 돼지비계나 기름으로 싸다 로스트용의 육류나 파테를 얇게 저민 돼지비계 싸서 조리중에 마르는 것을 방지하다.
- **Battre(바트레)** (1) 때리다, 치다, 두드리다.
  (2) 계란 흰자를 계란 거품기로 쳐서 올리다.
- **Beurrer(뵈르)** (1) 소오스와 스프를 통에 담아 둘 때 표면이 마르지 않게 버터를 뿌린다.
  (2)버터 라이스를 만들 때 기름 종이에 버터를 발라 덮어 준다.
  (3)냄비에 버터를 발라 육류, 생선, 야채를 요리하는 방법.
- **Blanc(브랑)** 약간의 물에 한 스푼의 밀가루를 풀고 레몬주스, 소금을 넣은 넣은 끓인 흰색의 액체를 말한다.
- **Blanchir(브랑쉬르)** 재료를 끓는 물에 넣어 살짝 익힌 후 건져 놓거나 찬물에 식히는 것(데친다).
- **Blanchir(브랑쉬르)** 100℃ 물에 재료를 몇 초간 넣었다 꺼내어 식히는 것.
  (1) 야채의 쓴 맛, 떫은 맛을 빼거나 장기간 보존하기 위해서 살

짝 데친다.
(2) 흰 부용을 얻기 위해 1차로 고기의 뼈를 끓는 물에 데친다.
(3) 베이컨의 소금기를 빼기 위해 잘게 썰어 데친다.

- **Braiser(브레제)** 야채, 고기, 햄을 용기에 담아 혼 도보, 부용, 밀포아, 월계수 잎 등을 넣고 천천히 오래 끓이는 것.
- **Bouquet-Garni(부케가르니)** 샐러리 줄기 안에 다임, 월계 잎, 파세리 줄기 등을 넣고 실로 묶은 꽃다발 형태.
- **Brider(브리데)** (닭, 칠면조, 오리 등) 가금류나 야조류의 몸, 다리, 날개 등의 원형을 유지하기 위해 실과 바늘로 꿰매다.
- **Brider(브리데)** 조리하는 동안 가금류나 야금류의 각 부위를 고정해 두기 위해 굵은 바늘을 이용해 실을 꿰어 모양 유지 형태.
- **Brunoise(브루노아즈)** 당근, 무, 양파, 야채를 작은 주사위 모양으로 썬 것.
- **Canneler(까네르)** 장식을 하기 위해 레몬, 오렌지 등과 같은 과일이나, 야채의 표면에 칼집을 넣어 모양을 유지 하는 것.
- **Chiqueter(시끄떼)** 파이생지나 과자를 만들 때 작은 칼끝을 사용해서 가볍게 칼집을 낸다.
- **Ciseler(시즈레)** (생선, 육류 등에) 열기와 모양, 양념이 고루 들어가 골고루 익혀 지도록 칼집을 넣는다.
- **Citronnner(시뜨로네)** 조리 중 식재료(사과, 생선 등)가 변색되는 것을 방지하기 위해 레몬 즙을 섞어서 표면의 색상과 모양을 유지한다.
- **Clarifier(끄라리페)** 스프나 버터를 맑고 깨끗하게 유지 하는 것.
  (1) 콘소메, 부용 등을 만들 때 기름기 없는 고기와 야채와 계란 흰자를 사용하여 투명하게 하는 것.
  (2) 버터를 약한 불에 끓여 녹인 후 거품과 찌꺼기를 걷어 내어 맑게 준비 하는 것.
- **Clouter(끄루떼)** (1) 향기를 내거나 장식하기 위해 고기, 생선, 야채에 못 모양으로 재료에 찔러 넣다.
  (2) 양파에 크로브, 통후추등을 질러 넣다(베사멜 소스 만들 때).
- **Coller(꼬레)** (1) 파테나 테린에 젤라틴을 넣어 재료를 응고시킨다.
  (2) 찬 요리의 표면에(피망, 제리, 올리브등) 잘게 모양낸 장식용 재료들을 젤라틴으로 붙인다.
- **Coucher(꾸쉐)** (1) 감자 퓨레, 시금치 퓨레, 당근 퓨레, 슈, 버터 등을 여러 가지 모양의 짜 주머니에 넣어서 짜내는 것.
  (2) 냄비 용기의 밑바닥에 야채 재료들을 깔아 놓는 것.
- **Cuire(뀌이르)** 재료에 열을 통하게 하다. 삶다, 굽다, 졸이다 찌다 등.

- Canneler(까네르) 기구를 이용하여 야채나 과일표면에 칼집을 넣은 것.
- Chemise(슈미즈) 몰드 모양 틀 안쪽에 버터나 얇은 기름막을 붙인 것.
- Ciseler(씨즐레) (1) 육류나 생선 등에 얇은 칼집을 넣어 잘 익도록 하는 것.
  (2) 샐러드 또는 푸른 야채를 가늘게 썬 것.
- Clarifier du liquide 액체나 폰을 보다 맑고 투명하게 하는 것.
  Clarifier du beurre 버터를 용해시켜 윗부분을 제거하는 것.
  Clarifier des oeufs 계란 흰자와 노른자를 구분하는 것.
- Concasser(콩까세) (1) 토마토를 작은 입방체로 썰어 정리한 것.
  (2) 뼈를 잘라낸 부스러기, 잔뼈를 작게 만드는 것.
  (3) 후추 알갱이를 부수는 것.
- Décanter(떼깡떼) 소스나 육류 등을 끓인 것을 앙금을 없애고 마무리를 위해 살짝 옮겨 담는 것.
- Déglacer(데그라세) 스톡, 백포도주, 리큐르 등의 액체를 육류, 가금류, 생선류 등을 조리한 냄비, 후라이팬에 액체를 넣어 자체 소스를 만드는 것.
- Degraisser(데그레세) (1) 조린 국물, 폰, 소스, 콘소메 스프 등의 표면 에 뜨는 불순물을 제거 하는 것.
  (2) 육류나 가금류 등의 너무 많은 기름을 제거하는 것.
- Débrider(데브리데) (닭, 칠면조, 오리 등) 가금이나 야조를 꿰맸던 실 을 조리 후에 모양을 유지 하면서 풀어내는 것.
- Décanter(떼깡떼) (삶아 익힌 고기들을) 마지막 마무리를 위해 건져 놓 다.
- Déglacer(데그라세) 야채, 가금류, 야조류, 육류 등을 볶거나 구운 후에 바닥에 눌어 붙어 있는 것을 와인이나 꼬냑, 마데라 주, 액체를 넣어 끓여 녹이는 것, 주(jus)나 소스가 얻어진다.
- Dégorger(메고르제) (1) 생선, 고기, 가금의 피나 오물을 제거하기 위해 흐리는 물에 담그는 것.
  (2) 오이나 양배추 등 야채에 소금을 뿌려 수분을 제거하는 것.
- Dégrasser(데그레세) 지방을 제거하다
  (1) 쥬, 소스, 콘소메를 만들 때에 기름을 걷어 내는 것.
  (2) 고기 덩어리에 남아 있는 기름을 조리 전에 제거하는 것.
- Délayer(데레이예) (진한 소스에)물, 우유, 와인 등을 액체를 넣어 묽게 하다.
- Dépouller(데뿌이예) (1) 장시간 천천히 끓일 때 소스의 표면에 떠오르는 거품과 불순물을 완전히 걷어 내는 것.
  (2) 토끼나 야금류의 껍질을 손질하여 벗기는 것.
- Dorer(도레) (1) 파테 위에 잘 저은 계란노른자를 솔로 발라서 구울 때 에 색이 나도록 하는 것.

(2) 요리 표면에 금색이 나게 하다.

- **Dresser(드레세)** 접시에 요리를 아주 모양 있게 담아내다.
- **Désosser(데조세)** (소, 닭, 돼지, 야조 등의) 뼈를 발라내다. 뼈를 제거해 조리하기 쉽게 만든 간단한 상태를 말함.
- **Désécher(데세쉐)** 건조시키다, 말리다, 냄비를 센 불에 달궈 재료에 남아 있는 수분을 증발시키는 것.
- **Ebarber(에바르베)** (1) 생선 지느러미나 조개의 불순물을 제거하는 것.
  (2) 가위나 칼로 생선의 지느러미를 잘라서 빼는 것.
  (3) 조리 후 생선의 잔가시를 제거하고, 조개 껍질 이나 불순물을 제거하는 것.
- **Écaoiller(에까이예)** 생선의 비늘을 깨끗하게 벗겨 조리를 준비 하는 것.
- **Écaler(에카레)** 삶은 계란 혹은 반숙 계란의 껍질을 벗기다.
- **Écumer(에꾸메)** 스프나 소스의 불순물이나 거품을 걷어 내다.
- **Écumer(에꾸메)** 거품제거기를 이용해 소스, 조린 국물, 설탕시럽 등이 끓어오를 때 표면에 떠오르는 거품이나 엷은 막을 제 거하여 깨끗하게 하는 것.
- **Éffiler(에퓌레)** 종이 모양으로 얇게 썰다. (아몬드, 피스타치오 등을) 작은 칼로 얇게 썰다.
- **Égoutter(에구떼)** 물기를 제거하다. 물로 씻은 야채류를 데쳤던 재료의 물기를 제거하기 위해 짜거나 받쳐두는 것.
- **Émincer(에망세)** 해당 식재료를 아주 얇게 썬 것.
- **Émonder(에몽데)** 토마토, 복숭아, 아몬드, 호두의 얇은 껍질을 벗길 때 끓는 물에 몇 초만 담궜다가 건져 껍질을 벗기는 것.
- **Émonder ou monder** 과일이나 야채 껍질을 벗기기 쉽게 하기 위해 끓 는 물에 살짝 데쳐내는 것.
- **Énrober(앙로베)** 싸다, 옷을 입히다.
  (1) 재료를 파이지로 싸다, 옷을 입히다.
  (2) 초콜렛, 젤라틴 등을 입히다.
- **Éponger(에퐁제)** 물기를 닦다, 흡수하다. 씻거나 뜨거운 물로 데친 재 료를 마른 행주로 닦아 수분을 제거하는 것.
- **Étuver(에뚜베)** 이중탕 냄비에 천천히 오래 찌거나 굽는 것을 말한다.
- **Évider(에비데)** 파내다, 도려내다. 과일이나 야채의 속을 파내다.
- **Exprimer(엑스프리메)** 짜내다. 레몬, 오렌지의 즙을 짜다. 토마토의 씨 를 제거하기 위해 짜다.
- **Farcir(파르시르)** 속에 채울 재료를 만들다. 고기, 생선, 야채의 속에 채 울 재

료를 퓨레하여 준비된 재료에 다시 넣어 채우다.

- **Ficeler(피스레)** 끈으로 묶다. 로스트나 익힐 육류를 조리 중에 모양이 흐트러지지 않게 실로 묶는 것.
- **Flambér(후랑베)** 음식의 맛과 향을 좋게 하기 위해 불꽃을 태우다.
  (1) 가금류나 야금류에 남아 있는 털을 제거하기 위해 불꽃으로 태우는 것.
  (2) 바나나, 그레프 슈제뜨 등을 디저트 만들 때 꼬냑과 리큐를 넣어 불을 붙인다.
  (3) 아메리칸 소소나 육류의 소스를 만들 때 냄새 제거 를 위해 꼬냑을 붓고 불을 붙인다.
- **Foncer(퐁세)** 밀가루 반죽으로 모양 부분을 틀에 배치해 넣은 것(생지).
  (1) 냄비의 바닥에 조리를 위해 야채를 깔다.
  (2) 여러 가지 형태의 몰드 바닥이나 벽면에 파이의 생지를 깔다.
- **Fondre(퐁드르)** 녹이다, 용해하다. 야채를 기름과 재료의 수분으로 색깔 이 나지 않도록 약한 불에 천천히 볶는 것을 말한다.
- **Fouetter(포우떼)** 치다,때리다. 계란흰자,생크림을 거품기로 강하게 치다.
- **Frapper(퓨라뻬)** 술이나 생크림을 얼음물에 담궈 빨리 차게 한다.
- **Fremir(푸레미르)** 스프나 소스가 끓기 직전 표면에 재료가 떠오르는 때 의 온도로 넘치지 않게 차분하게 끓인다.
- **Frotter(푸로데)** 문지르다, 비비다. 마늘을 용기에 문질러 마늘 향이 나 게 하다.
- **Fouler(포우레)** purée(퓨레) 등을 여과기에 넣어 나무주걱으로 강하게 눌러 거르는 것.
- **Fraiser(퓨레이제)** 손으로 물을 첨가한 밀가루를 잘 눌러 반죽하여 완전 히 혼합시킨 것.
- **Glacér(그라세)** (1) 요리 위부분에 깨끗한 갈색을 내기 위해 오븐에 넣 거나, 구운 과자에 슈가파우더를 뿌려 카라멜 상태 의 갈색을 내기 위해 오븐에 넣는 것.
  (2) 요리의 표면에 광택이 나게 하다. 설탕을 입히다.
  (3) 요리에 소스를 쳐서 뜨거운 오븐이나 사라만다에 넣어 표면을 구운 색깔로 만든다.
  (4) 당근이나 작은 양파에 버터, 설탕을 넣어수분이 없 어지도록 익히면 광택이 난다.
  (5) 찬 요리에 젤라틴을 입혀 광택이 나게 한다.
  (6) 디저트의 표면에 설탕을 입히다.

- Gratiner(그라띠네) 그라틴 하다. 흰 소스나 체로 친 치즈를 뿌린 후 오븐이나 사라만다에 구워 표면을 완전히 막으로 덮이게 하는 요리법.
- Griller(그리에) 육류나 생선류를 석쇠에 굽다.
- Habiller(아비예) 조리 전에 생선의 지느러미, 비늘, 내장을 꺼내고 씻어 놓는 것.
- Hacher(아쉐) (파세리, 야채, 고기 등을) 칼이나 기계를 사용하여 잘게 다지는 것.
- Incorporer(앵코르포레) 합체(합병)하다. 합치다. 밀가루에 계란을 혼합 하다 등.
- Larder(라르데) 지방분이 적거나 없는 고기에 비늘이나 꼬챙이를 이용 해서 가늘고 길게 썬 돼지비계를 재료 가운데 찔러 넣는 것.
- Lever(러베) '혀가자미 필레용' 이라 부르는 얇은 칼로 생선살을 필레하는 것.
- Lever(러베) 뜨다, 일으키다. 발효시키다.
  (1) 혀넙치 살을 뜰 때 위쪽을 조금 들어올려서 뜨다.
  (2) 파이지나 생지가 발효되어 부풀어 오른 것을 말한다.
- Liér(리에) 소스, 스프, 스톡에 농도를 만들어 주는 작용.
  볶다. 연결하다. 소스나 끓는 즙에 밀가루, 전분, 계란, 노른자, 등을 넣어 농도를 맞추는 것을 말한다.
- Limoner(리모네) 더러운 것을 씻어 흘려 보내다.
  (1) (생선머리, 뼈 등에 피를) 제거하기 위해 흐르는 물에 담그는 것.
  (2) 민물생선이나 장어 등의 표면의 미끈미끈한 액체 를 제거하다.
- Lustrer(뤼스뜨레) 광택을 내다 윤을 내다. 조리가 다 된 상태의 재료에 맑은 버터를 발라 표면에 윤을 내다.
- Manier(마니에) 가공하다. 사용하다. 버터나 밀가루가 완전히 섞이게 손 으로 이기다.
  • 스프나 소스의 농도를 맞추기 위한 반죽 재료.
- Mariner(마리네) 담궈서 절이다. 고기, 생선, 야채를 조미료와 향신료를 넣은 액체에 담궈 고기를 연하게 만들기도 하고, 또 냄새나 맛이 스미게 하는 것.
- Masquer(마스꿰) 가면을 씌우다. 숨기다. 소스 등으로 음식을 덮는 것. 불에 굽기 전에 요리에 필요한 재료를 냄비에 넣는 것.
- Mijoter(미조테) 약한 불로 천천히, 은근히 오래 끓인다.
- Mire Poix(미르쁘아) 야채(양파, 당근, 샐러리 등)를 작은 주사위 모양 또는 어슷하게 썬는 것.

- **Monder(몽데)** 아몬드, 토마토, 복숭아 등의 얇은 껍질을 끓는 물에 수 초간 넣었다가 식혀 껍질을 벗기는 과정.
- **Mortifier(모르띠피에)** 고기를 연하게 하다. 고기 등을 연하게 하기 위 해 시원한 곳에 수일간 그대로 두는 것.
- **Monter(몽테)(au beurre)** 완성된 소스에 윤을 내고 매끈함과 맛을 증 가 시키기 위해 작은 조각 버터를 첨가한 것.
- **Mouiller(무이예)** 소스 등의 액체를 첨가하는 것.
- **Mouiller(무이예)** 적시다, 축이다, 액체를 가하다. (조리중에) 물, 우유, 즙, 와인 등의 액체를 첨가하는 것.
- **Mouler(무레)** 틀에 넣다. 각종 준비된 재료를(파르시 등) 틀에 넣고 준비하다.
- **Napper(나뻬)** 요리 전체가 덮히도록 소스를 충분히 부은 것.
- **Napper(나뻬)** (1) 소스르 앙뜨레의 표면에 씌우다.
  (2) 위에 끼얹어 주는 것을 말한다.
- **Paner(빠네)** 여러 가지 재료에 빵부스러기나 빵가루를 묻히는 것.
- **Paner(빠네)** 옷을 입히다. 튀기거나 소태하기 전에 빵가루를 입히다.
- **Paner à L'anglaise (빠네 아랑그레즈)** (고기나 생선 등) 밀가루 칠을 한 후 소금, 후추를 넣은 계란물을 입히고 빵가루를 칠하는 것.
- **Parsemer(빠르세메)** 재료의 표면에 고운 치즈와 빵가루를 뿌린다.
- **Passer(파세)** 걸러지다. 여과되다. 고기, 생선, 야채, 치즈, 소스, 스프 등을 체나 여과기, 시노와, 소창을 사용하여 거르는 것.
- **Peler(뺄레)** 껍질을 벗기다. 생선, 뱀장어, 야채, 과일의 껍질을 벗기다.
- **Pétrir(빼뜨리르)** 반죽하다. 이기다. 밀가루에 물이나 액체를 넣어 알맞 게 반죽하다.
- **Piler(삐레)** 찧다, 갈다. 부수다. 방망이로 재료를 가늘고 잘게 부수다.
- **Pincer(핀세)** 지방질(베이컨) 같은 것으로 가볍게 색을 내는 것.
- **Pincer(핀세)** 세게 동여 메다. 요점을 뽑아내다.
  (1) 새우, 게 등 갑각류의 껍질을 빨간색으로 만들기 위해 볶다.
  (2) 고기를 강한 불로 볶아서 표면을 단단히 동여매다.
  (3) 파이 껍질의 가장자리를 파이용 도구로 찍어서 조그만 장식 을 하는 것.
- **Piquer(삐꿰)** 찌르다. 찍다.
  (1) 기름이 없는 고기에 가늘게 자른 돼지비계를 찔러 넣다.
  (2) 파이 생지를 굽기 전에 포크로 표면에 구멍을 내어 부풀어 오르는 것을 방지 하는 것.

- Pocher(뽀쉐) 뜨거운 물로 삶다
  (1) 끓기 직전에 액체에 삶아 익히는 것.
  (2)육즙이나 생선 즙, 포도주를 첨가하여 천천히 끓여 익힌다.
- Poêler(뽀와레) (냄비에) 찌고 굽다. 냄비 바닥에 깐 야채 위에 놓은 재 료에 스톡이나 액체를 가해 압력 통처럼 재료가 가진 수분 으로 쪄 지도록 천천히 익히는 조리법방.
- Presser(쁘레세) 누르다, 짜다. (오렌지, 레몬, 등의) 과즙을 짜다.
- Rafraîchir(라후레쉬르) 냉각시키다. 흐르는 물에 재빨리 식히다.
- Raidir(레디르) (모양을 그대로 유지시키기 위해) 고기나 재료에 끓고 타는 것에 기름을 빨리 부어 고기를 뻿뻿하게 하다. 표 면을 단단하게 하다.
- Reduire(레뒤이르) 축소하다. (소스나 폰, 스톡 등을 농축시키기 위해) 수분을 증발 시켜 끓여서 졸이다.
- Revenir(레베니르) (찌고 익히기 전에) 강하고 뜨거운 버터, 오일기름 으로 재료를 볶아 표면을 색깔이 나게 하다.
- Rissoler(리소레) 센불로 색깔을 내다. 뜨거운 열이 나는 기름으로 재료 를 색깔이 나게 볶고 표면을 두껍게 만든다.
- Rôtir(로띠르) 로스트하다. 재료를 둥글게 해서 크고 고정된 오븐에 그 대로 굽다. 혹은 꼬챙이에 꿰어서 불에 쬐어 가며 굽다.
- Saisir(세지르) 강한 불에 볶다. 재료의 표면을 단단하게 구워 색깔을 내다.
- Saler(싸레) 소금을 넣다. 소금을 뿌리다.
- Saupoudrer(쏘뿌두레) 뿌리다. 치다.
  (1) 빵가루, 고운 치즈, 슈가 파우다 등을 요리나 피자에 뿌리다.
  (2) 요리의 농도를 위해 밀가루, 빵가루를 뿌리다.
- Sautér 팬에 버터나 기름을 넣어 재료가 눌러 붙지 않도록 강한 불에서 볶는 것.
- Sautér(쏘테) 볶다. 색깔을 내기위해 굽다.
  (1) 달아오른 냄비에 기름을 넣고 야채를 잘 저어가며 볶는다.
  (2) 붉은 색의 쇠고기를 잘라, 양쪽을 구워 색깔이 나게 한다.
  (3) 흰색 고기(닭, 산토끼 등)를 볶거나 구운 뒤에 소량의 액체에 가볍게 익히거나 완전히 익히는 것을 말한다.
- Singer(씽제) 오래 끓이는 요리의 도중에 농도를 맞추기 위해 밀가루를 뿌려 주는것.
- Sucrer(슈끄레) 설탕을 뿌리다. 설탕을 넣다.

- Suer(슈에) 뚜껑을 덮고 조리하는 대표적인 방법으로 버터나 다른 유지만으로 육류나 닭고기의 표면에서 육즙이 배어나올 때까지 졸이는 것.
- Suer(슈에) 즙이 나오게 한다. 재료의 즙이 나오도록 냄비에 뚜껑을 덮고 약한 불에서 색깔이 나지 않게 볶는 것.
- Tailler(타이에) 식재료들의 모양을 일치하게 자르다.
- Tamiser(타미제) 체로 치다. 여과하다. 체를 사용하여 가루를 걸러다.
- Tamponner(탐뽀네) 마개를 막다. 버터의 작은 조각을 놓다. 소스의 표 면에 막이 넓게 생기지 않도록 따뜻한 버터 조각 을 놓아주는 것을 말함.
- Tapisser(타피쎄) 넓히다. 돼지비계나 파이 생지를 넓히는 것.
- Tomber(톰베) (1) 떨어지다. 볶는다. (2) 연해지게 볶는다.
- Tomber é beurre (톰베 뵈르) (수분을 넣고) 재료를 연하게 하기 위해 약한 불에서 버터로 볶는다.
- Tourner(토르네) 야채를 둥근 모양으로 가지런히 깎는 것.
- Tourner(토르네) 둥글게 자르다. 돌리다.
  (1) 장식을 하기 위해 당근,양송이를 둥글게 돌려 모양내다.
  (2) 계란 거품기, 주걱으로 돌려서 재료를 혼합하다.
- Tremper(뜨렘페) 담그다. 잠그다. 적시다. (건조된 콩을) 물에 불리다.
- Trousser(트루쎄) 고정시키다. 모양을 다듬다.
  (1) 요리 중에 모양이 부스러지지 않도록 가금의 몸에 칼집을 넣어 주고 다리나 날개 끝을 가위로 잘라 준 후 실로 묶어 고정 시키는 것
  (2) 새우나 가재를 장식으로 사용하기 전에 꼬리에 가까 운 부분을 가위로 잘라 모양을 낸다.
- Vanner(바네) 소스의 매끈함을 증가시키기 위해 표면에 막이 생기지 않도록 버터를 넣으면서 섞는 것.
- Vanner(바네) 휘젓다. 소스나 식은 동안 표면에 막이 생기지 않도록 하 며, 또 남아있는 냄새를 제거하고 소스에 광택이 나도록 천천히 계속 저어 주는 것.
- Vider(비데) 닭이나 생선의 내장을 뽑아 내다.
- Zeste(제스트) 오렌지나 레몬의 껍질을 얇게 껍질을 벗겨 이용하다.

식재료를 자르는 용어

- Allumette(알뤼메뜨) 감자, 무 등을 성냥개비 형으로 자르는 것.
- Bâtonnet(바토네) 당근 , 무 등을 작은 막대기 형으로 자르는 것.
- Brunoise(브뤼노아즈) 감자, 당근을 가로, 세로3mm의 주사위 형.
- Chateau(샤또) 당근 ,감자의 6cm 길이의 둥근형.
- Cheveaux(쉬뷔) 야채류의 머리카락 형.
- Chiffonnade(쉬포네드) 야채류의 가는 실의 형.
- Concasser(꽁까세) 토마토 가로, 세로 5mm~1cm의 주사위 형.
- Cornet(꼬르네) 당근, 오이, 무 등 나팔 형의 모양.
- Cube(뀌브) 감자,당궁, 무 등 가로, 세로 1.5cm의 주사위 형.
- Émincér(에멩세) 양파, 파 등을 얇게 써는 것.
- Éscalope(에스카로쁘) 고기류를 얇게 써는 것.
- Hachér(아쉐) 양파 등을 잘게 다지는 것.
- Julienne(쥐리앙) 샐러리, 당근 , 야채류를 가늘고 길게 써는 것.
- Macedoine(메세도앙) 과일류를 작고 둥글게 써는 것.
- Noisette(노아제뜨) 감자, 무 등을 4cm길이로 둥근형.
- Olivette(오리베뜨) 감자, 무 등 올리브 형.
- Parisienne(빠리지앙) 당근 , 감자 등 둥근 구술 형.
- Paysanne(뻬이장) 야채류를 가로, 세로 1cm로 얇게 써는 것. 혹은 삼각형이나 장방형으로 써는 것.
- Pont-neuf(뽕느프) 감자등 가로, 세로 1.5cm 길이 6cm의 다리 형.
- Printanier(쁘렝따니에) 가로, 세로 3.5mm의 주사위형, 다이아몬드 형.
- Quartier(꽈르띠에) 양송이 등 1/4등분 하는 것.
- Rondelle(롱델) 오이 무 등을 둥글고 얇게 자르는 것.
- Russe(루스) 당근 오이 등을 가로, 세로 0.5cm 길이 3cm.
- Salpicon(쌀삐꽁) 육류나 생선의 작은 정사각형.
- Tourner(토르네) 타원형 모양으로 돌리면서 깍는 것.
- Tranche(뜨랑쉐) 사각형 토스트 등의 자르는 방법.
- Tronçon(뜨롱숑) 생선류를 토막으로 자르는 것.

생선류의 명칭(프랑스어-한국-영어)

불 어	한국어	영 어
Anchoi(앙소아)	멸 치	Anchovy
Anguille(앙귀이여)	뱀장어	Eel
Bar(바르)	농 어	Sea-bass
Barbue(바르뷔)	넙치의 일종	Brill
Blanchaille(브랑샤이여)	뱅 어	White Bait
Cabillaud(까비요)	대 구	French cod
Calmar(깔마르)	오징어	Calamary, Cuttle-Fish
Carangue(까랑귀)	전갱이	Horse mackerel
Carpe(까르쁘)	잉 어	Carp
Carrelet(까르레)	가자미	Flounder
Congre(꽁그르)	붕장어, 아나고	Congereel
Coquille Saint-Jacque(꼬뀌여 생쟈뀌)	관자, 가리비	Scallop
Crabe(끄라브)	게	crab
Crevette(끄레베뜨)	새 우	Shrimp
Daurade(도라드)	도 미	Sea-Bream
Ecrevisse(에끄러비스)	가 재	Crayfish
Eperlan(에뻬르랑)	빙 어	Smelt
Escargot(에스카르고)	달팽이	Snail
Flétan(프레당)	광 어	Halibut
Grenouille(그러누이여)	개구리	Frog
Haddock(아독크)	훈제대구	Haddock
Hareng(아 랑)	청 어	Her-Ring
Huitre(위뜨르)	굴	Oyster
Langouste(랑구스뜨)	바다가재	Rock-Lobster
Loche(로 쉬)	미꾸라지	Loach
Maquereau(마꿰르)	고등어	Machkerel
Mérétrich(메레뜨리스)	대 합	Clam
Merlan(메르랑)	명 태	Whiting
Morue(모 뤼)	마른대구	Salt-Cod
Mulet(뮈 래)	숭 어	Mullet
Ormeau(오르모)	전 복	Abalone
Oursin(우르생)	성 게	Sea-Urchin
Raie(래)	가오리	Skate
Rouget(루제)	성 대	Gurnard
Sardine(사르댕)	정어리	Sardine
Saumon(소몽)	연 어	Salmon
Sole(솔)	혀넙치	Sole
Thon(똥)	다랑어	Tunny-Fish
Turbot(뛰르보)	유럽산 가자미	Turbot
Tripan(트리빵)	해 삼	Sea-Cucumber
Truit(뜨뤼잇)	송 어	Trout

야채류의 명칭(프랑스어-한국-영어)

불 어	한국어	영 어
Ail(아일)	마 늘	Garlic
Artichaut(알띠쇼)	아티촉	Artichoke
Asperge(아스뻬르즈)	아스파라거스	Asparagus
Avocat(아보카)	아보카드	Avocado
Betterave(베뜨라브)	비트, 설탕 무우	Beetroot
Brocori(브로코리)	브로콜리	Broccori
Carotte(까로뜨)	당 근	Carrot
Celeri(샐러리)	샐러리	Celery
Cépe(세쁘)	표고버섯	Boletus
Champignon(샤삐뇽)	양송이	Mushroom
Chicorée(쉬꼬레)	풀상치의 일종	Endive, Chicory
Chou(슈)	양배추	Cabbage
Chou Fleur(슈 프뢰르)	꽃양배추	Cabbage
Ciboule(시 불)	파	Welsh-Onion
Ciboulette(시부레뜨)	실 파	Chives
Concombre(꽁꽁브르)	오 이	Cucumber
Courgette(꾸르제뜨)	긴 호박	Pumpkin
Cresson(크레송)	물미나리	Cress
Epinard(에삐나르)	시금치	Spinach
Féve(패브)	잠두콩	Lima Beans
Gingembre(쟁장브르)	생 강	Ginger
Haricot Vert(아리꼬드베)	그린 빈스, 줄기 콩	String Beans
Jeune Pousse de bambou(뿌스드방부)	죽 순	Bamboo-Shoots
Laitue(레뛰)	상치, 양상치	Lettuce
Lotus(로뛰스)	연 근	Lotus
Maïs(마이스)	옥수수	Corn
Marron(마롱)	밤	Chestnut
Navet(나베)	무 우	Turnip
Oignon(오뇽)	양파, 옥파	Onion
Persil(베르시)	파세리	Parsley
Petit Pois(쁘띠포아)	완두콩	Green Peas
Piment(삐망)	고 추	Pimento
Poireau(쁘와로)	부추의 일종	Leek
Poivre(쁘와브르)	후 추	Pepper
Pomme de Terre (뽐드테르)	감 자	Potato
Potiron(뽀띠롱)	호 박	Pumpkin
Radis(라디)	래뒤시, 무의 일종	Radish
Tomate(또마뜨)	토마토	Tomato
Truffe(뜨뤼프)	도리후(검은버섯의 일종)	Truffle

II. 간단한 조리기구 및 주방용 도구(본 책자에서만 사용되는 기구 및 도구들만 수록했음.)

1. Aiguille à brider(에귀에 아 브리데)
   15~25㎝의 굵은 바늘로서 꿰매거나 가금류, 야금류, 생선류 등의 모양을 정리하고 고 정하는데 사용함(육류 꿰매는 바늘).
2. Couteau d' office(꾸토 도피스)
   껍질을 벗기거나 야채의 모양을 정리하 는 등 다양한 용도로 사용할 수 있는 칼로서 칼날의 길이가 10㎝ 정도인 작은 식칼(야채 나이프 용).
3. Couteau à désosser(꾸토 아 데조쎄)
   고기의 힘줄을 자르거나 뼈를 제 거하는 칼로서 칼날의 길이가 15㎝정도(본 나이프 용).
4. Couteau à Denerver(꾸토 아 데네르배)
   고기의 기름이나 힘줄을 제거 하는데 사용되는 칼로서 칼날의 길이는15cm~20cm 정도(본 나이프 용 일종).
5. Couteau à filet de sole(꾸토 필 드 쏠)
   생선 필레용 칼로서 유연성이 있으며 칼날의 길이가 20㎝정도(피쉬 나이프 용).
6. Couteau de cuisine(꾸토 드 퀴진)
   일반 식칼로서 어디에나 사용할 수 있으며 고기나 가금류를 자르며, 칼날의 길이가 20~30㎝정도(육류나 가금류 필레 나이프 용).
7. Couteau Abatte(꾸토 아바뜨)
   고기의 연골 부위와 뼈 부분을 자르는데 사용 칼날의 길이가 20cm~30cm 정도(연골 정리용).
8. Couteau Emincer(꾸토 에멍세르)
   야채를 자르는데 주로 사용되며 칼날 은 18cm~22cm 정도(야채 써는 쿡 나이프 용).
9. Couteau à jambon à L' os (꾸토 아 잠봉 아 로쓰)
   드라이 햄이나 훈제 연어를 얇게 뜨는데 사용 되며 홈이 파인 칼날 의 길이가 28cm~32cm 정도(스모크 나이프용).
10. Couteau Tranche lard(꾸토 트랑쉬 라르)
    얇게 써는 유연한 칼로서 뼈가 없는 덩어리 고기나 생선살을 쓰는데 사 용되며 칼날이 30㎝ 정도.
11. Couteau Ecailleur(꾸토 에까이레르)
    생선의 비늘을 제거하는데 사용 되는 망치모양으로 생김.
12. Couper(꾸페)
    거친 뼈를 자르고 고기를 평평하게 할 때 사용하며 무겁 고 상당히 두꺼운 것.
13. Couteau à poisson(꾸토 아 뽀아숑)
    큰 생선 토막을 내는데 사용되는 칼로서 칼날의 길이는 35cm~40cm 정도.

14. Couteau Scie(꾸토 씨)
빵 슬라이스, 케익등을 자르는데 사용되며 길 이는 20cm~25cm 정도.
15. Ciseaux à poisson(씨조 아 쁘아숑)
생선 지느러미나 작은 뼈를 자르 는 굵직한 쿠킹 가위.
16. Canneleur(까늘뢰르)
과일, 야채의 장식을 위해 홈을 파는데 사용(샤 넬 나이프)
17. Cuiller à tourner(뀌이에 아 토르너)
폼 노와젯(pomme noisette)라고 도 부르며 야채나 과일을 원형으로 떠올리기 위한 도 구(멜론 볼러).
18. Denoyauteur(데노와우떼르)
올리브나 체리의 씨를 빼는 도구.
19. Economo(에꼬놈)
야채의 껍질을 벗기는 도구(야채 필러).
20. Fourchette de cuisine(포르쉐뜨 드 퀴진)
요리용 포크로서 고기를 잘 라 놓거나 뒤집는 용도로 사용되며 두 개의 포 크 날이 수직이거나 약간 휘어져 있음.
21. Fouet(프웨)
거품기로서 길이는 대, 중, 소 있음(휘퍼).
22. Fusil à Meche Ronde(퓨지 아 메쉬 롱드)
칼날을 가는데 사용되며 길이는 30cm 정도(칼 샤핑 스틸).
23. Lardoir(라르드와르)
육류의 가운데 비계나 다른 고기를 넣을 때 사용 되는 바늘(라딩 니들).
24. Mandoline(망도린)
특히 감자나 야채를 다양한 형태로 모양내는 도구.
25. Scie à Os(씨 아 오스)
육류 뼈를 자르는데 사용 되는 톱날 형식.
26. Spatule à poisson(스빠뛸아 쁘아숑)
생선용 주걱. 그 외 다양한 고 무 주걱이 있음.
27. 기타
Écumoire(거품 떠내는 제거용 작은 구멍이 있음), Louche(국자), Spatule en bois(나무주걱), Etamine(거르는 융 천).

Ⅲ. 기본적 프랑스요리 도구

1. Braisière(브레지에르)
육류 덩어리고기를 은근히 삶을 때 사용하는 뚜 껑과 손잡이가 큰 직사각 형 팬.
2. Bain-Marie à Sauce(뱅 마리 소스)
소스를 담그거나 뜨겁게 보관하는 둥근 통 그릇. 뱅마리 포타지, 뱅마리 등이 있음.
3. Casserole(캐서롤)
불산화성이며 이중바닥인 냄비. 요리재료를 가열하 는데 사용하는 그릇.
4. Casserole a Pommes Anna(캐서롤 아 뽐 안나)
감자를 쌓는 둥근 팬.
5. Chinios ou pass sauce(쉬느와 파스 소스)
가는 금속 망 체로 부이용, 소스, 폰을 거르는데 사용되는 체.
6. Cocotte(꼬꼬뜨)
원 또는 타원형인 금색 도금이나 범랑 주물제 냄비. 찌고 삶고 담아내는데 사용하는 그릇.
7. Mandoline(망도린)
자르는 방법의 조절이 가능한 도구로서 야채(감자) 를 얇게 써는 도구.
8. Marmite(마르미뜨)
스톡이나 수프를 끓일 때 사용되는 큰 스톡 포트.
9. Poêle(쁘와레)
원형의 두꺼운 철제 후라이팬. 길이가 긴 생선 뫼니에르용과 바닥이 얇은 것은 크레이프용
10. Planche à découper(프라쉬 아 데꾸페)
도마.
11. Plaque à Ràtir(프라끄 아 로띠르)
육류나 가금류를 로스팅 할 때 사용하는 높이가 있는 사각, 장방, 타원 형 팬.
12. Plaque a Poisson(프라끄 아 쁘아송)
생선요리를 할 때 사용하는 둥 근 손잡이가 있는 생선요리 팬.
13. Passoire(파스와르)
뜨거운 야채 등을 걸르는 스트레인 채 그릇.
14. Rondeau(롱듀)
라고 요리, 브레이제 요리, 소스를 쿡킹할 때 사용하는 뚜껑과 손잡이가 달린 둥근 냄비형.
15. Sauteuse(소테즈)
고기를 굽거나 야채를 데치거나 소스를 만들 때 사용하는 크고 둥글고 손잡이가 있는 자루 냄비.
16. Tamis(타미스)
테두리에 금속 망이 붙어 있는 것으로 아주 곱게 거르는데 사용 되는 체

Ⅳ. 프랑스요리 메뉴작성법과 읽는 법

일반적으로 프랑스요리 메뉴에는 메뉴에 쓰여진 용어와 메뉴판에 작성되는 용어의 일정한 관습이 있다.

세계 각국의 요리 메뉴작성법이 통일되어 있는 것과 마찬가지로 서양요리 메뉴용어는 대체로 프랑스어로 작성하고, 그 밑에 각 나라의 국어로 설명된 경우가 통상적으로 많다고 본다. 따라서 몇 가지를 살펴 보면은 다음과 같다.

1. 요리 메뉴 앞에 à la, à l', au(à+le), aux(é+les)는 ~풍, ~스타일,~방법으로 이해 하면 된다.
   예를 들면 : Boeuf + braisé + à la Bourguignon는 쇠고기를 부르고뉴 풍으로 브레이징 한 요리를 말하는 것으로 이해하면 된다.
2. à 뒤에는 국가, 도시명, 지명, 민족명,사람명등이 오는 것은 곁드리는 재료의 생산지가 많고, 그리고 소스와 가니츄어와의 깊은 상관 관계를 나타내고 있다.

(1) 그 지역의 식재료 생산물과 관련이 있는 경우가 대체로 많다.

① à l' Argentine(Argentine 풍)
요리상품의 혼합재료에 아스파라가스(Asparagus)를 사용하는 경우.

② à la Florentine(프로렌스 풍)
요리상품의 혼합재료에 시금치(Spinach)를 곁드리는데 사용하는 경우.

③ à la Napolitaine(나폴리 풍)
요리상품의 혼합재료에 토마토(Tomato)를 사용하는 경우.

(2) 그 지방의 특징을 강조하는 경우가 많다.

① à l' Anglaise(아 앙글레즈) : 영국풍의 요리스타일을 강조하는 경우.
② à la Provençale(알 라 프로방샬) : 프랑스 프로방스풍의 요리.
③ à la Paysanne(알 라 뻬이잔) : 신선한 시골풍의 요리를 강조하는 경우.
④ à la Marseillaise(알 라 마르세이예즈) : 스페인 마르세이유풍의 요리.
⑤ à la Française(알 라 프랑세즈) : 전통적인 프랑스풍의 요리를 강조.
⑥ à l' Allemande(아 라 아망드) : 전통적인 독일풍의 요리를 강조.
⑦ à l' Espagnole(아라 에스파뇰) : 전통적인 스페인풍의 요리를 강조.
⑧ à la Portugaise(알 라 포르뛰게즈) : 전통적인 포르투칼풍의 요리.
⑨ à la Parisisenn(알 라 빠리지엔) : 일반적인 프랑스 파리풍의 요리.
⑩ à la Polonaise(알 라 폴로네즈) : 전통적인 폴랜드풍의 요리 강조.

(3) à la와 à la Mode를 쓰는 경우가 많다. 이 용어는 동일한 메뉴해석이다.

원래는 à la mode Française, à la mode parisienne로 쓰던 것을 생략 하여 쓰는 것이다. 그러나 Sole Meuniére à la mode는 전혀 다른 것으 로 혼동하지 말아야 한다. à la의 용어가 그 지역 명칭이 뒤쪽에 오는 것과 주재료가 앞에 오는 것은 메뉴해석이 다르다.

(4) 각국의 특별한 요리는 프랑스어 용어로 쓰는 것이 아니고, 각 나라의 메 뉴 글자로 쓰는 것이 통상이다.

예를 들어 Potage Minestra는 포타지를 빼고 Minestra만 쓴다.

(5) 요리 메뉴에 요리의 방법을 일반적으로 알고 있는 것들은 또 다시 그 메뉴용 어를 설명하는 용어는 쓸 필요가 없다.

① Roast Beef Rôti의 경우 로스트가 있기 때문에 Rôti를 또 메뉴에 쓸 필요는 없다.

② à la Meunière, à la Sauté 등은 뮤니에르와 소테는 쓸 필요가 없다.

③ Boeuf Braisé à la mode의 à la mode는 또 다시 쓸 필요가 없다.

(6) 메뉴 용어에 사람 이름이 올 때는 à la, au, aux를 붙이지 않는다.

① Tournedos Rossini(뚜 노드 로시니) Rossini는 이태리의 오페라 작곡가.

② Pêche Melba(뻬쉬 멜바) Melba는 호주의 오페라 여가수.

V. 프랑스요리와 와인(Wine)의 관계

와인(Wine)에는 식사 전, 식사 중, 식사 후에 즐길 수 있는 여러 종류의 와인이 있다. 따라서 이러한 많은 종류의 와인을 요리와 함께 제공하는 데는 많은 규칙과 관례가 있다. 여러 종류의 어떤 와인이든 고객에게 서브할 때 아주 중요한 포인트는 고객이 즐기고자 하는 와인을 정확히 추천하는 것이다. Wine(포도주)이 처음으로 문헌에 나타난 것을 B.C. 1700년경 함무라비 법전에서 기록되어 있었으며, 포도 재배는 B.C.4000년경 세월이 지났 뒤에 묘에서 발견되었다.

와인은 인류 역사와 함께 시작 되었다고 보아도 지나친 이야기가 아니라고 할 정도로 그 역사가 오래되는 것으로 특히 음식과 잘 어우러져 훌륭한 메뉴상품이 되며, 이 관련성을 이해하는데 도움의 설명이 필요로 한다. 따라서 요리와 와인이 조화를 이룰 수 있는 규칙과 관례는 다음과 같다.

1. 요리 코스별로 잘 어울리는 메뉴와 와인

1) 전채요리(Hors-d' Oeuvre froid)

(1) 차가운 생선에는 방 블랑 와인(Vin Blanc)이 잘 어울린다.

(2) 따뜻한 전채요리(Hors-d' Oeuvre)일 경우에도 생선이면 Vin Blanc

(3) 따뜻한 육류요리 전채(Hors-d' Oeuvre)일 경우 Vin Rouge를 추천한다.

2) 수프, 샐러드(Potage, Salad)

라이트(Light)하고 드라이(Dry)한 Riesling, Chablis, Muscadet, Semilon 등과 같은 화이트 요리에 잘 어울리며, 진한 육류와 닭고기 수프에는 Sherry, Madéra, Port Wine 등이 잘 어울린다.

3) 생선요리(Fish, Possion)

생선요리에는 Chablis, Muscadet 등과 캘리포니아산 Savignon Blanc 같은 Dry한 화이트 와인이며, 가능하면 프랑스 Bourgogne 지방의 Vin Blanc이 좋다.

4) 육류, 가금류, 게임 요리(Meat, Poultry, Game)

프랑스 보르도(Bordeaux) 지방의 Vin Rouge가 좋으나, 없을 경우 어떤 Vin Rouge아니라도 상관이 없겠다. 특히, Rôti요리는 보르고뉴(Bourgogne)지방의 Vin Rouge인 Chambertin, Beaujolais 같은 레드 와인이 좋다.

5) 후식 전(Entremets ; Sweet dish)

과실 그 밖의 단맛이 도는 Liqueur나 Champagne등이 잘 어울리고 치즈에는 Vin Rouge가 좋다. 이상과 같이 식사 중의 술은 Wine으로 한정된다. Wine의 성격이나 향, 풍미에 맞는 요리와 함께 마시게 되면 와인도 그 요리에 맞추어 음식을 한층 맛있게 즐길 수가 있다. 보통 Vin Blanc이나 Champagne은 차게 해서 내지만 Vin Rouge는 실내 온도로 마시는 것이 가장 좋다. 따라서 식전 주, 식중 주, 식후 주에 대하여 관례는 다음과 같다.

2. 식사 전, 식사 중, 식사 후의 와인

1) 식사 전 와인

일반적으로 많이 마시지는 않지만 식욕을 촉진시키기 위하여 wine중에서 Dry 한 것으로 Vermouth 혹은 Sherry가 좋다.

(1) Vermouth

Vin Blanc으로서 마스카트 종류의 포도로 주조 한 것으로 앱신티움에 키나인이라는 향신료를 넣어 주정과 당분을 숙성시켜 만든 것으로 붉은 색의 것은 Vermouth di Torino, 흰색의 것은 Vermouth Bianco라 한다. 그리고 식사 전에는 Italian Vermouth가 잘 어울린다.

(2) Sherry

드라이 한 와인인 Manzanilla, Fino, Amontillado, Vino de pàsto등의 4종이 있는데 색이 연하며 주정분의 함량을 10%내외로서 쓴맛이 식욕을 증진시킨다고 한다. 그 중 Manzanilla가 가장 Dry한 맛을 낸다.

2) 식사 중 와인

식사 중의 와인은 산성이지만 체내에서는 알콜류 중 유일하게 알카리성으로 변화 작용하여 산성 음식과의 관계에서 몸의 밸런스 유지에 가장 좋다고 한 다. 일반적으로 식사 중에는 자연포도주(Natural Wine & Still Wine)라고 불리우는 Table Wine을 마시게 된다. 생선에는 달지 않은 Vin Blanc, 붉은 육류에 는 Vin Rouge를 마시는 것이 일반적인 관습 있다.

3) 식사 후 와인

식사가 끝나게 되면 대체로 알콜 도수가 강한 술을 추천하게 된다. 그 이유 는 위벽을 자극하여 위액을 왕성하게 나오게 하여 음식의 소화를 촉진시키는 작용을 하기 때문이다. 이때에는 Cognac이나 Liqueur가 적당하다. 그러나 식사 후의 Liqueur는 위 하수체의 원인이 된다고 하여 많이 마시지는 않는다. 그러면 어떤 이유로 생선요리는 Vin Blanc 육류요리에는 Vin Rouge가 어울리는지 그 이유를 알아보는 것이 좋겠다.

3. 화이트 와인(Vin Blanc)과 레드 와인(Vin Rouge)을 구분하여 사용되는 이유

1) 화이트와인(Vin Blanc)과 생선요리와의 관련성

화이트 와인은 단맛과 신맛이 강하다. 예를 들어 생선을 손질하면 손에서 생선 비린내가 나므로 흔히 레몬으로 닦아 냄새를 제거한다. 이와 같이 생선의 비린내는 산으로 없애기 때문에 Vin Blanc 특유의 신맛이 작용하여 입속의 잡다한 맛이 없어지고 부드러운 생선살의 맛이 남기 때문이다. 그러므로 생선요리중에도 Vin Blanc은 대량으로 쓰이는 것이다.

2) 레드와인(Vin Rouge)과 육류요리와의 관련성

레드와인은 예를 들어 다랑어의 살에 지방이 많은 부분을 먹으면 맛은 있지만 많이 먹을 수는 없다. 그것은 먹는 사람의 혀에 다랑어의 지방층이 표면을 감싸주는 관계로 혀의 미각감각이 둔하여 지기 때문이다. 그러나 그때 떫은 차를 마시면 다시 먹고 싶은 것은 떫은 맛이 지방을 분해하게 해줌으로서 미각이 되살아나는 것이다. 이와 마찬가지로 육류 요리도 지방이 많고 다랑어와 같은 현상을 일으키기 때문에 모든 적포도주는 떫은 맛이 난다. 그러므로 육류와 함께 마시는 적포도주를 많이 사용하게 되고 마시게 된다. 브라운소스가 맛있는 것은 그 속의 레드와인(Vin Rouge)이 요리의 맛을 느끼게 하는 것이다.

3) 요리와 와인의 금기 사항

프랑스 요리와 함께 와인을 고객에게 추천하는 데는 엄격한 규칙은 없으나, 요리와 와인의 궁합의 조화에 있어서 금기되는 사항은 몇 가지 있다.

- 계란요리와 화이트와인
- 유난히 기름기가 많은 생선(고등어)과 레드와인
- 비네그렛 드레싱과 모든 와인 종류
- 레몬향이 든 디저트요리와 모든 와인 종류
- 강한 쵸코렛과 모든 와인 종류

4. 프랑스 와인의 생산지 분류

일반적으로 프랑스 와인의 품질은 세계에서 우수한 품질을 자랑하고 있다. 프랑스 와인의 1년 생산량은 세계 제2위쯤이다. 총 생산량 중 레드와인(Vin Rouge)이 3/4(약 75%)을 차지하고 있으며, 화이트와인(Vin Blanc)은 총 생산량의 1/4(약 25%)을 차지하고 있는 정도이다.

프랑스 국민들은 와인을 마시고 즐기고 와인이 없이는 하루도 지낼 수 없는 나라이며, 프랑스의 주요 Wine 생산지는 대체로 다음과 같다.

1) 프랑스 Wine의 주요 생산지

(1) Bordeaux지방(메독, 그라브, 소테르누, 상태, 미리옹, 폼스로드)

(2) Bourgogne지방(코트, 도르, 샤로네, 마고네, 보죠레)

(3) Champagne지방

(4) Côte du RhIône지방

(5) Val de Loire지방

(6) Alsace지방

(7) Côtes de Provence지방

등이 주요 와인 생산지로 구분 할 수 있으며, 특히 Bordeaux와 Bourgogne는 프랑스 와인의

2대 와인 명산지로 유명하다. 보르도(Bordeaux)는 남 프랑스지역의 혜택 받은 자연풍토 속에서 섬세한 풍미, 향을 갖추어 와인의 여왕으로 불리우고 있으며 부르고뉴(Bourgogne)는 독특한 향기와 지속성은 와인의 품질 왕으로 극찬되어 충분한 맛을 갖추고 있다. 이 지방 외에도 여러 지역을 세분되며 그 속에는 포도밭(Château) 마을이 있는 곳이 제일 중요한 장소이다. 최고급 포도주를 만들기 위해서는 1ha당 몇 그루이상의 포도나무를 심으면 안되고 한송이당 몇 알 이상의 열매를 붙여서는 안 된다는 등의 엄격한 규칙이 있는데 이렇게 해서 까다롭게 만든 포도주는 완성된 제품에 대한 검사를 수차례에 걸쳐 합격품질에 한해서만 최고의 명칭인 그 포도밭(Château)의 이름을 얻게 된다.

2) Label로 판별할 수 있는 와인 식별법

(1) Wine label에 단지 보르도(Bordeaux)라는 지역명이 쓰여져 있으면, 여러 가지 Bordeaux의 브랜드로 인정되어 있고 맛도 품질에 합격한 정도로 적정한 가격에 팔린다.

(2) 메독(Medoc)이라는 지역명이 쓰여져 있으면 그 지역의 생산 포도로만 사용되므로 맛의 품질 심사도 더욱 인정하게 된다.

(3) 그 지역명에 예를들어 Château Lafite-Rothschild라 명기되어 있으면 Pauillac지역의 Lafite-Rothschild 포도밭으로 한정되므로 다른 포도주를 섞는 일은 불가능하고 즉, 원조가 되므로 인하여 최고급 Wine이 되는 것 이다. 그러면 병에 붙어 있는 라벨은 무엇을 의미하는 것일까?. 그것은 상기표 중의 포도밭 명칭을 병의 라벨에 표시하므로 어느 지역에서 병 포장을 했는가 하는 Wine의 패스포드 인정표가 되는 것이다. 와인은 단맛, 짠맛, 신맛, 쓴맛 등의 맛의 종류가 상당히 크므로 다음의 3가지시험을 우선하여야 한다. (1) 색상 (2) 향기 (3) 맛 등이다.

3) 와인의 보관법

(1) 병은 옆으로 비스듬히 뉘이고 콜크 마개는 촉촉하게 하여 공기가 들어가지 않도록 하는 것이 좋다.(공기가 들어가면 와인이 산성으로 변함)

(2) 와인보관 창고의 습도는 대체로 66~75%를 유지도록 하며 직사광선을 피하도록 해야 하며 햇볕이 없는 시원한 곳에 보관하여야 한다.

(3) 와인 병에 진동을 주지 말아야 한다. 병에 진동을 줄 경우에 공기 변동으로 인하여 맛의 균형이 깨어지기 때문이다.

4) 와인 시음의 최적온도

(1) 화이트와인은 영상 20℃가 되면 알콜 냄새가 나기 시작하고 포도 본연의 맛과 냄새를 느끼지 못한다.

(2) 적포도주, 포트 와인은 영상 16℃-18℃정도가 좋다.
(3) Vin Rose는 영상 8℃-10℃정도가 좋다.
(4) 백포도주, 샴페인은 쌉쌀한 맛으로 8℃-10℃정도가 좋다.
그리고 와인은 데칸타로 다시 옮겨지면 잠이 깨어 공기 중의 산소와 결합하여 더욱 더 좋은 향을 내게 된다.
데칸타 내에 마시다 남으면 와인은 1주일 정도로 산화작용이 일어나는데 이것이 바로 와인 비네거(Wine Vinegar)가 된다.

5) 샴페인(Champagne)음료

샴페인은 발포성 음료로서 병속에서 숙성을 시키는데 병속의 공기를 흡수하여 포도액의 당분을 먹고 효모는 알콜과 탄산 개스를 발생시킨다. 콜크는 단단히 밀폐되어 있으므로 내부의 탄산 개스는 그대로 남는다. 이것이 바로 Champagne이 된다.

6) 와인(Wine)의 제조 과정

와인의 제조과정에 있어서 효모는 포도껍질과 육질사이에 색소가 있어서 그 사이에서 효모가 생겨난다. 태양과 토양에 큰 관계가 있으며 포도 생산장소의 강우량에도 큰 좌우가 된다. 통상 몇 년도산 이라고 말하는 것은 와인에만 통용되는 것이 아니다. 일조량이 좋은 해에는 좋은 포도를 수확할 수 있으므로 그 해의 생산 되는 와인은 최고의 품질 와인이 된다. 그러나 보르도(Bordeaux)의 적포도주와 같이 10년 이상 잠재우면 오랫동안 숙성되어 진한 맛이 있는 풍미를 갖게 되는 와인이며, 일반적으로 와인을 마시기에 적정한 시기는 2-3년이 최고이다. 그 이상 숙성하면 식초가 되어 버리므로 보조레와 같은 적포도주가 된다.

Ⅵ. 프랑스요리 기본적 소스 분류 및 조리방법(Basic Cooking Method)

1. 프랑스요리의 기본적인 루(Roux)의 종류 및 조리방법

일반적으로 스프나 소스의 기본은 밀가루를 버터에 볶는 것을 루(Roux)라고 한다.

루는 소스나 스프를 만드는데 대단히 중요한 역할을 한다. 루는 밀가루와 버터를 1 : 1로 섞어서 볶는 색깔에 따라 대체로 3종류로 나눌 수 있다. 주의할 것은 루를 볶을 때는 두꺼운 냄비에 볶아야 하며, 절대로 밀가루 냄새가 나서는 안 되며, 타서도 안 된다. 또 덩어리지지 않도록 잘 볶아야 한다.

1) 흰색의 루(White Roux, Roux Blanc : 루 블랑)

체이 잘 거른 밀가루와 버터를 동량으로 볶는다. 루가 타지 않도록 나무주걱으로 저으면서 약한 불에서 서서히 수분을 증발시킨다. 주로 베샤멜(Béchamel) 소스 따위의 흰색 계통에 주로 사용된다.

2) 연갈색의 루(Pale Roux, Roux Blond : 루 블론드)

루를 만드는 방법은 동일하며, 다만 색깔을 약간 연갈색으로 볶아 낸다. 벨루테(Velouté)소스는 가금류, 야채류, 생선류 요리 계통에 주로 사용된다.

3) 갈색의 루(Brown Roux, Roux Brun : 루 부룬)

갈색이 나도록 볶아내며 주로 에스파뇰 소스와 갈색 소스에 주로 사용된다.

루(ROUX)는 스프나 소스의 걸죽한 농도를 내어 요리의 풍미를 더해주는 것이라 할 수 있다. 루(ROUX) 이외에 리에종(Liaison)이라는 풍미를 더해주는 것도 있으며, 밀가루와 버터를 동량으로 섞어 볶지 않는 것을 뵈래 마니에(Beurre Manier)라 한다.

2. 프랑스요리의 기본적인 스톡(Stock)의 분류 및 조리방법

스톡(Stock)은 주재료(소뼈, 닭뼈, 생선뼈, 야채 등)와 미르쁘와(mirepoix : 당근, 양파, 샐러리), 부케 가르니(Bouquet garni : 샐러리에 월계수 잎, 타임, 파슬리, 로즈마리, 대파, 통후추 등을 꽃다발로 뭉쳐서 넣은 것)를 넣어 은근한 불에 약 1시간가량 끓여 우려낸 국물로서 육수(STOCK)라 일컫는다.

스톡(Stock)을 끓일 때는 주재료를 깨끗이 씻어 찬물과 함께 넣어 세심한 주의를 기울여 끓여서 맑고 신선한 국물을 얻어야 훌륭한 요리를 만들 수 있는 바탕이 된다. 일반적으로 스톡과 유사한 용어로 부이용(Bouillon)이란 것도 있으며, 사용목적에 따라 약간의 차이는 있으나 비슷한 용도로 사용할 수도 있다. 그리고 스톡(Stock)은 주재료의 목적에 따라서 여러 종류를 만들 수 있다

1) 스톡(Stock)의 종류

① 브라운 스톡(Brown stock)

소뼈(또는 잡고기)를 갈색 낸 것 +야채(양파, 당근, 샐러리) +향신료(부케 가르니)+토마토+찬물을 넣어 은근히 끓여서 걸러 낸다.

② 쇠고기 스톡(Beef stock)

송아지고기 뼈 +야채(양파, 당근, 샐러리, 토마토 퓨레)+향신료(부케 가르니)+찬물로

끓여서 걸러 낸다.

③ 닭고기 스톡(Chicken stock)

닭고기 뼈 +야채(양파, 당근, 샐러리) +향신료(부케 가르니)+찬물로 끓인다.

④ 생선 스톡(Fish stock)

생선 뼈 +야채(양파, 당근, 샐러리, 대파, 양송이, 레몬주스) +화이트 와인 + 향신료(부케 가르니) + 찬물로 끓인다.

⑤ 야채 스톡(Vegetable stock)

야채(양파, 당근, 샐러리, 대파, 파세리) +향신료(부케 가르니) +찬물로 끓인다.

⑥ 야금류 스톡(Game stock)

가금류 뼈 +야채(양파, 당근, 샐러리) +향신료(부케가르니)+찬물로 끓인다.

2) 스톡을 훌륭하게 끓이는 조리법

① 반드시 찬물(Cold Water)을 넣고 끓인다.

찬물은 식재료 중에 있는 그 자체의 향기, 고유의 맛 등 육수의 질을 향상시키며, 주재료의 단백질을 잘 용해 시켜준다. 그리고 찬물은 식재료의 성분을 잘 용해시켜주는 역할을 한다.

② 스톡은 자연적 정화작용(Natural Clarification)이 되도록 은근히 끓인다.

육수의 주재료인 뼈, 근육, 섬유질 속에 있는 단백질, 알부민 등은 찬물에 비교적 잘 용해되며, 약한 불에 서서히 끓여 주면 정화작용이 원활하여 육수를 맑고 깨끗하게 얻을 수 있다. 강한 불에 끓이면 정화작용을 하는 단백질, 알부민이 밖으로 나오지 못하게 하며, 고기 뼈의 섬유조직이 파괴되어 깨끗하고 맑은 육수를 얻을 수 없고 육수가 흐려지므로 맛도 좋지 않다.

③ 스톡은 위에 떠오르는 거품제거(Skimming)을 잘 해야 한다.

육수를 처음 가열할 때 발생하는 거품, 지방, 불순물 등은 완전히 제거해야 하며, 향신료와 야채는 거품제거 후에 넣어서 끓이는 것이 좋다. 그리고 끓이는 과정에서 계속적으로 거품과 불순물을 제거하는 것이 육수의 혼탁도를 줄일 수 있는 방법이다.

④ 약한 불에서 천천하고 은근히 끓이기(Simmering)를 해야 한다.

육수를 끓일 때는 반드시 약한 불에 서서히 끓여야 질 좋은 육수를 얻을 수 있다. 그리고 스톡 용기 속에서 대류작용이 발생해야 하며, 대류작용이 일어나지 않으면 포트 속의 내용물이 시간이 흐르면서 탈 염려가 있다. 그리고 끓는 동안에 잘 관찰해야 한다.

• 갈색스톡

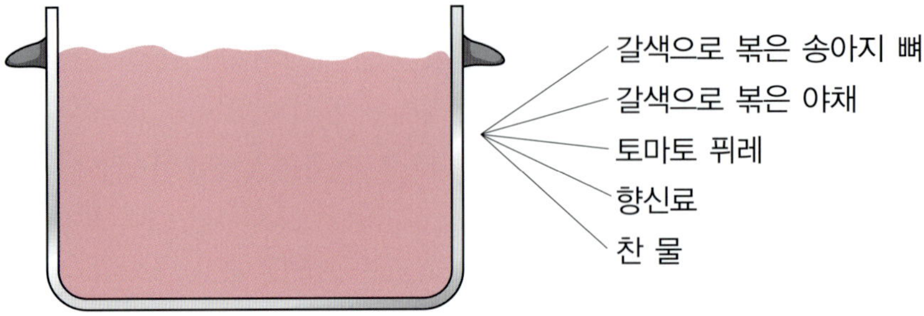

• 생선스톡

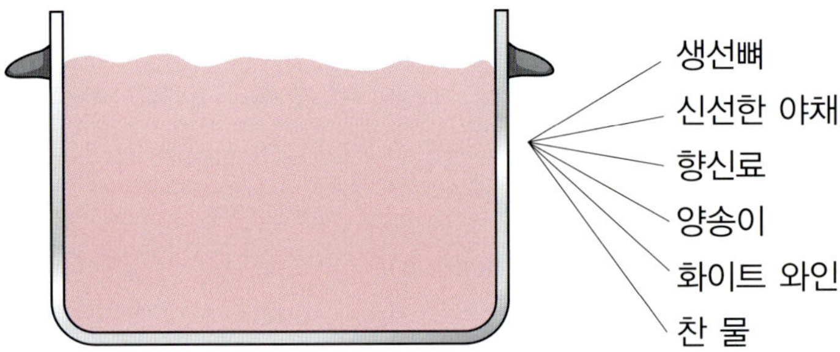

• 흰색스톡

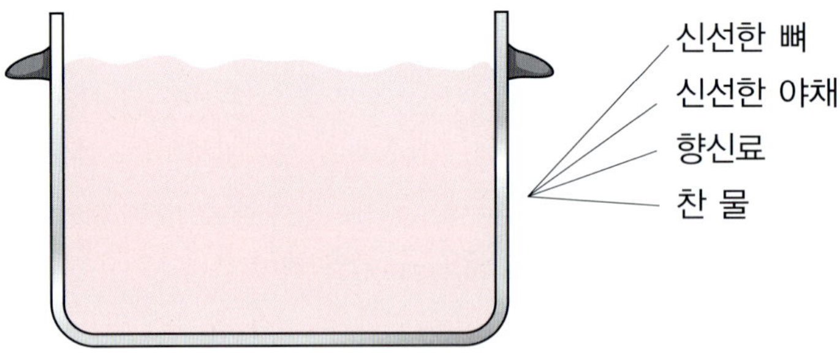

그림1. 스톡(Stock)의 종류

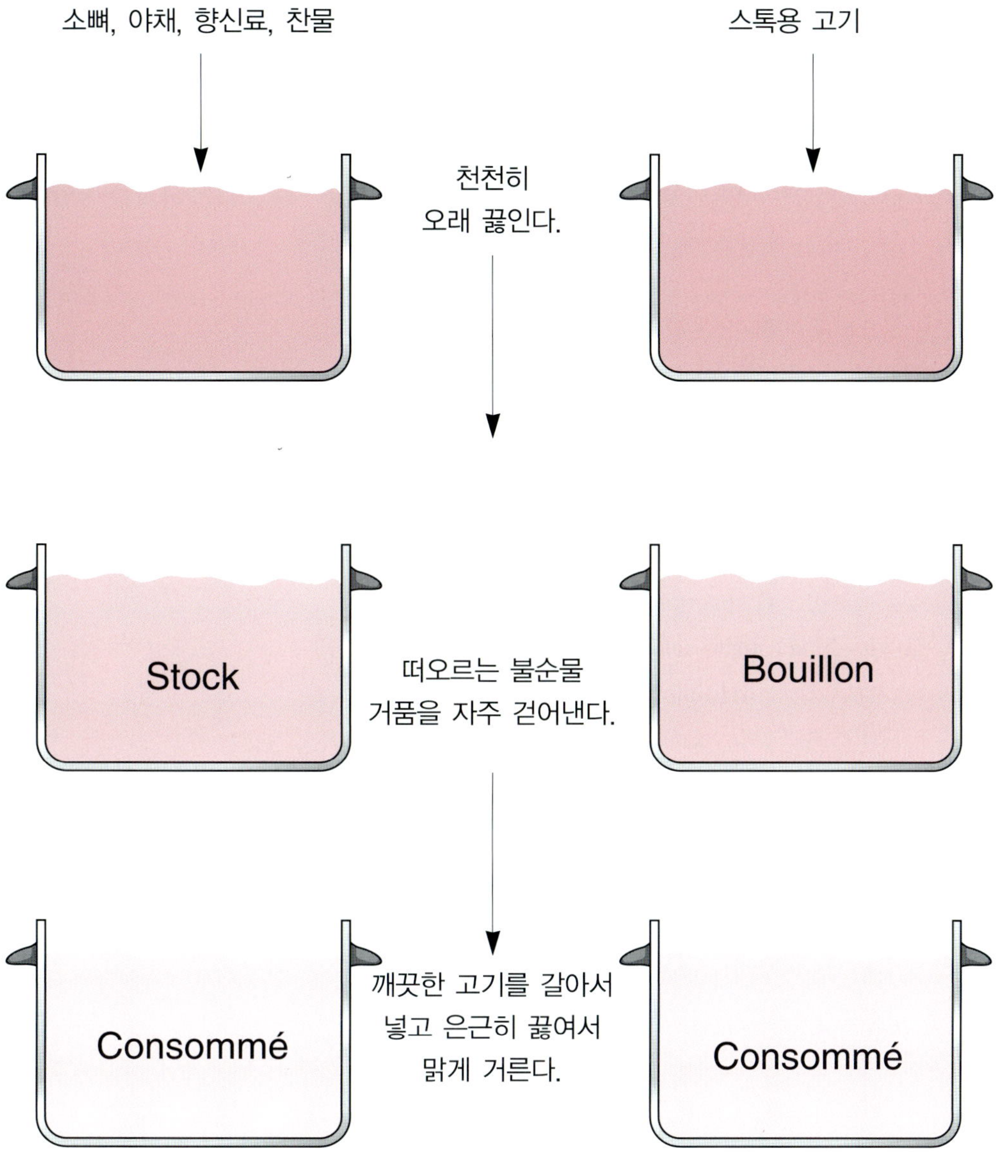

그림2. 스톡(Stock), 부이용(Bouillon), 콘소메(Consommé)의 관계

3. 프랑스요리의 기본 소스의 종류 및 조리방법

소스(Sauce)의 어원은 라틴어의 "Salé"에서 유래되었으며, 소금을 의미하는 말이다. 요리에 소스를 곁들인 역사는 매우 오래 전부터 라고 할 수 있다.

소스는 식재료 본래의 맛과 향을 유지하면서 음식의 향을 더욱 높여주고 요리의 전체적인 맛을 더해주는 것이 무엇보다 중요하다. 따라서 소스는 생선 · 육류 · 야채 등의 재료에 따라 종류가 다양하며, 음식에 적합하게 만드는 것이 중요하다. 소스의 종류는 수백 종에 이르기 때문에 모두 기억하는 것은 어렵겠으나 기본이 되는 소스를 정확하게 배우고 익히면 그것을 바탕으로 소스를 응용하여 만들 수 있다. 그리고 수 백종에 달하는 소스는 그것을 창안해 낸 사람과 지명 · 재료, 특성 등에 따라 소스의 명칭이 붙여지고 있다.

1) 프랑스요리의 기본 소스 분류

① 베샤벨 소스(Béchamel sauce)

② 벨루데 소스(Velouté sauce)

- ▶ Veal Velouté(송아지 고기용 벨루테)
- ▶ Chicken Velouté(닭고기용 벨루테)
- ▶ Fish Velouté(생선용 벨루테)

③ 에스파뇰 소스(Espagnol sauce)

④ 토마토 소스(Tomato sauce)

⑤ 홀렌다이즈 소스(Hollandaise sauce)

⑥ 마요네즈 소스(Mayonnaise sauce)

2) 기본 소스(6대 소스)의 조리법

① 베샤벨 소스(Béchamel sauce) : 루 블랑(Roux blanc:흰색)에 우유를 풀어 양파와 클로버, 월계수 잎을 넣어 걸쭉하게 끓여 만든 소스

② 벨루데 소스(Velouté sauce) : 루 블론드(Roux blond:연갈색)에 스톡과 야채, 향신료를 넣어 걸쭉하게 끓여 만든 소스로서 송아지고기 뼈 스톡에 루를 넣어 만든 벨루데, 닭고기 뼈 스톡에 루를 넣어 만든 벨루데, 생선뼈 스톡에 루를 넣어 만든 벨루데 등 3종류가 대체로 있다.

③ 에스파뇰 소스(Espagnol sauce) : 루 부론(Roux brun:갈색)에 갈색 스톡과 야채, 향신료 등을 넣어 장시간 은근히 졸여 다갈색 소스를 만든다.

④ 토마토 소스(Tomato sauce) : 잘 익은 토마토에 스톡, 향신료 등을 넣어서 걸쭉하게 만든 붉은색 토마토 소스.

⑤ 홀렌다이즈 소스(Hollandaise sauce) : 달걀 노른자와 맑은 버터에 향신료, 와인, 식초, 레몬주스, 월계수 잎, 파슬리를 넣어 졸인 국물과 이중탕으로 휘저어서 만든 노란색 소스이다. 여기에 베아네이즈(Bearnaise sauce)는 똑같은 소스에 레몬주스와 타라곤을 넣으면 된다. 7대 기본 소스로 분류되기도 함.

⑥ 마요네즈 소스(Mayonnaise sauce) : 달걀 노른자, 식초, 식용유, 소금, 후추, 겨자를 넣고 휘저어 만든 흰색 소스.

• 소스 형태	• 기본재료
브라운소스 데미그라스 에스파뇰 폰 드 브 리에	갈색 루 갈색 스톡 갈색 야채 향신료
베샤멜소스	흰색 루 우유 양파, 크로브
벨 루데소스 닭고기 소고기 생선	연갈색 루 스톡(닭, 송아지, 생선) 향신료
토마토	토마토 야채 스톡 향신료

그림3. Basic Sauce Making Method

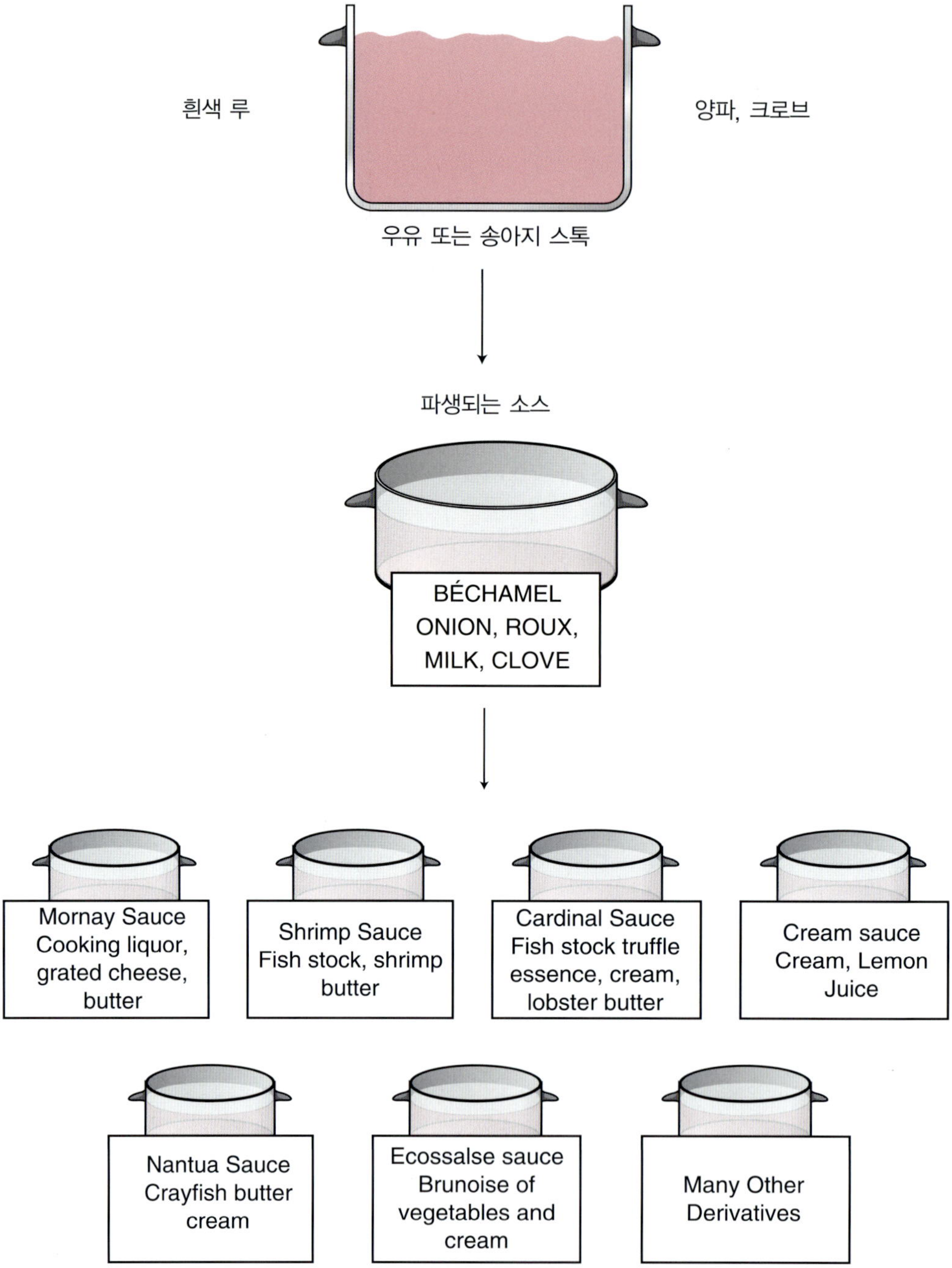

그림4. 베샤멜 소스(Béchamel Sauce)

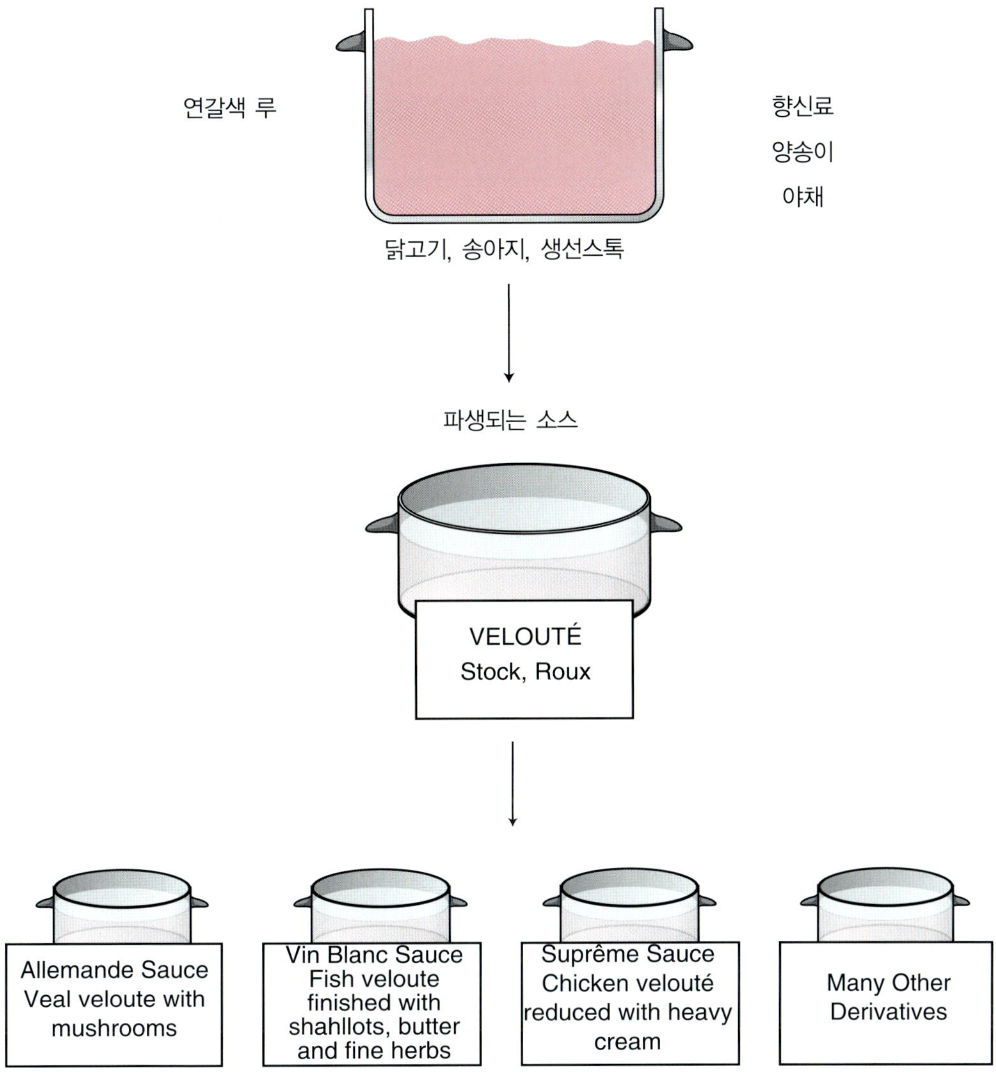

그림5. 벨루데 소스(Velouté Sauce)

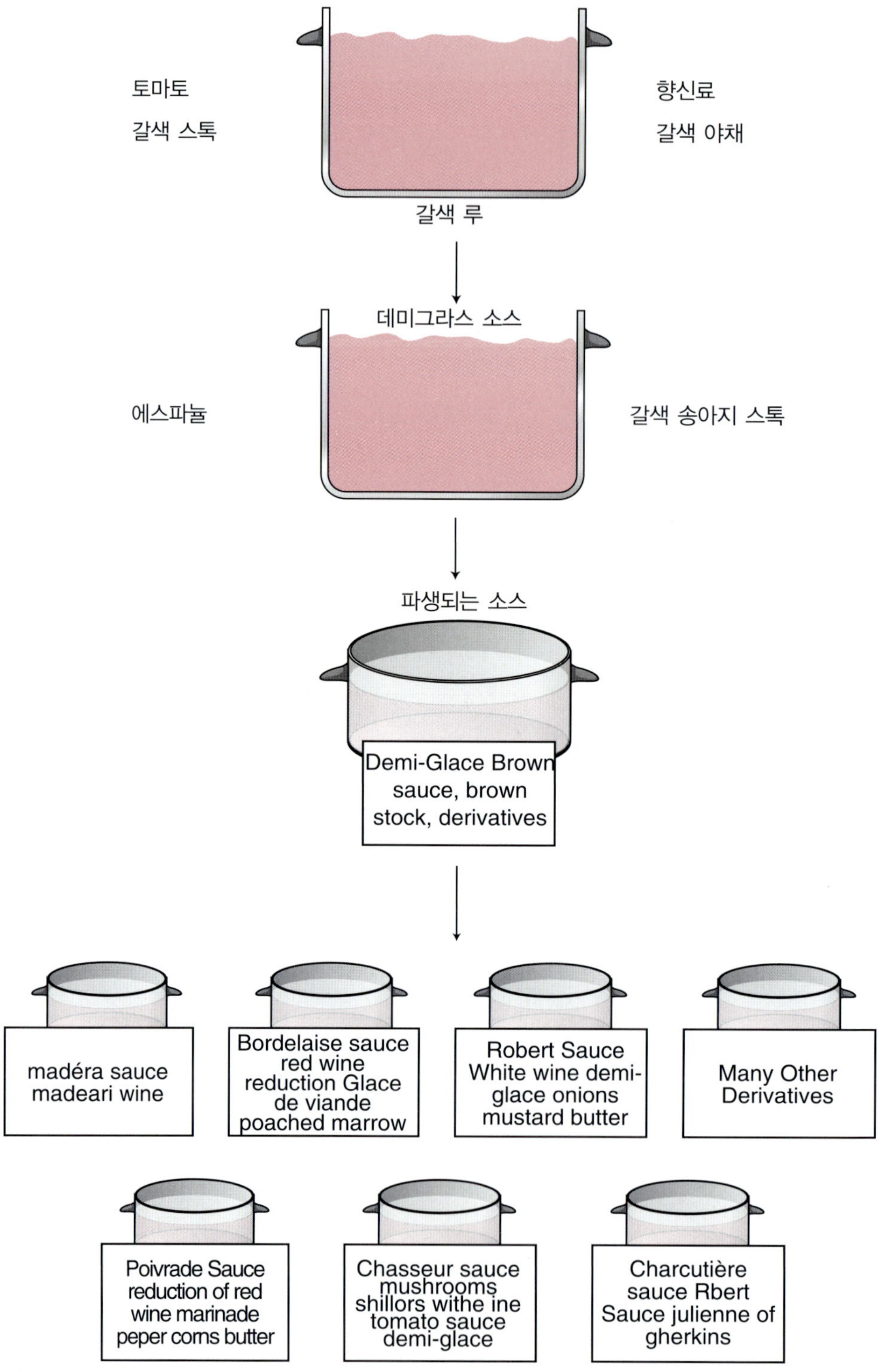

그림6. 에스파뇰 소스(Espagnole Sauce)

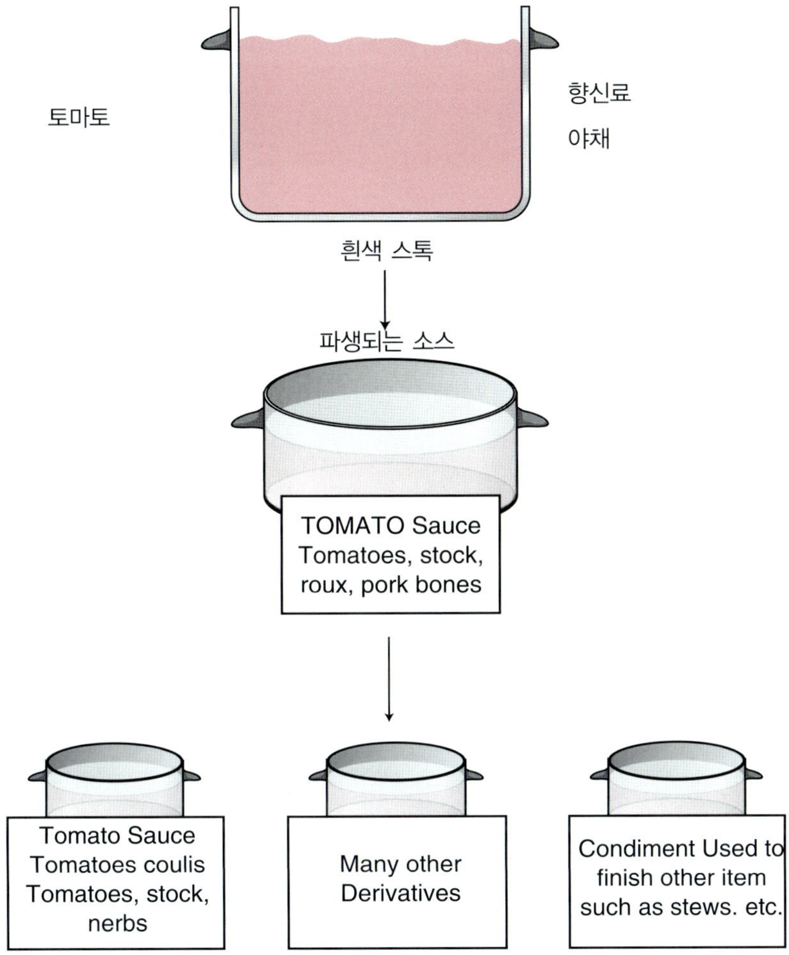

그림7. 토마토 소스(Tomato Sauce)

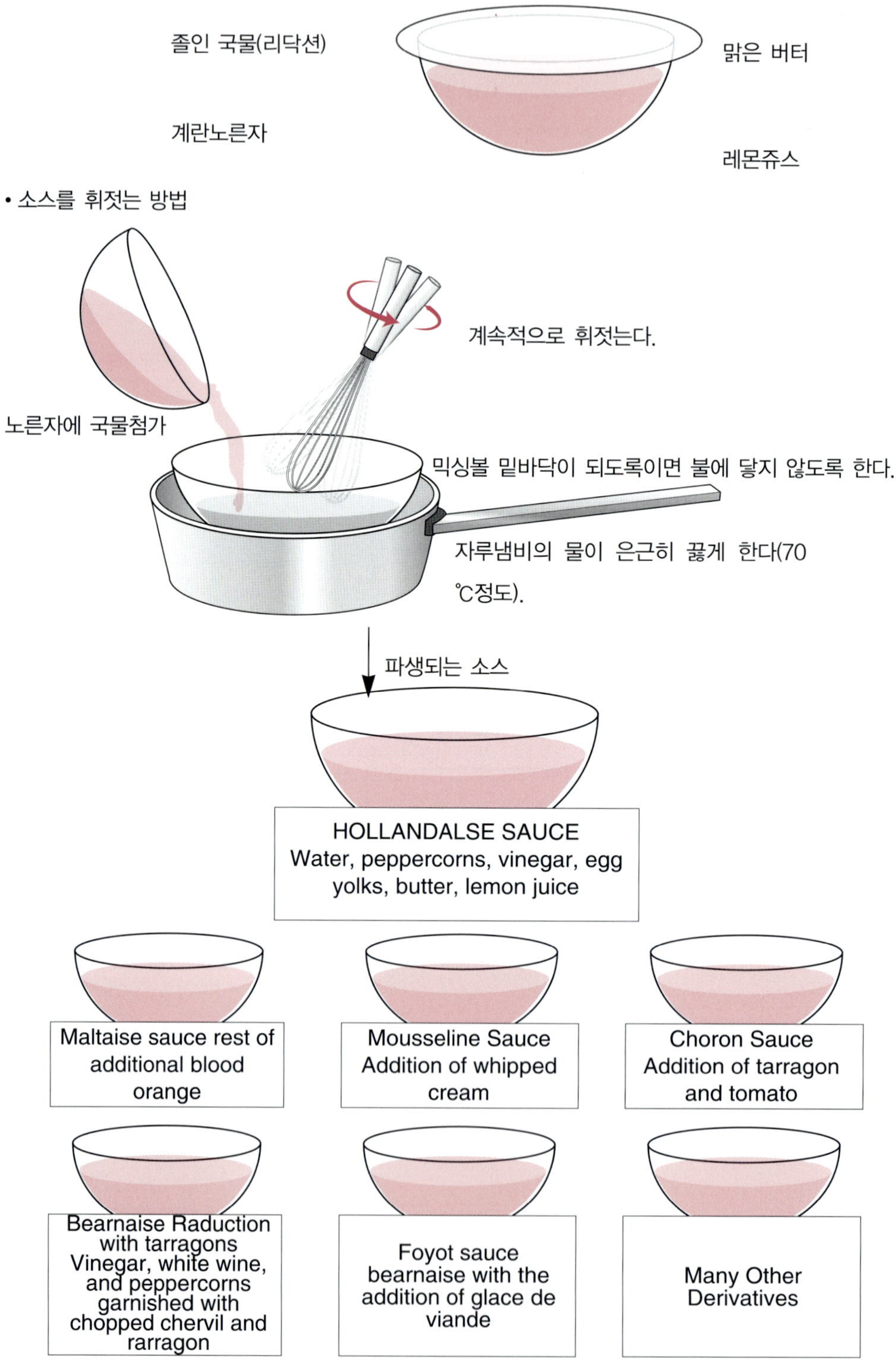

그림8. 홀렌다이즈 소스(Hollandiase Sauce)

4. 프랑스요리의 기본적인 조리(Cooking Method) 방법

프랑스요리는 만드는 조리방법에 따라 맛, 향, 색, 모양 그리고 영양가 등이 다르기 때문에 다음과 같은 조리방법을 활용하는 것은 대단히 프랑스요리에 중요한 비중을 차지한다.

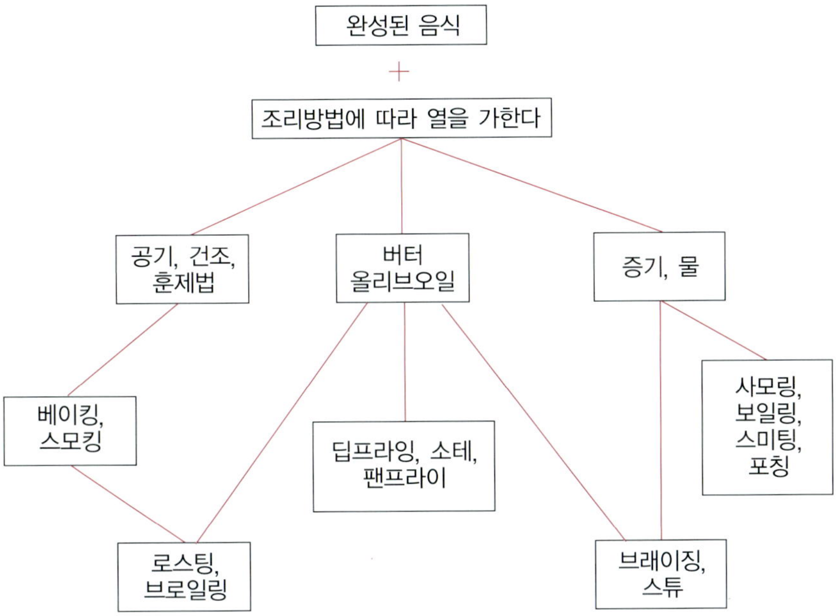

그림9. 기본적 조리법(Cooking Method)체계의 모형

1) 보일링(Cuire / Boiling) 조리법

식재료를 깨끗이 씻어 끓는 물과 스톡을 이용해 파스타, 국수류, 감자, 쌀, 건조야채 등을 주로 100℃로 삶는 조리법 이다.

① 감자, 뿌리야채는 찬물에 넣어 뚜껑을 덮은 채 끓인다.

② 마카로니, 국수류는 뜨거운 물에 약간의 식용유를 넣고 뚜껑을 덮지 말고 삶는다.

③ 212°F에서 소금을 첨가하고 끓인 후 식힌다.

그림10. 보일링(Boiling) 조리법의 모형

2) 시머링(Bouillir / Simmering) 조리법

이 조리방법은 포우칭(Poaching)과 보일링(Boiling)의 혼합 조리방법으로서 95~98℃에서 조리한다.

① 육류 조리시 삶은 고기류, 양고기, 소 혀 등은 물이나 육수에 먼저 한번 데쳐낸 후, 다시 뚜껑을 덮어 서서히 끓이는 방법이다. 육류요리의 스튜(Stew), 브레이징(Braise) 조리의 일종이다.

② 맑은 스톡이나 맑은 스프를 끓일 때 찬물 또는 맑은 스톡을 넣고 단백질이 파괴되지 않도록 거품을 지속적으로 걷어낸다.

③ 185~205℉ 온도를 유지한다.

그림11. 시머링(Simmering) 조리법의 모형

3) 블랜칭(Blanchir / Blanching) 조리법

주로 감자, 당근, 시금치, 브로콜리 등 야채류를 끓는 물에 순간적으로 넣었다 건져 내어 흐르는 찬물에 헹궈내는 데침 조리 방법이다. 따라서 브랜칭 방법은 소테나 스튜, 그레이징 조리법 이용 시 사전에 브랜칭을 시행하게 된다.

① 물에 데치는 경우

- 감자(Potatoes) : 끓는 물에 약간의 소금과 함께 감자를 넣어 절반정도 익힌다. 마른수건을 깐 넙적한 그릇에 건져내어 물기를 제거 하면서 그대로 식힌다.
- 야채류(Vegetables) : 끓는 물에 약간의 소금과 야채를 넣었다가 재빨리 건져내므로 무기질, 비타민, 엽록소, 색상 등의 손 실을 막을 수 있다.
- 뼈(Bones) : 소뼈나 닭뼈 등에 향신료와 깨끗한 찬물을 붓고 서서히 끓 이면서 거품과 불순물을 제거해야 한다.
- 브랜칭의 핵심 점은 반드시 뜨거운 물을 이용해야 하며, 그렇지 않으면 야채류나 고기류의 세포가 열려 영양가, 맛, 색상 등을 손실할 우려가 있다. 따라서 뜨거운 물에 데쳐야만 세포막이 열리지 않아 그대로의 맛 을 보존할 수 있다.

② 기름에 데치는 경우 : 기름을 이용한 블랜칭은 프라잉 과정과 유사하다. 야채류, 생선류, 육류, 감자는 보통 130℃(250℉) 정도에서 브랜칭 한 후 식힌다.

그림12. 블랜칭(Blanching)조리법의 모형

4) 포우칭(Pocher / Poaching)조리법

포우칭은 뱅 마리(Bain marie : 포트)와 같은 물을 끓일 수 있는 용기를 이용하여 65~80℃(150~715℉)의 온도를 유지하면서 서서히 재료를 익히는 조리 방법이다.

① 생선류는 65~80℃ 정도에서 와인 또는 쿠르 부이용(bouillon), 화이트 와인을 이용하여 포우칭 한다.

② 가금류는 먼저 살짝 데친 과정을 거친 후 화이트 스톡에 와인을 첨가해서 포우칭 할 수 있다.

③ 주의할 점은 포우칭을 할 때 절대로 80℃이상 온도가 상승하면 안 된다. 온도가 너무 높으면 식품 내 단백질과 맛이 파괴되기 쉽기 때문이다.

④ 포우칭 방법에는 주재료가 물(액체나 소스)에 완전히 잠기는 방법과 절반 만 잠기는 방법 두 가지가 있다.

그림13. 포우칭(Poaching)조리법의 모형

* Shallow Poaching 방법의 특성
、액체가 덜 사용된다.
、가금류, 육류, 생선류 등은 되도록 작게 자른다.
、포우칭 하는 액체로 소스를 만든다.
、일반적으로 이 방법은 오븐에서 이용된다.
、가니쉬(야채류)는 함께 넣어 혼합하여 요리한다.
、용기의 뚜껑은 기름종이나 쿠킹호일로 덮는다.

* Submerge Poaching 방법의 특성
、액체가 필요하다.
、이 방법은 되도록 식재료를 크게 자른다.
、소스를 만들기 위해서 포칭한 국물을 사용하지 않는다.
、가니쉬(야채류)는 따로 요리해서 서브 직전에 첨가한다.
、요리는 스토브 위에서 진행한다.
、용기의 뚜껑은 절대 덮지 않는다.

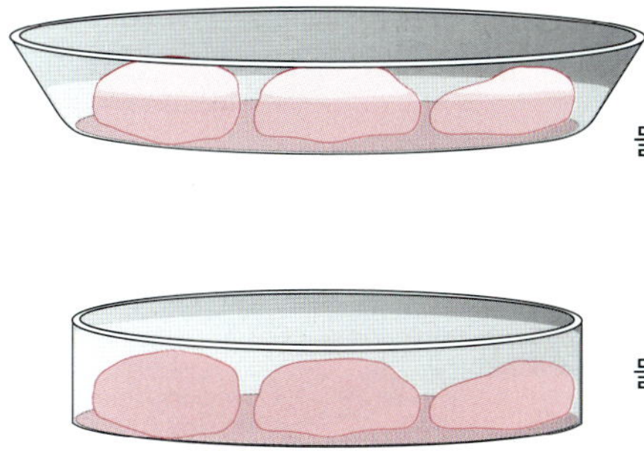

그림14. 재료가 물에 절반만 잠기는 방법과 완전히 잠기는 방법의 비교

5) 소테(Sauté) / 샬로우 프라잉(Shallow Fring)의 조리법

이 방법은 팬 프라이(Pan frying) 또는 소테(Sauté)라고도 한다. 호텔주방 현장에서 아주 많이 사용되는 방법이다. 이 조리법은 넓은 프라이팬에 높은 온도를 이용해 빨리 조리해 내는 방법이다. 프라이팬의 모양에 따라 팬 프라이 또는 소테라고 할 수 있다.

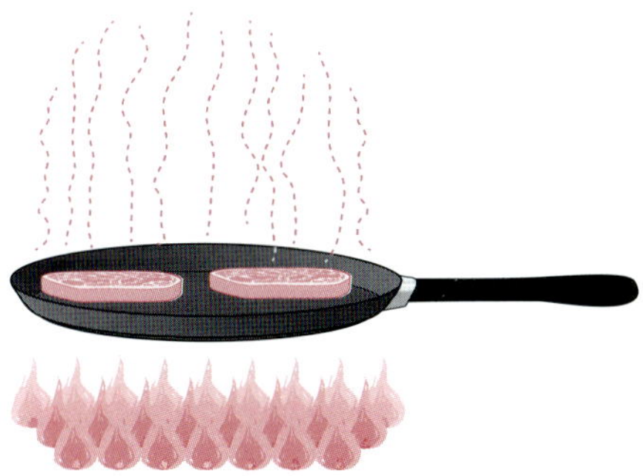

그림15. 소테(Sauté)조리법의 모형

• sauté / pan fry 특성

① 프라이팬의 표면 면적이 넓어야 빨리 증기 열을 증발시킬 수 있다.

② 버터나 기름을 약간만 넣어야 좋다.

③ 식재료의 양에 따라 알맞은 팬을 이용하는 것이 좋다.

④ 고기의 경우 얇은 팬에 높은 온도로 조리해야 수분이 빨리 증발하므로 색깔도 좋고 육질이 질겨지지 않는다.

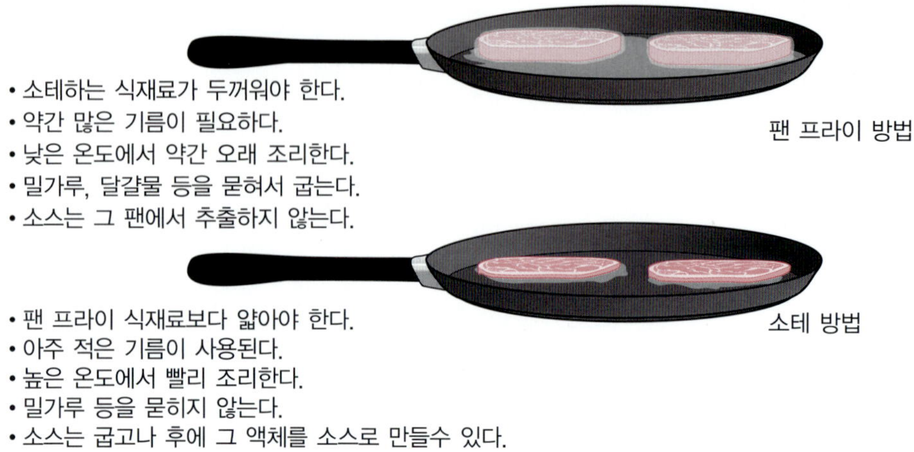

그림16. 소테(sauté)와 팬 프라이(pan fry)의 차이점

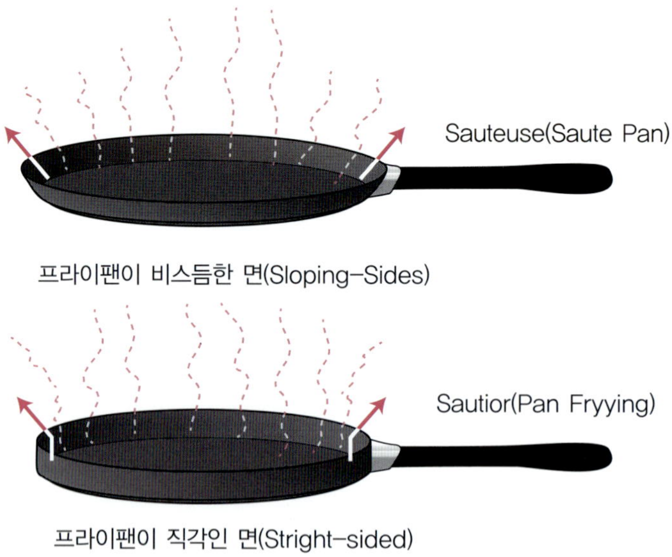

그림17. 소테(sauté)조리법의 모형

6) 브로일링(Broiling)과 그릴링(Griller / Grilling)의 조리법

보통 이 조리방법은 고기를 구울 때 전기, 가스, 숯 등의 철판 위에 올려 굽는다.

① 처음 온도는 220~260℃ 정도로 높여 놓았다가 150~210℃까지 온도를 낮추어 은근히 천천히 조리하는 방법이다.

② 고기 두께가 얇을수록 온도가 높아야 하며, 고기가 두꺼울수록 온도는 낮아야 그래야 맛과 향기를 느낄 수가 있다.

- 열의 원천이 위에서 부터 발산된 온도
- 석쇠온도가 전도된 온도의 한계이다.
- 이 방법은 전통적으로 가스나 전기기구로 사용된다.

- 열의 원천이 밑에서 발산된 온도
- 대류와 복사열의 방법이다.
- 이 방법은 가스, 숯, 마른 나무장작 등을 사용한다.

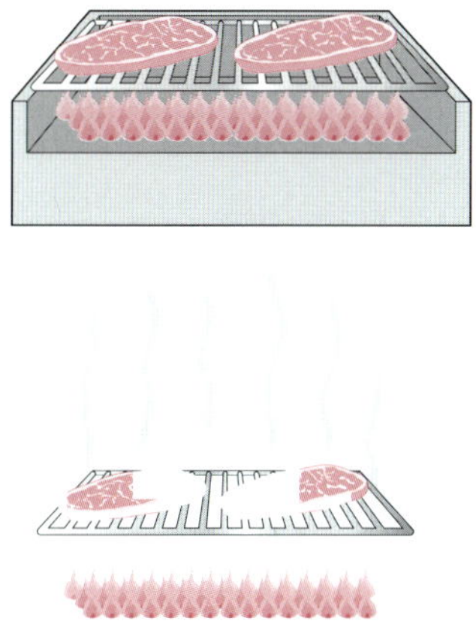

그림18. 브로일러(Broiler)와 그릴링(Grilling) 조리법의 모형

7) 딥-팻 프라이(Frire / Deep-fat frying)의 조리법

이 방법은 기름을 이용하여 보통 140~190℃(250~357°F) 정도로 온도를 유지해야 한다. 주로 튀김 조리는 육류, 생선류, 야채류, 가금류 등에 이용된다. 튀김 재료를 조금씩 조절해서 기름에 넣어야 하며, 한꺼번에 너무 많은 분량의 재료를 넣으면 온도가 내려가 튀김 식재료에 기름이 흡수되어 좋은 맛과 색을 낼 수가 없다.

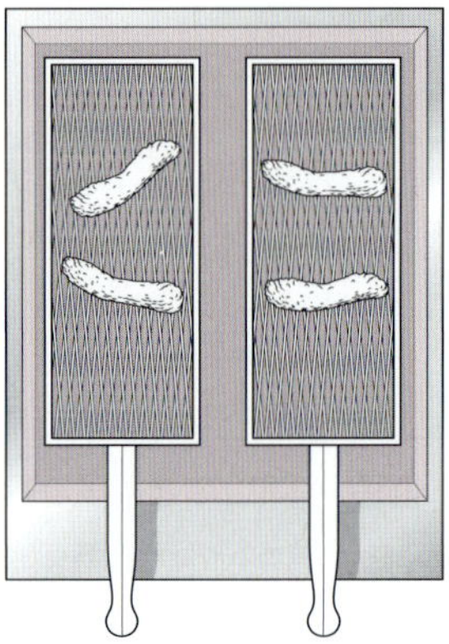

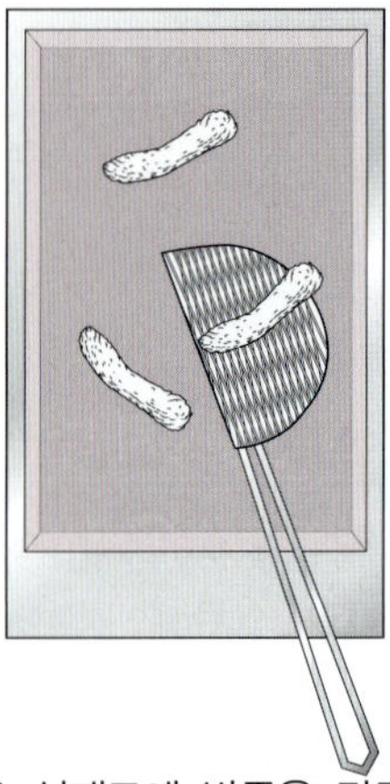

- 이 방법은 프라이기의 비스켓에 식재료를 놓고 난 후 뜨거운 기름에 철망을 담군다.
- 빵가루묻힘이나 다른 물힘을 튀길 때
- 작은 조각들을 많이 튀길 때
- 밀가루 반죽묻힘으로 튀김은 안된다.
- 많은 양을 튀길 때

- 이 방법은 식재료에 반죽을 담구어서 직접 뜨거운 기름에 프랑이한다. 튀길 때 식재료들이 뒤섞인다. 그리고 망 또는 집게로 건져낸다.
- 바스켓 방법과 경우에 따라서 가다.
- 바스켓 방법과 다르다(큰 것을 조금 튀길 떼)
- 밀가루반죽을 튀길 때 좋은 방법이다.
- 많은 양을 튀길 때

그림19. 바스켓 방법(Basket method)과 스위밍 방법(Swimming method)의 비교 모형

8) 브레이징(Braiser / Braising)의 조리법

이 방법은 용기에 식재료를 넣고 액체와 같이 은근한 불에서 장시간 끓이는 방법인데, 보통 온도는 180~200℃ 정도이다. 덩어리 고기는 높은 온도에서 표면을 갈색으로 색깔을 낸 다음 야채, 와인, 스톡 등을 넣고 서서히 조리한다. 요리 중 가끔씩 내용물을 저어 주는 것이 좋다. 내용물(식재료)이 충분히 조리된 후에는 고기를 건져내고 서서히 끓인 후 생긴 육즙(Jus)을 체로 거른 다음 버터를 넣고 자체 소스를 만든다.

따라서 브레이징의 변형된 방법을 스튜라고 할 수 있다. 조리할 때 용기의 뚜껑을 꼭 덮어 둔다. 고기나 야채류의 양에 맞는 팬을 사용하는 것이 좋으며, 은근히 끓일수록 액체양이 많이 필요로 한다.

그림20. 브레이징(Braising)조리법의 모형

그림21. 브레이징(Braising)과 스튜(Stewing)조리법의 모형 비교

표. 브레이징(braising)과 스튜(stew)조리법의 특징 비교

브레이징		스튜
크고 많은 양	◀── 고기의 크기 ──▶	규격으로 썬 고기조각
고기 1/2 또는 1/3정도	◀── 액체의 양 ──▶	고기가 덮히게
고기와 야채는 분리	◀──나니쉬(야채류)──▶	고기와 야채는 함께 할 때도 있고, 따로 할 때도 있다.
조리 후 거른다.	◀── 소스 ──▶	조리 후 거르지 않는다.
오븐에서	◀── 조리형태 ──▶	오븐 또는 스토브 위에서

9) 로스팅(Rôtir / Roasting)의 조리법

이 조리 방법은 로스팅 팬에 식재료를 올려서 오븐 또는 콤팩트 오븐의 온도를 처음에는 210~250℃정도로 높여서 육류의 색깔을 내고, 점차 150~200℃로 낮추어 마무리한다. 그리고 굽는 동안에 계속해서 고기 윗부분에 기름을 끼얹으면서 굽는 방법이 좋다. 고기 재료에 뚜껑은 덮지 않는다.

① 라딩(Larding) : 특수한 바늘을 사용하여 고기 속에 지방조각을 집어넣는 다. 돼지 등의 지방이 사용하기 쉽다. 그리고 그 지방은 고기 내부의 습기와 윤기를 더해준다.

② 바딩(Barding) : 고기표면에 얇은 지방을 썰어서 겹쳐 굽는 방법이다. 고깃 덩어리를 구울 때 지방이 녹아서 고기 표면을 촉촉하게 해주며, 고기가 마르지 않도록 하는 역할을 한다.

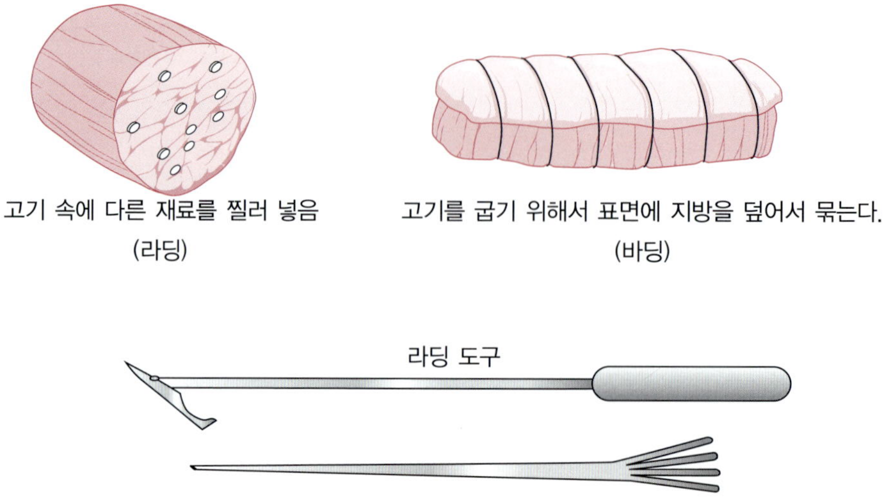

그림22. 라딩(Larding)과 바딩(Barding)의 모형 비교

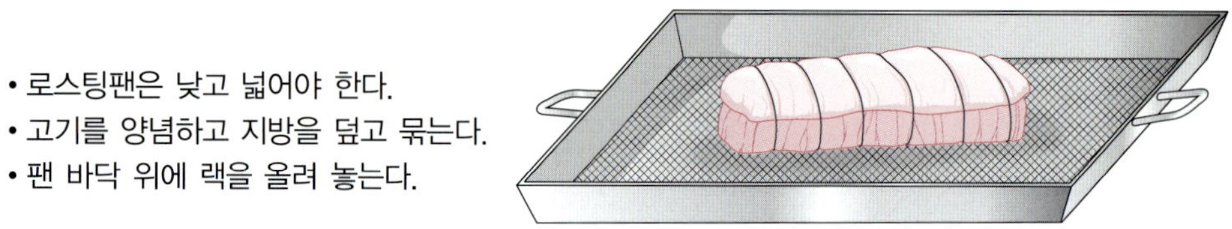

그림23. 로스팅(Roasting)조리법의 모형

10) 스티밍(Cuire à la Vapeur / Steaming)의 조리법

이 조리방법은 압력 쿠커를 이용하는 방법과 순수한 수증기로 이용하는 방법이 있다. 이 방법들은 일반적인 조리 방법이므로 야채류, 생선류, 갑각류, 육류, 후식류 등을 매우 빨리 조리할 수 있다. 그리고 수증기나 증기압을 이용하기 때문에 신선도를 유지하는데 이용되는 조리방법으로 온도는 200~250℃정도가 적당하다. 대체로 야채류 가니쉬 조리에 많이 이용 된다.

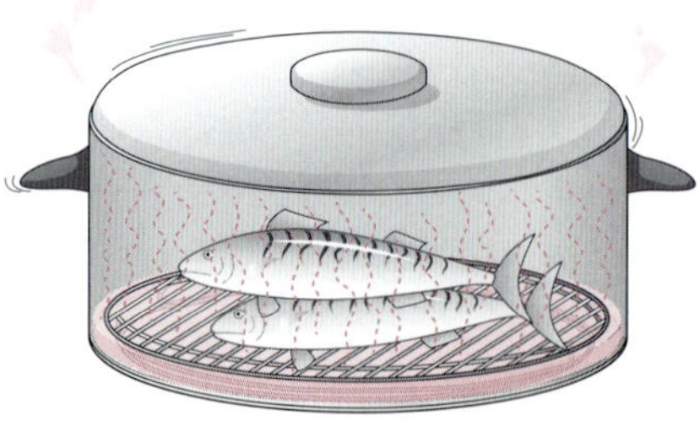

그림24. 스티밍(Steaming)조리법의 모형

11) 그라티네이팅(Gratiner / Gratinating)의 조리법

이 방법은 어떤 요리를 마무리 단계에서 요리 표면에 달걀 노른자, 치즈, 버터, 설탕, 카라멜 등을 입히거나 오븐에서 표면의 색깔을 갈색으로 내는 방법으로 스프류, 생선요리, 그라탕, 스파게티, 마카로니 요리 등에 많이 사용된다.

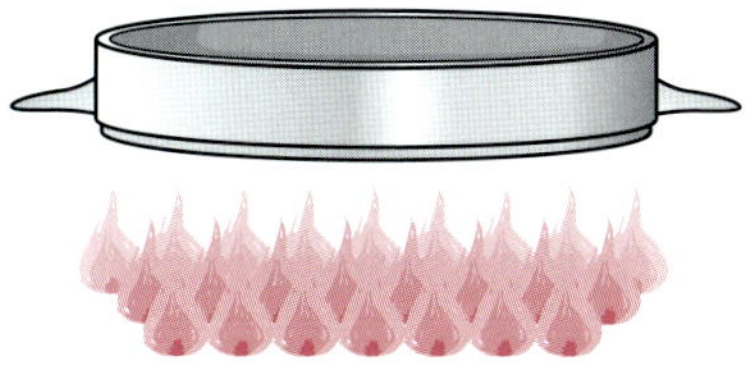

그림25. 그라틴(Gratin)조리법의 모형

12) 베이킹(Cuire au Four / Baking in the Oven)의 조리법

이 방법은 굽는 팬에 식재료를 넣고 뚜껑을 덮지 않고 요구된 온도에 맞추어 오븐에서 몰드(Mould)를 사용하거나 시팬에 기름을 칠하고 재료를 올려 굽는 방법이다. 여러 가지 굽는 방법이 있으며, 석쇠를 이용하여 굽는 경우에 140~250℃정도, 오븐바닥에서 구울 경우에는 170~240℃정도에서 굽는다. 보통 파테(Pâté), 윌링톤(Wellington), 페스트리(Pastry), 디저트(Dessert) 등에 많이 사용한다.

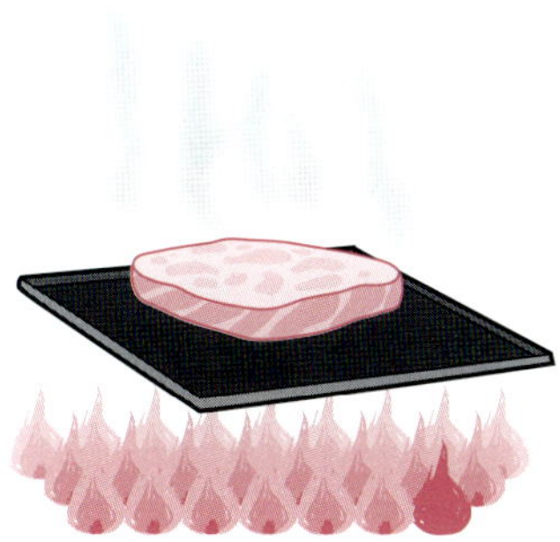

그림26. 베이킹(Baking)조리법의 모형

13) 그레이징(Glacer / Glazing)의 조리법

이 방법은 야채류, 육류요리 등에 색깔과 광택이 나도록 하는 방법이다. 따라서 야채 그레이징 할 때는 뚜껑을 덮고 150~200℃정도의 약한 불에서 서서히 삶아 건져내 물기를 제거한 후 설탕, 버터 등을 넣어 맛과 광택이 나도록 한다. 육류의 그레이징은 기본적으로 브레이징과 같으나 약한 불에서 조리한다. 처음 와인으로 조리한 후 다음 단계는 브라운 스톡을 넣어 계속 졸여 내면 맛, 색깔, 광택이 나면서 먹음직스럽게 된다.

그림27. 그레이징(Glazing)조리법의 모형

14) 포트 로스팅(Poêler / Pot Roasting)의 조리법

이 방법은 로스팅과 비슷하지만 약간 다른 방법으로 굽는다. 온도는 140~210℃의 오븐에서 뚜껑을 덮고 야채와 함께 가금류, 육류 등의 맛이 좋도록 조리하는 것이다.

로스트 팬에 식재료와 야채를 넣고 뚜껑을 덮어 서서히 가열한다. 로스팅 진행 중에 흘러나오는 육즙을 표면에 계속 발라주면서 굽는다. 로스팅이 끝날 무렵 고기는 건져내고 와인과 브라운 스톡을 첨가하면 자연스럽고 훌륭한 소스를 만들어 낸다.

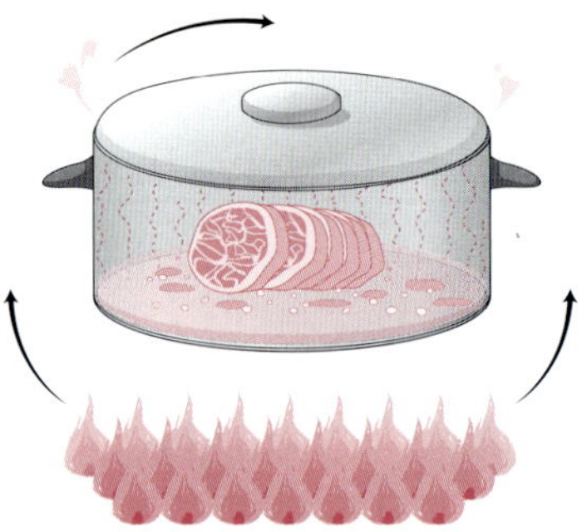

그림28. 포트 로스팅(Pot Roasting)조리법의 모형

5. 프랑스요리 정찬 코스(Full Course)의 내용

프랑스요리는 원칙적으로 프랑스식 전통 메뉴 구성에 그 기초를 두며 고객의 주문형태에 따라 테이블도트(Table d' hote)와 알라 카르트(A La Carte) 메뉴로 두 가지로 나눌 수 있다.

전자는 정식코스로서 제공되는 순서에 따라 요리가 나오는 것이고, 후자는 고객의 취향에 따라서 표준메뉴를 선택해서 개개인의 기호요리를 주문하는 형태이다.

정식메뉴(Table d' hote)는 풀코스로서 한 끼 식사 분으로 짜여져 있기 때문에 고객은 그 내용이 구성하고 있는 개개의 요리를 주문할 필요가 없으며, 가격은 한 끼 식사 분으로 표시되고 비교적 비싼 편이다. 따라서 요리의 질도 우수하다.

테이블도트에 제공되는 요리순서는 프랑스의 고전적 방식으로는 순서가 수십 차례가 되었지만, 현대 사회에 와서는 여러 측면을 고려하는 실용적으로 바뀌였다. 따라서 대체로 3코스, 5코스, 7코스, 9코스 등으로 이루어져 있다고 할 수 있으며, 일반적으로 7코스를 사용하는 경우가 많다.

- 프랑스요리 서빙 순서는 다음과 같다.
  - ① 3코스(전채 : (스프 포함) ➡ 주요리 ➡ 후식)
  - ② 5코스(전채 ➡ 스프 ➡ 주요리 ➡ 후식 ➡ 음료)
  - ③ 7코스(전채 ➡ 스프 ➡ 생선요리 ➡ 주요리 ➡ 샐러드 ➡ 후식 ➡ 음료)
  - ④ 9코스(전채 ➡ 스프 ➡ 생선요리 ➡ 샤벳 ➡ 주요리 ➡ 샐러드 ➡ 후식 ➡ 음료 ➡ 식후 생과자)

표. 테이블도트(Table d' hote)와 알라 카르트(A La Carte) 메뉴의 비교

테이블 도트 메뉴	알라 카르트 메뉴
1. 일명 Set Menu라 일컫는다.	1. 고객 기호식 Menu라 일컫는다.
2. 제공되는 요리품목이 한정되어 있다.	2. 제공되는 요리품목이 다양하다.
3. 가격이 코스별로 한정된다.	3. 가격이 요리 개별품목별로 선정된다.
4. 전체적인 가격통제가 용이하다.	4. 가격이 일률적으로 통제가 곤란하다.
5. 코스 가격 측면에서 저렴한 편이다.	5. 가격이 테이블도트보다는 상대적으로비싼 편이다.
6. 고객취향에 따라 코스품목 변경이 곤란하다.	6.고객기호에 따른 메뉴선택 가능하다.

표. 프랑스요리 정찬메뉴 형식의 내용

순서	주류	내용
전채 Hors d' oeuvre(프) Appetizer(영)	쉐리주 백포도주	· 전채는 냉요리와 온요리가 있다. · 다음 요리에 대비해 위액을 분비시켜 식욕촉진제 역할을 한다.
스프 Potage(프) Soup(영)		· 맑은 스프와 걸쭉한 스프로 나뉜다. · 식욕증진에 도움을 준다.
생선요리 Poisson(프) Fish(영)	백포도주	· 생선류, 바다가재류, 새우, 게 등으로 찜, 버터구이, 그라탕, 차가운 요리 등으로 만들어 준다.
샤 벳 Sorbet(프) Sherbet(영)		· 얼음과자의 일종으로 생선요리 다음으로 입을 씻는 의미와 주 요리를 먹기 위한 준비단계이다. · 샤벳 종류에는 오렌지, 샴페인, 딸기, 레몬, 키위, 수박 등 여러 재료를 이용할 수 있다.
육류요리 Entree(프) Main Course(영)	적포도주	· 메뉴의 중심적 역할을 하는 중요한 코스로서 조리방법도 다양하다. · 온 야채류도 곁들인다.
샐러드 Salade(프) Salad(영)		· 보통 독립된 요리로 제공된다. · 여러 야채 식재료를 이용해서 만든다. · 요즘은 특수야채가 다양하게 이용된다.
후식 Douceur(프) Desserts(영)		· 식후과자의 일종으로서 달콤하고 시원한 맛이 있어야 한다. · 과자류, 크레프, 과일류, 케익류, 빙과류 등이 있다.
음료 Boisson(프) Beverage(영)		· 주스류, 커피, 홍차, 밀크 등 입맛을 마무리하는 코스이다.

제 3 편

프랑스요리 기본 소스 및 조리방법

Ⅰ. Fonds(폰)

Ⅱ. Pâtèsand Terrines(파테와 테린)

Ⅲ. Sauces(소스)

제 3 편

프랑스요리 기본 소스 및 조리방법

Ⅰ. Fonds(폰)

프랑스 요리에 있어서 정성들여 만드는 소스에 빠뜨려서는 안 되는 중요한 부분을 차지하고 있는 것이 폰(Fonds)이다.

폰(Fonds)을 본격적으로 만드는데 시간상, 과정상 복잡하고 난해하기 때문에 이것을 될 수 있는 한 알기 쉽게 조리하기 위해 기본이 되는 Fonds Bruns(송아지고기로 만든 갈색 폰), Fonds Blancs(가금류 등의 흰살고기와 뼈에서 얻은 흰 폰)과 Fumet de Poisson(농도 짙게 푹 고은 생선 폰)을 만드는 법을 소개한다.

폰(Fond)은 소스를 만들거나 라고요리(Ragoût)나 브레제요리(Braisé)를 만들기 위해 사용 되는 Bouillon Aromatisé(부용 아로메티제)이라는 향기로운 국물이다.

따라서 폰(fonds)은 주재료를 직접 이용하여 국물을 뽑기 위한(Liquide de Cuisson)국물과 재료를 함께 넣어 갈색으로 볶다가 끓여서 잘 걸러 사용하게 된다. 이것을 우리는 스톡의 형태라고도 한다.

그리고 폰(fonds)은 모체 소스류 이든지 파생 소스이든지 관계없이 사용하고 만들어질 수 있다.

- 화이트 스톡(White Stock : Fonds)으로 만들어지는 소스는 Blanche(부랑쉐)라고 부르는데 여기에 해당 되는 소스류가 Allemande Sauce(알망드), Poulette Sauce(폴레트), Aurore Sauce(오로레)등이 속한다.
- 브라운 스톡(Brown Stock : Fonds)으로 만들어지는 소스는 Brun(부룬)이라고 부르는데 여기에 해당되는 소스류는 Espagnol Sauce(에스파뇰), Bordelaise Sauce(보데레이즈), Bercy Sauce(베르시)등이 속한다.

Fonds(폰)은 송아지 뼈, 소 뼈, 닭 뼈, 들짐승 뼈 등 주재료와 야채(당근, 양파, 샐러리)그리고 향신료 등을 넣어서 만들어 진다.

옛날 고전적인 요리 방식에는 폰이 거의 필수불가결한 토대가 되었는데 요즘은 많이 축소, 생략되었다. 그렇다고 폰을 만들어서 이용하지 않으면 훌륭한 프랑스요리를 만들 수가 없다. 폰은 주재료에 따라서 여러 가지로 만들 수가 있다.

프랑스요리에서는 3가지 FONDS이 분류 될 수가 있다.

1) FOND Blanc(흰색 폰)은 닭뼈, 소뼈와 야채, 향신료 등으로 넣어서 끓인 부용(Bouillon)이다.

2) FOND Brun(갈색 폰)은 Jus Brun 으로 불렀다. 소뼈, 닭뼈, 야채, 향신료 등을 갈색으로 볶아서 끓인 부용(Bouillon)이다.

3) FOND Maigre(야채 폰)는 야채와 향신료를 버터에 살짝 볶아서 끓인 부용((Bouillon)이다. 이 폰은 소금을 넣지 않는다. 중립적인 맛을 유지해야 하기 때문이다.

· 폰 드 뽀아숑(Fonds de Poisson)은 Fumet(퓨메)라고 불리워진다. 이것은 생선 뼈와 야채, 향신료 등을 넣어서 만들어지는 흰색 생선스톡이며, 생선요리 소스의 기초적 토대가 되는 생선 스톡 이다.

Fumet(퓨메)는 어떤 주재료 자체로부터 우려나오는 향기, 요리의 맛을 보강하기 위해서 Sauce나 Fond de Cuisson(자체 국물)을 더욱 배가시키기는 것이 퓨메(Fumet)이다. 퓨메(Fumet)의 용어는 원래 양송이요리나, 생선요리를 위해 사용되는 것이다. Viande(고기류), Volaille(가금류), Gibier(들짐승류) 등을 위해 사용되는 것은 Fond(폰)이라고 한다.

따라서 Fumet(퓨메)는 크게 두 가지로 분류되고 있다.

· Fumet de Champignon (퓨메 드 샴피뇽)은 레몬주스, 버터, 소금, 양송이등을 넣어서 졸인 국물이며, 어떤 소스의 맛을 증가시키기 위해 사용된다. 그리고 마데라 와인 속에 트라플을 담구어서 졸인 것을 Fumet de Truffle이라고 한다.

· Fumet de Poisson (퓨메 드 뽀아숑)은 화이트 와인, 향신료, 에샬로트, 양파, 생선뼈 등을 넣어서 은근히 끓여 어떤 소스의 맛을 배가 시키는데 사용된다.

그리고 갑각류를 주재료로 넣어 끓여 졸인 갑각류 퓨메(Fumet)도 있다.

Fond de Veau Brun

(Brown Veal Stock)

송아지고기를 이용한 폰 브룬

재 료 : (4인분~8인분)

송아지 뼈 1kg, 당근 100g, 양파 50g, 샐러리 50g 마늘 2쪽, 부케 가르니 1단, 통후추 10g, 찬물 충분량

>>> 만드는 방법

1. 송아지 뼈는 잘게 잘라 철판에 얹어 오븐에서 갈색을 충분히 낸다.
2. 3색 야채도 갈색을 충분히 낸다.
3. 큰 캐서롤에 구운 뼈와 야채, 부케 가르니를 넣고 소금은 넣지 않는다.
4. 찬 물을 충분히 부어 넣고, 끓어오르면 앙금을 제거한다.
5. 떠오르는 여분의 기름과 거품을 계속적으로 건져내고, 국물이 졸아지면 재료의 뼈가 잠기도록 다시 찬 물을 붓고 끓인다.
6. 은근히 같은 상태로 2~3시간 정도 끓인 후 마무리 한다.
7. 최종적으로 적절한 농도가 되면 아주 세밀하게 거른다.

Fond Blanc de Volaille

(White Chicken Stock)

닭고기를 이용한 흰 폰

재 료 : (4인분~8인분)

닭의 뼈 · 목 · 다리 1kg, 당근 60g, 양파 50g, 대파(흰부분) 1뿌리, 샐러리 100g, 마늘 2쪽, 부케 가르니 1단, 찬물 충분량

>>> 만드는 방법

1. 큰 냄비에 닭 뼈를 넣고 재료가 잠길 정도로 찬 물을 부어 한번 끓어 오르면 기름, 앙금을 제거하기 위해 냄비에 국물을 모두 쏟아 버리고 다시 찬물을 넣는다.
2. 향을 내기 위해 야채와 향신료, 부케 가르니를 첨가해 천천히 끓는 상태를 유지하면서 은근히 약 45분 정도 끓인다.
3. 표면에 뜨는 기름과 거품은 큰 스푼으로 제거한다. 맑고 깨끗한 폰을 위해서는 이 두 가지에 주의해야 한다.
4. 세심하고 조심스럽게 깨끗하게 잘 거른다.
5. 더욱 농도 있는 흰색 폰으로 만들려면 여기에 암탉과 송아지 정강이살을 첨가할 수도 있다.

Demi-glace Tomate

(Tomato Demi-Glace Sauce)

토마토 퓨레를 이용한 데미 그라스

재 료 : (4인분)

송아지 폰 브룬 1, 토마토 퓨레 1/2(#10)캔, 잘 익은 토마토 3개, 당근 60g, 양파 60g, 샐러리 50g, 파슬리 약간, 통후추 약간, 부케 가르니 1단, 버터 약간, 후추 약간

>>> 만드는 방법

1. 냄비에 버터를 가열하여 작게 자른 지비에(Gibier)를 약 10분간 볶는다.
2. 여기에 작게 자른 Mire-poix(당근, 샐러리, 양파)를 넣어 가볍게 볶다가 붉은 포도주와 demi-glace를 부은 후 천천히 끓인다. 부케 가르니, 통후추 등도 넣는다.
3. 끓어오르는 앙금은 잘 제거하고 약 3시간가량 서서히 끓인다.
4. 이때 야금류 재료가 항상 잠긴 상태를 유지하기 위해 국물이 졸으면 다시 찬물을 부어 은근히 끓인다.
5. 완성된 지비에 폰은 가는 체로 잘 걸러(약 1ℓ 정도) 뜨는 기름을 제거하고 차가운 곳에 보관 한다.

Glace de Viande

(Glace of Brown Veal)

송아지 뼈를 농축한 갈색 폰

재 료 : (4인분~8인분)

송아지 폰 부룬 4ℓ

>>> 만드는 방법

1. Fond de Veau Brun을 약한 불에서 서서히 끓인다. 끓고 있는 동안에 떠오르는 불순물을 정성껏 제거한다. 맑은 Glace(갈색 폰)를 만드는데 있어 이 작업이 대단히 중요하다.
2. 갈색 폰이 점점 졸여지면 분량에 맞는 다른 냄비로 옮긴다.
3. 처음 분량은 4ℓ 에서 2리터 절반 정도로 졸이며, Glace는 맑은 시럽상태로 되는 것을 말하며 광택이 나야한다.
4. 완성된 Glace de Viande는 Steak Poivre(통후추 맛의 스테이크)용으로 쓰고, 여러 종류의 소스에 보다 좋은 맛을 내는데 사용되는 기본이 된다.

• 끓이는 시간은 끓는 상태에 따라 다르므로 정확한 시간을 명시할 수 없다.

Fond de Gibier

(Brown Game Stock)

야생 짐승을 이용한 폰

재　료 : (4인분)

야생조류와 토끼, 사슴 등의 뼈 또는 머리, 목 등 1kg, 붉은 포도주 1ℓ ,
demi-glace 1/2ℓ , 당　근 1개,
양　파 1개,　샐러리 1개, 버터 10cc, 부케 가르니 1단, 찬　물 충분량

>>> 만드는 방법

1. 냄비에 버터를 가열하여 작게 자른 지비에(Gibier)를 약 10분간 볶는다.
2. 여기에 작게 자른 Mire-poix(당근, 샐러리, 양파)를 넣어 가볍게 볶다가 붉은 포도주와 demi-glace를 부은 후 천천히 끓인다. 부케 가르니, 통후추 등도 넣는다.
3. 끓어오르는 앙금은 잘 제거하고 약 3시간가량 서서히 끓인다.
4. 이때 야금류 재료가 항상 잠긴 상태를 유지하기 위해 국물이 졸으면 다시 찬물을 부어 은근히 끓인다.
5. 완성된 지비에 폰은 가는 체로 잘 걸러(약 1ℓ 정도) 뜨는 기름을 제거하고 차가운 곳에 보관 한다.

Fumet de Poisson

(White Fish Stock)

생선뼈를 농축한 폰

재 료 : (4인분)

생선(혀가자미, 넙치, 도다리의 일종)뼈, 머리 1kg, 양 파 100g, 대 파 50g
부케가르니 1단, 버 터 약간, 찬 물 충분량, 통후추 10g

>>> 만드는 방법

1. 큰 냄비에 생선뼈와 얇게 썬 양파, 대파를 넣고 뚜껑을 덮지 않은 채 약한 불에서 약 10분간 슈에 한다. 여기에 재료가 잠길 정도의 찬물을 붓고 부케 가르니, 파세리, 통후추를 넣어 은근히 끓이다 표면에 뜨는 앙금은 제거하고 약한 불에서 약 30분 이내 정도로 끓인다. 퓨메 쁘아숑은 너무 오래 끓이면 좋지 않다.
2. 완성된 생선 폰은 가는 체로 세심하게 거른 후 사용할 때까지 차가운 곳에 보관해 둔다.
3. 찬물 양의 비례하여 1/3 정도 백포도주 200cc 정도를 넣어도 좋지만, 그러나 생선 퓨메를 폭넓게 사용하는 데는 물만으로도 충분하다. 그리고 약간의 레몬주스와 소금을 넣어도 좋다.
4. 퓨메를 차게 하면 응고하지만, 용기 속에서 약간의 묽은 젤리 상태로 흐를 정도로만 굳히는 것이 좋다.

Nage pour Poissons Crustacés ou Coquillages

(White Vegetable Stock)

토마토 퓨레를 이용한 데미 그라스

재 료 : (4인분)

당 근 400g, 샐러리 150g, 양 파 250g, 에샬롯트 50g, 마 늘 2쪽, 타 임 1잎, 월계수 잎 · 파슬리 각2잎, 세이지 10g, 에스트라곤 10g, 대 파(흰부분) 1개, 붉은 피망 1/2개, 코리앤다 약간, 아니스 약간, 흰 통후추 5알, 소 금 20g, 피쉬 스톡1ℓ

>>> 만드는 방법

1. 당근은 5cm 길이의 쥬리엔으로 자르고, 양파, 샐러리는 줄기를 이등분해서 당근과 똑같이 썬다.
2. 냄비에 1의 재료를 모두 담아 넣는다.
3. 당근, 양파, 샐러리, 에샬롯트, 마늘, 타임, 월계수 잎, 에스트라곤, 세이지를 단으로 묶어 대파의 흰 부분으로 감싼다. 그리고 가볍게 부순 흰 후추, 크로브, 아니스, 코리앤다 등은 모두 머슬러 천(흰천)으로 된 작은 주머니에 채워 넣는다.
4. 갑각류, 조개류의 재료가 잠길 정도도 스톡을 붓고 레몬주스, 소금을 넣은 후 약 10분가량 끓인다. 너무 오랜 끓이면 맛이 좋지 않다.
5. 갑각류 부이용은 백포도주나 신선한 레몬주스를 넣어 사용 할 수도 있다.
6. 다음 두 가지 용도로 사용할 수 있다.
   ① 생선 조리용(구르부이용 형태)
   ② 백포도주로 혼합하든가 강한 불에서 버터 몬테를 위한 야채에 사용할 수 있다.

• 이런 방법의 부이용은 에크루피스(바다가재, 갑각류), 가리비, 포칭 생선, 야채류 등에 이용가능하다.

II. Pâtés and Terrines(파테와 테린)

파테는 프랑스지역에서 지역적 특색을 잘 나타내는 것이 파테이다. 파테는 빵 생지 속에 육류나 가금류 재료를 섞어서 항아리나, 몰드(금속)에 얇은 라드(기름)를 발라서 채워서 오븐에서 구워내는 요리를 Pâté(파테) 라고 한다.

파테는 원래 로마인들로 인해 세계적으로 유명해 진 것으로 기록되고 있다. 로마인들은 대체로 돼지고기 같은 것, 향신료, 야채류, 양념 등으로 모든 주재료의 내용물들로 만들었으며, 중세시대에는 요리법도 다양했다.

Pâté de Porc(돼지고기), Pâté de Volaille(가금류), Pâté de d' Anguille(뱀장어), Pâté de Lotte(아구), Pâté de Chapon(수닭), Pâté de Agneau(양고기)등이 세기적인 인물에게 받치는 창조된 요리로 강조되었다.

프랑스요리에서 Pâté(파테)의 요리 용어는 일반적으로 Paté en Crouton이며, 가장 널리 사용되는 Pâté종류로는 Pâté à Pâté (파테를 만들기 위한 파테 반죽), Pâté à Foncer(설탕을 첨가한 파테 반죽), Pâté Feuilletée(꼬냑을 넣어 만든 반죽), Pâté à Brioche(설탕을 첨가하지 않은 반죽)등이 있다.

따라서 Pâté는 일반적으로 돼지고기, 송아지고기, 햄, 어린 닭고기, 생선, 야금류와 야채류, 향신료, 양념류 등을 곱게 다지거나 갈아서 몰드형 틀에 담아서 구운 낸 요리이다.

일반적으로 파테 굽기는 오븐 온도 200℃~210℃에서 시작하여 중불 오븐 150℃에서 계속 굽는다. 대체로 파테 속 고기가 kg당 35분에서 40분 정도 구워 내면 적당하다.

파테를 구워낸 후 뜨거울 때 위 뚜껑에 구멍을 통해 흰 벨루테 소스, 데미그라스 소스, 고기 쥬, 젤라틴 등을 부어 단단하게 응고한 후 차갑게 하여 서빙 된다.

Terrine(테린)은 유약을 바른 흙 도기, 에나멜 도기, 스테인레스로 만든 용기등으로 일컫는다. 용기는 매우 다양하며, 타원형, 장방형, 원형, 손잡이나 귀가 달린 그릇 등이 있다.

Terrine(테린)을 만드는 조리법은 주재료인 육류, 생선류, 야채류, 향신료, 크림, 양념등을 넣어 곱게 갈아서 용기에 넣어 차갑게 응고시켜서 만든 요리이다.

따라서 pâté는 생지 반죽을 입혀 오븐에서 구워낸 요리이며, Terrine은 생지 반죽을 입히지 않은 채 그대로 냉장고 응고 시킨 낸 요리이다.

Pâté à Foncer Fine

(Pâté Foncer Dough)

파테 퐁세 생지

재 료 : (4인분)

밀가루 250g, 버 터 150g, 계란 노른자 2개, 우 유 150cc
이스트 6g, 슈가 파우더(설탕) 25g, 소 금 약간, 꼬 냑 약간

>>> 만드는 방법

1. 조리대(또는 믹싱볼) 위에 밀가루를 넣고 중앙을 움푹하게 만든다.
2. 그 가운데 속에 소금, 설탕, 따뜻한 우유와 분말 효모를 넣어 잘 섞는다.
3. 2가 잘 섞이고 녹으면 손가락 끝으로 잘 혼합한다.
4. 계란 노른자와 부드러운 버터를 첨가해 밀가루를 중심으로 조금씩 오므리면서 전체를 반죽한다.
5. 지나치게 뭉치지 않도록 주의하면서 잘 혼합되고 약간의 끈기가 있게 균등하게 잘 만든다.
6. 둥근 모양으로 정리되면 믹싱 볼로 옮겨 담는다.
7. 랩이나 천으로 덮어 차가운 곳에 넣어 약 20~30분 정도 재워둔다. 사용할때 꺼낸다.

Pâté à Feuilletée

(Pâté Crust Dough)

파테 페이떼 생지

재　료 : (4인분~8인분)

밀가루 500g, 버　터, 500g, 물 200cc, 소　금 15g

>>> 만드는 방법

< La détrampe>

· 데트랑프 과정 : 밀가루 반죽을 하기 위해 밀가루에 물을 섞는 것(물에 녹이다).

· 페이떼 생지 만들 때 항상 대리석 받침대를 준비해 두지만, 특히 하절기에는 항상 차거운 상태에서 작업을 계속하는 것이 좋다.

1. 조리대 위에 밀가루를 소복하게 부어 중앙 움푹한 곳에 소금, 물을 넣는다. 소복하게 쌓인 밀가루 산주위에서부터 오른손으로 조금씩 중심 쪽으로 밀가루를 혼합해 간다.
2. Pâté에 너무 힘을 가하지 않도록 주의하며 끈기가 생기지 않도록 재빨리 혼합한다. 전체가 골고루 혼합되면 détrampe가 완성된다.
3. 조리대에서 주걱으로 반죽을 떼어 내어 둥글게 정리해 시팬에 담고 공기로 인한 탄력성을 없애기 위해 식칼로 몇 군데 칼집을 넣어준다.
5. 버터는 두 장의 얇은 프라스틱 판 사이에 버터를 넣고 밀대를 이용해서 천천히 골고루 펴서 아주 부드러운 장방형의 카펫트 형태로 만든다.
6. 재워둔 밀가루 반죽 détrampe를 앞에 놓고 3cm 두께의 장방형으로 편 다.
7. 넓게 편 détrampe 중앙에 버터를 얹어 사방에서 중심을 향해 접어 버터와 밀가루 두 가지 재료가 잘 혼합 되도록 붙도록 밀대로 밀어준다.
8. 조리대 위에 가볍게 밀가루를 뿌려 반죽을 얹은 후 두께가 6cm정도의 장방형이 되도록 밀대로 밀어준다. 모두 6회 정도 반죽 접기를 되풀이 한다.
9. 반죽을 접기 위해 벨트상태로 펴(un tour: 1회 펴기) 양손을 밀대에 얹어서 같은 방향으로 눌러 대면서 편다.
10. 반죽을 펴는 순서는 다음과 같다.

밀대를 장방형의 밀가루 반죽 중심에 두고 반죽의 두께가 절반이 되도록 밀대를 회전시키면서 바로 앞으로 밀고 온다. 끝까지 오면 또다시 반죽의 중앙에 밀대를 가져와서(이때 밀대를 반죽에 닿지 않게 할 것) 반대측도같은 두께로 한다. 전체를 평균 2cm 두께로 편 다음 3군데를 접는다. 이단계의 반죽을 Pâton이라 한다.

11. 최초의 반죽 펴기가 끝나면 바로 2회째를 시작한다. 즉 1/4의 반죽을 오른쪽으로 접어 똑같이 한다. 2회째의 Pâton(반죽 덩어리)이 건조되지 않도록 촉촉한 헝겊에 싸서 차가운 곳에 잠시 둔다.
12. 약 20분정도 두었다가 나중에 다시 2회 되풀이 해서 최후의 2회(5회째와 6회째)는 서브하기 전에 실시한다. 이렇게 해서 페이떼 생지를 구우면 된다.

Pâté à Sucree

(Pâtá Sugar Dough)

설탕이 가미된 생지

재　료 : (8인분)

밀가루 250g, 버　터 80g, 소　금 약간, 설탕 125g, 계란 노른자4개, 물 1/2스푼

>>> 만드는 방법

1. Pâté à Foncer와 같이 밀가루를 놓고 중앙의 움푹 파인 곳에 부드럽게 녹인 버터, 설탕, 소금, 계란 노른자를 두 개씩 첨가하면서 물을 몇 방울 떨어뜨려 부드럽게 한다.
2. 밀가루 전체를 조금씩 섞은 것을 두 번 반죽한다.
3. 완성된 Pâté를 비닐 봉지에 넣어 찬 곳에 재워 보관한다.

Pâté à Choux
(Puff Pastry Dough)

디저트용 슈

재 료 : (8인분)

밀가루 125g, 버 터 60g, 소 금 25g, 설탕 12g, 계란 4개, 물 250cc

>>> 만드는 방법

1. 물을 넣은 냄비에 소금,설탕,작게 자른 버터를 첨가하여 서서히 끓인다.
2. 끓여서 버터가 녹으면 불에서 냄비를 내리고 밀가루를 한꺼번에 넣어 잘 혼합 한다.반죽의 물기가 없이 그릇에 엉겨 붙지 않을 때까지 잘 섞는다.
3. 다시 냄비를 불에 올려 나무주걱으로 Pâté가 냄비바닥에 눌러 붙지 않도록 재빨리 섞는다. 약 1분 내에 한다.
4. 냄비를 불에서 내리고 계란을 1개씩 나누어 넣으면서 나무주걱으로 Pâté를 완전히 흡수 될 때까지 잘 섞는다. 이 동작을 반복 한다. 그리고 버터가 녹아 잘 섞이도록 한다. 완성된 Pâté는 스테인레스 용기에 옮겨 담아 둔다.
5. 만들어진 슈는 랩이나 쿠킹호일 포장지에 싸서 차가운 곳에 두면 며칠간 보존할 수 있다.

Ⅲ. Sauces(소스)

음식을 요리 하는데 동반되는 액체와 양념이 있다. 원래는 salé(소금)을 뜻하는 salsus라는 라틴어에서 비롯되었다. 따라서 소금은 모든 요리의 기본을 이루었다. 탈레랑(Talleyrand ; 귀족 출신 프랑스 정치가이며 외교관)은 말하기를 영국은 3개의 소스와 360개의 종교를 가지고 있으며, 프랑스는 3개의 종교와 360개의 소스를 가졌다고 주장하였다. 그리고 뀌르논스키(Curnonsky ; 음식문화 작가이며 미식가)는 그의 책(Cuisine et Vins de France)에서 다음과 같이 서술하고 있다. 모든 소스류는 프랑스의 명예와 장식물이다. 그리고 모든 소스는 프랑스 요리의 우월감을 가져다 주는데 확실한 기여를 하였다고 한다. 말하자면, 16세기 사람들은 요리의 기술은 이야기 했지만, 프랑스요리의 우수성에 대해 아무도 논쟁을 하지 않았다. 따라서 소스류(sauce)와 쿨리(coulis)는 프랑스의 마지막 요리의 결과물이며, 종합 악기류에 비유하고 있다. 또한 훌륭한 주방장이나 일반 조리사들에게 소스는 모든 요리를 가치 있게 만들어 주는 작품이고 맛을 음미하는 동기부여를 주었다.

고대의 요리에서 양념이나 감송향(garus, nard)으로 기초로 한 중세의 소스는 매우 자극적이고 새콤 달콤 하였다. 이것은 덜 익은 포도주와 주스를 가미한 구운빵 조각에 향미 있는 스톡(국물)이 전부였다.

17세기~18세기에는 더 향기 있고 정제된 요리들이 나타났으며, 찬 소스와 더운 소스를 분류하고 체계화한 요리명장이 캬렘(Carême)이였다.

그 이후에 에스코피에르(Escoffier) 요리 대가는 소스를 러시아 등지에서 도입된 외국 요리의 기원을 소스에 덧붙였다. 그리고 지방 특유의 자원 다양성으로 인하여 특징적인 성분으로 완성되는 음식들에 증가를 가져왔다. 또 소스에 백포도주, 적포도주, 양파 등 혁신적인 식재료를 첨가하는 성향을 보이면서 더 담백하게 된 소스들을 요리 속에 투입되어 훌륭한 요리를 맛보게 되었다.

소스(Sauce)는 농도가 짙거나 혹은 묽을 수가 있으며, 깨끗하게 걸러거나 내용물 건더기가 포함하여 만들 수도 있다. 또 소스는 익히지 않은 요리에 양념하는데 곁드려지기도 하고 완성된 요리와 함께 혼합하여 다양한 맛을 추구하는데 필수불가결한 일부를 이루고 있다. 소스는 그 자체 요리의 결과물 일 때는 소스 그 자체가 요리의 핵심적인 일부분이 된다. 그리고 소스는 자주 소스 그릇에 따로 이용하여 서빙 되기도 하며 직접 주 요리에 끼얹기 위해 쓰이기도 한다.

소스(sauce)를 만드는데는 조리 도구의 선택에도 상당한 영향을 미친다. 캐서롤

(Casserole)들은 소스가 타는 것과 변하는 것을 막아주고 열이 골고루 분배되어야 하기에 두꺼운 금속으로 만든 것으로 가장자리가 높은 것이 좋다. 따라서 소스를 만드는데 필요한 다양한 도구들이 있어야 소스의 맛을 즐길 수 가 있다.

• 기초 Sauce의 재료와 만드는 법

요리에 Sauce를 곁들인 역사는 매우 오래전부터라 한다.

고대 로마시대에는 가르-므라고 하는 생선과 소금으로 만들어진 Sauce를 썼다고 한다.

Sauce의 어원은 라틴어의 SAL(소금)에서 얻은 이름으로 원래는 소금을 기본으로 한다는 의미로 통하였다고 한다.

Sauce의 역할은 요리 맛을 일층 더하는데 있다.

Sauce는 생선, 고기, 야채등 그 재료에 적합한 것을 만드는 것이 중요하다.

Sauce의 종류는 수백 종이 있다 너무나 여러 종류여서 일일이 기억하기엔 어려우나 기초적인 Sauce를 정확히 배운다면 그 다음은 응용으로서 용이하게 만들 수 있다.

기초 Sauce는 그대로 사용하는 경우도 있으나 술을 넣는다든지 다른 재료를 혼합하여 응용 Sauce를 만든다.

1) FOND - 육수 (STOCK)
2) ROUX - 밀가루를 BEURRE 나 HUILE 에 볶는 것
3) LIAISON - Sauce의 연결

• FOND - FOND 란 원래의 뜻은 기본이 된다. 혹은 "밑바탕이 된다"라는 뜻이며 Sauce를 만들 때 쓰는 육수를 말한다. 백색과 갈색 두 종류로 나누며 백색은 백색 Sauce를 만들 때 쓰고 갈색은 Brown Sauce를 만들 때 쓴다.

A) FOND BLANC - FOND BLANC+MIRE POIX + BOUQUET GARNI
(oignon, carotte, celeri) + (celeri, oignon, thym, laurier) + SEL, POIVRE
① FOND BLANC - 백색수육
② FOND BRUN - 갈색수육
③ FOND DE VEAU - 송아지 수육
④ FOND DE VOLAILLE - 가금류 육수(닭,오리)
⑤ FOND DE POISSON(FUMET DE POISSON) - 생선 국물
⑥ FOND DE GIBIER - 들짐승 육수

B) FOND BRUN - FOND DE BRUN +MIRE POIX +BOUQUET GARNI +SEL, POIVRE

C) FOND DE VEAU - FOND DE VEAU+MIRE POIX +BOUQUET GARNI + AIL+TOMATE + SEL. POIVRE

D) FOND DE VOLAILLE - FOND DE VOLAILLE + MIRE POIX + BOUQUET GARNI + SEL, POIVRE

• ROUX - 밀가루에 BEURRE나 HUILE 에 충분히 볶아서 Sauce의 농도를 주는데 쓰이며 Sauce의 품위도 살린다.

① ROUX BLANC - 3~4분 정도 볶은 상태

② ROUX BLOND - 5~10분 정도 볶은 상태

③ ROUX BRUN - 10~15분 정도 볶은 상태

• LIAISON - Sauce에 적당한 농도를 주어 마무리 하는 것

① BEURRE MANIER - 밀가루와 버터를 서로 버무리면서 반죽하는 것, 밀가루와 버터를 동분량 버무리는데 끓는 Sauce에 거품기로 혼합하여 섞는다.

② LIAISON D' OEUF - JAUNE D' OEUF, LAIT, CRÈME을 넣는다. 끓인 Sauce에 D' OEUF를 넣은 후 계란냄새가 나지 않도록 가열해야 한다.

③ LIAISON DE FECULE - 전분(녹말)을 물, 육수, 우유, 크림 등으로 풀어서 끓이는 재료에 넣어서 농도를 맞춘다.

④ LIAISON DE CRÈME ET BEURRE - 버터와 동분량의 CRÈME로 Sauce 마무리에 쓴다.

⑤ LIAISON DE SANG - Sauce의 마무리에 쓰는 생피(로오리)에 식초, 혹은 꼬냑을 섞어서 굳지 않도록 하여 뜨거운 Sauce에 넣어 버무린다.

• 기본 Sauce의 조리 및 원리

프랑스 요리의 우수성은 변화무쌍한 Sauce에 있다고 한다. Sauce의 좋고 나쁨은 그 요리에 중대한 영향을 미치게 한다. 무슨 일이든 기본을 아는 것이 가장 중요하다. 기본을 앎으로서 수십, 수백 종류의 Sauce를 만들 수 있다. 따라서 기본은 그냥 지나쳐서는 안 된다.

1. SAUCE DE CHAUD

1) SAUCE BÉCHAMEL(용도 : 생선, 육류, 야채 SPAGETTI)

BEURRE + ROUX BLANC + FRAÎCHE CRÈME or MILK + SEL, POIVRE

• 파생 SAUCE

- CARDINAL(카톨릭의 추기경이란 뜻) - Sauce BÉCHAMEL + (LANGOUSTE+BUTTER + CAYENNÉ)HACHÉ+TRUFFE HACHÉ)
- MORNAY : Sauce BÉCHAMEL+PARMESAN CHEESE OR AMERICAN CHEESE + JAUNE D' OEUF
- SAUCE A LA CRÈME(용도 : 송아지, 닭, 토끼, 양, 생선) Sauce BÉCHUMEL + FRAÎCHE CRÈME+JUS DE CITRON + SEL, POIVRE

2) SAUCE VELOUTÉ : ROUX BLANC + FOND BLONC

- VELOUTÉ DE VEAU
- VELOUTÉ DE VOLAILLE
- VELOUTÉ DE POISSON
- SAUCE VIN BLANC : FUMET DE POISSON+VIN BLANC + VELOUTÉ DE POISSON + FRAÎCHE CRÈME + BEURRE + JUS DE CITRON + SEL, POIVRE

2. SAUCE DE BLOND

1) SAUCE BEARNAISE

ECHALOTE (OIGNON) HACHÉ + PERSIL(줄기) + ESTRAGON에 POIVRE (CORN) +LAURIERE +AU VIN BLANC + JAUNE D' OEUF ÉAU를 위의 RÉDUIRE 한 것과 SABAYON 한다.

다음에 BEURRE CLAIRFIER + SEL, POIVRE를 넣고 PASSÉ하여 나중에 ESTRAGON HACHÉ, PERSIL HACHÉ, JUS DE CITRON를 넣는다.

2) SAUCE HOLLANDAISE

• HOLLANDAISE A CHAUD : BEURRE+JAUNE D' OEUF + VINAIGRE + JUS DE CITRON + SEL, POIVRE

• HOLLANDAISE A FROID : 열을 가하지 않은 상태에서 BEURRE를 용해시킨 것

• HOLLANDAISE BÉTARD : SAUCE HOLLANDAISE 전량에 1/3의 BÉCHAMEL을 첨가시킨 것

3) 주황색 SAUCE

• SAUCE TOMATE : ESTRAGON HACHÉ+CAROTTES + LARD + BEURRE + ROUX BLANC +TOMATE PUREÉ + BOUQUET GARNI + FOND BLANC +AIL HACHÉ + SEL, POIVRE

TOMATE (FRESH) FONDUE-

CLEAR - CONCASSER - OIGNON - STEW = FONDUE

• STEW

|

• STRAINER

|

• PUREÉ

|

• RÉDUIRE - PASTE

• SAUCE AMERICAN(미국 국기색을 본뜸) : FUMET DE POISSON + 새우 + 가재 껍질 + MIRE POIX + TOMATE PUREÉ + MOUTARDE + SEL, POIVRE

• NANTUA(FRANCE 동부 SWISS 근교 도시명) : SAUCE BÉCHAMEL + FRAÎCH CRÈME OR(VIN BLANC)

4) SAUCE DE BRUN

• SAUCE ESPAGNOLE : ROUX BRUN + FOND BRUN+MIRE POIX+DÉ DEMI-GLACE GLACÉ TOMATE PUREÉ + GARNI + SEL, POIVRE

• SAUCE DEMI - GLACÉ : SAUCE ESPAGNOLE을 더욱 정제한 것으로 SAUCE ESPAGNOLE에 MIRE POIX를 더 넣고 농축시킨 것. FOND DE VEAU 와 GLACÉ DE VIAND의 중간이다.

5) 그 밖의 여러 SAUCE

• CHORON SAUCE : SAUCE BEARNAISE + TOMATE PUREÉ(PASTE)

• SAUCE BEURRE BLANC : OIGNON HACHÉ + FEUILLET DE LAURIERE + BEURRE + VIN BLANC + SEL, POIVRE

• SAUCE BORDELAISE : SAUCE ESPAGNOLE + ECHALOTTE + THYM + POIVRE + GLACE DE VIAND + JUS DE CITRON + VIN ROUGE + POCHÉ MOELLE BRUNOISE + SEL, POIVRE

• SAUCE MADERE : FOND DE VEAU+MIRE POIX + TOMATE PASTE + VIN MADERIA + SEL, POIVRE

• SAUSE CHASSEUR : OIGNON HACHÉ+CHAMPIGNON EMINCE)SAUTÉ + VIN BLANC)

REDUIRE + TOMATE CONCASSE + ESRAGON + FOND DE VEAU)

1시간 정도 REDUIRE + CONSTRACH + SEL, POIVRE

• SAUCE PERGOUX : SAUCE MADERA + TRUFFE HACHÉ(WHITE, GREEN,

NOIX) + CHAMPIGNON NOIX

- SAUCE BERCY : OIGNON HACHÉ + ECHALOTTE HACHÉ SAUTÉ DE VIN BLANC → REDUIRE + FRAÎCHE CRÈME → RÉDUIRE + SEL, POIVRE
- JUS DE AGNEAU : FONE DE VEAU + JUS DE AGNEAU MIRE POIX + SEL, POIVRE

6) SAUCE DE FROID

- MAYONNAIS/e : JAUNE D' OEUF + SEL, POIVRE + VINAIGRE + HUILE
- SAUCE TARTAR : SAUCE MAYONNAISE + PICKLE HACHÉ+PERSIL HACHÉ + JUS DE CITRON + DUR JAUNE D' OEUF
- SAUCE CHANTILLY : SAUCE MAYONNAISE + CRÈME CHANTILLY + CRÈME AIGRE
- COCKTAIL SAUCE : TOMATO CATCHOP + TABASCO + COGNAC + CHILLI SAUCE+ JUS DE CITRON + RAIFORT HACHÉ
- SAUCE VERT : SAUCE MAYONNAISE + FINES HERBES HACHÉ

↓

CIBOULETTE +PERSIL+ESTRAGON+CERFEUIL

7) DRESSING 종류

- FRENCH DRESSING : HUILE + VINAIGRE + OIGNON HACHÉ + MOUTARDE + JUS DE CITRON + SEL, POIVRE
- THOUSAND ISLAND : MAYONNAISE + TOMATO CATSUP + PICKLES HACHÉ + OIGNON HACHÉ + OLIVE HACHÉ + CAPERS HACHÉ + GHILLI SAUCE
- VINAIGRETTE : HUILE + VINAIGRE + SEL, POIVRE
- MOUTARDE DRESSING : SAUCE VINAIGRETTE + MOUTARDE DE ANGLAISE + SEL, POIVRE
- ITALIAN DRESSING : FRENCH DRESSING + AIL HACHÉ + ANCHOIS HACHÉ
- ROQUEFORT DRESSING : FRENCH DRESSING + ROQUERORT HACHÉ
- OIL AND VINAIGRE SAUCE : OIL + VINAGRE
- PAPRIKA DRESSING : ITALIAN DRESSING + PAPRIKA + TOMATE CATSUP + TABASCO + SEL, POIVRE

8) 그 밖에 알아야 할 SAUCE

- NEWBURG : JAUNE D' OEUF + FRAÎCHE CRÈME + SHERRY WINE + SEL,

POIVRE

- SAUCE MAÎTRE D' HOTEL : SAUCE VELOUTÉ + SAUCE FULL MAÉTRE D' HOTEL

↓

BEURRE + ANCHOIS HACHÉ + AIL + OIGNON + PERSIL + WORCESTERSHIRE + JUS DE CITRON + SEL, POIVRE

- BONNE FEMME : OIGNON HACHÉ+JAUNE D' OEUF + FRAICHE CRÉME + SAUCEVELOUTÉ + JUS DE CITRON + FRAÎCHE CRÈME + JAUNE D' OEUF PERSIL HACHÉ

- SAUCE COLBERT : SAUCE MAÎTRE D' HOTEL + VINAIGRE + FOND DE VOLAILLE LIÉ
- SAUCE PROVINCAL : OIGNON HACHÉ + ANCHOIS HACHÉ + AIL HACHÉ + CHAMPIGNON + VIN BLANC + OLIVE HACHÉ + PERSIL HACHÉ

- SAUCE MOUSSELINE : SAUCE HOLLANDAISE +WHIPING CRÈME(CRÈME CHANTILLY)
- SAUCE RICHE : SAUCE HOLLANDAISE + LANGOUSTE BEURRE + TRUFFE HACHÉ + CHAMPIGON
- SAUCE MALTAISE : SAUCE HOLLANDAISE + ORANGE PEEL(JULIENNE)
- SAUCE AURORE : SAUCE CRÈME + TOMATE PASTE

LA SAUCE BASE

LE ROUX BLANC

Mouille au lait............................Sauce Béchemel.
" au fond de veau blanc.Velouté de veau
" au fond de volaille........Velouté de volaille
" au fumet de poisson.....Velouté de poisson

1) Fond de veau
2) Braisiers
3) Fond de veau blanc
4) Fond de volaille blanc
5) Fumet de poisson
6) Sauce espagnole
7) Sauce tomate
8) Sauce béchamel
9) Sauce hollandalse
10) Sauce mayonnaise
11) Sauce béarnaise

SAUCES BLANCHES

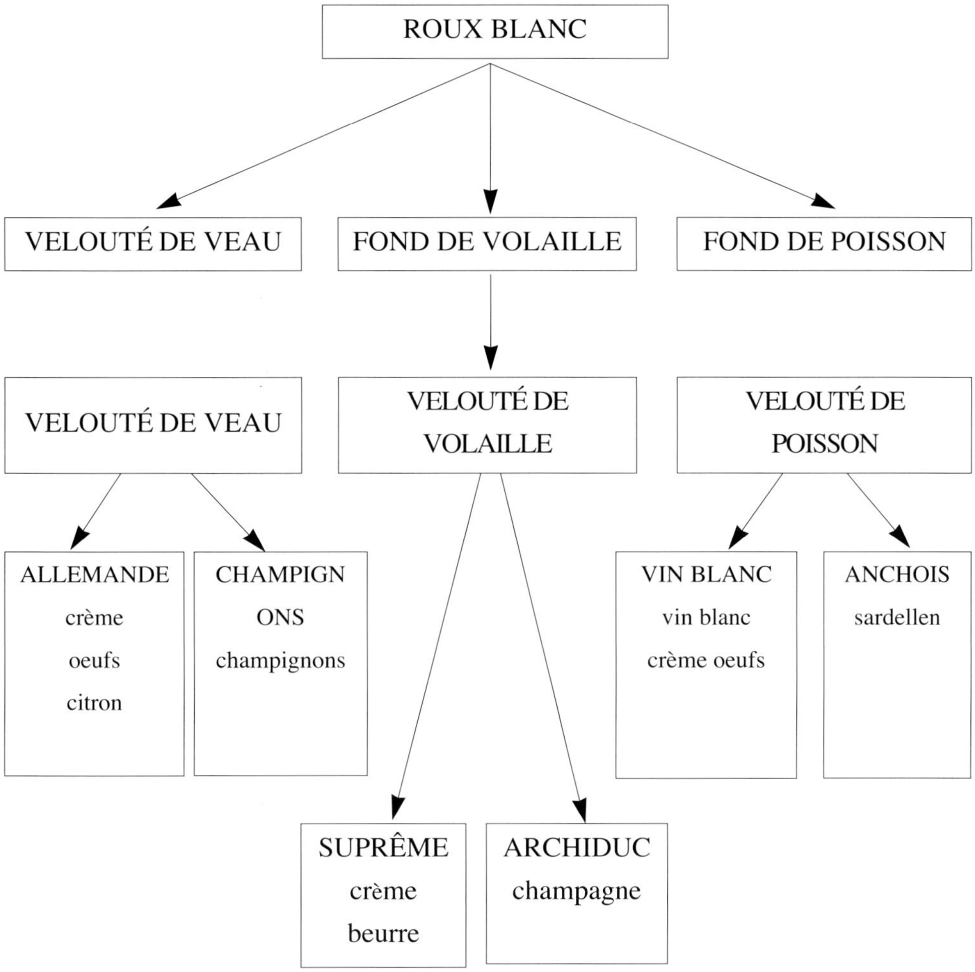

ROUX BLANC

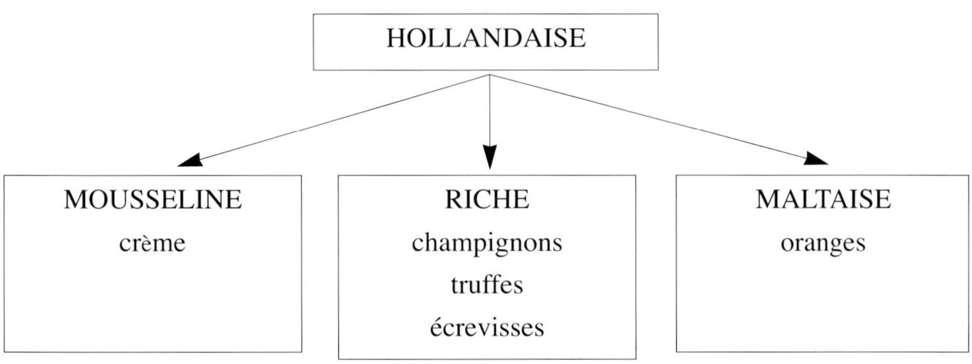

표. Fonds de Base

FONDS DE BASE		COMPOSITION	LIAISON	FONDS LIÉS	UTILIZATION
FOND BRUN	FOND DE VEAU BRUN	os, de veau, ail, carottes, oignons, bouquet garni, tomates, cerfeuil, estragon	Arrow-root, ou fécule diluée avec vin blanc ou madére	FOND DE VEAU LIÉ	Bordelaise, périgueux, bercy, madére, piquante, etc...
FOND BRUN		os de veau et boeuf, carottes, oignons : tomates, mirpoix, bouqet garni	farine torrefié ou roux brun	ESPAGNOLE	demi-glace, et mémes utilisations que ci-dessus
FOND BLANC	FOND DE VEAU BLANC	os de veau, poireaux, carottes, ail, céleri, oignons, bouquet garni, clou de girofle.	roux blanc	VELOUTÉ DE VEAU	allemande, poulette, etc
FOND BLANC	FOND DE VOLAILLE BLANC	carcasse de volaille ou volaille entiére. polreaux, carottes, céleri, bouquet garni.	roux blanc	VELOUTÉ DE VOLAILLE	suprême, aurore, ivoire...
	FUMET DE POISSON	arétes de poisson, beurre, carottes, oignon, échalottes, bouquet garni	roux blanc	VELOUTÉ DE POISSON	bretonne, crevettes, etc.

五. LES BEURRES COMPOSES

CLASSIFICATION

		DENOMINATION	COMPOSITION	UTILIZATION
ELEMENTS CRU	A FROID	BEURRE D' ANCHOIS	Filets d' ancholis ou anchovy sauce	viandes et poissons grillés, canapés
		BEURRE D' ECHALOTE	échalotes	viandes et poissons grillés
		BEURRE D' ESCARGOTS	ail, échalotes, persil	escargots
		BEURRE D' ESTRAGON	feuilles d' estragon	sauces
		BEURRE MAITRE D' HOTEL	jus de citron, persil	viandes et poissons
		BEURRE DE MOUTARDE	moutarde blanche	viandes et poissons canapés
		BEURRE DE RAIFORT	raifort	viandes et poissons grillés
ELEMENTS CUITS		BEURRE BERCY	échalotes, vin blanc, moelle de boeuf, persil	viandes et poissons grillés
		BEURRE HOTELLIER	jus de citron, persil duxelles	viandes et poissons grillés
		BEURRE MARCHAND DE VIN	jus de citron, persil échalotes, vun rouge	viandes grillées
	A CHAUD	BEURRE DE HOMARD	carapaces de homard	sauce cardinal
		BEURRE D' ECREVISSES	carapaces d' écrevisses	sauce nantua
		BEURRE ROUGE	carapaces de différents crustacés	finition de sauce de poisson

五. LES BEURRES COMPOSES

CLASSIFICATION

CLASSIFICATION	DENOMINATION	COMPOSITION	DERIVER
SAUCES ÉMULSIONNEMENT FROIDS	MAYONNAISE	huile jaunes d'oeufs moutarde vinaigre sel firi poivre de cayenne	ANDALOUSE CHANTILLY ITALIENNE TARTARE VERTE etc...
SAUCES ÉMULSIONNEMENT CHAUDES	HOLLANDAISE	jaues d'oeufs beurre sel fin poivre de cayenne jus de citron eau	CHANYILLY MOUSSELINE VIERGE MIKADO MOUTARDE etc...
	BEARNAISE	jaunes d'oeufs beurre vinaigre d'estragon échalotes cerfeuil sel fin poivre de cayenne estragon	ARLESIENNE CHORON FOYOT PALOISE TYROLIENNE VALOIS etc...

SAUCES BRUNES 분류

FOND DE VEAU (퐁드뷰)
fond brun lié
os de veau
réduction
DEMI-GLACE (데미글라스)

DIABLE(디아블)
vin blanc, beurre
echalotes cayenne

MADERE(마더래)
Madère
beurre

PERIGUEUX(페리게오)
truffes

PIQUNTE(피컨트)
vin blanc, vinaigre,
echalottes, moutarde,
persil

CHARCUTERIE (샤희꿔트리)
cornichones, vinaigre,
moutarde

COLBERT(콜베르트)
beurre, persil
citron, estragon

ROBERT(로베트)
poivre
echalotes
moutarde

BORDELAISE(보르드레이즈)
échaiotes, vin de
Bordeaux

CHASSEUR(샤세르)
champignons
échalotes
vin blanc

BIARADE(비가라드)
fond de canard
oranges

ITALIENNE(이탈리엔)
champignons
echalotes
jambon

ZINGARA(징가라)
champignons
truffes
jambon
vin balnc

Coulis de Tomatés
(Concentrated Tomato Sauce)

토마토 쿨리 소스

재 료 : (4인분) • 사전준비 : 25분, 조리시간 : 35분

토마토(잘 익은 것) 1.5kg, 양 파 1/2개, 마 늘 2개,
부케가르니 1단, 버 터 60g, 소금, 후추, 설탕 약간씩

>>> **만드는 방법**

1. 더운 물에 껍질을 벗긴 잘 익은 토마토는 가로로 절반을 잘라 수분과 씨를 손으로 눌러 제거한다.
2. 잘 익은 토마토를 작은 주사위 모양으로 썬다.
3. 양파, 마늘은 잘게 다진다.
4. 자루냄비에 버터를 30g 녹여 양파에 색깔이 나지 않도록 5분간 볶는다.
5. 여기에 다진 토마토, 다진 마늘과 통마늘 2쪽과 부케 가르니를 넣는다.
6. 소금, 후추, 설탕을 적당히 넣고 맛을 낸다(에스트라곤 등 향신료를 첨가할 수 있음.).
7. 약 30분 정도 끓이다가 마늘과 부케 가르니는 건져내고 토마토는 야채 거르는 기구로 걸러낸 후 다시 불에 얹는다.
8. 완성된 기본적 토마토 퓨레(쿨리)는 적당한 그릇에 담아둔다.
9. 토마토 퓨레를 사용할 때는 끓인 후 나머지 버터 30g으로 버터몬테한 후 최종적으로 맛을 정리한다. 농도와 붉은 색깔이 적정해야 한다.

Sauce Froide pour crustacés

(Cold Crustacean Sauce)

갑각류에 맞는 차가운 소스

• 사전준비 : 20분, 조리시간 : 20분

재 료 : (4인분)

〈에쿠르피스의 폰용〉 에크르피스의 갑각꼬리부분(가재,꽃게) 20개분, 백포도주 30cc, 올리브 오일 20cc, 생선 퓨메 200cc, 꼬 냑 20cc, 토마토 퓨레 2큰술

〈소 스〉 생크림(농도가 연한것) 150cc, 와인 비네거 20cc, 디죵 머스타드, 에스트라곤 1스푼, 파슬리 약간, 파프리카 약간, 소금, 후추 약간씩

>>> 만드는 방법

1. 에쿠르피스 갑각류를 문질러 잘게 부순다. 가재, 꽃게라면 믹서에 간다.
2. 냄비에 오일을 넣고 가열해서 위의 재료를 5분간 색깔이 나도록 볶는다.
3. 꼬냑으로 데그라세한 후 백포도주와 생선 퓨메를 넣고 소금을 맛을 낸다.
4. 토마토 퓨레를 넣고 약 20분 가량 은근히 끓인다.
5. 완성된 갑각류는 체에 부어 담고 나무주걱으로 눌러 짜는 듯이 걸러 소스가 80cc 정도 되도록 졸인다.
6. 기본 소스는 차게 보관한다. 갑각류 샐러드요리에 사용된다.
7. 믹싱 볼에 머스타드, 생크림, 와인 비네거, 파프리카, 소금, 후추를 넣어 섞은 후, 수초간 거품기로 혼합하여 위의 갑각류 폰(Fond)을 조금씩 넣은 다음, 파슬리, 에스트라곤을 잘게 썰어 첨가한다.
8. 소스는 가재살, 게살, 새우, 조개류 등의 샐러드요리에 함께 제공한다.

Sauce Albert Prost

(Herbs Albert Sauce)

허브류를 이용한 알버트 소스

재 료 : (4인분) • 사전준비 : 20분, 조리시간 : 10분

부네이유(세리과의 향초식물)잎이 붙어 있는 줄기 1단, 에샬로트 2개, 파슬리 40g, 생크림(절반으로 졸인것) 250cc, 버 터 20g, 백포도주 20cc, 레몬즙 20cc, 소금, 후추 약간씩

>>> 만드는 방법

1. 부네이유 줄기 부분은 깨끗이 다듬어 중심에 가까운 부분 100g을 크게 자른다.
2. 부네이유의 부드러운 잎은 파슬리와 함께 잘게 썰어 천에 싸서 짠다. 그 녹색 즙은 볼에 담아둔다.
3. 작은 코코트 그릇에 버터를 녹여 잘게 썬 에샬롯트를 슈에 한다.
4. 부네이유를 첨가해서 약 7~8분간 함께 소테 한다.
5. 백포도주로 데그라세하여 그대로 졸인다.
6. 생크림을 넣어 끓으면 소금과 후추를 넣는다. 소스에 가볍게 농도가 날 때까지 수분간 끓인다. 여기에 부네이유와 파슬리 짠 즙을 첨가하면 소스는 선명한 녹색이 된다.
7. 필요하면 레몬즙과 통후추를 갈아 넣어 맛을 정리한다.

Sauce Digoinaise

(Cold Mayonnaise - Mustard Sauce)

겨자, 계란 노른자를 이용한 소스

• 사전준비 : 10분, 조리시간 : 20분

재 료 : (4인분)

계란 노른자 2개, 올리브 오일 180cc, 레몬즙 50cc, 디죵 머스타드 1스푼, 에샬롯트 1개, 크레숑 3잎, 소금, 후추 약간씩

>>> 만드는 방법

1. 거품기를 충분히 사용할 수 있도록 깊은 볼에 계란 노른자, 머스타드, 소금, 후추, 신선한 레몬즙 1/3을 넣는다.
2. 거품기로 이들 재료를 혼합시킨 후 올리브유를 한 방울씩 넣으면서 휘저어 잘 섞는다.
3. 소스가 부드럽게 되기 직전에 남아 있는 레몬즙을 모두 넣는다.
4. 이 때 소스의 농도가 있는 경우에는 물을 몇 방울 떨어뜨려 농도를 맞춘다.
5. 준비된 소스에 아주 잘게 썬 에샬롯트, 크레숑 잎을 첨가하면서 맛을 정리한다.
6. 이 소스는 냉장육 날고기나 찬 고기요리에 이용되고, 샐러드 요리에도 잘 어울리는 찬 소스로 제공할 수 있다. 소스 농도가 적정하게 한다.

Sauce Costelloise

(Concentrated Orange Sauce)

오렌지 맛 소스

재료(4인분) • 사전준비 : 15분, 조리시간 : 7분

> 야채 오일 150cc, 호두 기름 80cc, 올리브 오일 150cc, 와인 비네거 80cc,
> 계란 노른자 3개, 오렌지 껍질 3개, 흰 통후추 10알, 소금 약간

>>> 만드는 방법

1. 자루냄비에 3종류의 오일(야채, 올리브, 호두)을 섞어 넣고 약한 불에서 가볍게 데운다.
2. 오렌지 껍질을 제스트 하여 뜨거운 물에 약 5분가량 데친(Blanchir) 후 찬 물에서 식혀 수분을 제거한다.
3. 자루냄비에 와인 비네거와 거칠게 간 통후추를 넣고 약간 졸인다.
4. 냄비를 불에서 내린 후 물 3큰 술과 계란 노른자 3개를 첨가하여 혼합한다.
5. 약한 불에 냄비를 얹어 오일(3가지 섞어서 준비된)을 조금씩 혼합하면서 약 3분 가량 섞어 주면서 농도를 맞춘다.
6. 마지막으로 오렌지 껍질을 넣은 후 소금을 약간 뿌린다. 완성된 소스는 제공할 때가지 45℃의 더운 물에 뱅마리로 중탕해 둔다.

Sauce Froides à la tomaté pourjean

(Cold Puree Tomato Sauce)

야채, 생선 테린용 찬 토마토소스

재 료 : (4인분~8인분)

잘 익은 토마토 150g, 소 금 3g, 후 추 2g, 와인 비네거 20cc,
올리브 오일 60cc, 에스트라곤 3g, 파슬리 약간

>>> 만드는 방법

1. 토마토는 잘 익은 신선한 것을 고른다. 더운 물에 데쳐 껍질을 벗긴 후,가로로 절반을 잘라 눌러 수분과 씨를 제거한다.
2. 가는 체에 토마토를 넣어 스푼 등으로 눌러 거른다.
3. 토마토를 거른 즙은 믹싱 볼에 담아 사용할 때까지 냉장고에 보관한다.
4. 올리브 오일이 응고되지 않도록 제공하기 직전에 소스를 만든다.
5. 준비된 토마토 퓨레에 와인 비네거와 올리브 오일을 조금씩 첨가하며 거품기로 잘 섞는다. 소금과 후추로 맛을 정리하고, 작은 크기로 대충 썬 파슬리와 에스트라곤 잎을 넣는다.

• 이 소스는 될 수 있으면 차게 해서 야채나 생선 테린에 곁들여 제공한다.

Sauce Pureé d'Estragon

(Puree Tarragon Sauce)

따뜻한 에스트라곤 향 소스

재 료 : (4인분) • 사전준비 : 15분, 조리시간 : 0분

가금류 폰 200cc, 에스트라곤 60g, 시금치 160g,
버터 30g, 흰 통후추 5알, 소금 약간

>>> 만드는 방법

1. 시금치는 줄기를 제거하고 다듬어 깨끗이 씻는다.
2. 에스트라곤은 딴지 얼마 되지 않는 신선한 것을 골라 잎만 딴다.
3. 끓는 물에 소금을 넣어 시금치를 데친 후, 바로 찬 물에 넣는다(시금치는 미리 믹서기에 갈아 놓는다).
4. 에스트라곤도 파소와르(물기 제거하는 그릇)에 담아 소금을 넣은 끓는 물에 약 1분간 데친 후 바로 식힌다.
5. 냄비에 가금류 폰이 끓으면 갈아 놓은 흰 후추와 에스트라곤을 첨가한다(에스트라곤과 시금치는 미리 갈아 놓은 것 사용)
6. 뚜껑을 덮지 않은 채 강한 불에서 끓이다가 완성되기 직전에 갈아 놓은 시금치를 넣고 온기를 유지한다.
7. 아주 고운 체에 6번을 넣어 나무주걱을 움직여 거른다. 작은 냄비에 옮겨 담고 체에 붙어 있는 퓨레를 주걱으로 걷으면서 냄비에 담는다.
8. 가열된 냄비에 버터를 넣은 다음 거품기를 이용해 에스트라곤 퓨레를 혼합한다.
9. 완성된 소스는 사용할 때까지 보온에서 보관하면서 끓이지 않도록 한다.

※ 이 소스는 가금류 등의 흰 살고기나 계란요리 등에 잘 어울린다.

제 4 편

프랑스요리 전문 코스별 이론과 실제

Ⅰ. Hors d' Oeuvre-Appetizer(전채 요리)

Ⅱ. Pâtés and Terrines(파테와 테린)

Ⅲ. Potages-Soup(수프)

Ⅳ. Oeufs-Eggs(계란 요리)

Ⅴ. Salade-Salad(샐러드)

Ⅵ. Poisson-Fish(생선류 요리)

Ⅶ. Volaille-Chicken(가금류 요리)

Ⅷ. Viande-Meat(육류 요리)

Ⅸ. Gibier-Game(야금류 요리)

Ⅹ. Légumes-Vegetables(야채류 요리)

XI. Douceur-Desserts(디저트)

제 4 편

프랑스요리 전문 코스별 이론과 실제

Ⅰ. Hors d' Oeure-Appetizer(전채 요리)

전채요리의 개념적 특성

이 요리의 목적은 메인 코스요리를 더욱 맛있게 먹을 수 있도록 하기 위함.

① 전채요리는 다양한 모양과 보기가 좋고 맛이 여러 형태가 있어야 한다.

② 전채요리는 약간 자극적인 짠맛, 신맛, 단맛, 매운맛 등으로 위액의 분비 를 왕성하게 해서 식욕을 돋우기 때문에 다양한 식재료를 사용해야 한다.

③ 전채요리는 한 입에 넣을 수 있는 요리 분량이 적당하여야 한다.

1) 전채요리(Appetizer; Hors D' Oeuvre)의 개념

전채요리는 식사순서에서 가장 먼저 제공되는 요리로서 다양한 식사 전 요리를 총칭하여 부르는 말로서 "HORS" 는 식사 앞, "OEUVRE" 는 식사를 의미한다고 기록되어있다.

따라서 전채요리는 입안 식욕을 촉진시킬 수 있는 다양한 재료를 이용하여 맛의 충분한 요건을 갖추고 있어야 한다.

전채요리(HORS D' OEUVRE)란 요리사전인 HERING' S DICTIONARY에 "APPETIZEROUGHT TO BE SMALL DAINTY AND TOOTHSOME……". 즉, 요리의 외관과 분량이 적당한 요리로서 다양한 맛과 풍미를 제공 할 수있도록 하여 식욕을 촉진시킬 수 있는 메인 식사 앞 요리를 일컫는다.

오늘날 프랑스요리에서는 빼놓을 수 없는 중요한 애피타이저 요리 코스로서 오르되브르(HORS D' OEUVRE)의 유래를 살펴보면 13세기경 이탈리아 실크로드 탐험가 마르크폴로가 중국의 원나라를 다니면서 먹어본 면요리와 냉채요리를 모방하여 이탈리아를 거쳐 프랑스로 건너갔다는 역사적 문헌과, 러시아의 자쿠스키(ZAKUSKI)라는 요리는 러시아에서 연회를 시작하기 전에 별실에서 기다리는 손님에게 술과 함께 간단한 요리를 곁드린 것에서 비롯되어 오늘날에 이르러 "HORS D' OEUVRE"로 발전되었다는 등 여러 가지로 기록된 문헌이 발견 되고 있다.

각 나라별 전채요리 명칭을 살펴보면 영어로는 “APPETIZER”(에피타이저), 프랑스어로는 “HORS D' OEUVRE”(오르되브르), 이탈리어로는 “ANTIPASTI”(안티파스티), 러시아어로는 “ZAKUSKI”(자쿠스키), 독일어로는 “VORSPEISE”(포어슈파이제), 스페인어로는 “APERITIVO”(아페리티보) 등으로 불리어 지고 있다.

2) 전채요리의 종류

전채요리는 식재료 특성, 역사적 의미에 따라 음식의 온도, 가공 형태, 모양, 요리방식, 음식 문화, 지역적 특성, 주방장의 스페셜 요리 등 여러 가지 종류로 분류되어지는데 그 분류를 크게 살펴보면 다음과 같다. Froid(Cold Appetizer)와 Chaud(Hot Appetizer)로 구분할 수 있다. 그리고 식재료를 가공하지 않고 식재료 자체 그대로 이용해서 만들어 맛, 형태, 모양 그대로 유지되는 것을 “Plain Appetizer”라고 하며, 전문 요리사가 조리해서 형태, 모양, 맛을 배가 시켜서 만드는 것을 “Dressed Appetizer”라고 한다.

(1) 온도에 의한 분류

① 찬 전채요리 종류(COLD APPETIZER; FROID)

각종 카나페(CANAPE), 거위 간 요리(GOOSE LIVER: FOIE GRAS), 철갑 상어 알 요리(CAVIAR), 스모크 연어요리(SMOKE SALMON), 생굴 요리(FRESH OYSTER), 말린 햄과 참외요리(RAW HAM/MELON), 말린 소고기요리(DRY BEEF), 오리고기 파테 요리(DUCK PÂTÉ), 테린 요리(TERRINE), 해산물 칵테일요리(SEAFOOD COCKTAIL), 게살요리(CRAB MEAT), 스모크 송어요리(SMOKED TROUT), 신선한 과일(FRESH FRUIT). 생선 무스요리(FISH MOUSSE), 특별 샐러드 요리 등이 있다.

■ 캐비아(CAVIAR)

• Caviar(캐비아)의 유래

캐비아 용어는 1432년 이태리 caviale에서 유래된 용어이며, 이것이 터키의 지방에서 “Kâwyâr”라는 용어로 재해석 되었다고 하다. 원래 캐비아는 철갑상어의 알로서 진주빛 회색부터 연한 갈색까지 다양한 색깔로 구분되고 있다. 따라서, 15세기 유럽에서는 고급 레스토랑에서 고급 애피타이져 요리로 불리어졌다.

오늘날 우리가 알고 있는 Caviar의 전통은 러시아에서 출발했다고 본다. 이 캐비아는 러시아 왕자가 1920년 이후 본격적으로 프랑스에 도입 되었고, 1925년경 전 세계적으로 전시회를 통해서 알려졌다. 그 후에는 리츠(RITZ)는 그의 호텔 메뉴 목록에 영구적으로 등록하여 캐비아를 선전하게 되었다.

오늘날 캐비아는 거의 카스피해 연안에서만 잡아 올리고 있으며 캐비아는 98%정도가 바다에서 잡아 생산되고 있다. 그리고 제정 러시아 이후 오랫동안 러시아는 캐비아 생산국 이였다. 그런데 1930년 이후에는 러시아는 캐비아 생산을 이란에게 전수하게 되었으며, 현재 년간 생산량은 러시아가 1800t정도 이며, 이란은 180t정도를 생산하고 있다.

역사적으로 최상품의 캐비아(Caviar)는 Yellow-bellied Sterlet 이라는 철갑상어의 알로 만들어진 것이다. 이 철갑상어는 제정 러시아 때 황제들을 상징하던 황금색이었으며, 현재는 러시아에서는 거의 찾아 볼 수 없다.

미국에서는 1966년까지 어떤 생선의 알이라도 알의 색이 검은 것이면 캐비아로 불리어졌다. 캐비아 생산자들은 황어(White fish), 잉어(Carp), Paddlefish(미시시피강 유역의 철갑상어 일종)등으로 크고 질 좋은 캐비아를 대량 생산하여 공급하자 고객들은 생선 알을 착색하여 판매한다고 비판하게 되었다. 그래서 FDA(미국 식품 안전청)에서는 캐비아는 일반생선 알로는 캐비아라 할 수 없으며, 반드시 철갑상어로만 만든 것을 캐비아(Caviar)라고 범위 규정을 하게 되었다.

• Caviar(캐비아) 추출 제조방법

철갑상어를 포획한 후 약 한시간 이내에 추출해야 하며 알 주위를 조직세포를 제거하기 위해 구멍이 큰 체를 이용하여 부드럽게 세심하게 깨끗이 씻는다. 그물을 통과해 밑에 받쳐 있는 용기에 모아진 캐비아를 찬물에서 3~4회 조심스럽게 씻어 물기를 약 10분정도 뺀 다음 거품을 제거한다. 물기 배수가 끝나면 알 무게의 약 3%정도의 소금을 넣어 절인다. 소금에 절인 알은 항아리나 적정한 그릇에 즉시 저장 한다. 그릇이나 용기에 공기가 들어가면 좋지 않다.

캐비아는 20°F~30°F의 냉장고에 잘 보관하여야 하며, 약 일주일정도 지나면 캐비아의 진미를 맛 볼 수 있으며, 이 시기가 최고의 맛을 유지 할 수 있다. 그러나 6개월 정도 지나면 탁월한 맛과 품질이 급격하게 떨어진다.

• Caviar(캐비아) 먹는 방법

캐비아는 매우 다루기 힘든 반 통조림 형태이며, 조그만한 타원형 유리병에 약 50g정도가 1인분 이다. 냉장고 보관하면서 신선함을 유지하지만 얼리면 안된다. 서빙하기 15분 전에 얼음 빻은 것을 놓고 그 위에 캐비아를 올려서 곁드리는 것은 멜바 토스트, 샤워크림, 레몬 웨이지, 양파, 올리브 등으로 캐비아 맛을 돋구는 재료를 동반한다. 대체로 캐비아 100g 당 지방과 인이 20g정도, 단백질이 30g정도이며 칼로리는 약 140Cal 정도이다.

• Caviar(캐비아)의 종류

① BELUGA(벨루가): 철갑상어 중 가장 큰 상어에서 추출되는 알로서 가장 크며 색은 회색으로 3~4%의 염분을 함유하고 있다.

② BOTTARGA(보타가): 지중해 연안에서 생산되는 것이 보통이다. 표면을 빛내기 위해 바닷소금을 이용해 만들어진다. 색깔은 황금빛 노란색부터 어두운 붉은 갈색까지 다양하다.

③ DANISH(데니쉬): Lumpfish(럼퓌쉬)의 알로 연어알과 비슷하며 mock caviar라고도 부른다. 노르웨이에서 주로 생산되지만 덴마크 사람들의 음식에 주로 쓰이기 때문에 데니쉬 라고 부른다. 하지만 덴마크에서는 생산되지 않는다. 일반적으로 값비싼 캐비아는 아니다.

④ MALOSSOL(마로솔): 러시안 산으로 "Malossol"은 적은 염분을 함유하고 있다는 뜻이다. 염분 함량 3~4%로 보존 기간이 짧다. Malossol은 가격이 매우 비싸다.

⑤ OSSETRA(오세트라): 러시아 말로 "철갑상어"라는 말로서 선호도가 가장 높은 종류이며, 훈제했을 때 특별히 감미로운 맛이 있다. 황금빛 갈색으로 견과류 같은 쌉쌀한 맛을 가지고 있다.

⑥ SERUGA(세루가): 이것은 거의 멸종된 상어의 종류로서 상대적으로 선호도가 높으며 황금색이다.

⑦ SCHIP(씨이프): 이것은 Ossetra(오세트라)와 Seruga(세루가)의 잡종으로, 원산지인 카스피해 연안의 바쿠강 근처 삼각주보다 다른 지역에서 드물게 발견된다. 이 캐비아는 특수한 막과 최상급의 캐비아를 제조할 수 있으나 어획량이 소량밖에 되지 않는다.

⑧ Pausnaya(파우스나야): Pausnaya란 러시아 말로 캐비아에 압력을 가한 것이라는 말이다. 1kg의 압착한 캐비아를 얻기 위해서는 5kg의 신선한 캐비아가 필요하다. 오렌지색이나 유자색과 유사하고, 염분의 농도가 약한 것은 최고의 맛을 낸다.

■ 대체 Caviar의 종류

현재 유통되는 대부분의 캐비아 상품은 캐비아와 공통점이 많은 대체용 캐비아 이다. 이러한 대체용 캐비아와 철갑상어 알을 엄격히 구분하기 위해서 거의 모든 캐비아 생산국에서는 캐비아란 상표를 붙일 때 원산지 표시의 특별한 확인 절차를 요구하고 있다.

- Herring Caviar: Herring(청어)의 알.
- Carp Caviar: Carp(잉어)의 알.
- Hon Tarako: 대구에서 추출한 알로 일본에서 적색 식용물감으로 물들여 염색한 것.
- Karasumi: 일본에서 숭어의 알로 제조한 것.
- Lumpfish Caviar: 물미거지의 알.
- Paddlefish Caviar: 미시시피강에 사는 철갑상어의 알.
- Protein fresh Caviar: 러시아산이며, 카제인과 젤라틴을 기초로 염분을 함유한 용액에다

작은 용기 안에 색과 향을 주입시켜 저장시키는 것으로 비용은 매우 싼 편이다. 그러나 이것은 어업 생산물도 아니고 캐비아도 아니다.

- Red Caviar: 일반적인 연어알
- Salmon Caviar: 태평양 연안에서 잡히는 연어 알로 만든다.
- Tarako: 알래스카 산 대구로부터 추출한 일본 제품 대체제이며, 염분 주입과 착색으로 색깔은 붉다.
- Vendace Caviar: Vendace는 갸날픈 영국의 흰 송어로서 길이가 6인치 이상 되는 것은 보기 드물다. 알의 색깔은 핑크빛으로 Paste같은 농도를 가지고 있다.

② 더운 전채요리 종류(HOT APPETIZER; CHAUD)

브르고뉴식 달팽이요리(SNAIL: ESCARGOT), 구운 굴 요리(BAKED OYSTER), 스타프드 양송이요리(STUFFED MUSHROOM), 넙치살요리(FILLET SOLE), 해산물 및 새우볶음요리(GAMBAS), 구운 바닷가재(BROILED LOBSTER), 게다리살요리(CRAB LEG), 홍합요리(MUSSEL),개구리다리요리(FROG LEGS) 등이 있다.

(2) 조리 형태에 의한 분류

① 식재료 자체 전채요리(PLAIN APPETIZER)

햄(HAM), 올리브(OLIVE), 오이절임(PICKLE), 시리얼(CEREAL),생굴 (OYSTER), 소시지(SAUSAGE), 치즈(CHEESE), 살라미(SALAMI), 과일(FRUIT). 샐러드(SALAD)등이 있다.

② 다양하게 조리된 전채요리(DRESSED APPETIZER)

과일 소스요리(FRUIT),카나페(CANAPÉ), 고기완자(MEAT BALL), 계란요리(STUFFED EGG), 게살요리(CRAB MEAT), 파테(PÂTÉ), 테린(TERRINE) 등이 있다.

(3) 조리된 모양에 의한 분류

① 바게트(BARQUETTE ; BOAT SHAPED)

밀가루 반죽으로 작은 배모양 처럼 작게 만들어 그 안에 생선 알이나 고기를 갈아 채워서 만든다.

② 보우체(BOUCHÉE ; SAVOURY TYPE)

얇게 밀가루를 크러스트 반죽하여 치즈, 야채, 계란을 넣어 주사위 같은 모양이나 만두 같이 만들어진 요리이다.

③ 카나페(CANAPÉ)

비스킷이나 식빵을 여러 가지 모양으로 잘라서 토스트 하여 버터를 바른 다음 그 위에 여러 가지 다양한 식재료 등을 얹어서 한 입에 먹을 수 있게끔 조그맣게 만든 요리이다.

GOOSE LIVER, TRUFFLE, CRABMEAT, BLACK OLIVE, DRY BEEF, ANCHOVY, STUFFED OLIVE, SMOKED TROUT, RED PIMENTO, CAVIAR, CLOD CUT, Smoked SALMON, OYSTER, SALAMI 등이 있다.

④ 칼로리느(CALOLINES)

밀가루 반죽을 술통같이 자그맣게 만들어 그 안에 여러 가지 모양과 다양한 식재료를 넣어 익힌 요리이다.

⑤ 그리케 알라(GREQUE À LA ; GREEK TYPE)

그리스식으로 쌀, 피망, 건포도, 올리브, 빵가루, 야채를 올리브오일에 볶거나 튀겨서 토마토 속을 파내고 그 안에 채워 부드럽게 만든 요리이다.

⑥ 스트라스 부르게와이즈(STRASBOURGEOISE ; STRAS BOURG TYPE)

스트라스 보그식으로 거위간을 갈아서 파테(PÂTÉ)형식으로 만든 것이다.

⑦ 브로체(BROCHÉE)

생선이나 육류, 야채, 햄, 오리고기, 닭고기, 소시지 등 다양한 식재료를 꼬챙이에 끼워서 직화로 구워낸 요리를 말한다.

⑧ 베이그넷(BEIGNET)

밀가루 반죽을 모양으로 만들어 기름에 튀킨 요리이다.

⑨ 칵테일 (COCKTAIL)

칵테일 요리로서 다양한 식재료를 이용할 수 있다. 일반적으로 사용되는 식재료는 새우, 바다가재, 게살, 관자, 굴, 홍합, 대합, 조개류, 달팽이 등으로 칵테일 글라스를 이용하여 외형이 화려하고 매력적으로 만든 요리이다.

⑩ 샐러드(SALAD)

절인청어, 스모그 송어, 스모그 연어, 스타프드 계란 등 작은 양의 야채와 소스를 곁드리는 요리이다.

⑪ 레리쉬(RELISH)

멋있고 약간 깊은 유리 볼이나 글라스에 갈은 얼음을 채우고 그 안에 샐러리, 당근, 오이, 무 등 각종 야채를 꽂아서 화려하게 만드는 요리이다.

원래 레리쉬(Relish)는 맛을 즐기다, 풍미를 느끼다 라는 의미를 기지고 있다.

Tourte de Pommes de Terre

(Potato and Veal Tarte)

감자와 송아지고기 타르트

재 료 : (4인분) • 사전준비 : 40분, 조리시간 : 45분

감자 300g, 송아지 필레 150g, 생크림 100cc, 버터 20g, 에샬롯트 2개, 실파 10개, 세이브유 1잎, 계란 1개, 페이테지(반죽) 250g, 소금과 후추 약간씩

>>> 만드는 방법

1. 껍질을 벗겨 깨끗이 씻은 감자는 망드리느로 5mm 두께로 링썰기 해 용기에 넣어 둔다.
2. 송아지 필레는 힘줄을 제거하고 얇은 편으로 썰어둔다.
3. 에샬롯트는 잘게 썰어 버터로 약 2분간 슈에 한다.
   - 실파와 세이브유 잎은 잘게 썰어둔다.
4. 감자에 송아지 필레, 에샬롯트, 실파, 세이브유 잎을 넣어 소금과 후추로 간을 한다.
5. 파이반죽은 직경 22cm와 18cm 원형으로 4장을 만들어 둔다(생지 만드는 법 참조).
6. 촉촉하게 준비해둔 과자용 철판(작업대) 위에 먼저 작은 쪽의 반죽을 얹고 끝에서 2cm 정도 남긴 후 4번을 얹는다.
   - 그 위에 끝을 촉촉하게 한 큰 반죽을 얹는다.
   - 2장의 반죽 가장자리가 벗겨지지 않도록 주의한다.
   - 계란 노른자를 풀어 솔에 묻혀 표면 전체에 골고루 바른다.
   - 여기에 직경 10cm 크기의 원을 그어 식칼 등으로 좋아하는 무늬를 새겨 넣는다.
7. 200℃로 가열했다가 불을 끈 오븐에 속을 채운 타르트를 넣어 약 20분간 그대로 둔다.
8. 작은 냄비에 생크림을 끓인다.
9. 구운 타르트를 오븐에서 꺼내어 새겨 둔 직경 10cm 크기의 원형 윗부분을 식칼로 잘라내고, 속의 감자가 가볍게 떠오르도록 하게끔 끓고 있는 생크림을 부어 넣는다.
10. 잘라낸 것으로 뚜껑을 덮고 다시 약 15분간 오븐에 넣어둔다.
11. 완성된 타르트는 약 15분간 식힌다.
12. 레이스 종이를 깐 둥근 쟁반에 타르트를 얹어 서비스용 큰 나이프로 자른다.
    - 녹인 버터나 호두오일 드레싱에 무친 샐러드를 곁들여 제공한다.

* 이 요리는 부르봉 왕조시대의 오랜 조리법에서 힌트를 얻은 이름이다.

Champignons à la Grecque

(Mushrooms in olive oil and Lemon Juice)

그리스식 버섯류 요리

재 료 : (4인분) • 사전준비 : 10분, 조리시간 : 15분

신선한 버섯 400g, 화이트 와인 150ml, 올리브 오일 4Ts, 레몬주스 4Ts, 소금 1/2ts, 샬롯 다진 것 2Ts

>>> **만드는 방법**

1. 신선하고 단단한 머리가 큰 버섯을 준비해서 깨끗이 씻어 물을 뺀 후 작은 것은 그대로 쓰고, 큰 것은 4등분한다.
2. 버섯을 제외한 모든 재료와 올리브 오일을 넣어 소스 팬에 넣고 약 10분간 볶는다.
3. 버섯을 넣고 약 6~7분간 저어주면서 레몬주스, 와인, 소금을 넣어 조 리한다.
4. 버섯만 골라내어 깊이가 얕은 접시에 가지런히 담아 놓는다.
5. 볶은 팬에 남은 액체는 4~5Ts이 남을 때까지 뚜껑을 덮지 않고 조린 후 버섯 위에 살짝 뿌린다.
6. 서빙하기 직전에 접시에 버섯과 곁드리는 야채를 예쁘게 장식한다. 이 요리는 차갑게 해서 제공한다.

Ratatouille au Fenouil

(Fennel Ratatouille)

브레이즈 페넬 요리

• 사전준비 : 10분, 조리시간 : 30분

재 료 : (4인분)

페넬 줄기 450g, 양파 200g, 토마토 450g, 긴호박 2, 올리브 오일 3Ts
타임 1잎, 월계수 잎 2잎, 글로브 1개, 소금과 후추 약간, 파세리 1Ts

>>> 만드는 방법

1. 신선한 Fennel을 깨끗이 다듬고 뿌리를 길게 이등분 한다.
3. 양파, 토마토, 긴 호박, 페넬도 얇게 썰어서 준비한다.
4. 캐서롤(Casserole)과 같은 두꺼운 팬을 올리브 오일을 두른 후 양파를 투명해질 때까지 볶는다.
5. 볶은 양파 위에 페넬을 가지런히 얹고 토마토, 호박도 얹고 은근히 맛있게 졸인다. 그리고 Thyme, bay leaf, clove, salt, pepper를 넣는다.
6. 냄비 뚜껑을 덮고 가능한 낮은 불에서 약 25분정도 익혀서 모든 재료가 부드러워 지도록 한다.
7. 뚜껑을 열고 불을 세게 해서 즙이 증발되도록 한다. 혹은 스푼으로 냄비 안에 즙을 덜어 내어 거의 촉촉한 상태만 유지되도록 한다.
8. 마지막에 다진 parsely를 뿌리고 serving한다.
9. 이 요리는 아주 차게 혹은 따뜻하게 해서 먹는다. 토기로 된 접시에서 조리하는 것이 좋다. 그리고 serving할 때 열 차단 받침대를 깔아야 좋다.

Maquereaux au Vin Blanc

(Mackerel in White Wine)

와인에 졸인 고등어 요리

재 료 : (4인분) • 사전준비 : 20분, 조리시간 : 20분

신선한 고등어 4마리, 버터 20g, 당근 1개, 양파 1개, 월계수 잎 1잎,
슬라이스 레몬 1잎, 소금과 후추 약간, 화이트 와인 200ml, 허브 찹

>>> 만드는 방법

1. 머리를 제거한 고등어를 깨끗이 손질한다.
2. 오븐에 넣어 구울 수 있는 시팬에 버터를 바른다.
3. 양파와 당근을 썰어 월계수와 레몬을 함께 시팬 바닥에 깐다.
4. 그 위에 손질한 고등어를 가지런히 올려 놓는다.
5. 고등어를 소금과 후추로 간하고 그 위에 와인을 붓는다.
6. 190℃로 예열된 오븐에서 약 20분간 조리한다. 이때 간간히 양념이 배도 록 즙을 끼얹어 주도록 하는 것이 좋다.
7. 뜨겁게 또는 차게 식힌 후 신선한 herbs를 뿌려고 가니쉬를 곁드려 serving한다.

Oeufs Farcis Andalouse

(Eggs stuffed with Andalouse Sauce)

앙달루즈 계란요리

• 사전준비 : 10분,   조리시간 : 10분   재 료 : (4인분)

삶은 계란 4개, 중간 새우 150g, 앙달루즈 소스 4Ts, 마요네즈 80ml

>>> 만드는 방법

1. 삶은 계란의 껍질을 벗기고 길게 이등분한 후 노른자는 따로 보관한다. 새우도 삶아 놓는다. 그리고 앙달루즈 소스를 미리 준해 놓는다.
2. 알달루즈 소스에 삶은 새우 50g 정도를 섞어 계란 흰자 8개의 속을 채워 넣는다.
3. 남은 새우는 마요네즈와 섞는데 농도를 더 묽게 하고 싶으면 레몬주스 몇 방울을 떨어뜨려 조절한다.
4. 서빙 접시를 준비하고 그 가운데 계란 노른자 4개를 동그랗게 놓는다.
5. 그리고 그 위에 마요네즈와 새우 섞은 소스로 적정하게 장식한다.
6. 속이 채워진 8개의 계란 흰자는 노른자를 중심으로 접시 가장자리에 돌려 가며 장식한다.
7. 남은 다진 계란 흰자, 파세리 참, 신선한 허브 잎을 중앙의 노른자 주변에 뿌려 마무리 장식을 한다.

Figues au Jambon de Parme

(Parma Ham with Green Figs)

무화과를 곁드린 파르마 햄 요리

재 료 : (4인분) • 사전준비 : 10분, 조리시간 : 10분

파르마 산 햄 슬라이스 8쪽, 신선한 그린 무화과 12개

>>> 만드는 방법

1. 이태리 파르마 산 드라이 햄이나 로우 햄을 얇게 슬라이스 하여 돌돌 만다.
2. 접시 중앙에 신선한 그린 무화과를 예쁘게 놓고 그 위로 rolling한 파르마 산 햄을 예쁘게 둘러 놓는다. 가니쉬를 놓고 서빙한다.

Celeri-rave Remoulade

(Celeriac with Mustardy Mayonnaise)

머스타드 향의 샐러리 요리

• 사전준비 : 8분,　조리시간 : 10분　　　　재　료 : (4인분)

여린 샐러리 뿌리(400g) 1개, 레몬주스 3ts, 소금과 후추 약간, 디죤 머스타드 2Ts, 마요네즈 100ml, 파세리 찹 1Ts

>>> 만드는 방법

1. 여린 샐러리를 껍질을 벗긴 후 얇게 썰어 길이는 2~3cm 정도가 되도록 자른다.
2. 샐러리가 준비되면 곧바로 레몬주스를 탄 차가운 얼음물에 담근다.
3. 잠시 후 건져내어 물을 빼고 소금을 넣은 끓는 물에서 약 2분간 데친 다음 건져서 식힌다.
4. 강한 머스타드향이 나도록 충분한 양의 겨자를 마요네즈에 섞는다.
5. 마요네즈 머스타드 소스에 데친 샐러리을 버무려 접시에 담고 그 위에 파세리를 뿌린다(레믈레이드 소스).
6. 만든 후 곧 서빙해야 샐러리 뿌리의 향기와 아삭한 느낌을 그대로 살릴 수 있다.

Salade de Riz, Petits Pois et Crevettes Rose

(Rice, Peas and Prawn Salad)

롱그레인 쌀, 껍질 완두콩, 새우요리

재 료 : (4인분) • 사전준비 : 10분, 조리시간 : 15분

롱그레인 쌀 150g, 소금 2g, 껍질 완두콩200g, 중간 새우 150g, 마요네즈 200ml, 토마토(잘 익은 것) 2개

>>> **만드는 방법**

1. 롱 그레인 쌀은 물 씻어서 밥이 질지 않도록 되게 만든다
2. 중간새우는 핑크빛이 나도록 삶아 껍질을 벗겨 놓는다.
3. 껍질 있는 완두콩은 소금물에 브랜칭 해 물기를 빼 놓는다.
4. 재료가 식으면 쌀 밥, 껍질 완두콩, 새우를 마요네즈와 함께 잘 섞는다.
5. 서빙 접시에 담고 그 둘레에 4등분한 토마토를 장식한다.
6. 새우가 조금 더 준비 된다면 토마토 사이사이에 얹어 장식한다. 그리고 신선한 허브류도 장식한다.

Salade de Français

(France's Fennel Salad)

프랑스식 페넬 야채요리

• 사전준비 : 10분, 조리시간 : 15분

재 료 : (4인분)

여린 페넬 뿌리 4개, 비네그렛 소스 4-6Ts, 삶은 계란 4개, 마요네즈 125ml, 파르마 햄 슬라이스 8개, 처빌과 파세리 각1잎

>>> 만드는 방법

1. 여린 페넬을 깨끗이 다듬고 뿌리을 수직으로 얇게 자른다.
2. 얼음물에서 씻은 후 깨끗한 행주로 잘 닦아 물기를 제거한다. 비네그렛 소스를 준비해 놓는다.
3. 믹싱 볼에 비네그렛 소스를 담고 페넬을 믹싱 볼의 중간까지 넣고 약 20분 정도 담가 마리네 해둔다.
4. 그 동안에 삶은 계란의 껍질을 벗기고 길이로 2등분 한다.
5. 계란의 노른자는 따로 빼내 으깨어 마요네즈와 섞어 흰자에 채워 넣는다.
6. 접시에 마리네 한 페넬을 놓고 햄은 2-3조각으로 얇게 잘라 페넬 둘레에 얹고 햄 위에 마요네즈 소스를 얹는다.
7. 다진 처빌과 파세리를 뿌린다.

Ratatouille Glacée

(Chilled Ratatouille)

특별한 차가운 야채요리

재 료 : (4인분) • 사전준비 : 20분, 조리시간 : 30분

가지 200g, 긴 호박 200g, 소금 약간, 양파 200g, 피망(색깔별로) 3개, 마늘 1쪽, 토마토 400g, 올리브 오일 5Ts, 허브 찹 3g, 레몬 웨이지 1개

>>> 만드는 방법

1. 가지는 껍질을 벗기고 1/2cm 정육면체로 썰고 긴 호박은 1cm두께로 어슷하게 썬 후 소금을 뿌려 약 20분정도 물기을 뺀다.
2. 양파도 얇게 썰고 피망은 색깔 종류별로 씨를 제거한 후 얇게 썬다.
3. 넓고 두꺼운 팬에 올리브 기름을 두르고 양파가 부드러워 질 때까지 살짝 볶는다.
4. 여기에 가지, 긴 호박, 피망(붉은, 노랑, 그린), 소금, 후추를 넣고 잘 저어준 후 약 10분간 익힌다.
5. 그리고 토마토, 허브를 넣고 모든 재료가 부드러워 질 때까지 약 5분 정도 더 익힌다. 이때 각종 양념을 한다.
6. 야채류가 너무 묽어 보이면 이때 액체를 증발시켜 농도를 조절하고 한다.
7. 간을 맞추고 냉장고에서 차게 식힌 후 몰드에 예쁘게 담아 serving한다.

Tomatoes Fouler au Thon

(Tomatoes Stuffed with Tuna Fish)

토마토 속을 채운 참치요리

• 사전준비 : 10분,　조리시간 : 15분　　　　**재　료 : (4인분)**

큰 토마토(잘 익은) 4개, 소금 약간, 튜나(캔) 200g, 버터 50g, 통후추 가루 2g, 타바스코 1ts, 크레숑 4잎, 삶은 달걀 3개

>>> **만드는 방법**

1. 잘 익고 단단한 토마토를 준비하여 토마토를 반으로 잘라 안의 씨를 제거한다.
2. 그 내부에 약간 소금을 뿌리고 뒤집어서 물기를 뺀다.
3. 참치는 프레쉬 살도 좋고 캔을 사용하도 좋다. 참치를 믹싱볼에 담고 주걱으로 으깨거나 또는 프레쉬는 작은 주사위 모양으로 썬다.
4. 참치는 버터, 통후추 가루, 소금, 허브류를 넣어 잘 섞어 내용물이 잘 배합 되도록 한다. 또는 크림 상태로 만든다.
5. 이것을 토마토 속에 보기 좋게 스타핑 하여 예쁘게 서빙 한다.

Foies de Volailles en Gelée

(Chicken Livers in Aspic)

아스픽 닭간 요리

재 료 : (4인분)

닭간 200g, 버터 30g, 샬롯 또는 양파 1개, 소금과 후추 약간, 아스픽 젤리 250ml, 꼬냑 또는 와인 50ml, 쉬리와인 5Ts, 토스트한 큐브(5cm) 4개, 파세리, 허브류 약간, 레플레이드 소스 약간

>>> 만드는 방법

1. 아주 신선한 닭간을 깨끗이 손질하고 거의 비슷한 같은 크기로 몇 조각으 로 자르고 밑간을 해 둔다.
2. 작은 팬에 버터 두르고 샬롯과 닭간을 넣는다.
3. 약 6~8분 동안 소금, 후추, 허브, 꼬냑등을 넣어 볶아 닭간의 중앙이 연한 분홍색이 될 때까지 익힌다.
4. 소테 후 샬롯은 제거하고 양념을 맞춘 후 차게 식힌다.
5. 아스픽 크리스탈은 물에 녹여 쉬리 주 혹은 마데라를 넣어 섞어 식힌다.
6. 토스트의 개수에 맞도록 조리된 닭간을 나누어 베이킹 시팬에 깐다.
7. 아스픽이 준비되면 닭간을 준비된 아스픽으로 코딩하여 굳힌다.
8. 남은 아스픽 젤리는 냉장고에 차게 한 후 잘게 다진다.
10. 토스트 위에 코팅된 닭간을 얹고 파세리와 허브, 다진 젤리를 장식해서 서빙한다.

Escargots à la Nicoise

(Snails with Anchovies)

앤쵸비 버터와 달팽이 요리

• 사전준비 : 10분, 조리시간 : 20분 **재 료 : (4인분)**

앤쵸비 필레 6개, 버터 60g, 올리브 오일 5Ts, 마늘 2쪽, 타임 잎 2잎, 월계수 잎 1잎, 파세리 찹 4g, 달팽이 36개, 달팽이 껍질 36개

>>> 만드는 방법

1. 앤쵸비 필레를 다진 것과 버터를 함께 섞어 페이스트(paste)상태로 만든다(앤쵸비 버터). 캔 달팽이를 준비한다.
2. 소스 팬에 올리브 오일, 타임, 월계수 잎을 넣고 약한 불에서 약 10분정도 가열해서 충분히 향을 낸다.
3. 달팽이는 물기를 완전히 제거하고 2번에서 만든 향신료 올리브 오일에 넣고 약 5~7분 정도 뚜껑을 덮고 아주 낮은 불에서 익힌다.
4. 올리브 오일로 가열된 달팽이를 꺼내 달팽이 껍질에 하나씩 집어 넣고 앤쵸비 버터로 껍질의 남은 공간에 채운다.
5. 시팬에 달팽이 껍질이 위로 오도록 담는다.
6. 200℃로 예열된 오븐에 넣고 약 5~8분간 구워낸다.
7. 접시에 락 소금을 깔고 그 위에 달팽이 껍질에 버터가 녹아 있는 채로 serving한다.

Foie Gras Flambée

(Foie Gras with Armagnac)

거위간 아르마냐크 플람베

재 료 : (4인분) • 사전준비 : 10분, 조리시간 : 10분

캔 포와 그라 트라플 320g, 토스트 8쪽, 버터 75g,
아르마니크 브랜디 4TS, 파세리 찹 약간

>>> 만드는 방법

1. 트라플이 첨가된 캔 프와그라를 8쪽을 잘 잘라서 준비한다.
2. 토스트를 거위 간 크기 모양으로 잘라 한 면씩 구워낸다.
3. 남은 버터는 뜨겁게 해서 거위간 위에 바른다.
4. 구운 빵 위에 프와그라를 한 장씩 얹고 그 위에 따뜻한 아르마냐크 브랜디를 부어 즉시 불을 붙이고 불이 붙은 채로 서빙 한다. 특별한 프랑스 아르마니크 방식이다.

Paupiettes de Jambon aux Bananes

(Ham and Banana Roll)

바나나와 햄 요리

• 사전준비 : 10분, 조리시간 : 20분

재 료 : (4인분)

잘 익은 바나나 4개, 소금과 후추 약간, 파프리가 파우더 약간, 얇게 슬라이스한 햄 8쪽, 버터 25g, 파마산 치즈 50g, 더블 생크림 125ml, 파세리와 허브 약간

>>> 만드는 방법

1. 잘 익은 바나나는 껍질을 벗기고 약간의 소금, 흰 후추, 파프리가 파우더를 뿌려서 준비한다.
2. 적당한 크기의 햄 한 장으로 바나나를 돌돌 말아 롤 형태를 만든다.
3. 바나나 크기가 담길 수 있을 정도의 오븐 용기에 버터를 바르고 그 위에 파마산 치즈를 얹는다. 그리고 더블 생크림을 부어 표면을 잠기도록 평평 하게 한다.
4. 200℃로 예열된 오븐의 윗 칸에서 바나나가 부드러워지고, 표면이 황금색이 될 때까지 약 20분간 구워낸다.
5. 뜨거운 상태로 또는 차갑게 식혀 파세리와 허브를 올려 서빙 한다.

Canapés de Saumon

(Scrambled Egg and Salmon Toast)

토스트위에 스크램블과 연어요리

재　료 : (4인분) • 사전준비 : 10분,　조리시간 : 25분

버터 50g, 연어 프레쉬 200g, 토스트 4개, 계란 8개, 소금과 후추 약간, 생크림 3Ts, 허브 약간

>>> 만드는 방법

1. 냄비에 물과 허브류를 넣어 끓인다. 냄비 위에 철망을 걸치고 구멍 시팬에 유산지를 한 장 깔고, 버터를 바르고, 연어를 놓고 유산지를 덮고 연어를 이중탕 형태로 익힌다.
2. 구멍 시팬에 프레쉬 연어를 놓고 유산지 종이를 덮어 약 15~20분간 증기로 쪄서 반 정도 익힌다.
3. 연어의 뼈와 껍질은 제거하고 으깬 뒤 소스 팬에서 따뜻하게 보관한다.
4. 빵은 toast하고 버터를 바른다.
5. 계란은 풀어서 소금, 후추, 허브를 넣고 저어준다.
6. 남은 버터는 두꺼운 소스 팬에 녹이고 계란을 부어 약한 불에서 스크램블한다. 반 정도 스크램블 될 때쯤 생크림을 넣어도 좋다.
7. Toast 위에 scramble을 얹고 그 위에 으깬 salmon을 얹은 후 처빌 잎, 파세리를 올려 즉시 serving한다.

Champignons Farcis

(Stuffed Liver Mushrooms)

닭 간과 계란을 넣은 양송이요리

• 사전준비 : 15분,　조리시간 : 20분　　　　**재　료 : (4인분)**

큰 양송이 버섯 12개, 양파 2개, 샬롯 2개, 마늘 2쪽, 닭간(신선한 것) 100g, 올리브오일 2TS, 버터 50g, 더블 생크림 3Ts, 케인페퍼 2g, 넛맥 2g, 소금과 후추 약간, 계란 2개

>>> 만드는 방법

1. 크기가 고른 큰 양송이 버섯을 준비해 깨끗이 씻어 물기를 빼고 줄기는 떼어서고 잘게 다진다.
2. 양파, 샬롯, 마늘은 잘게 다진다.
3. 닭간도 깨끗이 씻어 잘게 다진다.
4. 냄비 팬에 버터와 올리브오일을 녹여 양송이를 살짝 볶아낸 후 시팬에 담아 놓는다.
5. 그리고 남은 버터로 양파, 샬롯, 마늘을 낮은 불에서 약 5분정도 볶아 부드러워지면 양송이 줄기 다진 것과 닭간을 넣고 약 5분 더 볶는다.
6. 불에서 내려 생크림. 케인페퍼, 넛맥, 소금, 후추를 넣고 잘 거품을 낸 계란을 부으면서 젓어 스크램블 형태로 만든다.
7. 약한 불로 천천히 저으면서 계란을 굳힌다.
8. 양송이 꼭지 홀에 이것을 담고 180℃로 예열된 오븐에서 약 7분정도 구워 맛을 낸 후 서빙 한다.

Oeufs au Lit Tomate

(Eggs and Tomatoes)

계란을 넣은 토마토요리

재 료 : (4인분) • 사전준비 : 10분, 조리시간 : 15분

잘 익은 토마토 4개, 소금과 후추 약간, 올리브 오일 3Ts, 토스트 4쪽, 버터 50g, 계란 4개, 파세리 찹 1Ts, 허브 찹 1Ts

>>> 만드는 방법

1. 토마토 꼭지부분을 썰어내고 작은 티스푼으로 토마토 내부의 씨 과즙을 빼낸다.
2. 소금, 후추를 뿌려 약 10분정도 토마토를 뒤집어 놓아 물기를 뺀다.
3. 소스 냄비 팬에 오일을 두르고 씨 뺀 토마토를 넣고 뚜껑 덮고 약 5분정도 익힌다.
4. 그리고 정사각형 모양으로 썰어진 빵은 버터를 발라 부드럽게 구워내고 베이킹 시팬에 얹고 그 위에 토마토를 한 개씩 얹는다.
5. 토마토의 내부에 양념을 하고 계란을 한 개씩 깨서 안에 담는다.
6. 190℃로 예열된 오븐에서 약 6~8분간 구워낸다.
7. 계란 흰자는 완전히 익지만 노른자는 덜 익은 상태로 파세리 찹과 허브를 뿌려 즉시 serving한다. 여러 형태의 맛을 만들어 낼 수가 있다.

Oeufs Brouillée Vancouver

(Scrambled Eggs with Smoked Salmon)

스크램블에 훈제 연어요리

• 사전준비 : 7분,　조리시간 : 15분　　　　**재　료 : (4인분)**

훈제 연어 160g, 계란 8개, 소금과 후추 약간, 더블 생크림 7Ts, 버터 50g, 토스터 4쪽, 가니쉬 허브 약간

>>> 만드는 방법

1. 스모크 연어를 절반은 장식용으로 잘게 썰고, 나머지는 다져서 놓는다.
2. 계란은 소금, 후추, 허브, 2Ts 생크림을 넣고 섞어 젓는다.
3. 두꺼운 소스 팬에 버터를 녹이고 계란과 다진 훈제 연어를 넣고 낮은 불에서 크림 상태로 스크램블 한다.
4. 접시에 토스트를 4군데 올리고 토스트 위에 스크램블을 올려 접시로 나누어 담는다.
5. 생크림을 졸여 4군데 위에 끼얹고 장식용 연어 몇 조각을 그 위에 뿌린다.
6. 계란 훈제연어를 접시에 멋지게 장식한다.

Crêpes Gratinée
(Baked Pancakes)

팬케익 그라탕 요리

재　료 : (4인분)　　　　• 사전준비 : 15분,　조리시간 : 20분

팬 케익 4장, 베샤멜소스 400ml, 가루 치즈 150g, 소금과 후추 약간,
버터 50g, 토마토소스 250ml

>>> 만드는 방법

1. pancake 반죽을 하여 얇게 부쳐 준비한다.(팬케익 믹스를 써도 좋다).
2. 베샤멜소스를 만들고 가루 치즈와 양념으로 간을 맞춘다.
3. 얇게 팬케익을 구워 1장마다 베샤멜소스 1Ts을 팬케익 중앙에 바르고 돌돌 말아서, 버터를 발라 놓은 시팬에 얹는다.
4. 그 팬케익 위에 다시 토마토소스를 바르고 180℃로 예열된 오븐의 중앙에서 약 15분간 보기좋게 구워낸다.(또는 토마토소스 대신에 베샤멜소스를 바르고 그 위에 치즈를 뿌리고 그릴 에서 갈색이 날 때까지 구워도 된다).
5. 소스를 넣어 구워낸 팬케익을 접시에 예쁘게 담아 즉시 서빙 한다.(팬케익에 소스와 함께 홍합살, 새우등과 함께 혼합한 여러가지 요리도 가능하다.)

Soufflé au Fromage

(Cheese Béchamel Soufflé)

베샤멜소스에 치즈 슈플레

• 사전준비 : 10분, 조리시간 : 30분　　　　재 료 : (4인분)

버터 30g, 베샤멜소스 250ml, 파마산 치즈 120g, 계란 3개, 케인페퍼 약간, 소금 후추 약간

>>> 만드는 방법

1. 적정한 수플레 그릇(몰드)에 버터를 바르고 준비한다.
2. 오븐을 200℃로 예열해 둔다.
3. 베샤멜소스를 만들어 파마산 치즈를 넣고 저으면서 녹여 맛과 농도를 맞춘다.
4. 맛을 낸 베샤멜소스에 노란자 3개를 한 개씩 넣으면서 잘 저어준다. 그리고 농도와 맛과 간을 맞춘다.
5. 그리고 계란 흰자 3개를 풀고 단단하게 거품을 내야 한다. 가라앉지 않을 정도로 거품을 올려야 한다.
6. 다음에 베샤멜소스에 흰자 머랭을 천천히 부으면서 잘 섞고, 이것은 다시 준비된 souffle dish에 약 8분 정도 적당히 담는다.
7. 오븐 중간 칸에서 soufflé가 잘 부풀고 모양이 고정될 때까지 약 20~25분 가량 구워낸다.
8. 오븐에서 꺼내 즉시 serving하고 잘랐을 때 soufflé의 내부는 cream색이어야 맛이 좋다.
9. 베샤멜소스에 햄 슬라이스, 토마토 콘카세를 섞을 수도 있다. 모르네이 소스와 토마토 소스를 함께 서빙 해도 좋다.

Soufflé de Volaille

(Chicken Soufflé)

닭고기 수플레

재 료 : (4인분) • 사전준비 : 10분, 조리시간 : 30분

버터 50g, 삶은 치킨 200g, 소금, 후추 약간, 계란흰자 4개, 계란 노란자 2개, 더블 생크림 125ml, 베샤멜소스 150ml, 양송이 100g

>>> 만드는 방법

1. 적정한 수플레 그릇(몰드)에 버터를 발라 놓는다.
2. 180℃로 오븐을 예열해 둔다.
3. 브랜칭 한 치킨 살을 잘게 다져 믹싱 볼에 담고 소금, 후추, 계란흰자 1개를 넣고 섞는다.
4. 여기에 계란 노란자 2개와 생크림을 넣고 잘 혼합 한다. 농도와 맛 체크.
5. 남은 계란 흰자 3개는 단단하게 거품을 내고 4의 혼합물에 넣고 섞는다.
6. 이것을 몰드에 담고, 이 몰드는 뜨거운 물이 반 정도 담긴 베이킹 바스켓에 넣어 오븐에서 약 20~25분 가량 구워낸다. 수플레가 잘 부풀어 오르고 소프트하게 익은 후 꺼낸다.
7. 그리고 베샤멜소스를 만들고 양송이를 슬라이스 하여 넣는다.
8. 잘 익은 soufflé를 몰드에서 꺼내고 접시에 담고 베샤멜소스를 위에 뿌리고 허브를 올려 serving한다.

Soufflé aux Epinards et Jambon

(Spinach and Ham Soufflé)

시금치, 햄 수플레

• 사전준비 : 10분,　조리시간 : 30분

재　료 : (4인분)

버터 30g, 신선한 시금치 200g, 베샤멜소스 250ml, 쿡 햄 100g, 계란 3개, 소금과 후추 약간

>>> **만드는 방법**

1. 수플레 몰드에 버터를 발라 놓는다.
2. 오븐은 200℃로 예열한다.
3. 시금치는 브랜칭 하여 식혀 물기를 완전히 짜고 잘게 다진다.
4. 베샤멜소스를 만들고 잘게 다진 햄, 노란자, 다진 시금치를 넣고 저어 주면서 맛, 향, 농도를 맞추면서 간을 한다.
5. 깨끗한 믹싱 볼에 계란 흰자 3개를 넣고 부드러운 단계까지 거품 낸다.
6. 4에서 준비된 혼합물에 5를 넣고 섞어준 후 soufflé case에 담고 오븐의 중앙에서 약 20~25분가량 굽는다.
7. soufflé가 잘 부풀어 오르고 모양이 잡히면 꺼내서 즉시 serving한다.

Crêpages

(Crépe and Baked Ham)

크레페와 햄의 이중 굽기

재 료 : (4인분) • 사전준비 : 45분, 조리시간 : 20분

흰 햄과 생 햄 슬라이스 각70g, 생크림 200cc, 그레이예 치즈(크레프용) 20g, 밀가루 50g, 계란 1개, 우유 120cc, 버터 15g, 소금과 후추 약간씩

>>> 만드는 방법

1. 크레페 반죽
   - 믹싱 볼에 밀가루, 소금, 계란을 넣어 작은 거품기로 섞어가며 우유를 조금씩 부어 주면서 반죽을 한다.
2. 햄은 아주 얇게 슬라이스 하여 기름기를 제거한다. 그레이예 치즈도 얇게 썬다.
3. 작은 냄비에 생크림을 넣어 따뜻하게 졸여낸 후, 소금과 후추로 간한다.
4. 직경 12cm 크기의 작은 후라이 팬에 크레페를 8장 정도 구워낸다.
5. 구운 크레페와 같은 크기나 모양으로 크레페 위에 햄, 생크림 한 스푼, 그리고 크레페 1장을 올린 다음, 같은 순서로 쌓아올린다.
6. 이것을 200℃ 오븐에 넣어 약 15분간 구워낸 후, 서비스 접시에 담는다.
7. 그 위에 치즈를 얹고 사라만다에 넣어 색을 낸다.
8. 빵 나이프로 4등분한 후 곧바로 제공한다.

Bouillon d'Escargot dormeurs

(Snail With Vegetables and Bouillon)

백포도주와 부이용을 이용한 달팽이 요리

• 사전준비 : 60분, 조리시간 : 40분

재 료 : (4인분)

에스까르고 40개, 버터 100g, 당근 1개, 뽀와르(대파 흰부분) 1개, 양파 1개, 샐러리(흰 부분) 1개, 백포도주(쓴맛) 100cc, 가금류의 폰 3/4ℓ, 부케 가르니 1단, 소금과 후추 약간씩, 바질(또는 세이유) 약간, 레몬 즙 약간

>>> 만드는 방법

1. 에스까르고는 월동을 지난 것을 사용하는 것이 핵심이다.
   - 칼 끝으로 석탄질의 딱딱한 부분(조개 뚜껑)을 제거한다. 해캄(모래 등 불순물)이 없어질 때까지 몇 번이고 물에 씻어 내고 소금 한줌을 뿌려 두 시간 정도 토해내게 한다. 냄비에 에스까르고를 넣고 물을 듬뿍 부어 끓여낸 후 물기를 제거한다(가공 캔 달팽이를 이용할 수 있다).
   - 브리데용 바늘이나 뾰족한 바늘로 살을 꺼내 일반적으로 내장이라 부르는 소용돌이 모양의 몸체 끝부분에 붙어 있는 검은 부분을 제거한다. 달팽이 몸살을 냄비에 담아둔다.
2. 당근, 뽀와르, 샐러리를 미르쁘와로 자르고, 부케가르니를 만든다.
3. 큰 냄비에 버터 10g을 녹인 후, 2번 야채들을 넣고 나무주걱을 움직이면서 약한 불에 약 4~5분간 볶아낸다.
4. 백포도주로 데그라세한 후 졸여지면 가금류의 폰을 부어 무이에 한다.
5. 끓어오르면 에스까르고와 부케가르니를 넣는다.
6. 가볍게 소금으로 간을 하고, 끓기 시작하면 약 20분가량 더 끓인 후 불에서 내린다.
7. 조그만 냄비에 부이용을 넣고 강한 불에서 작게 썬 버터를 넣어 거품기를 크게 움직여 잘 섞은 후, 에스까르고 위에 부어준다.
8. 약간 깊이가 있는 접시에 에스까르고를 10개씩 담은 후, 부이용을 붓고 잘게 썬 바질이나 세이유, 파세리를 뿌려준다.

Cassolet de Gueues d'Érevisses

(Crayfish Nage Stew)

에그르비스의 나제풍 요리

재　료 : (4인분)　　　　• 사전준비 : 60분,　조리시간 : 10분

> **에그르비스 3.5kg, 백포도주(선세르) 150cc, 구르 부이용 2ℓ , 버터 140g, 레몬즙 1/4개, 에스트라곤 4잎, 파슬리 1잎, 소금과 후추 약간씩, 마늘 2개, 부케 가르니 1단**

>>> 만드는 방법

1. 에그르비스는 반드시 살아 있는 것을 사용한다. 바닥이 깊은 냄비에 구르 부이용으로 끓인다.
2. 이미 진흙을 토해내게 한 에그르비스 라면 곧바로 냄비에 넣고 2분간 삶아낸다. 만약 진흙을 토해내지 않은 것이라면 내장을 제거해야 한다. 내장이 몸의 한 중간 아래쪽에 있어 깨끗하게 제거하려면 몸체의 1/4 부분을 눌러 내장의 끝을 뒤집어 제거한다.
3. 꼬리를 제거한 후 20마리씩 나누어 4회 가량 삶아낸다. 열기를 식혀 껍질을 제거한다.
4. 냄비에 나제풍의 야채를 넣고 망 국자를 이용해 마늘 부케가르니를 제거한다.
5. 여기에 선세르산 백포도주를 무이에 하여 강한 불에서 절반정도 될 때까지 졸인다.
6. 잘게 썬 버터를 넣고 센 불에서 졸인다.
7. 소스가 부르고뉴 정도가 되면 불에서 내린다.
8. 여기에 껍질 빼긴 에그르비스, 레몬즙, 잘게 썬 에스트라곤을 넣고 소금과 후추로 간을 한다.
9. 약 2분가량 끓여 에그르비스 몸살이 딱딱해지지 않도록 주의한다.
10. 4개의 작은 캐서롤 각각에 에그르비스를 나누어 넣고, 그 위에 적정한 야채를 얹은 후 허브, 파슬리 잎을 뿌려낸다.

Coffrets de Ris de Veau

(Puff Pastry and Spinach Veal)

송아지고기 목살의 코프레

• 사전준비 : 60분,　조리시간 : 40분　　　　재　료 : (4인분)

송아지고기 목살 600g, 가금류의 흰 폰 1ℓ, 밀가루 1큰술, 시금치 250g, 계란 1개, 부케 가르니 1단, 양파 1개, 당근 1개, 마늘 1개, 백포도주 20cc, 생크림 1/4ℓ, 페이테지(반죽피) 200g, 레몬즙 1/4개, 소금과 후추 약간씩

>>> 만드는 방법

1. 송아지고기는 희고 신선한 것을 골라 뜨거운 물의 큰 냄비에 넣어 블랑쉬 르한다.
   - 고기 속까지 흰 살이 되도록 약 5분간 뭉근히 끓여 식힌다.
   - 물기를 뺀 후, 길쭉한 목살과 둥글고 두꺼운 작은 편육으로 나누어 껍질과 근육, 기름을 제거한다.
2. 시금치는 데쳐둔다.
3. 당근과 양파는 링 모양으로 얇게 썬다.
4. 고기가 포개지지 않도록 바닥이 넓고 두꺼운 냄비를 사용한다.
5. 냄비에 링 썰기한 당근과 양파, 부케 가르니를 넣는다.
6. 여기에 송아지 고기를 잘 펴놓고 백포도주로 무이에하기 전에 약 10분 정도 슈에 한다.
7. 가금의 흰 폰을 부은 후 뚜껑을 덮고 약 40분간 끓인다.
8. 송아지 고기를 꺼내 식힌다. 그리고 다른 냄비에 버터와 밀가루를 볶아 루를 만들고 삶은 국물로 무이에 해서 걸쭉하게 만든다.
9. 소스는 약 20분 정도 끓여 생크림을 넣은 후 약 2분 가량 더 끓인다.
10. 5회 접은 파이 반죽피는 서늘한 곳에서 1cm 두께로 고르게 밀어 편다(밀봉으로 밀가루 반죽 전체를 가볍게 누르면서 편다).
11. 가로 8cm×세로 6cm 크기의 장방형으로 가지런히 만들어 자른다.
12. 계란 노른자 1개를 잘 섞은 후, 솔을 이용해 표면에 발라준다.
13. 이것을 오븐에 넣어 180℃ 온도에서 약 20분간 구운 후, 약 20분 정도 건조기에 넣어둔다(사각형의 펍 패스트리를 만든다).
14. 삶은 송아지 목살은 얇은 막과 껍질을 손가락으로 문질러 벗겨낸 후 냄비에 담아 소스를 부어준다. 소금, 후추, 레몬즙을 뿌린다. 시금치를 버터에 맛있게 볶아둔다.
15. 접시 4개에 코프레(페이테지)를 담는다. 뚜껑용으로 윗부분은 열어둔다. 속을 파내고 볶은 시금치를 넣은 후, 혼합물 송아지고기를 잘 넣는다. 패스트리 뚜껑을 덮어 바로 제공한다.

Escargots de Bourgogne poêlés

(Snail Stew Bourgogne Style)

백포도주를 가미한 달팽이 요리

재 료 : (4인분) • 사전준비 : 60분, 조리시간 : 60분

백포도주 100cc, 당근 1/2개, 양파 1/2개, 마늘 1개, 부케 가르니 1단, 통후추가루 10개, 정향 2개, 버터(에스까르고용) 100g, 마늘 1개, 에샬롯트 1개, 파슬리 10g, 소금 1g, 후추 1g, 소금 약간

>>> 만드는 방법

1. 달팽이 입이 닫혀 있거나 월동한 것(11월부터 다음해 2월까지)을 이용한다. 만약 3~4월 것이라면 약 12시간 정도 토해내게 한다.
2. 당근은 껍질을 벗기고 당근에 정향 2개를 꽂아 부케 가르니를 준비한다.
3. 버터를 부드럽게 만들고, 파슬리는 잘게 썰고, 에샬롯트는 아주 가늘게 썰고, 마늘은 다진다. 이것을 섞어 후추와 소금으로 맛을 낸다.
4. 큰 냄비에 에스까르고와 야채, 백포도주, 통후추를 넣는다.
5. 재료 전체 부피의 1/3 정도만 물을 부어 굵은 소금 8g을 넣은 후 끓인다. 표면에 앙금을 제거한다.
6. 아주 약한 불에서 뚜껑을 덮은 채 약 2시간 30분 정도 끓인다.
7. 마무리된 에스까르고는 살을 꺼내 국물과 함께 다른 그릇에 옮겨 담는다.
8. 제공하기 약 5분 전에 후라이 팬에 물기를 뺀 에스까르고와 삶은 국물 4큰 술을 넣고 바짝 졸인다.

- 여기에 작게 썬 버터를 넣어 나무주걱으로 저으면서 아주 강한 불에서 끓인다.
- 버터가 녹으면 광택이 나고 소스가 걸쭉해진다.

9. 뜨겁게 데워둔 작은 캐서롤 4개에 에스까르고를 담은 후, 스푼으로 소스를 부어 제공한다.

Grenouilles au Blanc de Blancs

(Frog Leg Sauted with Champagne)

샴페인을 가미한 개구리다리 요리

• 사전준비 : 30분, 조리시간 : 15분

재 료 : (4인분)

개구리 허벅지 다리 16개, 생크림 300cc, 버터 60g, 샴페인 150cc, 레몬즙 1/4개, 에샬롯트 2개, 마늘 2쪽, 파슬리 · 소금 · 후추 약간씩

>>> 만드는 방법

1. 개구리다리는 봄철이 가장 맛이 좋다. 개구리다리의 발톱을 가위로 잘라 둔다.
2. 에샬롯트, 마늘, 파슬리는 각각 썰어둔다.
3. 개구리 다리에 소금과 후추를 뿌려 밀가루를 발라 랙에 얹어둔다.
4. 큰 후라이 팬에 버터를 넣고 3번의 개구리 다리가 포개지지 않도록 등을 위로 보이게 놓는다.
5. 색깔이 깨끗하게 나도록 구우면서 로스용 포크로 하나씩 뒤집는다. 반대편을 구울 때 쯤에는 버터가 완전히 녹아야 한다.
6. 마무리되면 데워 둔 서비스 접시에 개구리 다리를 보기 좋게 담아낸다.
7. 개구리 다리를 구워낸 후라이 팬에 에샬롯트를 20초간 슈에해서 샴페인으로 데그라세 한다. 즙이 1/2정도 줄면 생크림을 첨가한다.
8. 잘 저어가며 끓인 후 소스 농도가 가벼울 정도로 1~2분간 끓인다.
9. 이 소스를 6번의 개구리 다리에 부어준다.
10. 여기에 마늘 찹, 파슬리를 첨가하여 소금과 후추로 간을 한다.
11. 그대로 약 1분 정도 약한 불에 끓인다.
12. 마지막으로 레몬즙을 짜서 넣고 뜨거울 때 제공한다.

Foie Gras de Canard Sauté aux Céleris Boules

(Duck Liver Sauted with Celery Root)

샐러리 뿌리를 이용한 오리간 요리

재 료 : (4인분) • 사전준비 : 30분, 조리시간 : 10분

오리 간 500g, 트라플(송로버섯) 30g, 트라플 즙(통조림 즙 또는 국물) 50cc, Demi-glace 250cc, 보르도 레드와인 50cc , 샐러리 뿌리 200g, 버터 40g, 소금과 후추 약간씩

>>> 만드는 방법

1. 포와 그라
   - 사용하기 전날 소금을 넣어 끓는 물에 1분간 삶는다. 삶은 국물과 함께 그대로 서늘한 곳에 보관해 둔다. 다음날 삶은 국물에서 꺼내 2등분하여 담즙에 붙어 있는 녹색부분을 깨끗이 제거한다.
   - 뜨거운 물에 넣어 데운 칼을 사용하여 1.5cm 크기로 썬다. 이것을 랙 위에 가지런히 얹어 놓고 호일로 덮어 차가운 곳에 둔다.
2. 샐러리 뿌리
   - 껍질을 벗기고 마늘 크기 정도로 토르네해서 블랑쉬르한 다음 식혀서 물기를 제거한다.
3. 소스 만들기
   - 트라블은 작은 주사위 모양으로 썬다. 중간크기 냄비에 버터 5g을 넣어 가열한 후, 트라블을 약 2분간 볶는다.
   - 보르도 와인을 부어 데그라세한 후, 졸인 국물과 데미그라스를 첨가하여 약한 불에서 약 10분간 가볍게 끓이고 표면에 떠오르는 앙금은 제거한다.
   - 버터 25g을 몬테하여 맛을 정리하고 후라이 팬에 가볍게 구운 샐러리를 첨가한다.
4. 후라이팬을 강한 불로 가열해서 버터를 넣고 소금과 후추로 간한 포와그라를 넣어 약 1분씩 구워낸다.
5. 접시에 포와그라를 보기 좋게 담아내고 그 위에 샐러리를 얹은 후, 끓고 있는 소스를 나페 해서 제공한다.

Huîtres Chaudes aux Bigorneaux

(Clam and Oyster with Vinegar Wine Sauce)

와인 비네거를 첨가한 따뜻한 조개, 굴 요리

• 사전준비 : 10분, 조리시간 : 15분

재 료 : (4인분)

굴(브론종) 12개, 굴(포르투칼종 스페샬) 12개, 피코르노* 2 40개, 당근 2개, 샐러리 1개, 양파 1개, 버터 250g, 와인 비네거 50cc, 레몬 1개, 타임 4잎, 소금과 통후추 약간씩

>>> **만드는 방법**

1. 굴은 껍질이 일그러지지 않도록 주의해서 입을 벌린다.
   - 굴 모양이 일그러지지 않도록 주의해서 껍질 내 즙과 함께 작은 냄비에 넣는다.
   - 빈 껍질 4개를 철판 위에 놓아둔다.
2. 피코르노 손질
   - 얇게 썬 당근, 양파, 샐러리, 타임, 굵은 소금 한줌, 와인 비네거와 물 1 ℓ 를 냄비에 넣고 구르 부이용을 만든다. 약 15분 가량 끓인다.
   - 피고르노를 씻어 냄비에 넣고 끓으면 앙금을 걷어낸 후, 2분 가량 끓여 불에서 내린다.
   - 식으면 핀으로 조갯살을 꺼내어 조갯살 끝부분에 있는 검은 부분을 제거한 후 용기에 넣어둔다.
3. 버터
   - 피코르노를 삶은 국물 200g을 작은 냄비에 부어 강한 불에서 저으면서 잘게 썬 버터를 넣고 소스가 부드러워질 때까지 끓인다.
   - 후추로 강한 향을 내고 레몬즙 1/2개를 넣는다.
4. 굴은 1번의 국물에 넣어 데운다. 60℃이상 되지 않도록 주의한다(중불에서 2분 이상 끓이지 않음).
5. 빈 껍질을 오븐에 넣고 완전히 따뜻해지면 두 종류의 굴을 담아낸다. 조개 껍질에 피고르노를 나누어 넣고 그 위에 소스를 얹는다. 사라만다에 약 20초간 구운 후 접시에 굴을 담아 제공한다.

• 대서양 연안. 주로 브로다뉴 지방에서 잡히는 작은 조개

Ragoût de Truffée en Chaussons

(Puff Pastry Truffle and Duck Liver Stew)

송로버섯과 거위 간 스튜 요리

재 료 : (4인분) • 사전준비 : 30분, 조리시간 : 20분

페이테 지(생지) 250g, 생 트뤼플(또는 통조림) 200g, 불에 구운 포와 그라 30g, 꼬냑 20cc, 버터 30g, 생크림 250cc, 계란 1개, 에샬롯트 1개, 소금과 후추 약간씩

>>> 만드는 방법

1. 펍 패스트리 만들기(Puff Pastry 만들기 참조)
   - 매끈하게 잘 반죽한 밀가루 반죽을 차가운 대리석 위에 놓고 과자용 밀대로 6mm 정도 두께로 민다. 직경 8cm인 둥근 원형 2장을 만든 후 (컵을 거꾸로 이용하여), 절반을 잘라 4장의 소숑(파이지)으로 만들어 물을 적셔 약간 촉촉하게 만들어 둔 과자용 철판위에 나란히 놓아둔다.
   - 계란 노른자 1개를 잘 풀어 솔을 이용하여 표면에만 바르고, 계란물이 흘러내리면 구울 때 반죽이 얇게 벗겨져 지저분해지므로 흘러내리지 않도록 주의한다.
   - 작은 칼(또는 포크)로 각각의 파이생지에 가볍게 칼집을 낸다.
   - 180℃로 가열했다 불을 끈 오븐에 넣는다.
   - 약 5분간 그대로 두었다가 깨끗한 페이테지(파이생지)가 식지 않도록 보관한다.
2. 트뤼플은 폭 4cm, 5g 정도 크기로 썬다.
3. 에샬롯트는 잘게 썬다.
4. 포와 그라는 고운 체로 거른다.
5. 냄비에 버터를 넣고 에샬롯트가 색이 나지 않도록 주의해서 슈에 한다.
6. 소금과 후추로 간한 트뤼플을 넣고 냄비뚜껑을 덮어 약 2분가 익힌 후, 뚜껑을 열고 꼬냑으로 데그라세 하고 트뤼플 삶은 국물을 약간 넣어 끓인다.
7. 여기에 생크림을 첨가하여 가벼운 농도의 소스가 완성될 때까지 약한 불에서 졸인다.
8. 소스에 막이 생기지 않도록 바네 하면서 4번의 포와그라로 리에 하여 맛을 정리한다.
9. 작은 칼 끝으로 펍 패스트리의 뚜껑을 가볍게 벌려 따뜻하게 데워둔 접시 4장 위에 얹고 그 속에 8번을 다소 넘칠 정도로 넣은 후 바로 제공한다.

Quiche au Sandre de Loire

(Sea-bass in Puff Pastry)

로와르산 농어 파이 싸기

• 사전준비 : 10분, 조리시간 : 15분 **재 료 : (4인분)**

농어(담수어) 1마리(700g), 계란 4개, 생크림 50cc, 구르 부이용 3/4ℓ , 폰 세(생지) 300g, 소금·후추·완두콩 약간씩

>>> 만드는 방법

1. 농어 내장을 깨끗이 제거한 후 필레 해서 껍질이 냄비 바닥에 닿도록 놓는다.
   - 부이용을 부어 필요하면 소금을 넣고 약한 불에서 약 2분가량 끓인다.
   - 생선을 꺼내 식힌 후 가지런히 접시 담아둔다.
2. 폰 세를 형틀 안에(타르트) 직경 26cm 원형으로 편 후, 20cm 크기로 중심에 맞추어 얹는다(앞장 폰세 만드는 법 참조).
   - 포크로 바닥을 눌러 공기 구멍을 내고 기름종이를 깔아 그 위에 준비한 완두콩을 넣고 180℃ 오븐에서 약 10분간 색깔이 나지 않을 정도로 구워 낸다.
3. 아빠레이유(내용물 섞기)
   - 믹싱 볼에 생크림, 계란, 소금, 후추를 넣어 작은 거품기로 섞은 후, 가는 체에 걸러 다른 그릇에 옮겨 담는다.
4. 파이 굽기
   - 형틀(타르트) 위에 구운 반죽을 꺼내 오븐 입구에 두고 타르트 종이와 콩을 꺼내고 농어 살을 넣으면서 3번 혼합물을 생선 위에 부어준다.
5. 160℃로 가열된 오븐에 4번 생선 파이반죽을 넣어 약 15분간 구워낸 후 약 5분 정도 열을 식힌다.
6. 둥근 접시 위에 생선 파이를 얹고 형틀을 걷어낸 후 녹인 버터를 살짝 부어 제공한다.

Saumon et Saint-Pierre Crus au Sel de Morue

(Marinated of Salmon, Sea-bream Gravlax with Salt Cod)

연어 살과 대구 살을 이용한 요리

재 료 : (4인분) • 사전준비 : 15분, 조리시간 : 10분

생연어 필렛 200g, 생피에르 필렛 200g, 생 올리브 오일 160cc, 레몬 1개, 에스트라곤 잎 4잎, 파슬리 1잎, 잘게 부순 흰 통후추 8알, 코리앤더 4잎, 소금에 절여 잘 말린 대구 60g, 치즈(딱딱한 것) 50g

>>> 만드는 방법

1. 차게 보관해 둔 접시를 4개 준비한다. 각각 생선 필렛을 될 수 있으면 얇게 썰고, 연어 살과 생피에르 흰 생선이 홍색, 흰색이 잘 어울리도록 가지런히 놓는다(예를 들면, 파도모양 처럼)
2. 소금에 절여 말린 대구는 잘 건조된 것을 선택하여 대구 살과 치즈를 강판에 갈아 가는 체로 거른 후, 얇게 썬 연어 필렛 위에 뿌린다.
3. 프레쉬 필렛을 담은 접시에 레몬즙, 올리브 오일을 골고루 뿌린다.
4. 잘게 부순 흰 통후추와 코리앤더를 뿌린다.
5. 그 위에 에스트라곤 잎을 잘게 썰어 파슬리 잎과 색깔이 잘 어울리도록 장식한다. 담은 접시는 냉장고에 약 15분 정도 차게 보관한다.
6. 접시에 놓인 생선살 위에 올리브 오일을 나뻬 한다. 크게 자른 빵과 함께 제공한다.

Soufflé aux Truffes

(Truffle of Soufflé)

송로버섯을 이용한 수플레

• 사전준비 : 25분, 조리시간 : 10분

재 료 : (4인분)

트뤼플 140g, 트뤼플 즙 100cc, 밀가루 40g, 버터 80g, 우유 1/4ℓ, 계란 4개, 소금 약간

>>> 만드는 방법

1. 작은 냄비에 버터 60g을 넣고 약한 불에 녹여 밀가루를 첨가한다.
   - 색깔이 나지 않도록 주의하면서 나무주걱을 움직여 약 2분간 볶는다.
   - 여기에 우유, 트뤼플 즙을 조금씩 넣어 가며 계속 저어 덩어리가 생기지 않도록 주의하며 섞는다.
   - 소금을 약간 넣어 일정하게 끓어 오를 때까지 계속 젓는다.
   - 끓기 시작하면 아주 약한 불에서 약 20분간 서서히 끓인다.
   - 완성된 트뤼플 용 소스는 큰 냄비에 부어 가는 체로 잘 걸러낸다(소스).
2. 트뤼플은 만드리느(얇은 칼날이 붙은 야채 써는 기구)를 이용해 아주 얇게 4장을 썬다.
   - 그 중 100g은 작은 주사위 썰기를 해 소스에 첨가한다.
   - 슈플레용 볼 4개에 버터 20g씩을 바른 후, 나머지 트뤼플을 잘게 썰어 흩뿌려준다.
   - 트뤼플이 제철일 때에는 다음과 같은 조리에 이용한다. 생 트뤼플 140g을 꼬냑 20cc, 백포도주 40cc, 물 20cc에 소금과 후추로 간하여 약 20분간 끓여 쪄낸다. 그대로 식혀 통조림처럼 이용한다.
3. 계란 흰자는 믹싱 볼에 넣어 소금을 약간 뿌린 후 차가운 상태에서 거품기로 쳐낸다. 단, 너무 많이 쳐서 굳지 않도록 주의한다.
4. 1번 뜨거운 소스에 계란 노른자를 넣어 재빨리 섞고, 흰자 거품도 1/4정도 넣어 섞어 정리 한다.
   - 이 방법으로 하면 아파레이유(혼합하기)를 부드럽게 하여 다음 작업이 쉽게 된다.
5. 나머지 흰자를 부어 고무주걱을 이용하여 잘 섞어준다.
6. 준비된 수플레용 그릇에 4/5 정도만 담는다.
7. 오븐용 철판 위에 약 2분가량 얹어 두었다가 200℃로 열을 올린 후 불을 끄고 오븐에 넣는다.
8. 구워지는 상태를 확인하면서 약 10분간 그대로 둔다.
9. 완성된 수플레에 장식용으로 얇게 썬 트뤼플을 얹은 후 곧바로 제공한다.

Tarte à la Fourme du Cantal

(Cantal Cheese with Tomato Tarte)

캉탈 치즈와 토마토 타르트

재　료 : (4인분) • 사전준비 : 25분,　조리시간 : 20분

페이테지(생지) 150g, 캉탈 치즈 180g, 잘 익은 토마토 300g, 생 올리브 오일 40cc, 에스트라곤이 들어있는 머스타드 1큰술, 소금과 후추 약간씩

>>> **만드는 방법**

1. 타르트
   - 밀대로 반죽을 펴서 직경 26cm 정도의 원형으로 만든다(앞장에서 만드는 방법 참조).
   - 약간 적셔 놓은 얇은 철판 위에 타르트 형틀을 놓고, 그 위에 끝이 벗어나지 않도록 반죽을 얹는다. 주변의 반죽을 조심스럽게 떼어낸다.
   - 엄지와 인지로 반죽의 가장자리를 오무리면 반죽은 자연히 형틀 안으로 들어가 타르트가 손상되지 않고 나중에 떼어낼 수 있다.
   - 포크 끝으로 바닥에 몇 군데 가볍게 구멍을 내고 차가운 곳에 보관한다.
2. 토마토는 중간크기로 보기 좋은 둥근 것을 고른다.
   - 토마토 중심에서 1cm 두께로 잘라 최상부와 최하부는 제거한다.
   - 모양이 일그러지지 않도록 주의하면서 수분과 씨를 제거한다.
   - 토마토는 시트 팬에 올려 소금과 후추를 뿌려 올리브 오일로 나베 한다.
   - 그대로 약 5분간 마르네한 후 2~3번 정도 뒤집는다.
3. 캉탈 치즈는 윗 껍질을 벗겨내고 6mm 두께로 얇게 썬다.
4. 다 구운 타르트 바닥에 머스타드를 바르고 얇게 썬 치즈를 올린 후, 그 위에 토마토를 잘라 보기 좋게 올린다. 재료 전체 위부분에 토마토 마르네 즙을 뿌린다.
5. 120℃로 가열해서 불을 낮춘 오븐에 약 20분간 넣어둔다.
   - 다 구워지면 약 15분간 그대로 둔다. 타르트가 단단해지면 둥근 쟁반에 옮겨 담아 틀을 떼어 내고 4등분한다. 타르트는 오븐에서 끄집어 내자마자 맛을 봐도 좋지만 약 10분 정도 식혀 따뜻한 정도에서 먹는 것이 좋다.

＊ 캉탈 치즈는 오베르슈산 소·산양·양젖의 치즈

Terrine de Légumes(olympe)

(Terrine of Vegetables)

야채 테린

• 사전준비 : 3시간, 조리시간 : 30분

재 료 : (4인분)

꼬투리째 먹는 강낭콩 250g, 아티쵸크(중) 6개, 당근 100g, 300프레시 그린피스(없으면 냉동) 300g, 포도잎(없으면 레몬) 8잎(4개), 버터 20g, 소금 약간

〈속 채우는 것〉 햄(염분이 없는 것) 250g, 샐러드오일 120cc, 레몬즙 1개분, 계란 흰자 2개, 소금 4g, 후추 2g

>>> 만드는 방법

1. 꼬투리째 먹는 강낭콩과 그린피스는 각각 소금을 약간 넣어 끓는 물에 데친다.
2. 아티쵸크의 꽃심을 중심으로 도르네한다. 이것을 겹치지 않도록 넣을 수 있는 큰 냄비를 준비한다. 우선 버터를 녹여서 아티쵸크를 넣고 약 7~8분 슈에한다.
   • 다음에 소금을 넣은 물을 잠길 정도로 넣고 무이에해서 기름종이로 덮는다.
   • 냄비의 뚜껑을 닫고 조용히 약 20분간 끓인다.
   • 그대로 식혀서 꽃심 끝의 섬모를 제거하고 속을 채울 수 있도록 한다.
3. 당근은 통재로 소금을 넣은 물에 데친다.

<속채우기>

우선 작업을 하기 전 믹서기를 아주 차게 해 둔다.

4. 햄은 작은 주사위모양 써릭로 해서 약 20분 이상 아주 차게 한다.
   • 햄, 흰자에 소금, 후추를 쳐서 차게 준비된 믹서기에 넣는다.
5. 고속력으로 믹서기를 돌려 여기에 레몬즙과 샐러드오일을 조금씩 섞는다.
   • 이 작업은 속 채우기 내용물의 온도가 믹서기를 돌리 때 올라 가지 않도록 재빨리 하는 것이 포인트이다.
6. 우선 길이 22cm, 폭 12cm, 높이 6cm의 몰딩(형틀)을 준비한다.
7. 몰딩(틀) 안쪽 전체에 포도잎을 깔지만 없는 경우는 두껍게 껍질을 벗긴 레몬으로도 좋다.
8. 야채 전부는 찬 것을 사용하면서 테린을 만든다. 처음엔 몰딩(틀) 바닥 전체에 얇게 4를 채우고 그 위에 당근을 가지런히 넣고 파르시, 다음에 꼬투리 강낭콩, 파르시, 그린피스 순서로 넣어 채운다.
9. 이것을 버터를 바른 유산지(종이)로 덮고 중탕으로 한 150°C의 오븐에 약 20분간 넣는다.
10. 다 구운 테린은 약 5시간 이상 찬 곳에 둔다.
11. 테린을 몰딩에서 빼다(찬 곳에 준비해 둔다).
12. 차가운 접시에 Sauce pour Jean Yanne(토마토 퓨레)를 깔고 그 위에 1인분에 1.5cm 두께로 테린 한 장 또는 두 장을 담아 제공한다.

II. Pâtés and Terrine(파테와 테린)

Pâté는 Croûton de Pâté 속에 넣어서 속에 넣는 내용물로 항아리나 금속으로 만든 틀 속에서 익히거나 굽는 것인데 틀 안으로 얇게 자른 라드를 입혀서 틀 속에서 구워진다. Pâté는 로마인들로 인해 더욱 유명해 진 것으로 이들은 특히 돼지고기나 향신료를 첨가한 모든 재료의 혼합물들로 만들어졌다.

그리고 Tarte나 Pies들도 일종의 Pâté이라 할 수 있다. 여기에 채워지는 내용물 재료들은 돼지고기, 송아지 고기, 햄, 닭고기, 생선, 야금류, 야채류등을 토대로 만들어 지고 있다. Pâté 속에는 소스를 넣는 대신에 따로 소스 그릇에 담아 서빙 할 수도 있다. 원래 차갑게 서빙 되는 Pâté는 속에 내용물들이 식었을 때 마데라, 포르토 와인의 향기를 낸 Gelée(구웠을 때 생겨나는 구멍을 마킥 위해 살짝 식혀서 붓는 액체물)를 붓는다. Gelée가 잘 응고되었을 때 틀에서 벗기고 서빙할 때까지 신선한 곳에 보관한다.

Terrine(테린)은 유약을 바른 흙 도기, 에나멜 도기, 스테인레스로 만든 용기등으로 일컫는 말이다. 용기는 매우 다양하며, 타원형, 장방형, 원형, 손잡이나 귀가 달린 그릇 등이 있다.

Terrine(테린)을 만드는 조리법은 주재료인 육류, 생선류, 야채류, 향신료, 크림, 양념 등을 넣어 곱게 갈아서 용기에 넣어 차갑게 응고시켜서 만든 요리이다.

따라서 Pâté는 생지 반죽을 입혀 오븐에서 구워낸 요리이며, Terrine은 생지 반죽을 입히지 않은 채 그대로 냉장고 응고 시킨 낸 요리이다.

* Terrine de Body - 이 테린은 송아지고기와 베이컨을 이용하여 만든다.
* Terrine de Caneton - 이 테린은 오리고기 한 마리를 뼈 발라내고 꼬냑, 브랜디, 향신료를 이용하여 만든다.
* Terrine de Faisan- 이 테린은 꿩고기 한 마리를 뼈 발라내고 트라플, 프와그라를 첨가하여 만든다.
* Terrine de Fruits à la Gelée de Miel - 이 테린은 오렌지 껍질, 건포도, 레몬 잎, 젤리로 만든다.
* Terrine de Legumes Fontanieu - 이 테린은 당근, 그린빈스, 무, 완두콩, 애호박, 샐러리 뿌리와 생크림으로 만든다.
* Terrine de l`Océan(Yves Cullerre의 요리법)- 이 테린은 광어살, 곤들배기, 연어살, 적도미살, 가재살등과 야채들로 만든다.

따라서 파테와 테린은 다양한 재료를 이용하고 주방장의 능력에 따라 만든다.

Terrine de Légumes(Olympe)

(Vegetables Terrine)

야채 테린 요리

재 료 : (4~8인분) • 사전준비 : 3시간, 조리시간 : 30분

꼬투리째 먹는 강낭콩 250g, 아티쵸크(중) 6개, 당근 1개, 프래시 그린피스(냉동가능) 300g, 포도 잎(레몬 가능) 8잎(4개), 버터 20g,소금 약간

〈속 채우는 것〉 햄(염분 없는 것) 250g, 올리브 오일 120cc, 레몬즙 1개분, 계란 흰자 2개, 소금 4g, 후추 3g

>>> 만드는 방법

1. 꼬투리째 먹는 강남콩과 그린피스는 각각 소금을 약간 넣어 끓는 물에 넣어 살짝 데친다.
2. 아티쵸크의 꽃심을 중심으로 도르네 한다. 이것을 겹치지 않도록 넣을 수 있는 큰 냄비를 준비한다. 우선 버터를 녹여 아티초크를 넣고 약 7~8분 슈에 한다. 아티쵸크는 준비된 캔을 사용 할 수 있다.
   • 소금을 넣은 물에 잠길 정도로 넣어 무이에 한 후 기름종이로 덮는다.
   • 냄비뚜껑을 닫고 약 20분간 뭉근히 끓인다.
   • 그대로 식혀 꽃심 끝의 섬모를 제거하고 속을 채울 수 있도록 만든다.
3. 당근은 소금을 넣은 물에 통째 넣어 데친다.

*조리작업을 하기 전에 먼저 믹서기를 아주 차게 해 둔다.

4. 햄은 작은 주사위모양으로 썰어 약 20분 이상 아주 차게 한다.
   • 햄과 계란 흰자에 소금과 후추를 뿌려 차게 준비해 둔 믹서기에 넣는다.
5. 고속력으로 믹서기를 돌린 후, 레몬즙과 올리브 오일을 조금씩 섞어준다.
   • 이 작업은 믹서기를 돌릴 때 속 채우기 내용물의 온도가 올라가지 않도록 재빨리 실행하는 것이 포인트이다. 내용물 이 차게 해야 한다.
6. 길이 22cm, 폭 12cm, 높이 6cm의 몰딩(형틀)을 준비한다.
7. 몰딩 안쪽 전체에 포도 잎을 깔지만 없을 경우 껍질을 두껍게 벗긴 레몬으로 대체 사용 한다.
8. 야채는 모두 찬 것을 사용하여 테린을 만든다. 몰딩 바닥 전체에 얇게 4번을 채우고, 그 위에 당근을 슬라이스 하여 가지런히 넣어 파르시한 다음, 꼬투리 강남콩, 파르시, 그린피스의 순서로 속을 채운다.
9. 여기에 버터를 바른 유산지(종이)로 덮고 150℃오븐에 넣어 약 20분간 중탕한다.
10. 다 구운 테린은 약 8시간 이상 찬 곳에 두었다가 사용 한다.
11. 테린을 몰딩에서 뺀다(찬 곳에 준비해 둔다).
12. 차가운 접시에 Sauce pour Jean Yanne(토마토 퓨레)소스를 깔고 그 위에 1인분에 1.5cm 두께로 테린을 1~2장 담아 제공한다.

Terrine de Volaille

(Chicken Terrine)

돼지고기를 넣은 닭고기 테린

재 료 : (4~8인분) • 사전준비 : 60분, 조리시간 : 120분

치킨(1/2kg) 1마리, 브랜디 4Ts, 소금과 후추 약간, 케이네 페이퍼 약간, 신선한 돼지고기 200g, 양념된 돼지고기 200g, 샬롯 3개, 마늘 2쪽, 계란 2개, 캔 트라플 15g, 혼합 스파이스 5g, 바딩 돼지 라드 200g

>>> 만드는 방법

1. 닭을 껍질을 벗기고 가슴살과 날개 등 살을 발라내어 적정한 크기로 썬다.
2. 이것을 브랜디, 소금, 후추, 케인 페퍼에 약 1시간정도 marinated한다. 그 동안에도 자주 chicken을 뒤적여 준다.
3. chicken meat의 나머지 부분도 다 때낸다. 이것을 생 돼지고기와 양념된 돼지고기, 샬롯, 마늘과 함께 다진다. 여기에 계란, 트라플, 트라플 즙, 브랜디 마린네 한 닭고기, 향신료, 소금, 후추도 함께 넣는다.
4. 이 육류 혼합물을 아주 세게 오래 동안 잘 섞는다.
5. 적정한 크기 테린 몰드 그릇에 바딩 라드 기름(barding fat)을 깔고 그 위에 다진 돼지고기, 마린네 한 닭고기, 그리고 다진 meat 순서로 담고 그 위에 비딩 라드 기름(barding fat)으로 마무리한다. 이것을 쿠킹호일로 싸서 물이 반 정도 까지 담긴 베이킹 통에 테린 통을 놓는다.
6. 이것을 170℃로 예열된 오븐에서 약 1~2시간 정도 굽는다.
7. 구워진 테린은 차게 해서 serving한다. 소스와 야채를 곁드릴 수 있다.

Terrines des Foies de Volaille

(Chicken Liver Terrine)

닭 간 테린

• 사전준비 : 60분,　조리시간 : 40분

재 료 : (4~8인분)

신선한 닭 간 450g, 포트와인 4Ts, 베이컨 100g, 햄 100g, 캔 트라플 15g, 돼지고기 소세지 300g, 화이트 와인 5Ts, 통후추 3알, 소금 약간, 바딩 돼지 라드 200g

>>> 만드는 방법

1. 닭 간을 깨끗이 씻고 기름이나 착색된 부분은 제거한다.
2. 믹싱 볼에 담고 1시간 정도 향신료, 와인, 소금, 후추, 파세리를 넣어 마린네 시킨다.
3. 베이컨, 햄, 트라플을 잘게 다지고 여기에 sausage meat를 섞는다.
4. 마린네 한 것 닭 간과 3번을 넣어 포트와인, 화이트 와인을 넣고 섞는다.
5. 통후추도 부셔서 함께 넣고 혼합하여 섞는다.
6. 간을 보면서 개인적인 기호에 따라 통후추의 양을 조절해서 넣는다.
7. 닭 간을 약 1/3을 다져서 혼합물에 넣고 세게 섞는다.
8. 테린 몰드에 바딩 라드 기름을 깔고 닭 간 혼합물 놓고, 통 닭 간 놓고, l 닭 간 혼합물 놓고 순서대로 담는다. 맨 마지막에 바딩 라드 기름을 덮어 마무리한다.
9. 이 테린을 쿠킹호일이나 뚜껑으로 덮는다.
10. 이것을 테린 몰드가 반 정도 물에 잠기도록 물을 부어 놓은 베이킹 통에 넣는다.
11. 그리고 180℃로 예열된 오븐에서 약 30분 정도 익힌다.

Terrine de Canard à l'Orange

(Duke and Orange Terrine)

오리고기와 오렌지를 넣은 테린

재 료 : (4~8인분) • 사전준비 : 30분, 조리시간 : 70분

어린오리(600g) 1마리, 브랜디 4Ts, 돼지고기 200g, 송아지고기 200g, 샬롯 1개,
오렌지 2개, 계란 2개, 타임 잎 2잎, 세보리 잎 2잎, 소금과 후추 약간,
바딩 라드 기름 200g, 얇은 오렌지 슬라이스 8쪽

>>> 만드는 방법

1. 오리 가슴살을 잘라내어 얇은 필레로 만들고 이것을 브랜디에 약 2–3일정도 마린네 한다.
2. 오리고기의 나머지 부분과 돼지고기, 송아지고기, 샬롯과 함께 아주 잘게 다지거나 mincer를 이용해 다진다.
3. 오렌지를 얇게 벗겨내고 적정한 크기로 썬다.
4. 2번과 3번을 함께 섞고 계란, 브랜디 마린네 한 오리고기, 허브, 소금, 후추를 넣고 섞는다.
5. 약 625ml 용량의 테린 몰드에 바딩 라드를 깔고 다진 육류고기와 오리 fillet을 층층이 쌓고 맨 마지막에 다진 고기을 담는다. 이것을 바딩 라드로 싸서 마무리한다.
6. 테린을 쿠킹호일로 감싸고 물을 반 정도 채운 베이킹 통에 넣어 170℃로 예열된 오븐에서 약 1시간 정도 굽는다.
7. 다 익으면 terrine을 꺼내서 식힌다.
8. serving하기 전에 orange slice로 장식한다.

Terrine de Faisan aux Olives

(Pheasant and Olive Terrine)

올리브를 넣은 꿩고기 테린

• 사전준비 : 25분, 조리시간 : 90분 재 료 : (4~8인분)

어린 꿩(1kg) 1마리, 브랜디 4Ts, 송아지 고기 200g, 돼지고기 200g, 그린 올리브 100g, 샬롯 1개, 계란 2개, 파인 허브 10g, 소금과 후추 약간, 바딩 라드 기름 200g

>>> 만드는 방법

1. 꿩고기 가슴살을 얇게 썰어 브랜디에 약 2~3일간 마린네 하여 준비한다.
2. 나머지 고기류는 pork, veal, 올리브, 샬롯과 함께 잘게 다지고 여기에 계란, 허브, 브랜디 마린네 한 꿩고기, 소금, 후추를 넣고 아주 오래 동안 잘 섞어 준다.
3. 대략 625ml 용량의 테린 몰드에 바딩 라드 기름을 깔고 다진 고기류와 꿩고기 가슴살 슬라이스를 켜켜로 담는다. 이때 마지막 층은 다진 고기류을 담는다. 맨 위에 남은 그린 올리브를 놓고 바딩 라드 기름으로 싸서 마무리 한다.
4. 테린 몰드를 쿠킹호일로 감싸고 뜨거운 물을 반 정도 채운 베이킹 통에 넣는다.
5. 약 170℃로 예열된 오븐에서 약 1시간 혹은 1시간 30분 정도 굽는다.
6. 차게 식혀서 serving한다.

Terrine de Bécasse aux Truffles

(Truffles Woodcock Terrine)

트라플을 넣은 도요새 테린

재　료 : (4~8인분)　　　　• 사전준비 : 25분,　조리시간 : 90분

도요새(야생 새) 4마리, 캔 트라플 40g, 브랜디 8Ts, 치킨 간 200g, 송아지 간 200g, 소금과 후추 약간, 계란 3개, 비딩 라드기름 200g, 다진 허브 20g

>>> 만드는 방법

1. 도요새 고기에서 살만 잘 떼내고 다른 부위는 따로 보관한다.
2. 가슴살만을 슬라이스로 잘라 트라플과 함께 브랜디에 약 2~3일간 마린네 하여 준비한다.
3. 남은 도요새 고기는 치킨 간, 송아지 간과 함께 다진다.
4. 여기에 소금, 후추, 허브를 넣고 브랜디로 마린네 한 가슴살도 함께 혼합한다.
5. 트라플도 얇게 슬라이스해서 3~4slice만 따로 두고 나머지는 meat과 함께 섞는다.
6. 계란을 넣고 다시 한번 더 확실하게 혼합하여 섞는다.
7. 적정한 용량의 테린 몰드에 바딩 라드 기름을 깔고 다진 도요새 meat과 도요새 가슴살 slice를 켜켜로 담고 마지막에는 다진 meat층을 담는다. 그리고 그 위에 truffle slice를 얹고 바딩 라드 기름으로 다 감싼다.
8. 테린 몰드를 쿠킹호일로 싸서 뜨거운 물이 반 정도 담겨 있는 베이킹 통에 넣는다.
9. 이것을 170℃로 예열된 오븐에서 약 1시간 정도 굽는다.
10. 차게 식혀서 다양하게 보기좋게 serving한다.

Terrine de Lapin de Garenne

(Wild Rabbit Terrine)

야생 토끼고기 테린

• 사전준비 : 25분, 조리시간 : 90분

재 료 : (4~8인분)

야생 토끼(1.5kg) 2마리, 브랜디 8Ts, 돼지고기 200g, 소금과 후추 약간, 샬롯 2개, 마늘 2쪽, 혼합 허브 10g, 케인 페퍼 5g, 계란 3개, 빵가루 100g, 바딩 라드 기름 200g, 월계수 잎 2잎

>>> 만드는 방법

1. 토끼의 다리 고기를 slice해서 브랜디, 소금, 후추에 대략 2~3일간 마린네 한다.
2. 야채 샬롯, 마늘, 양파는 껍질을 벗겨 다진다.
3. 나머지 토끼 고기는 토끼 간, 샬롯, 마늘, 양파, 돼지고기, 다임, 허브류와 함께 다진다.
4. 빵가루는 우유에 담궜다가 우유를 짜내고 살짝 으깬다. 여기에 향신료, 케인페퍼, 소금, 후추, 계란, 마린네 한 토끼고기를 넣고 함께 잘 섞는다.
5. 적정한 용량의 테린 통에 비딩 라드 기름을 깔고 다진 토끼 meat와 토끼 slice meat을 층층이 담고 마지막은 다진 meat을 담는다. 그리고 바딩 라드 기름으로 감싸고 그 위에 월계수 잎를 얹는다.
6. 테린의 뚜껑을 덮고 쿠킹호일로 감싸고 뜨거운 물이 반 정도 담긴 베이킹 통에 놓는다.
7. 이것을 170℃에서 약 1시간 20분 정도 굽는다.
8. 차갑게 식혀서 serving한다.

Terrine aux Aromates
(Meat Herb Terrine)

시금치, 소세지, 햄 허브 테린

재 료 : (4~8인분) • 사전준비 : 20분, 조리시간 : 60분

시금치 400g, 소금과 후추 약간, 쿡 햄 100g, 베이컨 100g, 양파 1개, 마늘 1개, 월계수 잎 2잎, 믹스 허브 2-3Ts, 계란 2개, 돼지고기 소세지 400g, 블랙 통후추 5g, 바딩 라드 기름 200g

>>> **만드는 방법**

1. 시금치를 씻어서 끓는 소금물에서 약 3~5분간 데친다.
2. 물기를 빼고 손으로 짜서 물기를 완전히 제거한 뒤 다진다.
3. 햄, 베이컨, 양파, 마늘, 월계수 잎, 믹스 프레쉬 허브를 잘게 다진다.
4. 여기에 시금치, 계란, 돼지고기 소세지, 소금, 후추, 통후추를 넣어 섞는다(시금치 혼합물).
5. 모든 재료가 완전히 다 섞이도록 아주 오래 동안 잘 섞어 준비 한다.
6. 적정한 용량의 테린 통에 바딩 라드 기름을 깔고 시금치 혼합물을 담는다.
7. 마지막에 위에 바딩 라드 기름을 덮는다.
8. 준비 완료된 테린을 쿠킹호일로 싸고 뜨거운 물이 반 정도 담겨 있는 베이킹 통에 넣는다.
9. 이것을 170℃로 예열된 오븐에서 약 1시간 정도 굽는다.
10. 이 테린은 차게도 뜨겁게도 서빙 할 수 있다.

Terrine de Veau et Porc

(Veal and Pork Terrine)

송아지와 돼지고기 테린

• 사전준비 : 25분, 조리시간 : 90분 재 료 : (4~8인분)

양파 1개, 샬롯 1개, 마늘 2개, 당근 1개, 돼지고기(다리) 400g, 송아지고기 300g, 파세리 찹 1Ts, 올리브 오일 3Ts, 믹스한 허브 5g, 넛맥 파우더 5g, 소금과 후추 약간, 화이트 와인 1/4병, 트라플 20g, 돼지고기 소세지 200g, 바딩 라드기름 200g

>>> 만드는 방법

1. 양파, 당근, 샬롯, 마늘을 껍질을 벗기고 대략 적정한 크기로 다진다.
2. 돼지고기와 송아지고기의 다리살을 큼직하게 다지고 다진 야채와 함께 믹싱 볼에 넣는다. 여기에 파세리 찹, 올리브 오일, 허브, 넛맥, 소금, 후추를 넣고 잘 섞는다.
3. 여기에 화이트 와인을 붓고 약 2시간 정도 차게 하여 마린네 보관한다.
4. 구워내기 2시간 전에 트라플 필링과 그 트라플 주스를 고기 혼합물을 함께 섞어서 골고루 잘 섞는다.
5. 적정한 용량의 테린 몰드에 바딩 라드 기름(barding fat)을 깔고 다진 meat와 sausage meat을 테린 몰드에 층층이 담는다.
6. 마린네한 것의 야채는 제거하고 리큐만 테린 몰드에 붓는다.
7. 바딩 라드 기름(barding fat)으로 잘 덮고 쿠킹호일로 감싼다.
8. 뜨거운 물이 반 정도 담겨 있는 베이킹 통에 넣어 170℃로 예열된 오븐에서 약 1시간20분 정도 굽는다.
9. 차게 식혀서 serving한다.

Terrine de Foie de Porc

(Pig' s Liver Terrine)

돼지고기 간 테린

재 료 : (4~8인분) • 사전준비 : 25분, 조리시간 : 60분

돼지 간 300g, 돼지고기 400g, 브랜디 4Ts, 캔 트라플 20g, 소금과 후추 약간, 계란 3개, 허브 5g, 바딩 라드기름 150g

>>> 만드는 방법

1. 돼지 간과 돼지고기를 갈아서 믹싱 볼에 담고 브랜디, 캔 트라플 그리고 그 트라플 주스를 함께 넣는다.
2. 소금과 후추로 간을 한다.
3. 계란 노란자는 바로 mince에 넣고 계란 화이트는 단단하게 거품을 낸 후 mince에 넣는다.
4. 적정한 용량의 테린 몰드에 바딩 라드 기름(barding fat)을 깔고 돼지고기 mince를 담는다. 그리고 다시 그 위에 바딩 라드 기름(barding fat)으로 마무리한다.
5. 테린 몰드를 쿠킹 호일로 감싸고 뚜껑을 닫는다.
6. 이것을 뜨거운 물이 반 정도 담긴 베이킹 통에 넣고 170℃로 예열된 오븐에서 약 1시간 정도 굽는다.
7. 이 테린은 다 익으면서 약간 줄어서 주스가 나오고 부서지기 쉬우니 조심해야 한다. 그대로 차게 식혀 serving한다.

Terrine de Dinde

(Turkey Terrine)

칠면조 고기 테린

• 사전준비 : 30분, 조리시간 : 90분

재 료 : (4~8인분)

양파 1개, 버터 25g, 쿡 한 칠면조 고기 300g, 돼지고기 200g, 빵가루 100g, 우유 100cc, 베샤멜 소스 2Ts, 계란 2개, 계란 노란자 2개, 허브 5g, 우스터 쉐어 소스 2ts, 소금과 후추 약간

>>> 만드는 방법

1. 양파는 껍질을 벗기고 다진 후 투명해질 때까지 버터로 볶는다.
2. 칠면조와 돼지고기는 mince로 다진다.
3. 빵가루를 우유에 담궜다가 꼭 짜서 준비 한다.
4. 이 모든 재료를 섞어 놓은 것을 베샤멜 소스, 계란, 계란 노란자, 허브류와 함께 잘 섞는다(고기 혼합물).
5. 우스타 소스와 소금, 후추와 함께 잘 섞는다.
6. 적정한 용량의 테린 몰드에 버터를 바르고 준비된 고기 혼합물을 가득 담은 후 쿠킹호일에 버터를 발라서 테린 위를 덮는다. 몰드에 칠면조 껍질 을 깔고 감싸서 이용할 수 있다.
7. 뜨거운 물이 반 정도 담긴 베이킹 통에 테린을 놓고 170℃로 예열된 오븐에서 약 1시간 20분 정도 굽는다.
8. 차갑게 식혀서 serving한다.

Ⅲ. Potages - Soup(수프)

프랑스요리 수프 분류 및 원리

포타지(Potage)보다 더 친숙하고 더 시골풍의 특성을 나타내는 뜨거운 국물음식이며, 원래 수페(Soupe)는 부이용(Bouillon)이나 포도주, 묽은 소스류, 액체류에 음식을 얇게 자른 빵 위에 부은 것이 수프이었다. 따라서 옛날 수프는 <Tremper la soupe> ; (빵을 배어 들도록 Bouillon으로 덮은 것을 말한다). 현대에는 수페(Soupe)는 내용물을 여과시키지도 리에 하지도 않은 포타지(Potage)나 빵, 쌀로 인해 짙어지는 고기나 생선 국물에 다양한 야채들을 함께 띄운다. 빵을 사용할 때 이 빵은 꽤 얇은 조각으로 수프와 함께 할 때 갈라지고 조금 굳어진 것이라야 하며, 그릴하거나 오븐 향기를 증가 시켜주고 수프에 아주 좋은 맛을 부여하고 있다(Soupe à l' oignon gratinée의 경우처럼). 일반적으로 포타지<potage>에 동의어처럼 수페<soupe>를 자주 사용한다. 프랑스를 비롯하여 유럽모든 나라에서 수페(Soupe)는 전통적인 옛날의 기초음식이다. 중세시대에 양파, 치즈, 잠두, 서양호박, 우유, 코코넛 ; 유제품, 완두콩, 양배추를 넣고 수페를 만들었는데, 주로 포도주를 사용했고 샤프란으로 색깔을 물들이거나 푸른 야채들이 풍부하게 사용했었다.

이 수페가 아침과 저녁의 식사였었다. 18세기경에 와서 포타지(potage)라는 용어는 Soupe라는 용어로 대체되었다. 서양에서나 프랑스에서는 수많은 포타지는 변화들을 갖고 있는 지역적인 전통음식을 의미한다.

수프는 일반적으로 육류, 생선, 닭 등의 고기나 뼈를 야채와 향신료를 섞어서 장시간 동안 끓여 낸 국물 즉, 스톡(Stock)에 각종 주재료를 가미하여 만든 것이다.

가. Stock(Fonds)의 종류

스톡(Stock)의 주재료는 쇠고기, 양고기, 송아지고기, 닭고기, 생선 등으로, 여러 가지 야채와 향신료, 찬물 등을 함께 끓여 찌꺼기를 걸러 낸 국물이다.

스톡(Stock)은 수프와 소스를 만드는데 사용되며, 음식의 맛을 내게 하는 중요한 핵심 요소이다. 스톡(Stock)에는 다음과 같은 종류가 있다.

(1) Beef Stock(Fond de Boeuf)

소나 송아지의 기름기가 없는 무릎 뼈나 정강이뼈에 야채(Mire Poix)와 향신료다발(Bouquet Garni), 찬물을 넣고 소금과 통후추를 가미하여 3~4시간 서서히 끓여 찌꺼기를 걸러낸 국물이다.

① Bouquet Garni(부케 가르니)

Stock이나 Sauce에 향을 내기 위해 사용하는 것으로 Herbs(Thyme, Bay Leaves, Parsley, Rosemary, Tarragon, Whole Pepper 등을 실로 묶어서 사용)와 야채(대파, 샐러리, 파슬리,

당근, 양파 등)를 묶거나 함께 넣어 사용한다. 요리에 따라 사용하는 향신료와 야채가 다르다.

② Mire-Poix(미르뽀와)

18C에 Lévis-Mirepoix 공작의 요리장이 국물에 향신료와 야채를 묶는 것을 개발 하였으며, Stock이나 Sauce의 맛을 배가하기 위하여 사용한다. 여러 가지 야채(당근, 샐러리, 양파, 대파, 파슬리 등)와 각종 향신료와 오일을 함께 소테한 것이다.

(2) Brown Stock(Fond Brun)

소뼈나 송아지 뼈를 잘게 썰어 야채(Mire Poix)와 함께 오일에 볶아, 색깔이 다갈색으로 되었을 때, 찬물을 넣어 약 3~4시간 정도 서서히 끓여서 통후추나 소금을 가미하여 양념한 후 찌꺼기를 걸러 낸다. 이 스톡은 대체로 브라운 소스에 이용된다.

(3) Fish Stock(Fumet de Poisson)

생선의 뼈와 머리, 꼬리, 지느러미 같은 상품화할 수 없는 부분에 야채(당근을 제외한 양파, 파슬리, 샐러리, 버섯, 레몬 즙 등)와 향신료 등을 넣어 흰색이 되도록 볶은 후, 찬물을 붓고 약 30분~1시간 정도 끓인 다음 소금과 후추, 레몬껍질을 넣고 서서히 끓여 찌꺼기를 걸러 낸다.

(4) Poultry Stock(Fond de Volaille)

가금류나 조류의 뼈나 날개, 목, 다리에 야채다발과 향신료, 찬물을 넣고 약 1~2시간 끓인 다음 화이트 와인, 후추, 소금으로 양념하여 걸러 낸다.

나. 수프(Soup)의 종류

수프는 온도에 따라 Hot Soup(Potage Chaud)와 Cold Soup(Potage Froid)로 나누며, 농도에 따라 Clear Soup(Potage Claire)와 Thick Soup(Potage Lié)과 Puree Soup으로 나눈다.

(1) Clear Soup(Potage Claire)

맑은 스톡(Stock)이나 Broth를 사용하여 만든 그 대표적인 고급 수프가 콩소메 수프이다.

• 콩소메(Consommé)

콩소메는 부용(Bouillon)을 조린 것이 아니라 깨끗하고 맑게 한 것이다. 부용이 맑고 풍미를 잃지 않도록 하기 위해 지방분이 제거된 고기를 잘게 썰거나 기계에 갈아서 사용하며, 양파, 당근, 월계수 잎, 통 후추, 파슬리 등과 함께 서서히 끓이면서 계란 흰자위를 넣어 빠른 속도로 저어 혼합물이 거품이 나도록 한다. 그리고 이것을 은근히 끓여서 걸른다. 이 때 주의해야 할 점은 부용을 아주 펄펄 끓이는 것이 아니라 천천히 끓여야 한다(Simmering). 이렇게 약 1시간~1시간30분 정도 끓인 후 화이트 와인이나 쉐리 와인을 첨가하여 완성시킨 후 천을 대고 걸러 내어 이중 용기에 넣어 식지 않게 한다.

콩소메(Consommé)는 첨가한 재료 형태에 따라 명칭을 달리하는데 그 종류가 400여 가지 이상이 된다고 한다. 잘 만들어진 기본 콩소메에 여러 가지 명칭이 있다.

• 콩소메(Consommé) 수프의 대표적인 종류는 다음과 같다.

① Consommé Brunoise

당근, 무, 양파, 샐러리를 아주 작은 주사위 모양으로 잘라 브랜칭 한 후 버터로 살짝 볶아서 쇠고기 콩소메에 띄운 것이다.

② Consommé Célestine

토피오카(Topioka; 식용녹말)를 약간 넣은 콩소메이다. 밀가루, 계란, 우유, 소금 및 후추로 만든 크레이프(Crepe; 얇게 부친 빵)를 살짝 구워 가늘게 잘라 콩소메에 띄운다

③ Consommé Julienne

당근, 무, 양파, 대파 , 샐러리 등을 줄리안으로 썰어서 버터로 볶은 것을 콩소메에 띄운 것이다.

④ Consommé Paysanne

야채를 은행잎 모양으로 잘라 버터로 볶은 것을 띄운 것으로 페이쟌(Paysanne)란 말은 시골 처녀의 티가 난다는 의미이다.

⑤ Consommé Printanier

콩소메에 신선한 야채 여러 가지 이상을 작은 주사위 모양으로 만들어 띄운 것이다. 여기에 살짝 익힌 계란 지단을 넣으면 Consommé Printanier Colbert가 되고, 계란찜과 두부를 마름모꼴로 썰어서 넣으면 Consommé Printanier Royale이 된다.

⑥ Consommé a la Royale

계란 로얄을 다이아몬드 형으로 잘라 띄운 것이다. 로얄은 계란의 노른자와 흰자를 3:1의 비율로 배합하여 버터를 발라 약 15~20분 정도 이중 찜통에서 찜으로 찐 것이다.

⑦ Consommé Vermicelli

콩소메에 이태리 파스타 국수(Vermicelli)를 넣은 것이다.

⑧ Consommé Noodles

콩소메에 이태리 계란 국수(Noodles)를 넣은 것이다.

⑨ Consommé Rice

콩소메에 Rice를 넣은 것이다.

⑩ Consommé en Tasse

콩소메를 찻잔에 담아 제공하는 것을 말한다.

• Bouillon

부용(Bouillon)은 White Stock을 기본으로 하여, 뼈 대신 고깃덩어리(Rump나 Round 부위)를 크게 잘라 넣고 고아 낸 국물인데, 위에 뜬 기름을 천을 대고 여과시켜 제거(Degreasing)한다. 이때 삶아진 고깃덩어리는 주요리(Main Dish)로 제공되기도 하는데, 대표적인 것으로 오스트리아에서 유명한 요리인 Boiled Table Beef(Gekochter Tafelspitz)를 들 수가 있다.

부용을 보관할 때는 용기(보통 스테인리스 용기)에 담아 찬 곳에 두어야 하며, 뚜껑을 덮으

면 변질할 위험이 있다. 또 식은 국물에 뜨거운 국물을 섞어 보관하여도 변질될 수 있다. 세심하게 찬 곳에 냉장 보관 한다.

- Vegetable soup

① French Onion Soup: 볶은 양파와 마늘을 넣고 끓인 Stock에 Croûton과 치즈를 뿌려 Salamander에 넣어 갈색으로 구워 제공되는 수프이다.

② Minestrone Soup: 베이컨, 양파, 샐러리, 당근, 감자, Tomato Paste를 볶아 Stock에 넣은 후 향신료를 첨가하여 끓인 수프이다. Cabbage, Tomato Dice, Peas를 첨가하여 제공한다.

(2) Thick Soup(Potage Lié)

리에종(Liaison)을 사용하여 혼합되고 농도가 진하게 만든 수프이다.

- Cream Soup(Potage Créme): 크림 수프는 Béchamel이나 Velouté를 기본 으로 하여 만든 수프이다.

① Béchamel : Roux 에 우유와 Cream을 첨가하여 만든다.

② Velouté : Roux에 Stock을 혼합하여 만든다.

- Purée Soup(Potage Purée) : 야채 자체 맛을 잘게 분쇄한 것을 Purée라 하며, 이것을 Bouillon과 혼합하여 조리한 수프이다.

- Chowder : 조개, 새우, 게, 생선류 등과 감자를 이용하여 만든 수프이다.

- Bisque : 새우, 게, 가재 등으로 만든 갑각류의 수프이다.

① 리에종(Liaison)

두 개의 별개의 물질을 결합시켜 새로운 하나의 물질을 만드는 역할 을 하는 것으로, Butter, Roux, Cream, Corn Starch 등의 종류가 있다. 사용목적은 맛, 색깔, 농도를 조절하는 데 있다.

② Roux

밀가루와 버터(반고체 상태)를 1:1의 비율로 배합하여 Pan이나 Oven을 이용하여 볶거나 구운 것이다. 종류에는 Roux Blanc, Roux Blond, Roux Brun이 있다. 일반적으로 Stock과 결합시켜 수프나 소스를 만드는 데 이용한다.

(3) Cold Soup(Potage Froid)

- Cold Consommé : Hot Consommé를 가벼운 젤리 상태가 될 때까지 식힌 후 Sherry Wine과 Pimento, Tomato Concasse등으로 장식한 수프이다.
- Vichyssoie(Cold Potato Soup): 감자, 양파, 대파를 버터로 볶아 스톡에 넣어 Cream을

첨가하여 만든 수프이다. 찬 수프와 뜨거운 수프로도 이용 가능하다.

- Andalusian Gazpacho : 토마토, 양파, 식초, 피망, 고추, 레몬즙, 올리브유를 이용해 갈아서 만든 수프이다.
- Cold Pear and Watercress Soup : 배, Chicken Broth, Purée, Lemon Juice, Whipped Cream, Watercress잎을 이용한 수프이다.

(4) National Soup

각 나라별로 독특하고 전통적인 대표적인 수프를 말한다.

- Bouillabaisse : 프랑스 남쪽지방에서부터 시작된 수프로, 생선스톡에 여러가지 생선과 바다가재, 올리브유, 허브를 넣어 끓인 생선 수프이다.
- Olla Podrida : 스페인의 수프로 콩, 양파, 샐러리, 마늘, 쌀 등을 이용한 것이다.
- Ox-Tail Soup : 영국의 수프로 Ox-Tail, Bacon, Tomato Purée 등을 사용한 수프이다.
- Mock Turtle Soup : 프랑스의 수프로서 자라를 이용해 만든 수프이다.
- Mulligataway Soup : 인도식의 수프로서 닭 가슴살, 생크림, 카레를 만든 수프이다.
- Minestrone Soup : 이태리 수프로서 다양한 야채를 넣어 만든 수프이다.
- Borsch Soup : 러시아 수프로서 고기와 야채를 넣어 만든 수프이다.

*** Potage의 대분류**

Potages Clairs	→	Bouillon de Viande Consommé	→	Dérivés (파생)
Potages Liés	→	Potages Crème et Veloutés Potages aux Légumes Potages Purées	→	Dérivés (파생)
Potages Spéciaux	→	Bisque Germiny Purée de Cibier		
Potages Nationaux	→	Potage Santé Paysanne(Suisse) Bortsch Polonaise(Pologne) Bouillabaisse(France) Chicken Broth(Angeterre) Gazpacho(Espagne)		
Tailles	→	Paysanne Cultivateur		

Potage aux Cosses de Petits Pois

(Purée of Green Peas Soup)

완두콩 줄기를 이용한 스프

재　료 : (4인분)　　• 사전준비 : 30분,　조리시간 : 60분

콩깍지 달린 그린피스 400g, 양상추 줄기 1통, 대파 4개, 버터 100g, 생크림(절반 졸인 것) 100cc, 부케가르니·소금·설탕 약간씩

>>> 만드는 방법

1. 아침에 딴 신선한 그린피스를 골라 단맛이 조금 있는 것이 좋다.
   - 조리 직전에 콩깍지를 벗겨둔다.
   - 끓는 물에 소금 약간을 넣고 그린피스를 약 4~5분 정도 데쳐낸 후 재빨리 식힌다(앙글레즈 풍).
2. 깨끗이 씻은 대파를 크게 썰어 깊은 냄비에 버터 50g을 넣어 약 10분간 슈에한다.
   - 여기에 콩깍지를 넣고 스톡을 1ℓ 를 부어 무이에 한다.
   - 부케가르니를 넣고 소금을 넣은 후, 뚜껑을 덮고 약 1시간 정도 끓인다.
3. 믹싱 볼에 거르는 체를 얹어 콩깍지를 넣고 봉을 사용해 걸러내어 포타주를 만든다. 체 망에 붙어 있는 것도 걷어 담는다.
4. 양상추 줄기 쪽을 가늘게 썰어 놓는다.
5. 냄비를 다시 불에 올려 거품기로 저으면서 끓인다. 생크림과 양상추 줄기를 넣은 후 끓으면 불을 끈다.
6. 주재료인 그린피스를 넣어 맛을 정리한다. 그린피스는 종류에 따라 포타주에 설탕을 조금 첨가하면 맛을 더해준다.

Potage Bigourdan

(Bigourdan Vegetables / Tomato Soup)

야채와 토마토수프

재　료 : (4인분)　　　• 사전준비 : 10분,　조리시간 : 20분

토마토(잘 익은) 200g, 무우 100g, 당근 100g, 대파 100g, 감자 100g, 양파 1개, 샐러리 1쪽, 흰 스톡 1리터, Tomato puree 2스푼, 소금과 후추 약간, 계란 2개, 버터 30g

>>> 만드는 방법

1. 모든 채소를 씻고, 껍질을 벗기고, 잘게 다져서 소스 팬에 넣고 스톡과 tomato puree와 함께 넣어 뚜껑을 덮고 약 2시간 정도 끓인다. 이때 소금과 후추로 간을 한다.
2. 계란 흰자 한 개를 그릇에 담는다.
3. 계란 노른자는 물 한 스푼과 함께 섞고 뜨거운 스톡 몇 스푼을 넣어 섞은 후 다시 수프 포트에 붓고 젓는다.
4. 즉시 불에서 내려 버터를 넣어 젓고 간을 맞춘 후 수프 포트에 수프를 붓는다.
5. 계란 흰자는 즉시 익어서 위로 올라올 것이고 표면의 색깔을 토마토에 의해서 분홍색을 띌 것이다. 이것은 마치 야채 중간에 떠 있는 섬처럼 보인다. 서빙 할 때 수프는 농도와 색깔이 잘 맞아야 한다.

Soupe Paysanne

(Cream of Country Soup)

시골풍의 야채 크림수프

• 사전준비 : 10분, 조리시간 : 20분

재 료 : (4인분)

베이컨 50g, 대파 2개, 양파 1개, 마늘 1쪽, 감자(peeled) 200g, 올리브오일 3Ts, (can peeled) 토마토 200g, 토마토 퓨레 3Ts, 바질 1-2g, 설탕 1ts, 소금과 후추 약간, 흰 스톡 1/2리, 처빌과 파세리 약간

>>> 만드는 방법

1. 베이컨은 기름을 빼고 작게 다진다.
2. 대파는 흰 부분만 깨끗이 씻고, 양파, 마늘과 함께 다진다.
3. 감자는 정육면체 모양으로 썰어 준비한다.
4. 큰 팬에 기름을 두르고 베이컨과 준비된 야채를 약 5분간 볶는다.
5. 여기에 다진 토마토와 토마토 퓨레, 바질, 설탕, 소금과 후추를 넣고 뚜껑을 덮어 토마토가 거의 물러서 으깨질 정도로 약 10분가량 끓인다.
6. 따뜻한 스톡을 붓고 약 20분 더 끓인 후 간을 맞춘다.
7. 마지막에 처빌이나 파세리를 얹고 서빙한다.

Crème de Céleri-Rave

(Cream of Celery Soup)

어린 샐러리 크림수프

재　료 : (4인분)　　　　• 사전준비 : 30분,　조리시간 : 15분

샐러리(어린 줄기) 300g, 감자 150g, 흰 스톡 1리터, 소금과 후추 약간, 케인페퍼 3g,
계란 노란자 1개, 생크림 20cc

>>> 만드는 방법

1. 어린 샐러리를 준비해 껍질을 벗기고 감자와 잘게 다진다.
2. 소스 팬에 스톡, 소금, 후추를 넣고 샐러리도 넣어 뚜껑을 덮고 샐러리가 부드러워 질 때까지 약 30분 정도 끓인다.
3. 잘 익힌 샐러리를 2번의 야채를 갈아서 퓨레 상태로 만든다.
4. 다시 냄비에 붓고 스톡과 케인페퍼를 넣고, 간을 맞춘 후 천천히 끓인다.
5. 수프 냄비에 계란 노른자와 생크림을 함께 넣고 젓는다.
6. 서빙하기 전에 불에서 내려 조금씩 수프 포트에 부어 뜨거운 상태로 서빙 한다.

Soupe de Poisson

(Clear of Fish Soup)

맑은 야채 피쉬 수프

• 사전준비 : 10분, 조리시간 : 20분

재 료 : (4인분)

피쉬 스톡 1리터, 토마토(잘 익은) 3개, 큰 양파 1개, 살롯 1개, 마늘 1쪽, 야채 오일 2Ts, 월계수 잎 2잎, 타임 1잎, 소금과 후추 약간, 샤프란 2g, 케인페퍼 3g, 마늘크루통 약간

>>> 만드는 방법

1. 미리 준비된 피쉬 스톡을 만들어 걸러 놓고 차게 식힌다.
2. 씨와 수분을 뺀 토마토, 양파, 샬롯, 마늘을 잘게 다진다. 크루통 준비함.
3. 냄비 팬에 오일을 두르고 야채를 저어주면서 약 15분 정도 볶아낸다.
4. 여기에 월계수 잎, 타임 그리고 피쉬 스톡을 넣고 재빨리 끓인다.
5. 이것을 아주 가는 채로 걸러내어 다시 냄비 팬에 붓고 남은 스톡, 소금, 후추를 넣고 끓인다.
6. 뚜껑을 덮고 약 20분간 더 은근히 끓이고, 케인페퍼, 샤프란을 넣고 수프의 색깔, 농도와 간 맞춘다.
7. serving할 때는 크루통을 수프 포트에 담아 놓고 위에 수프를 붓거나, 수프를 담고 나서 크루통과 야채 줄리안을 띄워 서빙해도 된다.

Crème d'Ail

(Cream of Garlic / Potatoes Soup)

마늘향이 나는 감자 크림수프

재 료 : (4인분) • 사전준비 : 15분, 조리시간 : 50분

감자 400g, 당근 150g, 마늘 5쪽, 올리브 오일 3Ts, 흰 스톡 1리터, 타임 2잎,
월계수 잎 1잎, 소금과 후추 약간, 생크림(더블) 3Ts

>>> 만드는 방법

1. 감자, 당근, 마늘 껍질을 벗기고, 적당한 길이로 썬다.
2. 올리브 오일을 소스 팬에 두르고 준비한 야채를 넣고 약한 불에서 약 10분가량 볶는다. 이때 야채가 색깔이 나서는 안 되고 숨만 죽인다.
3. 준비된 야채, 흰 스톡, 타임, 월계수 잎, 소금, 후추를 넣고 약 50분가량 은근히 끓인다.
4. 끓고 나면 타임, 월계수 잎은 빼고 나머지를 믹서기로 갈아서 퓨레 상태로 만든다. 그리고 스톡을 더 넣어 농도를 잘 맞춘다.
5. 이것을 다시 데우면서 스톡을 넣어 농도를 맞추고 간을 맞춘다.
6. 냄비에 생크림을 넣고 그 위에 수프를 부어 혼합 후 serving한다.

Soupe Glacée à la Tomate

(Chilled Tomato Soup)

시원한 토마토수프

• 사전준비 : 25분,   조리시간 : 20분

재 료 : (4인분)

감자 150g, 오이 1개, 샬롯 2개, 마늘 1, 캔 토마토 200g, 바질 8잎, 치킨스톡 700ml, 토마토 퓨레 3Ts, 설탕 1-2ts, 소금과 후추 약간, 생크림(더블) 3Ts

>>> 만드는 방법

1. 감자는 씻어 껍질째로 삶아 익힌다.
2. 따뜻하게 식으면 껍질을 벗기고 구멍이 큰 체에 감자를 매쉬 상태로 통과 시켜 차게 보관한다.
3. 오이, 샬롯, 마늘, 캔 토마토와 juice, 바질 잎을 함께 모두 같은 야채 밀러 통과기에 통과 시켜 약간 다진다.
4. 냄비에 2번의 감자와 3번의 야채를 함께 넣어 섞고, 여기에 치킨 스톡, 토마토 퓨레, 설탕, 소금, 후추를 넣고 간을 잘 맞추고 농도와 색깔도 맞춘다.
5. 냄비 뚜껑을 덮고 수프를 냉장고에서 완전히 차게 시켜 걸쭉한 상태로 만든다.
6. 냉장고 보관한 수프를 서빙하기 전에 생크림과 후추를 넣고 serving한다.

Soupe d'Oeufs Natalie

(Clear of Vegetables / Egg Soup)

맑은 야채 계란수프

재 료 : (4인분) • 사전준비 : 20분, 조리시간 : 10분

대파 2개, 당근 1개, 무우 1/2개, 치킨스톡 1ℓ , 부케가르니 1단, 소금과 후추 약간, 계란 2개

>>> 만드는 방법

1. 대파를 다듬고 찬 소금물에 깨끗이 씻어낸다.
2. 대파, 당근, 무우를 큼직하게 썰고 찬 치킨스톡, 부케가르니, 소금, 후추를 넣고 뚜껑을 덮고 약한 불에서 약 20분 정도 끓인다.
3. 야채가 물러지면 체에 야채는 걸러내고 스톡만 걸러 보관한다.
4. 이 스톡을 다시 냄비에 붓고 간을 한다.
5. 계란은 흰자와 노른자가 완전히 섞이도록 혼합하여 준비한다.
6. 냄비에 스톡만을 다시 불에 올려 끓으면 계란을 가는 체에 받쳐 가면서 서서히 붓는다.
7. 계란이 가는 국수나 실처럼 변할 때까지 약 2~3분간 끓인다.
8. 마무리는 갈은 치즈, 파세리, 크루통과 함께 serving한다.

Soupe à i'Oignon Gratinée

(Gratin of French Onion Soup)

치즈 크루통을 올린 양파수프

• 사전준비 : 15분,　조리시간 : 35분　　　　재　료 : (4인분)

양파 400g, 버터 40g, 올리브 오일 3Ts, 황설탕 2Ts, 비프 또는 치킨 스톡 1ℓ, 소금과 후추 약간, 바케트 빵 4개, 그뤼이예 치즈 or 파마산 치즈 40g

>>> 만드는 방법

1. 양파를 얇게 슬라이스 준비한다.
2. 두꺼운 냄비에 버터와 올리브 오일을 두르고 양파 슬라이스를 넣는다.
3. 냄비에 약 10분정도 양파가 부드러워져 갈색이 날 때까지 볶는다.
4. 그 위에 황설탕을 뿌리고 황금갈색이 될 때까지 천천히 볶는다.
5. 비프 스톡을 넣고 간을 맞추고 끓인다.
6. 끓으면 약 20~30분 정도 더 은근히 끓인다. 농도와 색깔을 잘 맞춘다.
7. 바케트 빵에 버터를 바르고 그뤼이예 치즈나 파마산 치즈를 올려 오븐에서 갈색으로 굽는다. 그리고 파세리 찹을 뿌린다.
8. 서빙할 때 양파 수프를 담은 soup bowl 위에 빵 한 조각을 놓고 서빙한다.
9. 그 수프 볼 위에 다시 치즈를 뿌리고 갈색이 날 때까지 오븐이나 사라만데에 구워낸다.

Crème de Petits Pois

(Cream of Peas Soup)

그린 완두콩 크림수프

재 료 : (4인분) • 사전준비 : 10분, 조리시간 : 35분

치킨스톡 1ℓ , 감자 200g, 소금 약간, 대파 1개, 작은 양파 1개, 완두콩(캔) 45g, 계란 노란자 1개, 생크림 4Ts, 후추 약간, 버터 30g, 빵 or 큐브 햄 40g

>>> 만드는 방법

1. 완두콩은 따뜻한 물에 살짝 데친다.
2. 감자는 깨끗이 씻어 껍질을 벗기고 썰어 삶아 놓는다. 대파는 소금물에 씻어낸 후 흰 부분만 다지고 양파도 다진다.
3. 냄비에 버터, 감자, 대파, 양파와 모든 재료를 다 넣고 볶다가 스톡을 넣어 약 25분 정도 삶는다.
4. 완두콩도 넣는다.
5. 이것을 믹서기에 넣고 퓨레 상태를 만든다.
6. 냄비에 다시 부어 은근히 끓여, 끓기 시작한 후 약 10분정도 더 끓인다.
7. 여기에 계란 노란자, 생크림, 후추를 넣어 농도와 맛을 낸다.
8. 완두콩 수프에 7번을 넣어 저으면서 간을 맞춘다.
9. 서빙할 때 수프 위에 크루통과 다진 햄과 함께 serving한다.

Soupe aux Epinards

(Cream of Spinach Soup)

신선한 시금치 크림수프

• 사전준비 : 15분,   조리시간 : 25분

재 료 : (4인분)

시금치 550g, (or 얼린 시금치) 450g, 버터 50g, 베샤멜 소스 450ml, 생크림 3Ts, 흰 스톡 1ℓ , 소금과 후추 약간, 넛맥 2g, 포칭 계란 or 메추리알 1개

>>> 만드는 방법

1. 시금치는 깨끗이 씻고 뿌리나 노란 잎은 떼어내고 대충 다진다.
2. 커다란 소스 팬에 오일과 소금을 넣고 끓는 물에 시금치를 넣고 데친다.
3. 데쳐낸 시금치를 물기를 제거하고 준비해 둔다.
4. 믹서기로 갈아서 퓨레 상태를 만든다.
5. 다시 자루 냄비에 붓고 베샤멜 소스와 생크림을 넣어 맛을 낸다. 이때 색깔과 농도는 스톡으로 조절한다.
6. 끓어오르면 불에서 내려 소금, 후추, 넛맥으로 간을 맞춘다.
7. 기호에 따라 서빙할 때 포칭 계란이나 포칭 메추리알을 올려 serving하기도 하고, 삶은 계란을 다져서 수프 위에 뿌려서 serving하기도 한다.

Crème de Cresson

(Cream of Watercress Soup)

신선한 크레송 크림수프

재 료 : (4인분) • 사전준비 : 10분, 조리시간 : 25분

양파 1개, 감자 200g, 버터 50g, 소금과 후추 약간, 치킨스톡 1ℓ , 크레송 2단, 생크림 4Ts, 계란 노란자 2개

>>> 만드는 방법

1. 양파, 감자를 잘게 다져서 준비한다.
2. 큰 소스 팬에 버터를 두르고 양파, 감자를 볶는다. 뚜껑을 덮고 약 10분 정도 익혀 양파가 부드러워지면 소금, 후추, 치킨스톡을 넣고 약 15분 정도 끓인다.
3. 그 동안 크레송을 씻고, 모양이 좋은 것은 가니쉬를 위해 남겨두고 나머지는 다진다.
4. 다진 크레송은 양파, 감자 끓인 것에 넣고 약 10분 정도 끓인 후 믹서기에 갈아 퓨레 상태를 만든다.
5. 다시 냄비에 붓고 간을 맞춘 후 은근히 끓인다.
6. 끓여 놓은 수프에 노란자, 생크림을 넣어 혼합하여 수프를 은근히 끓여서 맛과 농도를 마무리 한다.
7. 남은 깨끗한 워터 크레송을 수프를 서빙 할 때 그 위에 얹어 장식한다.

Crème aux Crevettes

(Cream of Shrimp Soup)

신선한 생새우 크림수프

• 사전준비 : 10분,　조리시간 : 20분　　　　재　료 : (4인분)

피시 스톡 1ℓ , 버터 40g, 밀가루 40g, 계란 노란자 1개, 생크림 2Ts, 레몬주스 1Ts, 소금과 후추 약간, 생 깐 중간새우 80g

>>> 만드는 방법

1. 먼저 피시 스톡을 만들어 놓는다.
2. 노란자, 깐 새우, 레몬주스, 밀가루 등을 준비한다.
3. 낮은 불에서 냄비 팬에 버터를 녹이고, 밀가루를 넣고 저어주면서 약 2~3분간 볶는다.
4. 여기에 피시 스톡을 조금씩 넣어주면서 잘 젓는다. 약 10분정도 저으면서 끓이면서 농도가 생기도록 피시 벨루테 소스를 만든다.
5. 여기에 생크림, 생 깐 새우, 레몬 주스,소금 후추 등을 넣고 농도와 색깔이 잘 나도록 한다.
6. 수프가 완성되면 농도를 확인하여 서빙할 때 수프 위에 삶은 새우와 파세리 찹을 올려 serving한다.

Crème de Laitue

(Cream of Lettuce Soup)

신선한 양상추 크림수프

재 료 : (4인분) • 사전준비 : 10분, 조리시간 : 20분

큰 양상추 2개, 양파 1개, 버터 50g, 밀가루 3Ts, 치킨 스톡 700ml, 소금과 후추 약간, 생크림 120ml, 파세리 찹 약간

>>> 만드는 방법

1. 사전에 남은 양상추를 이용해서 만들 수 있는 맛있는 수프이다.
2. 양상추 잎을 씻고 물기를 제거하고 큼직하게 찢는다. 양파도 얇게 썬다.
3. 냄비에 버터를 녹이고, 양파, 양상추를 넣고 약한 불로 약 7분 정도 살짝 볶는다.
4. 밀가루를 그 위에 뿌리고 저어주면서 약 2~3분정도 더 볶는다. 이때쯤이면 양상추는 처음의 1/4정도로 줄었을 것이다.
5. 이때 치킨 스톡을 넣고 소금, 후추로 간을 맞춘 후 약 10분 정도 끓인다.
6. 이것을 브랜드 믹서기로 갈아서 퓨레를 만들고 다시 냄비에 부어 끓이면서 치킨 스톡으로 농도와 색깔을 맞춘다.
7. 여기에 생크림을 넣고 부글부글 끓어오르면 불에서 내려 간을 맞추고 파세리나 허브향을 뿌려 serving한다. 양상추는 종류가 많기 때문에 되도록 잎이 단단한 것을 사용하는 것이 좋다.

Potage à Crécy
(Purée of Fresh Carrot Soup)

특별 당근 크림수프

• 사전준비 : 10분, 조리시간 : 30분 재 료 : (4인분)

당근 600g, 감자 400g, 양파 150g, 버터 80g, 타임 2잎, or 마린 타임 3g, 소금과 후추 약간, 설탕 1ts, 치킨 스톡 1ℓ , 처빌·파세리 약간, 크루통 약간

>>> 만드는 방법

1. 색깔이 고운 당근을 골라 얇게 썰고, 감자, 양파도 얇게 썬다.
2. 냄비 팬에 버터를 녹이고 준비된 야채와 타임을 넣고 볶아서 야채와 버터가 잘 섞이도록 한다.
3. 아주 약한 불에서 약 10~12분간 익히는데 골고루 잘 볶는다.
4. 여기에 소금, 후추, 설탕, 스톡을 넣고 은근히 끓인다.
5. 야채가 잘 익으면서 약 15분 정도 끓여 야채를 부드럽게 익힌다.
6. 브랜드 믹서기로 당근 퓨레를 만들고 냄비 팬에 다시 부어 가열하면서 간을 하고 농도를 맞춘다.
7. 수프는 서빙하기 전에 남은 버터를 넣어 맛을 정리 한다.
8. 서빙 직전에 처빌 잎 혹은 크루통을 그 위에 얹고 serving한다.

Soup à I'Oreille

(Purée of Sorrel / Potato Soup)

쏘렐과 감자 크림수프

재 료 : (4인분) • 사전준비 : 15분, 조리시간 : 25분

쏘렐 150g, 버터 40g, 감자 300g, 치킨 스톡 1ℓ , 소금과 후추 약간, 계란 노란자 2개, 우유 5Ts, 크루통 약간

>>> 만드는 방법

1. 신선한 쏘렐을 씻어 질긴 줄기 부분은 제거하고 잎 부분만 잘 정리한다.
2. 냄비 팬에 버터를 녹이고 쏘렐을 넣어 잎이 시들 때까지 몇 분간 볶는다.
3. 감자는 껍질을 벗기고 썰어 약간의 소금을 넣어 삶아 놓는다.
4. 쏘렐과 감자, 스톡을 함께 넣어 끓이고 나서 브랜드 믹서기로 퓨레를 만들어 놓는다.
5. 이것을 다시 냄비 팬에 부어 농도와 간을 맞추고 은근히 데운다.
6. 완선된 수프에 노란자, 약간의 우유, 생크림 등을 넣어 섞어 맛과 농도를 마무리 한다.
7. 서빙 때 크루통을 올려서 또는 따로 serving한다.

Soupe aux Amandés

(Purée of Almondes Soup)

아몬드 퓨레 스프

• 사전준비 : 30분, 조리시간 : 10분

재 료 : (4인분)

신선한 아몬드 200g, 계란 4개, 치킨의 흰 폰 1ℓ , 생크림 400cc, 소금과 후추 약간씩

>>> 만드는 방법

1. 아몬드는 얇은 껍질을 깨끗이 벗겨둔다.
2. 계란은 완숙으로 삶아낸 후, 식혀서 껍질을 벗겨 흰자와 노른자로 분리하여 놓는다.
3. 노른자는 아몬드와 함께 믹서기에 넣고 갈아 페이스트(paste) 상태로 만든다.
4. 치킨의 흰 폰을 냄비에 넣어 따뜻하게 한다.
5. 생크림을 첨가해 폰을 묽게 한 후, 위의 아몬드와 계란 노른자 페이스트를 조금씩 혼합한다.
6. 각종 맛을 배가 할 수 있는 향신료를 넣어 나무주걱으로 계속 저으면서 은근히 끓인다.
7. 천천히 약 5분 정도 끓여 맛을 정리해서 뜨거울 때 제공한다.
8. 수프를 서빙 때 계란 흰자, 허브를 적절하게 띄운다.

Crème de Grives à la Tuiliere

(Cream of Grives Soup)

개똥지빠귀를 이용한 크림스프

재 료 : (4인분) • 사전준비 : 90분, 조리시간 : 40분

개똥지빠귀(새) 8마리, 쌀 30g, 가금류 폰 1ℓ , 생크림 300cc, 버터 50g, 올리브 오일 1큰술, 당근 1/2개, 에샬롯트 1개, 쥬니에블루(두송나무 열매) 5잎, 부케 가르니 1단, 크루통 1장, 소금과 후추 약간씩

>>> 만드는 방법

1. 개똥지빠귀는 작고 신선한 것을 택하며 특히 맛있는 것은 북 유럽산 개똥지빠귀나 포도 수확기인 것이 좋다.
   - 새털, 머리, 다리는 제거하고 내장은 모래주머니(새의 배에 손가락을 넣어보면 딱딱한 구술모양)를 굵은 바늘을 꽂아 꺼집어 낸다.
   - 두 장의 필레에서 뼈를 제거하고 채썰기를 한다.
   - 믹싱 볼에 올리브 오일, 소금, 후추를 넣어 개똥지빠귀를 마리네한다.
2. 당근은 미르쁘와로 썰고, 에샬롯트는 아주 잘게 썬다.
3. 쌀은 잘 씻는다.
4. 식빵은 1.5cm 크기의 입방체로 썰어 버터 20g으로 구워둔다(크루통).
5. 버터 20g을 냄비에 넣어 녹여 개똥지빠귀 뼈를 넣은 후 강한 불에서 구워낸다.
6. 10분 후에 당근과 에샬롯트를 넣어 뚜껑을 덮고 약 5분간 슈에 한다.
7. 여기에 쌀, 부케가르니, 잘게 부순 두송나무 열매를 넣은 후, 흰 폰으로 무이에 한다. 약 30분간 끓인다.
8. 그리고 난 후 끓인 것에 뼈만 꺼집어 내고 야채류는 국자로 덜어 내어 믹서기에 간다.
9. 이것을 다시 스톡이나 조린 국물을 넣어 반복해서 끓인 후, 전체를 cheese cloth(천)나 가는 체에 거른다.
10. 생크림을 넣어 졸인 후 맛을 낸다.
11. 후라이 팬에 버터 10g을 넣어 개똥지빠귀 퓨레를 20초간 재빨리 볶는다.
12. 수프 접시에 끓고 있는 포타쥬를 넣고 다른 접시에 개똥지빠귀와 크루통을 담아 제공한다. 함께 위에 띄워 서빙 할 수도 있다.

Crème de Pétoncles

(Cream of Petoncles Soup)

페통걸 조개를 이용한 스프

• 사전준비 : 45분,   조리시간 : 10분 재 료 : (4인분)

생 페통걸 조개* 1kg, 백포도주 100cc, 생선 퓨메 200cc, 버터 20g, 생크림 200cc, 계란 노란자 2개, 에샬롯트 1개, 실파 2개, 타임 2잎, 소금과 후추 적당량

>>> 만드는 방법

1. 조개를 장시간 물에 담궈 두지 말고 빨리 씻는다.
2. 큰 냄비에 조개, 백포도주, 생선 퓨메, 잘게 썬 에샬롯트, 타임, 소금을 넣은 후, 뚜껑을 덮어 강한 불에 푹 찐다.
3. 약 3분가량 지나면 냄비를 흔들어 조개가 입을 벌리도록 한다.
4. 다시 뚜껑을 덮어 약 2분간 더 찐다.
5. 조갯살을 떼어내기 전에 뜨거운 열을 식힌다. 국물은 걸러둔다.
6. 끓는 중에 넓적한 쪽의 패각은 떨어져 있기 때문에 조갯살이 붙어 있는 패각만 작은 칼끝을 이용하여 살을 떼어낸다.
7. 조리에 이용되는 부분은 조개관자와 산호색을 띤 붉은 내장이며, 검은 부분은 제거한다.
8. 삶은 국물은 융으로 걸러둔다.
9. 냄비에 계란 노른자 2개를 넣고 조개국물 4스푼을 넣어 잘 저은 후, 후추를 조금 넣는다.
10. 냄비에 생크림을 넣고 약간 졸인다.
11. 농도 있게 졸여진 생크림에 조개국물을 부어 약 2~4분 가량 끓인다.
12. 끓인 크림 냄비를 조리대 위에 놓고 나무주걱으로 계속 저으면서 9번과 11번을 조금씩 섞어서 포타주 수프가 묽은 크림 상태가 되도록 만든다.
13. 뜨거운 접시에 페통걸 조갯살과 잘게 썬 실파를 담아낸다.
14. 그 위에 포타주 수프를 부어준다.
15. 페통걸 대신에 무루조개나 4조각으로 썬 가리비를 이용해도 좋다.

• 2개의 껍질로 된 작은 모양의 가리비로 유럽 서해안에서 주로 서식함.

Potage de Flageolets aux Foies de Volaille

(Purée of Flageolets / Chicken Liver)

닭 간과 제비 콩을 이용한 크림스프

재 료 : (4인분) • 사전준비 : 30분, 조리시간 : 60분

닭의 간 10개, 프라죠렛 콩* 160g, 플레슈로 콩깍지를 벗긴 것 350g, 대파 3개, 크루통 3장, 생크림 100cc, 버터 50g, 가금류 폰 $1\frac{1}{2}\ell$, 소금과 후추 적당량

>>> 만드는 방법

1. 플라죠렛 콩
   - 신선한 콩이면 사용하기 직전에 콩깍지를 벗겨 둔다.
   - 건조된 콩이면 사용할 때 미지근한 물에 두 시간 정도 담궈 둔다.
2. 가금류의 간(포와)
   - 먼저 둘로 나누어 간에 붙어 있는 녹색 부분을 제거한다.
   - 2개는 남겨두고 나머지는 1cm 크기 주사위모양으로 썬다.
3. 대파(쁘와로)
   - 껍질을 벗겨 씻은 후 흰 부분을 얇게 썬다.
4. 크루통
   - 식빵의 가장자리는 썰어내고 부드러운 부분은 6mm 크기의 입방체로 썬 후, 버터 15g을 넣고 녹인 후라이팬에 넣어 깨끗하게 갈색이 날때까지 볶아낸다
5. 프라죠렛 콩은 녹색 야채와 같이 취급한다. 끓는 물에 소금을 넣어 뚜껑을 덮지 않은 채 약 20분 가량 삶아낸다. 건조된 콩의 경우에는 약한 불에서 약 1시간 이상 정도 은근히 삶는다.
6. 바닥이 두껍고 깊은 냄비에 버터 20g을 녹인 후, 대파는 슈에하고 자르지 않은 간을 넣어 약 10분간 색깔을 내듯이 볶아낸다. 그 다음 흰 폰으로 무이에 한 후, 약 20분가량 서서히 끓인다.
7. 대략 24개의 플라죠렛 콩은 세로로 이등분한다.
8. 나머지 플라죠렛 콩은 6번 포타주에 넣어 함께 끓여 걸러낸 후, 다시 냄비에 넣어 생크림을 첨가하여 끓인다.
9. 후라이팬에 버터 10g을 넣은 후, 주사위 모양으로 썰어 놓은 간을 약 2분간 볶은 다음 소금과 후추로 맛을 낸다.
10. 8번을 거품기를 사용하여 잘 저어 나머지 버터를 섞어 맛을 정리한다.
11. 서빙 할 때 스프 접시에 가금류의 간과 플라죠렛 콩 자른 것을 담은 후, 가는 체로 걸러낸 포타주를 부어준다.
12. 크루통은 아삭아삭한 질감이 중요하므로 제공하기 직전에 만들어 다른 접시에 담아 따로 제공하는 것이 좋다.

• 녹색의 작은 제비 콩을 건조시킨 것

Soupe de Carpes

(Clear of Carpes Soup)

맑은 잉어스프

• 사전준비 : 30분,　조리시간 : 70분

재　료 : (4인분)

잉어 1.5kg, 생크림 1ℓ , 시금치 500g, 오제이 유 300g, 세르피 유 100g, 파슬리 100g, 마늘 3쪽, 에스트라곤 잎 5개, 당근 2개, 양파 1개, 크레숑 100g, 타임·로리에 2잎씩, 소금·후추·부추 약간씩, 밀가루(튀김용) 약간씩

>>> **만드는 방법**

1. 내장을 깨끗이 제거한 잉어는 2장의 필레를 만들어 껍질을 벗긴다. 뼈가 없는 배 부분은 직경 2cm 크기의 작은 메달리온(토막) 썰기로 한다.
2. 퓨메(폰 , 스톡)
   - 생선머리와 뼈를 잘게 썰어 조금만 냄비에 넣고 양파, 부케가르니, 마늘, 물 2ℓ , 소금을 약간 넣고 끓인다(스톡 만들기).
   - 끓어오르면 앙금을 걷어내고 약 20분가량 더 끓인 후, 고운체에 거른다.
3. 시금치, 오제이 유, 세르피 유, 파슬리, 에스트라곤, 크레숑의 줄기와 뿌리를 제거하고 씻은 후, 수분을 제거하여 부피가 늘어나지 않도록 약간 다진다.
4. 큰 냄비에 잉어 필레와 3번의 향신료를 모두 넣는다.
5. 버터를 넣어 뚜껑을 덮고 약 1분가량 버터로 슈에 한다.
6. 퓨메를 무이에(끓인다)한 후, 약한 불에서 약 30분간 은근히 끓인다.
7. 될 수 있으면 체에 거른 후, 다시 냄비에 넣어 생크림을 첨가하고 끓여 맛을 정리한다.
8. 포타주를 제공하기 약 2분 전에 잉어 배 부분을 잘라 둔 살에 밀가루를 묻혀 고온의 기름에 재빨리 튀겨낸다. 천위에 얹어 기름을 빼내고 소금을 약간 뿌린다.
9. 스프는 뜨거울 때 볼에 담아내고, 곁들임은 다른 접시에 담아 제공한다.

Soupe de Homards et de Civelle

(Purée of Lobster / Sea Eel Soup)

가재와 뱀장어 스프

재 료 : (4인분) • 사전준비 : 60분, 조리시간 : 30분

생 호마르(2개) 1kg, 뱀장어 200g, 꼬냑 40cc, 백포도주 100cc, 생크림 100cc, 버터 40g, 올리브오일 50cc, 생선 퓨메 800cc, 잘익은 토마토 2개, 토마토 퓨레 1큰술, 당근 1개, 양파 1개, 에샬롯트 1개, 마늘 2쪽, 부케 가르니 1단, 소금과 후추 약간씩

>>> 만드는 방법

1. 바다가재는 아래와 같이 사전에 준비해 둔다.
   - 꼬리와 발을 제거하고 껍질을 살결에 따라 나누어 내장을 끄집어내고 붉은 내장(호마르가 살아있을 때는 녹색)은 볼에 담아둔다.
   - 바다가재 살 전체에 소금과 후추로 밑간을 해 둔다.
2. 양파, 에샬롯트, 당근은 미르쁘와로 썬다.
3. 끓고 있는 물에 뱀장어를 넣는다.
   - 다시 끓어오르면 표면의 앙금을 제거하고 약 10초간 그대로 끓인다.
   - 불에서 내려 체에 걸러 뱀장어는 물기를 뺀다.
4. 큰 냄비에 오일과 버터 20g을 넣고 연기가 날 정도로 가열시켜 잘라놓은 호마르를 넣고 나무주걱으로 저으면서 껍질이 예쁜 갈색이 될 때까지 볶는다.
5. 여기에 미르쁘와 썰기한 야채를 넣고 강한 불에서 뚜껑을 덮고 약 5분 가량 끓인다.
6. 여기에 다진 마늘, 토마토, 토마토 퓨레, 부케가르니를 넣는다.
7. 꼬냑으로 데그라세한 후 백포도주와 생선 퓨메를 넣는다.
8. 냄비에 뚜껑을 덮고 약한 불에서 약 15분간 끓인다.
9. 냄비에서 호마르 살을 끄집어 내어 적정한 크기로 썰어서 놓는다.
10. 껍질을 벗긴 가재 살만 믹서기에 넣고 갈아 수프냄비에 넣은 후 약 10분 가량 끓이면서 맛과 농도를 마무리 한다.
11. 버터 20g과 코라이유를 반죽한 것을 수프에 섞는다.
12. 생크림을 넣고 끓인 후, 향신료를 넣어 강한 맛을 낸다.
13. 껍질에서 살을 발라낸 후 약 10g 정도를 주사위 모양으로 썬다.
14. 우선 스프접시에 호마르와 뱀장어를 담고 그 위에 뜨거운 스프를 부어 처빌이나 크레송 잎을 놓고 바로 제공한다.

Soupe aux Moules à la Feuille de Thym

(Clear of Thyme / Clam Soup)

타임 잎을 이용한 조개스프

• 사전준비 : 35분,　조리시간 : 40분　　　　재　료 : (4인분)

무르 조개 1kg, 양파·마늘·당근 각 1개씩, 대파 흰 부분 1뿌리, 토마토(잘 익은 것) 3개, 백포도주·생크림 각 100cc, 올리브 오일 60cc, 생선 퓨메 1/2ℓ , 부케 가르니 1단, 샤프란 5g, 생 타임·소금·후추 충분량

>>> 만드는 방법

1. 무르 조개는 신선하고 해수를 듬뿍 함유한 것을 선택한다.
   - 조개에 붙어 있는 것을 깨끗이 제거하고 오랫동안 물에 담궈 두지 말고 곧바로 씻는다.
   - 조개는 입이 벌어지면 부피가 커지므로 큰 냄비에 넣는다.
   - 백포도주와 생선 퓨메를 넣고 뚜껑을 꼭 덮는다. 가끔 냄비를 흔들면서 약 4분가량 삶는다.
   - 무르 조개의 입이 벌어지면 식혀서 살을 골라내어 볼에 담는다.
   - 여기에 잠길 정도로 삶은 국물을 붓고 나머지는 체에 걸러 둔다.
2. 양파, 마늘, 대파는 잘게 썰고, 당근은 미르뽀와로 썰고, 토마토는 더운 물에 넣어 껍질을 벗긴 후 콩까세 한다. 부케 가르니를 만든다.
3. 큰 냄비에 올리브 오일을 넣고 양파, 뽀와르(대파), 당근을 색이 나지 않도록 주의하면서 약 10분가량 볶는다.
4. 여기에 마늘, 토마토 콩까세, 대파, 부케 가르니를 넣는다.
5. 무르 조개를 삶은 물과 생선 퓨메를 넣고 끓여 앙금을 제거하고, 샤프란과 소금 약간을 넣고 뚜껑을 덮은 다음 약 30분가량 끓인다.
6. 다 끓으면 뚜껑을 열고 생크림, 소금, 후추로 맛을 정리해 낸다.
7. 따뜻한 스프접시에 무르 조개와 타임 몇 잎을 담은 후, 그 위에 스프를 부어낸다.

Ⅳ. Oeufs-Eggs(계란 요리)

계란요리의 종류

특급호텔에서도 일반적으로 계란요리를 아침 메뉴에 많이 이용되고 있다. 따라서 프랑스 요리에서도 계란요리 메뉴를 구성하고 있다. 그 종류를 몇 가지 살펴보면 다음과 같다.

(1) Fried Eggs

(가) Sunny Side Up : 계란 두 알을 한 면만 익힌 후 살라만더에서 잠시 넣어서 살짝 윗면을 덥힌 계란요리.

(나) Turned Over :

① Over Easy(light) : 계란의 양면을 프라이 하되 흰자만 약간 익히는 것.

② Over Medium : 계란 흰자는 완전히 익고 노란자는 약간 익히는 것.

③ Over Hard(welldone) : 흰자와 노란자를 완전히 익히는 것.

(2) Scrambled Eggs : 계란 두 개에 한 스픈 정도의 생크림이나 우유를 넣어 서 잘 혼합하여 프라이팬에 오일을 두루고 가열하여 계란을 넣어 재빨리 휘젓어 만든다. 이 스크램블 요 리에는 치즈, 베이컨, 버섯, 새우, 감자, 야채 등을 넣어 만들기도 한다.

(3) Poached Eggs : 냄비에 소량의 소금과 식초를 넣어 약간 뜨거운 물(85℃)에서 계란 두 알을 수란형태로 포칭하여 만든다.

(가) Soft Poached Egg ; 계란을 미숙으로 3~4분 정도 포칭.

(나) Medium Poached Egg : 계란을 반숙으로 5~6분 정도 포칭.

(다) Hard Poached Egg : 계란을 완숙으로 7~8분 정도 포칭.

(4) Poached Eggs Benedictine : 이 계란요리는 이태리 베네딕트 수도원식 계란요리이다. 이 요리는 English Muffin 위에 햄과 칠면조, 또는 치킨 미트를 얹고, 그 위에 Poached Eggs를 올리고 그 위에 Hollandaise Sauce를 끼얹어서 사라만더에서 위에 색깔을 내어 서빙하는 방식이다.

(5) Boiled Egg : 계란이 물이 끓는 온도보다 조금 낮은 온도(93℃)에서 계란을 넣었을 때 깨지지 않게 삶는 계란요리이다. 계란을 서빙 했을 때 계란을 세우기 위해 Egg Stand와 삶은 계란의 속을 떠 먹 기 위해 Tea Spoon이 필요하다.

(가) Soft Boiled Egg : 계란을 미숙으로 3~4분 정도 삶는다.

(나) Medium Boiled Egg : 계란을 반숙으로 5~6분 정도 삶는다.

(다) Hard Boiled Egg : 계란을 완숙으로 10~11분 정도 삶는다.

(6) Omelette : 타원형 형태의 보기 좋은 크기로 만들기 위해 계란 3개를 이용 하여 오므렛을 만든다. 계란물과 약간의 우유를 넣어 첨가물 없이 계란을 타원형으로 말아서 만든

것을 Plain Omelette이며, 토마토, 양송이, 베이컨, 감자, 햄, 치즈, 소세지 등을 넣어 만든 오므렛은 그 주재료의 명칭을 사용하여 오므렛 이름을 붙인 다. 그리고 야채와 토마토 페이스트를 혼합하여 만든 Spanish Omelette도 있다.

(7) Corn Beef Hash Brown with Two Eggs any Style : 소고기 목심이나 방심 을 소금물에 절인 후 삶아서 작게 다져서 감자, 양파, 샐러리를 다져서 혼합하거나 토마토 페이스트를 넣어 요리하는 방식의 계란요리이다.

Oeufs Brouilles aux Oursins

(Sea-Urchin Scrambled Eggs)

계란을 푼 성게 알 스크램블

재 료 : (4인분) • 사전준비 : 30분, 조리시간 : 10분

계란 10개, 생 성게(껍질 붙은 것) 1.5kg, 버터 70g, 소금과 후추 약간씩

>>> 만드는 방법

1. 계란은 믹싱 볼에 분리해 넣고 소금을 넣어 거품기로 가볍게 섞어둔다.
2. 후라이팬에 버터 약간을 넣은 후 약한 불에 1번을 넣는다.
3. 나무주걱을 계속 움직여 계란이 굳지 않도록 한다(스크램블).
4. 팬이 달으면 불이 없어도 충분히 마무리할 수 있다.
5. 계란이 두툼하고 부드럽게 뭉쳐지면 가볍게 후추를 뿌린다.
6. 성게는 신선하고 짙은 보라색을 띄며 해수를 듬뿍 품고 있는 무거운 것을 고른다.
   - 성게는 입부분의 오목한 면의 2/4 정도를 가위로 둥글게 자르고 거꾸로 해서 검은 부분 전부를 연다.
   - 스푼 등으로 껍질 안쪽을 따라 붙어있는 코라이유(오렌지색을 한 알집)를 꺼집어 내어 작은 냄비에 담는다.
   - 크기에 따라 8~12개의 껍질을 사용하기 때문에 씻어서 랙 위에 나란히 둔다.
   - 성게알이 들어있는 냄비를 약한 불에 올려 끓지 않을 정도로 데운 후, 불에서 내려 버터 10g을 냄비에 넣어 리에한다.
   - 따뜻하게 데워 둔 성게껍질에 스크램블 계란을 넣고 그 위에 성게알을 얹는다.

Omelette à la Chiffonnade de Cresson

(Cresson with Omelette)

크레송을 가미한 오믈렛

• 사전준비 : 20분, 조리시간 : 20분

재 료 : (4인분)

계란 8개, 크레숑 400g, 버터 80g, 에샬롯트 1개, 깐 마늘 1개, 소금과 후추 약간씩

>>> 만드는 방법

1. 크레숑 시포나드(잘게 썰기)
   - 깨끗이 잘 씻은 크레숑은 가운데 부분 24개를 장식용을 마련해 둔다.
   - 중간크기의 냄비에 버터 40g을 넣어 가열해 에샬롯트를 슈에한 후, 크레숑을 넣고 소금과 후추를 뿌린다. 냄비뚜껑을 덮고 약한 불에서 약 10분간 데친다.
   - 부드럽게 데친 크레숑을 식혀 둔다.
   - 작은 냄비에 버터 20g을 넣어 색깔을 낸 후, 크레숑을 넣어 마늘을 꽂은 포크로 섞으면서 맛을 정리한다.
2. 오믈렛
   - 계란을 믹싱볼에 넣어 소금, 후추, 버터와 우유 약간을 넣어 거품기로 섞어둔다.
   - 프라이팬에 버터를 약간 넣어 가열되면 계란을 넣어 뭉쳐지도록 가볍게 저어 계란이 한 덩어리가 되도록 반대쪽으로 보낸다.
3. 접시에 크레숑 시포나드를 깔고 그 위에 오믈렛을 담는다.
   - 오믈렛에 광택을 내기 위해 색깔 낸 버터를 얹고, 데친 크레숑으로 장식한 후 바로 제공한다.

Oeufs Dure Villemont

(Boiled Eggs with Onion Sauce)

양파, 향신료를 넣은 소스와 삶은 계란요리

재 료 : (4인분) • 사전준비 : 50분, 조리시간 : 20분

계란 8개, 버터 75g, 생크림 100cc, 우유 100cc, 밀가루 10g, 양파 300g, 프렛트 잎(명아주 종류) 50g, 붉은 피망 1/2개, 소금·후추·넛맥 약간씩

>>> 만드는 방법

1. 양파는 둥글게 가로 썰기한 후 아래위 부분 5mm를 잘라내어 매운 맛을 억제하고 모양을 좋게 한다.
2. 양파는 아주 얇게 가지런히 썰어 둔다.
3. 붉은 피망은 가늘게 쥬리엥으로 준비한다.
4. 프렛트 잎은 씻어서 날 것 그대로 굵게 썰어 둔다.
5. 바닥이 평평한 냄비에 버터를 넣어 녹인 후 양파를 넣고 나무주걱으로 저어가며 약 5분간 볶는다(소스 만들기).
   - 냄비뚜껑을 덮고 약한 불에서 약 15분 정도 끓인 후, 프렛트 잎을 넣어 색이 나지 않도록 주의해서 약 5분간 끓이다가 밀가루를 뿌려 넣고 냄비를 움직여 가며 몇 분간 끓인다.
   - 여기에 따뜻한 우유를 조금씩 부어가며 덩어리가 생기지 않도록 잘 섞어 준다.
   - 소금, 후추, 넛맥으로 맛을 낸다. 그대로 약 20분 정도 뭉근히 끓인다.
   - 마지막으로 생크림을 넣은 후 끓여 맛을 내고 정리한다.
6. 계란은 소스를 만들 동안에 좋은 계란을 선별한다.
   - 구분하는 방법은 계란과 계란을 귀에 대고 부디쳐 본다. 만약 금이 난 접시 울리는 소리가 나면 계란이 깨진 것으로 볼 수 있다. 이런 계란은 다른 용도로 사용한다.
   - 계란은 끓고 있는 물에 넣어 약 9분 정도 삶아낸 후, 식혀 껍질을 벗겨 소금을 약간 넣은 따뜻한 물에 넣어 보관한다.
7. 계란을 절반으로 잘라 오븐용 접시에 가지런히 담는다(계란이 검게 변색되지 않게 한다). 그 위에 소스를 얹어 약한 불의 오븐에 넣어 약 1~2분간 따뜻하게 데워 제공한다.
   - 초겨울 양파는 얇게 썰어 약 5분간 블랑쉬르 하는 것이 좋다.

Oeufs Coque aux Crevettes Grises

(Boiled Eggs Stuffed Shrimp)

작은 새우를 넣은 반숙 계란요리

• 사전준비 : 30분, 조리시간 : 30분

재 료 : (4인분)

신선한 계 란 8개, 삶은 작은 새우 그리스(붉은 색이 많이 나는 잿빛 새우) 250g, 버터 50g, 에샬롯트 1/4개, 소금과 후추 약간씩, 플루트형 빵 4개

>>> 만드는 방법

1. 작은 새우는 껍질을 벗겨 작은 주사위모양으로 3~4등분한다.
   • 작은 냄비에 버터를 넣어 녹인 후 에샬롯트를 슈에해 작은 새우를 넣어 살이 단단해지지 않도록 한다.
2. 계란은 금이 가지 않은 것을 사용한다. 앞선 방법처럼 끓는 물에 약 3분간 반숙하여 삶아낸다.
3. 계란을 식혀 상부를 모자형태가 되도록 잘라둔다. 잘라낸 껍질 속에 흰자를 꺼낸 후 여기에 작은 작은 새우를 넣어 속을 채운다.
4. 에그 스탠드에 계란을 넣어 세우고 모자 속에 채워 둔 새우를 재빨리 덮어 씌운다.
5. 약 5cm 길이의 얇은 플루트형 빵(mouillette)을 이 계란에 적셔 먹으며 그 맛이 최고이다.

Oeufs au Plat Paoli

(Baked Eggs with Ham)

햄을 넣은 계란요리

재 료 : (4인분) • 사전준비 : 10분, 조리시간 : 15분

신선한 계란 8개, 생크림 200cc, 본레스 햄 60g, 버터 20g, 통후추 약간, 소금 약간

>>> 만드는 방법

1. 햄은 아주 작은 주사위모양으로 썬다.
2. 믹싱볼에 계란을 깨뜨려 넣고 접시를 기울여 노른자는 깨지지 않도록 남기고, 흰자는 다른 접시에 담아 분리한다.
3. 흰자에 생크림을 넣어 섞고 소금을 넣어 약 20초간 거품기로 거품을 낸다. 여기에 햄을 넣는다.
4. 접시를 따뜻하게 데운 후 버터 5g을 넣어 녹인다.
5. 접시가 따뜻해지면 3번을 담은 후 200℃ 오븐에 넣어 약 1분간 구워낸다.
6. 접시를 꺼내어 노른자 2개분을 깨끗하게 올린다.
7. 그 위에 통후추를 듬뿍 갈아 뿌린다(소금은 필요 없다).
8. 다시 오븐에 넣어 약 2분 정도 구워낸다.
9. 계란이 부글부글 끓고 있는 상태에서 제공해야 하므로 먹기 바로 직전에 만든다. 약간의 허브로 장식한다.

Oeufs Pochés Bodin

(Stuffed Crust with Poached Eggs)

슈 속에 강낭콩을 넣은 계란요리

• 사전준비 : 1시간,　조리시간 : 30분　　　　재　료 : (4인분)

계란 4개, 꼬투리째 먹는 강낭콩 150g, 토마토 3개, 버터 30g, 식초 50cc, 타임·소금·후추 약간씩, 슈 반죽 약 360g, 백포도주 약간

>>> 만드는 방법

1. 계란 포칭
   - 냄비에 물과 약간의 식초를 넣은 후, 물 온도가 70~80℃ 정도가 되면 차례로 재빨리 계란을 깨뜨려 넣는다(수란).
   - 나무주걱으로 노른자 주위로 흰자를 모아 잘 응고 되도록 한다.
   - 완성된 계란은 망국자로 떠서 미리 준비해 둔 미지근한 물에 넣어 형태가 일그러지지 않도록 주의해서 잘 보관한다.
2. 꼬투리째 먹는 강남콩은 소금을 첨가한 끓고 있는 냄비에 넣는다.
   - 뚜껑을 덮지 않은 채 콩의 크기에 따라 약 10분간 삶아낸다.
   - 씹는 감이 아삭아삭한 상태가 되면 얼음을 넣은 냉수에 담궜다 꺼내 물기를 제거한 후, 가는 체로 걸러 퓨레 상태로 만든다(퓨레 만들기).
3. 토마토 소스
   - 토마토 껍질을 벗겨 짓눌러 소금과 타임을 넣어 약 20분간 끓인다.
   - 야채 거르는 기구를 이용해 거른 후 다시 끓여 가벼운 농도가 날 때까지 졸인다.
4. 슈 껍질
   - 슈 반죽을 짜 튜브에 넣고 버터를 바른 철판 위에 계란 크기 만큼 4등분한다.
   - 180℃로 가열된 오븐에 약 20분간 넣어둔다(앞의 슈 만들기 요리 참조).
5. 녹인 버터 15g에 강남콩 퓨레를 넣어 데워둔다. 미지근한 물에 넣어 둔 포칭 계란을 몇 분간 다시 데우되 절대 끓지 않도록 주의한다.
6. 토마토 소스는 끓여 버터 15g을 넣어 농도를 맞춘다. 소금, 후추, 와인 등으로 맛을 정리한다.
7. 슈 껍질을 2/4 정도로 잘라 뚜껑용으로 사용하고 슈 속에 강남콩 퓨레를 넣어 채운 후, 그 위에 포칭 계란을 얹고 토마토 소스를 끼얹어 뚜껑을 덮는다. 뜨거울 때 제공한다.

Oeufs Pochés et Frits à la Purée Stéphanoise

(Bread Crumb with Poached Eggs)

빵가루와 소스를 곁들인 포칭 계란요리

재 료 : (4인분) • 사전준비 : 20분, 조리시간 : 1시간30분

계란 8개, 버터 20g, 알콜 식초 50cc, 가금류 흰 폰 300cc, 밀가루 20g, 고운 빵가루 약간, 소금과 후추 약간씩, 튀김용 기름 약간, 생크림 약간

>>> 만드는 방법

1. 큰 냄비에 물 1ℓ 가 반쯤 차도록 부어 넣은 후 식초를 넣는다. 이 물에 70~80℃ 정도 되면 가장자리에 계란을 차례로 깨어 넣는다(계란이 뜨지 않고 가라 앉도록 한다; 포칭함).
2. 계란을 함께 넣으면 좋지 않고 차근차근 포칭해서 1개씩 망국자로 떠서 냉수에 몇 분간 넣어둔다.
   - 계란 가장자리 모양을 정리한 후 내프킨 위에 놓아 물기를 제거한다.
3. 작은 냄비에 버터를 넣어 녹인 후 밀가루를 넣고 색이 나지 않도록 주의해서 약 5분간 볶아낸다.
   - 여기에 흰 스톡을 조금씩 넣어가며 끓인다. 맛을 내고 약 1시간 동안 약한 불에서 뭉근히 끓인다(소스 만들기).
4. 믹싱볼에 노른자 2개분과 생크림을 넣어 섞은 후, 위 소스에 넣어 그 양이 약 200cc 정도 되게 강한 불에서 졸인다.
5. 포칭한 계란에 흰 소스를 골고루 묻혀 그대로 감싸둔다.
6. 앙글레이즈
   - 믹싱볼에 계란 1개, 소금, 후추, 오일 등을 넣어 혼합한다.
7. 소스가 아주 차가워지면 망 국자에 계란을 얹어 앙글레이즈 속에 담그고 차례차례로 고운 빵가루를 입힌다.
8. 제공하기 직전에 깨끗한 올리브기름에서 튀긴다.
9. 계란의 기름을 제거하고 내프킨 위에 얹어 여분의 기름을 빼낸다.
10. 1인분씩 작은 캐서롤에 담거나 바닥이 깊은 접시에 담는다. 접시 바닥에 야채 퓨레를 깔고 그 위에 얹어 제공한다.

Oeufs Pochés à la Fausse Coque

(Tomato Stuffed Scrambled Eggs)

토마토 속을 채운 스크램블 계란요리

• 사전준비 : 25분, 조리시간 : 20분 재 료 : (4인분)

토마토(가늘고 길쭉한 것) 1kg(약12개), 시금치 80g, 계란 8개, 버터 100g, 마늘 1쪽,
소금과 후추 약간씩, 엑스탠드(스탠드 받침대) 12개

>>> 만드는 방법

1. 토마토는 '로마' 라고 불리는 속이 꽉찬 것으로 계란모양을 하고 있으므로 엑그 스탠드에 계란처럼 세울 수 있다.
   - 우선 토마토의 2/3 위치를 잘라 작은 스푼으로 씨와 즙을 절반 정도 빼낸다.
   - 여기에 가볍게 소금과 후추를 넣고 큰 냄비에 가지런히 나열한다.
2. 시금치는 깨끗이 씻어 데친 후, 물기를 빼고 접시에 가지런히 썰어둔다.
3. 계란은 흰자와 노른자를 분리해 소금을 약간 뿌리고 적당하게 저어둔다.
4. 버터 20g을 호두크기 정도로 잘라 토마토 속에 넣어 사라만다나 오븐에서 약 10분 정도 구워낸다.
5. 작은 냄비에 버터 20g을 넣어 시금치와 다진 마늘을 넣고 색이 나지 않도록 주의해서 볶아낸다.
6. 바닥이 두꺼운 작은 냄비에 버터를 넣은 후 계란 흰자를 넣어 나무주걱으로 재빨리 휘저어 스크램블 형태로 만든다.
   - 노른자도 이와 마찬가지로 만들어 식지 않게 보관한다.
7. 엑그 스탠드 12개에 토마토를 넣고 그 속에 스크램블 흰자, 스크램블 노른자, 시금치를 적당히 보기 좋게 넣어 뜨겁게 하여 곧바로 제공한다.

V. Salade-Salad(샐러드)

야채요리 즉 샐러드(SALAD)의 어원은 라틴어의 "Herba Salate"로서 그 뜻은 소금을 뿌린 향신료(Herbs)이다. 그리고 "SAL" (소금)에서 비롯된 말로서 싱싱한 야채를 주재료로 하여 소금을 가미하면 되는 것에서 유래한다.

따라서 샐러드는 싱싱하고 파릇파릇한 야채류와 신선한 향신료 등을 소금으로 첨가하여 간을 맞추고 먹었던 것으로 전해지고 있다. 이런 것들이 발전하여 다양한 드레싱(Dressing)과 오일 드레싱(oil and Vinegar)소스류를 첨가하여 먹게 되었다.

그러나 오늘날에 이르러서는 샐러드(SALAD)의 의미는 여러 가지 종류의 야채류, 과일류, 생선류, 육류, 조류, 허브류 등을 주재료로 하여 여러 가지 독특하고 특별한 드레싱(DRESSING), 오일드레싱, 마요네즈 등과 함께 제공되기도 한다.

야채요리(SALAD)에는 지방분이 많은 육류요리의 소화 기능을 돕고, 비타민 A와 C가 풍부하기 때문에 많은 사람이 건강과 부담 없이 즐겨 찾는다.

샐러드란 크게 분류하면 SIMPLE SALAD와 COMBINED SALAD로 나누어진다. SIMPLE SALAD(단순 샐러드)는 다시 Green, Leaf, Vegetable Salad, Spinach & Mushroom Salad, Chef's Salad, Garden Salad 등이며, COMBINED SALAD(혼합 샐러드)는 Fruit, Fish, Meat, Poultry Salad, Caesar Salad, Artichoke Salad, Seafood Salad 등으로 세분화시킬 수 있다.

샐러드는 앙트레 코스(ENTREE COURSE) 다음에 제공되어지는 것이 원칙이나 요즈음에는 앙드레(ENTREE)와 함께 제공되기도 한다.

샐러드는 반드시 싱싱하게 해서 제공되어져야 하며 항상 신선하고 다양한 야채를 사용해야 하며 그 독특한 식재료의 맛과 상태를 유지하여야 한다.

1) SALAD의 분류

- SALAD
  - SIMPLE SALAD … 순수한 야채 식재료로만 구성된 SALAD
    - GREEN SALAD … 순수한 GREEN색으로 구성된 야채 SALAD
      LETTUCE, SPINACH, PIMENTO, GREEN, CUCUMBER, ASPARAGUS 등
    - LEAF SALAD … 먹을 수 있는 잎으로 구성된 야채 SALAD
      TURNIP, CABBAGE, CHICORY, ENDIVE, WATERCRESS 등
    - VEGETABLE SALAD … 여러가지 야채를 혼합하여 만든 SALAD.
      TURNIP, CARROT, CELERY, MUSHROOM, PIMENTO 등
  - COMBINES SALAD … 여러 가지 야채와 함께 과일, 생선, 육류, 조류 등이 혼합된 SALAD
    - FRUIT SALAD … 야채와 함께 과일이 제공되는 SALAD.
      FRESH FRUIT SALAD
    - FISH SALAD … 야채와 함께 생선이 제공되는 SALAD
      TUNA FISH SALAD, SEAFOOD SALAD.
    - MEAT SALAD … 야채와 함께 육류가 제공되는 SALAD
      BEEF SALAD, 돼지고기, 사슴고기 등
    - POULTRY SALAD … 야채와 함께 가금류가 제공되는 SALAD
      TURKEY SALAD, CHICHEN, 꿩 등

2) Salad 조리법의 전문용어

- Aida(아이다) Salad : 양상추 기본에 치커리, 토마토, 아티쵸크, 피망, 삶은 계란자, 흰자를 체에 내려 뿌리고 겨자를 넣은 비네거 오일로 섞어 만든다.
- Alice(알리스) Salad : 양상추 기본에 파인애플, 치커리, 왕귤, 올리브오일, 레몬즙을 뿌려 만든다.
- Andalouse(앙달루즈) Salad : 양상추 기본에 토마토, 피망, 라이스, 다진 마늘, 다진 양파, 파슬리, 비네거 오일로 혼합하여 만든다.
- Bagatelle(바가텔) Salad : 양상추 기본에 줄리앙 당근, 양송이, 아스파라가스, 비네거 오일로 혼합하여 만든다.
- Châtelaine(샤틀레느) Salad : 양상추 기본에 삶은 계란, 송로 버섯, 아티쵸크, 감자, 다진 타라곤을 첨가한 비네거 오일로 만든다.
- Chiffonnade(쉬포나드) Salad : 양상추 기본에 치커리, 로메인 상추, 샐러리, 가지, 토마토,

크레숑, 다진 삶은 계란, 무로 만든다.

- Fantaisie(팡타이지)Salad : 양상추 기본에 줄리안 샐러리, 사과, 파인애플, 로 메인 상추로 만든다.
- Florentine(플로렌티느)Salad : 양상추 기본에 로메인 상추, 샐러리, 가지, 피망, 시금치, 크레숑, 비네거 오일로 만든다.
- Lorette(로레트) Salad : 양상추 기본에 옥수수, 샐러리, 비트, 비네거 오일로 만든다.
- Manon(마농) Salad : 양상추 기본에 왕귤, 다른 상추, 레몬즙, 비네거 오일로 만든다.
- Maraîchàre(마레세르) Salad : 양상추, 초롱꽃과 식물, 선모싹, 샐러리, 감자, 비트와 크림 겨자 소스를 곁드린다.
- Mimosa(미모사)Salad : 양상추, 오렌지 세그멘트, 포도알, 바나나와 레몬즙을 첨가한 크림소스를 곁드린다.
- Mona-Lisa(모나리자) Salad : 양상추, 사과, 송로버섯과 토마토 케찹을 섞은 마요네즈 소스를 곁드린다.
- Niçoise(니스와즈)Salad : 양상추, 제비콩, 토마토, 구운감자, 앤쵸비, 올리브, 케이퍼,와 오일 비네거를 곁드린다.
- Ninon(니농)Salad : 양상추, 다양한 상추, 오렌지 세그멘트, 오렌지 주스,레몬 즙을 첨가한 오일 비네거를 곁드린다.
- Paloise(팔로와즈)Salad : 양상추, 아스파라가스, 아티쵸크, 샐러리, 겨자를 첨 가한 오일 비네거를 곁드린다.
- Russe(루스)Salad : 양상추, 당근, 순무, 제비콩, 완두콩, 송로버섯, 양송이, 소 혀, 햄, 바다 가재, 오이, 소세지, 앤쵸비, 케이퍼, 무, 삶은 계란, 캐비아, 등으로 함께 멋있게 담아 낸다.
- Waldorf(월도프)Salad : 샐러리, 사과, 바나나, 호두와 마요네즈를 섞는다.

3) 드레싱(DRESSING)의 종류

좋은 샐러드에는 좋은 샐러드 드레싱이 함께 제공되어져야 한다. 드레싱 (DRESSING)은 샐러드의 맛을 한층 배가 시켜주는 데 없어서는 안 될 필수적인 찬 소스인 것이다.

좋은 샐러드 드레싱은 최상급의 와인 식초와(WINE VINEGAR)와 올리브 오일, 샐러드유, 계란 노란자, 레몬주스, 양 겨자, 소금, 후추를 기본으로 만들어진다.

기본적인 샐러드 드레싱 종류들을 살펴보면 다음과 같다.

① FRENCH DRESSING ORIGINAL (프렌치 드레싱)

식초(VINEGAR), 올리브유(OLIVE OIL), 소금(SALT), 후추(PEPPER), 겨자

(MUSTARD), 계란 노란자, 허브 또는 파슬리 등을 섞어서 잘 혼합하여 만드는 것이 원칙이나 우스터소스(WORCESTER SHIRE SAUCE) 또는 칠리 소스(CHILY SAUCE), 토마토 케찹(TOMATO CATCHUP), 케퍼(CHOPPED CAPERS), 피클(GHERKINS), 샬롯(SHALOTS) 등을 함께 섞어서 만들기도 한다.

② AMERICAN FRENCH DRESSING (아메리칸 프렌치 드레싱)

식초(VINEGAR), 올리브오일, 파프리카 파우더(PAPRIKA), SALT & PEPPER, 설탕, 마늘즙, EGG YORKS, FRENCH MUSTARD, WORCESTSHIRE SAUCE, 파슬리, 허브 등을 사용한다.

③ THOUSAND ISLAND DRESSING ORIGINAL (1000 아일랜드 드레싱)

마요네즈, 칠리소스, 다진 삶은 계란, 다진 피클, 케퍼, 레드&그린 피망, 핫 소스, 블랙 올리브, 와인, 레몬주스, 양파 찹, 샐러리 찹, 토마토 케찹 등을 사용한다.

④ THOUSAND ISLAND DRESSING AMERICAN (1000 아일랜드 드레싱 아메리칸)

아메리칸 프랜치 드레싱에 찹 피망, 토마토 케찹, 타바스코 등을 첨가한다.

⑤ ROQUEFORT DRESSING (록크포드 드레싱)

오리지날 프랜치 드레싱에, ROQUEFORT CHEESE를 첨가를 첨가한다.

⑥ RUSSIAN DRESSING (러시안 드레싱)

1000 ISLAND DRESSING(ORIGINAL AMERICAN), 찹 실파(CHOPPED CHIVES), 레몬주스, 캐비아(CAVIAR)등을 첨가한다.

⑦ MUSTARD CREAM DRESSING (머스타드 크림 드레싱)

프랜치 드레싱과 더블 생크림에 MUSTARD, LEMON JUICE등을 첨가하여 만든다.

⑧ MAYONAISE DRESSING (마요네즈 드레싱)

MAYONAISE, 생크림, 레몬주스 등을 첨가하여 만든다.

⑨ FRUIT SALAD DRESSING (과일 샐러드 드레싱)

마요네즈와 생크림, 요구르트, 레드 크렌트, 레몬주스 등을 첨가하여 만든다.

⑩ ANCHOVY DRESSING (안초비 드레싱)

ANCHOVY PASTE, BOILED EEG CHOPPED, 겨자, 레몬주스, 설탕, 파프리카 파우더, 샤워 크림 등을 첨가하여 만든다.

지금까지 설명한 10가지의 샐러드 드레싱 외에도 과일류 등 식재료 사용여부에 따라서 다양한 종류의 드레싱이 만들어질 수 있다.

드레싱을 서빙 하는 요령은 드레싱 트레이(DRESSING TRAY)를 잘 점검하고 확인하여 고객이 원하는 드레싱을 고객의 왼쪽에서 드레싱의 이름과 맛을 간단히 설명한 후 보기 좋게 트레이 주위나 그 밖에 떨어지지 않도록 조심스럽게 제공하여야 한다.

Salade d' Épinards Nouveaux

(Fresh Spinach Salad)

신선한 시금치 샐러드

재 료 : (4인분) • 사전준비 : 30분, 조리시간 : 10분

시금치 250g, 베이컨 100g, 삶은 계란 2개, 레몬즙 60cc, 올리브 오일 140cc, 식초 40cc, 머스타드 1작은술, 소금과 설탕 약간씩

>>> 만드는 방법

1. 시금치는 잎이 부드러운 것을 고른다. 물에 깨끗이 씻어 천위에 올려 수분을 제거한다.
2. 소스
   - 바닥이 깊고 둥근 용기에 삶아 으깬 계란 노른자 2개, 머스타드, 레몬즙, 소금, 후추를 넣는다.
   - 거품기로 강하게 저으면서 올리브 오일을 조금씩 넣어가며 섞는다.
3. 베이컨은 아주 잘게 썬다.
4. 삶은 계란 흰자는 대충 잘게 썬다.
5. 베이컨이 바삭바삭해질 때까지 볶으면서 여분의 기름은 제거한다. 시금치를 샐러드 볼에 담아둔다.
   - 그 위에 소스를 부어 시금치가 나긋나긋해질 때까지 볼을 흔든다.
6. 시금치를 접시에 담고 그 위에 잘게 썰어 둔 계란 흰자를 뿌린 후 볶은 베이컨을 얹는다. 그리고 치즈가루도 뿌릴 수 있다.
   - 후라이 팬에 와인 식초를 데그라세 하여 시금치 위에 뿌릴 수 있다.

Salade de Faisanes

(Roasted Pheasant Salad)

암꿩고기 샐러드

• 사전준비 : 45분, 조리시간 : 25분

재 료 : (4인분)

암꿩 2마리, 시코레 푸리제 뿌리 2개, 토마토 2개, 버터 20g, 호두기름 120cc, 원형 크루통 1개, 호두 16개, 마늘 3쪽, 타임 2잎, 소금·후추·디죤 머스타드 약간씩

>>> 만드는 방법

1. 1마리당 무게가 1kg정도 털이 있는 신선한 새끼 암꿩 2마리를 선택한다.
   • 꿩은 깃털을 뽑고 내장을 깨끗이 한 후, 남아 있는 털을 뽑기 위해 플 람베하여 모양을 정리하고 브리데 한다.
2. 2마리 꿩이 포개지지 않을 정도로 큰 주물 냄비를 준비해 가열한다.
   • 냄비에 버터를 녹인 후, 냄비 안에 꿩을 뒤집어 넣어 깨끗하게 갈색 색깔을 낸다.
3. 껍질 있는 마늘 2쪽과 타임 2잎을 넣고 뚜껑을 덮어 약한 불에서 20분가량 지지듯이 굽는다.
4. 냄비 안에 갈색의 깨끗한 국물이 마르지 않도록(타지 않도록) 가끔 스톡을 끼얹는다.
5. 시간이 되면 꿩고기를 꺼내 여분의 기름은 제거하기 쉽도록 떠있는 채 놔 둔다.
6. 냄비 안의 졸인 국물이 4스푼 정도 될 때까지 졸인다.
7. 비네그레트 소스 만들기
   • 머스타드, 소금, 후추, 와인 식초를 넣어 거품기로 휘젓다가 호두 기름을 조금씩 넣어 가며 섞는다.
8. 시코레 프리제는 깨끗이 잘 씻어 수분을 제거한 후, 깨끗한 천에 싸둔다.
9. 껍질을 벗긴 토마토는 수분과 씨를 제거한 후, 12등분하여 비네그레트 소 스 큰 2스푼으로 밑간해 둔다. 시코레도 마찬가지로 한다.
10. 호두는 겉껍질은 벗기고, 생 호두에 붙어 있는 껍질은 그대로 둔다.
11. 사용하기 직전에 껍질을 벗긴 마늘 즙을 크루통에 문질러 바른다.
    • 이것을 동전크기로 썰어 구워 호두기름 몇 방울로 적셔둔다.
12. 꿩 고기살은 2장의 필레을 만들고 껍질을 벗긴다. 가슴살과 허벅지 부분은 샐러드용으로 사용된다.
    • 가늘고 긴 가슴살을 5cm 길이로 잘라 접시에 담은 후, 따뜻하게 데워둔 국물 소스를 부어준다.
13. 비네그레트 소스에 밑간을 한 시코레 4장, 또는 양상추류를 큰 접시에 깐다. 그 위에 꿩 고기살을 담고 토마토 콘카세, 크루통, 호두를 장식해 모양을 낸다.
    • 제공하기 직전에 따뜻하게 해둔 꿩 국물 소스를 부어 곧바로 제공한다.

Salade Nouvelle

(Duck Liver / Spinach Salad)

특제 샐러드

재 료 : (4인분) • 사전준비 : 30분, 조리시간 : 20분

집오리 간(포와 그라) 250g, 시금치 150g, 삶은 계란 2개, 레몬즙 1/2개, 와인 비네거 30cc, 샐러드 오일 40cc, 올리브 오일 150cc, 머스타드 1작은술, 소금과 후추 약간씩

>>> 만드는 방법

1. 포와 그라
   - 소금을 약간 넣고 오리 간을 약 1분 정도 끓인 후 그대로 식혀둔다.
2. 시금치
   - 어리고 깨끗한 잎을 선택해 깨끗이 씻은 후 물기를 제거한다.
3. 소스
   - 믹싱 볼에 삶은 계란 노른자 2개 정도를 으깬 후 머스타드, 레몬즙, 와인비네거, 소금, 후추를 넣고 거품기로 강하게 저으면서 올리브 오일을 조금씩 섞어가며 몬테 한다.
4. 삶은 물에서 간을 꺼내 한 토막 무게가 약 15g 정도 되는 크기로 자른다. 그 위에 버터를 얹고 밑간하여 맛을 낸다.
5. 시금치를 볼에 담아 3번 소스와 혼합한 후 접시에 담아둔다.
6. 올리브오일을 넣은 후라이 팬을 달구어 오리간 한 면을 1분씩 굽는다.
7. 접시에 시금치를 깔고 그 위에 간을 별모양으로 나란히 담아낸다.
8. 구운 후라이 팬에 기름을 제거한 후, 와인 비네거로 데그라세 한다.
9. 오리 간을 담아둔 접시를 오븐에서 몇 초간 데운 후, 데운 와인 비네거를 간 위에 스푼으로 적시듯 발라 바로 제공한다.

Salade de Gueues d'Écrevisses

(Lobster Salad)

에그르비스 샐러드

• 사전준비 : 45분,　조리시간 : 10분

재　료 : (4인분)

작은 바다가재 4개, 시코레 프리제 20잎, 오마르알(또는 파프리카) 10g, 갑각류에 맞는 차가운 소스 40g, 생크림 100cc, 와인 비네거 30cc, 디죤 머스타드 1스푼, 에스트라곤 3g, 파슬리 약간, 생선 퓨메 200cc, 토마토 퓨레 2큰술, 소금과 후추 약간씩

>>> 만드는 방법

1. 에그르비스는 나제풍과 똑같은 방식으로 준비한다.
2. 4개의 꼬리는 장식용으로 다듬어 둔다. 갑각류에 맞는 차가운 소스를 준 비한다.
   - 앞선 페이지 갑각류(에그르비스)에 맞는 차가운 소스 참조.
3. 믹싱 볼에 껍질을 벗긴 에그르비스와 소스를 넣고 잘 섞는다.
4. 4개의 작은 용기에 용기 가장자리 부분에 튀어 나올 정도도 시코레를 깔고 안쪽에 에그르비스를 담아낸다. 장식용 꼬리를 놓는다.
5. 오마르알이 있으면 블랑쉬르 해서 위에 뿌린다. 오마르알이 없으면 파프리카를 보기 좋게 뿌려도 좋다.

Salade Riche

(Duck Liver / Lobster Salad)

거위간, 에그로비스 모듬 샐러드

재 료 : (4인분) • 사전준비 : 30분, 조리시간 : 10분

포와 그라(캔) 120g, 에그르비스 4마리, 트리플 40g, 양상추 1개, 버드피어(샐러리 잎) 1개, 시코레 프리제 1개, 트레비즈(또는 양상추) 4개, 삶은 계란 2개, 오마르알 1큰술, 호두기름 100cc, 와인 비네거 50cc, 레몬즙 1/4개, 머스타드 1작은술, 소금과 후추 약간씩

>>> 만드는 방법

1. 샐러드 야채류를 깨끗이 씻어 물기를 제거한다.
2. 에그르비스는 구르부이용으로 약 2분 정도 삶아서 껍질을 벗긴다.
3. 트리플은 아주 얇게 썰어 소금, 레몬즙, 호두기름으로 가볍게 밑간한다.
4. 오마르알을 블랑쉬르해 두고, 삶은 계란은 껍질을 벗겨 노른자는 다른 용도에 쓰고 흰자는 얇은 링 모양으로 썬다.
5. 믹싱 볼에 머스타드, 와인 식초, 레몬주스, 소금, 후추를 넣어 저으면서 호두기름을 조금씩 혼합해가며 몬테로 비네그렛트 소스를 만든다.
6. 껍질을 벗긴 에그르비스 살은 비네그렛트 소스 1스푼으로 밑간 한다.
7. 샐러드 야채류를 섞어 접시에 모양 있게 담아낸다.
8. 동전크기로 얇게 썬 포와그라를 8개 정도 위에 얹어낸다.
9. 여기에 트리플 얇게 썬 것과 링 모양으로 얇게 썬 계란 흰자를 서로 모자이크 모양으로 장식한다.
10. 마지막으로 위에 오마르알을 뿌린다. 오마르알이 없으면 토마토 콩까세를 이용해도 좋다.

Ⅵ. Poissons-Fish(생선류 요리)

1) 생선의 분류

생선의 종류를 크게 분류하면 바다생선(해수어 ; Sea Fish), 민물생선(담수어; Fresh Water Fish), 갑각류(Crutacean), 조개류(패류 ; Shell Fish), 연체류(Mollusca)등으로 분류 될 수가 있다. 그리고 생선의 저장법에 따라서 냉동생선(Frozen Fish), 절인생선(Salted Fish), 통조림 가공생선(Canned Fish), 프레쉬 생선(Fresh Fish)등으로 분류 될 수 있다.

생선요리는 조직의 섬유질이 연하고 대체로 맛이 담백하며, 소화 흡수율이 높다고 할 수 있으며, 칼슘, 지방, 단백질, 비타민 성분(A, B, C)이 많아서 고객들이 건강요리로서 선호도는 대단히 높다.

생선의 종류는 다양하게 많으며, 신선하고 메뉴 구성에 맞는 생선을 구입해야 훌륭한 요리를 만들 수 가 있다는 것이 핵심이다.

2) 생선요리의 조리원리

(1) Meunière(Sautée) 조리방법

① 밀가루(Farine ; Flour)를 이용하는 방법

생선살을 수분을 완전히 제거하여 우유나 레몬즙, 허브류에 마린네 하여 소금과 후추를 하여 밀가루 터치를 한 후 버터나 올리브 오일에 소테하는 방법.

② 계란(Oeuf ; Egg)을 이용하는 방법

생선살을 수분을 완전히 제거하여 레몬즙, 소금, 후추를 뿌리고 밀가루 터치하고 계란물을 묻혀서 버터나 올리브 오일에 소테하는 방법.

(2) Pocher(Poaching) 조리방법

① 소스나 생크림을 이용하는 방법 - 각 생선요리에 적절한 소스를 함께 곁드리거나 생크림으로 생선을 익히는 조리법.

② 구르 부이용(Court- Bouillon)을 이용하는 방법 - 신선한 생선을 냄비에 놓고 생선 부이용을 넣어 소금, 후추, 레몬즙으로 생선을 익히는 조리법.

③ 화이트 와인이나 생선 스톡(Fumet Poisson)을 이용하는 방법 - 신선한 생선을 냄비에 버터나 올리브 오일을 넣고 생선을 놓고 화이트 와인이나 레드 와인, 피쉬 스톡을 첨가하여 생선을 익히는 방법.

④ 물을 이용하는 방법 - 생선요리는 물을 이용하는 방법을 잘 선택하지 않지만 생선 무스나 생선테린, 생선 갈라틴 등을 싸서 물에 넣어 익히는 방법.

(3) Fish Paner À l` Ànglaise(Touch Bread Crumb ; 앙글레이즈) 조리방법.

① 빵가루를 입혀서 굽는 조리법 - 생선살을 완전히 수분을 제거하여 소금, 후추, 레몬즙으로 간하여 밀가루, 계란물, 빵가루순으로 입혀서 버터나 올 리브 오일에 소테하는 방법.

② 생선살은 완전한 수분을 제거하여 소금, 후추, 레몬즙으로 간하고 버터를 바른 다음 바로 빵가루를 입혀서 버터나 올리브 오일에 소테하는 방법.

(4) Milanaisé(밀라노 방식)의 조리방법

① 생선살은 완전한 물기를 제거한 다음 소금, 후추, 레몬즙을 하고 밀가루, 계 란물에 파세리 잡과 파마산 치즈를 혼합하여 여기에 생선살을 담구어 치즈 물을 입혀 버터나 올리브 오일에 소테하는 방법.

(5) Griller(그릴) 조리방법

① 생선살이나 통 생선을 소금, 레몬즙, 올리브오일을 바르고 샤 브로일러(Char Broiller)에 직화로 굽는 방법.

(6) 생선살을 (Fry;Frites) 기름에 튀겨내는 조리법과 생선살을(Au Plat) 얇게 포를 뜨서 접시에 담아서 놓은 채로 조리하는 방법이 있다.

Mulet au Citron Grey

(Grey mullet with lemon)

레몬과 향신료를 곁드린 숭어요리

재 료 : (4인분) • 사전준비 : 15분, 조리시간 : 25분

숭어(각 1kg) 4개, 레몬 1개, 피망 1개, 토마토 3개, 작은 샐러리 1개, 마늘 2개, 샬롯 3개, 파세리 1잎, 올리브 오일 4 Ts, 다임 잎 1잎, 월계수 잎 1잎, 파프리카 파우더 1 ts, 혼합 향신료 약간, 소금과 후추 약간

>>> 만드는 방법

1. 숭어를 씻고 머리를 둔 채로 깨끗이 잘 다듬는다.
2. lemon을 얇게 slice하고 이것을 다시 반으로 나눈다.
3. 낮은 도마에 숭어를 납작하게 놓고 날카로운 칼로 중앙부분에 깊이 자른다. 1/2cm의 간격을 두고 숭어 길이를 따라 칼집을 낸다.
4. 피망은 반으로 갈라 씨를 빼낸다.
5. pepper, tomatoes, Celery, garlic, shallot, parsley, 올리브 오일, 다임, 월계수 잎, 파프리가 파우더, 각종 향신료를 함께 다지고 섞어서 볼에 담고 잘 섞는다.
6. 이 mixture를 숭어 주변에 스푼으로 떠서 담는다.
7. 190℃로 예열된 오븐에서 약 25분간 가끔 뒤집어 가면서 굽는다.
8. thyme, bay leaf를 꺼내고 그대로 serving한다.

Poisson Grille au Fenouil

(Grilled Red Fish with Fennel)

펜넬을 곁드린 레드 생선요리

• 사전준비 : 10분, 조리시간 : 20분

재 료 : (4인분)

레드 생선(각 1kg) 4개, 소금과 후추 약간, 올리브 오일 20cc, 펜넬 줄기 100g, 브랜디 2 Ts, 레몬 슬라이스 1/2개, 펜넬 잎 1개

>>> 만드는 방법

1. 생선을 깨끗이 다듬어 손질하고 적당한 크기로 썰어 양쪽에 칼집을 낸다. 그리고 olive oil을 바른다.
2. 생선의 두께에 따라서 약 5~8분정도 grill에서 구워낸다.
3. 오븐 그릴 철판에 펜넬 줄기를 두껍게 한 층 깔고 그 위에 생선을 올려 뚜껑을 덮는다.
4. 반쯤 익은 생선을 그리드에 올려 놓는다. brandy에 불을 붙이고 이 불꽃을 생선 위로 붓는다.
5. 몇 분간 생선이 익도록 놔 둔 후에 serving dish에 조심스럽게 옮겨 담는다.
6. 레몬 웨이지 혹은 펜넬 잎로 장식한다.
7. 레믈레이드 소스가 있으면 함께 serving한다.

L'Aiglefin au Concombre

(Cold Haddock with Cucumber)

오이를 곁드린 대구살 요리

재 료 : (4인분) • 사전준비 : 15분, 조리시간 : 25분

대구(각 1kg) 4개, 쿠르 부이용 400, 오이 2개, 소금과 후추 약간, 레몬주스 1개, 파프라카 파우더 20g, 더블 생크림 125ml, 파슬리 찹 1Ts, 샬롯 1개, 식초 10cc

>>> 만드는 방법

1. 대구를 깨끗이 하여 쿠르 부이용에 넣고 천천히 끓인다.
2. 대구 1마리 약 20~25분간 끓인 후 생선을 건져내고 차게 식힌다.
3. 오이는 껍질을 벗기고 얇게 모양 좋게 썰어 물에 담구어 꺼내서 약 30분 정도 물을 뺀다.
4. 생선 껍질과 뼈를 다 제거하고 레몬주스를 뿌려가며 으깬다.
5. 이것을 중간 믹싱 볼 중간에 담고, 그 위에 파프리카 파우더를 뿌린다.
6. 그리고 생크림에 흰 후추 가루, 오이 모양 썰기, 파슬리 찹을 넣고 섞은 다음 보기 좋은 모양으로 포칭한 생선 둘레에 떠 놓는다.
7. 매우 차갑게 해서 serving하기 직전에 식초 몇 방울을 뿌려 낸다.

Tranches de Fletan à la Mornay

(Halibut steaks with Mornay Sauce)

광어 스테이크에 모네이 소스

• 사전준비 : 15분, 조리시간 : 30분

재 료 : (4인분)

광어 필레(each150g) 4개, 버터·올리브 오일 100cc, 소금과 후추 20g, 모네이 소스 80g, 파메산 치즈 or 그리예 치즈 50g, 파슬리·딜 잎 2잎

>>> **만드는 방법**

1. halibut steak용 필레를 준비한다.
2. 팬에 버터와 올리브 오일을 바르고 steak를 담고 소금과 후추를 생선 위에 뿌리고 버터와 올리브 오일, 딜 잡을 발라 쿠킹호일을 덮어 180℃로 예열된 오븐에서 약 15~20분간 굽는다.
3. 생선이 다 익으면 꺼내서 조리 후에 나온 생선 액체를 mornay sauce에 넣고 저으면서 끓인다. 가볍게 생선 위에 코팅할 수 있을 정도의 소스 양이 될 때까지 졸인다.
4. 다 되면 생선 스테이크 위에 붓고 cheese를 그 위에 뿌리고 220℃의 오븐에서 약 5분정도 색깔이 약간 나도록 굽는다. 소스가 거품이 나고 cheese가 갈색이 되면 꺼내서 서빙한다.

Gratin d'Homard
(Blazed Lobster au Gratin)

바다가재 그라틴 요리

재 료 : (4인분) • 사전준비 : 20분, 조리시간 : 15분

바다가재(각/4kg) 4개, 살롯 2개, 버터·올리브 오일 100g, 다목적 밀가루 40g, 쿠르 부이용 370ml, 토마토 퓨레 4Ts, 소금과 후추 약간, 더블 생크림 120ml, 캔 트라플 20g, 브랜디 4Ts

>>> 만드는 방법

1. 바다가재 각각 약1.2kg짜리를 길이로 반을 자른다.
2. 꼬리 부분 살은 잘라 두고 나머지는 살은 모두 다진다.
3. 살롯은 다져 소스 팬에 버터 50g, 올리브 오일 50g을 두르고 부드러워질 때까지 볶아낸다.
4. 여기에 바다가재를 반으로 자른 것을 넣고 양면을 노릇하게 익힌다.
5. 다른 소스 팬에 남은 버터와 올리브 오일을 녹이고 밀가루를 넣어 약 2분정도 저어주면서 익힌 후에 쿠르 부이용을 조금씩 부어주면서 섞고, 토마토 퓨레, 소금, 후추, 트라플, 브랜드를 넣는다. 저어주면서 끓이고 농도와 색상을 맞춘다. 끓어 오른 후 약 2분간 더 익힌다.
6. 바다가재 다진 살과 더블 생크림을 위 소스에 넣고 저어 농도와 색상을 맞춘다.
7. 바다가재 꼬리 살과 살롯을 그라틴 그릇에 담고, 생선 위에 소스를 부어 뜨거운 오븐에서 약 10분간 소스가 부글부글 끓어 오르고 갈색이 날 때까지 굽는다.

Maquere aux Marmande

(Mackerel with Mushroom and Onions)

양송이와 양파를 첨가한 고등어 요리

• 사전준비 : 10분, 조리시간 : 25분 **재 료 : (4인분)**

신선한 고등어 4마리, 토마토 400g, 올리브 오일 8Ts, 소금과 후추 약간, 양송이 슬라이스 200g, 양파 1개, 살롯 2개, 마늘 2개, 밀가루 60g, 파슬리 찹 20g, 처빌 10g, 차이브·타라곤 10g, 레몬 주스 약간

>>> **만드는 방법**

1. 신선한 고등어 필레를 깨끗이 준비한다.
2. 토마토를 잘게 썰어 올리브 오일 1Ts에 약 5분정도 볶아 즙을 모두 증발시킨다.
3. 토마토는 간을 맞춘 후 따뜻하게 유지하면서 둔다.
4. 양송이, 양파, 샬롯, 마늘을 잘게 다지고 함께 섞은 후 올리브 오일 2Ts에 부드러워질 때까지 살짝 볶아 낸다. 간을 맞추고 따뜻하게 보관한다.
5. 밀가루 2Ts에 salt, pepper로 간을 하고 고등어에 골고루 묻힌다. 이때 밀가루가 단단하게 묻히도록 꼭꼭 누르면서 입힌다.
6. 큰 프라이 팬에 올리브 오일 3Ts을 넣고 뜨거워지면 밀가루를 묻힌 고등어를 넣어 한 면에 약 3분 정도 굽는다. 양면의 색이 갈색이 나도록 확실하게 익힌다.
7. 구운 고등어를 뜨거운 접시에 담는다. 그 생선 위에 양송이 슬라이스, 양파 찹, 살롯 찹, 마늘 찹의 볶아 놓은 혼합물을 떠 얹고 토마토를 구운 고등어 주변에 두른다. 그리고 레몬 주스, 허브를 뿌려 serving한다.

Rougets à la Bordelaise
(Red Mullet with Bordelaise Sauce)

보들레이즈 소스를 첨가한 붉은 숭어 요리

재 료 : (4인분) • 사전준비 : 15분, 조리시간 : 20분

붉은 숭어 살(200g) 4개, 소금과 후추 약간, 허브 약간, 버터·올리브 오일 60g, 보들레이즈 소스 적당량, 레몬 1/2개

>>> 만드는 방법

1. 붉은색 숭어의 필레을 손질한다.
2. 팬에 가지런히 담고 salt, pepper, 허브, 레몬 주스로 조미하고 버터와 올리브 오일을 끼얹는다.
3. 예열된 오븐에 190℃에서 약 20분간 뒤집어 가면서 굽는다. 색깔과 모양이 적정해야 한다.
4. 보들레이즈 소스는 따로 serving한다.(보들레이즈 소스 만들기 참조)

Moules à la Crème

(Cold Mussels in Cream Sauce)

크림소스에 신선한 홍합요리

• 사전준비 : 10분, 조리시간 : 15분 **재 료 : (4인분)**

fresh mussels 400g, shallot(peeled and chopped) 3개, garlic 2개, sprig thyme 2잎, bay leaf 2잎, pinch mixed spice 20g, pinch saffron 5g, salt and pepper 5g, dry white wine 500ml, egg yolks 3개, double cream 130ml

>>> **만드는 방법**

1. mussels 비늘을 긁고 찬물에서 여러번 헹구어 준비한다.
2. 이것을 shallot, garlic, thyme, bay leaf, mixed spice, saffron, salt, pepper와 함께 큰 sauce pan에 넣고 white wine을 붓고 약 5~6분간 끓여 mussels이 열리도록 한다. 조리하는 동안 mussels이 골고루 익도록 냄비를 자주 흔들어 준다.
3. 구멍 뚫린 스푼으로 mussels을 꺼내서 식으면 mussels meat만 꺼내서 serving bowl에 담는다. 스톡은 그대로 두어 걸른다.
4. mussels stock은 모래와 다른 불순물들을 걸러내어 다시 sauce pan에 부어 데운다.
5. bowl에 계란 노란자를 풀고 이것을 조금씩 스톡에 섞어가면서 붓고, 아주 낮은 불에서 스톡이 걸쭉해질 때까지 저어가면서 익힌다. 이때 sauce의 농도는 나무 스푼의 뒷면이 coating될 정도로 조절하는 것이 좋고 끓어 오르지 않도록 불의 세기를 조절한다.
6. bowl에 cream을 붓고 여기에 sauce를 조금씩 부어가면서 젓는다.
7. 간을 맞추고 나서 mussels 살에 붓는다.
8. 아주 차갑게 식혀서 seving 하도록 한다.

Quenelles de Brochet

(Pike Quenelles with Nantua Sauce)

강꼬치 생선 퀸넬의 낭투아소스

재 료 : (4인분) • 사전준비 : 20분, 조리시간 : 25분

boned skinned pike 400g, salt and pepper 5g, water 250ml, butter 50g, flour 100g, eggs 2개, egg whites 2개, double cream 6Ts, nantua sauce 200ml, lemon slice 1쪽

>>> 만드는 방법

1. pike(강꼬치 생선)를 mincer기로 두 번 갈고, salt, pepper로 간을 한다.
2. water, butter, salt을 중간 정도의 크기의 sauce pan에 넣고 끓인다.
3. 버터가 녹으면 flour를 넣고 나무스푼으로 저어 Mixture가 하나로 뭉쳐지면 소스 pan위에 그대로 놔 두고 불을 끈다.
4. 계란과 계란 흰자를 잘 풀어 3의 mixture에 조금씩 넣어가면서 섞는다. 즉 계란이 mixture에 흡수되면 조금 더 붓는 식으로 한다.
5. 마지막으로 다진 pike(생선)를 넣고 세게 섞어준다.
6. 혼합물을 냉장고에 약 2시간 동안 넣어 차게해 놓는다.
7. 이상의 준비가 다 되면 2cm 정도 깊이의 넓은 소스 pan에 물을 가득 채우고 약간의 소금, 후추, 레몬주스를 넣어 끓인다.(80~85℃).
8. 냉장고의 차가운 반죽을 꺼내 나무스푼으로 cream을 조금씩 부어 섞는다. 아주 세게 저어주면서 cream을 넣다가 반죽이 너무 부드러워지지 않 을 정도로 cream의 양을 조절한다.
9. tea spoon 두 개로 mixture를 계란 모양으로 만들어 끓는 물에 넣어 뚜껑을 덮지 않고 약 10~15분간 익힌다.
10. 다 익어서 mixture의 크기가 커지면 구멍 뚫린 스푼으로 꺼내어 serving dish에 담고 따뜻하게 보관한다.
11. nantua sauce를 데워 quenelles 위에 sauce를 뿌려 serving한다.

Filets de Sole Normande

(Fillets of sole Normandy)

노르망디식의 혀넙치요리

• 사전준비 : 20분, 조리시간 : 10분 재 료 : (4인분)

sole(200g each) 4마리, fresh mussels 8개, dry white wine 250ml, butter 50g, mushrooms 200g, salt and pepper 5g, bechamel sauce 500ml, peeled shrimps 100g

>>> 만드는 방법

1. sole의 껍질을 벗기고 fillet으로 만들고 head, tail, skin은 따로 둔다.
2. mussels는 찬물에서 여러번 문질러 씻는다.
3. sole을 손질하고 남은 head, tail등과 mussels을 함께 sauce pan에 넣고 wine을 부어 약 5~6분간 끓여 mussels이 열리도록 한다.
4. mussels이 열리면 꺼내고 shell을 벗기고 stock은 따로 보관한다.
5. mushroom은 버터에 약 2~3분간 볶아낸다.
6. mussels stock을 sauce pan에 붓고 끓으면 sole fish fillet을 넣고 약 5-6분간 익혀낸다.
7. 다 익으면 꺼내서 물기를 충분히 빼고 serving dish에 담아 따뜻하게 보관한다.
8. mushroom slice와 그 즙을 모두 bechamel sauce에 넣고, shrimps도 넣어 coating이 계속 되도록 stock을 조절하면서 넣는다.
9. 낮은 불에서 따뜻하게 데운 후 간을 하고 sole fish 위에 끼얹어 바로 serving한다.

Fillet de Sole Tante Marie

(Fillets of Sole Tante Marie)

양송이를 넣은 혀넙치 요리

재 료 : (4인분) • 사전준비 : 20분, 조리시간 : 20분

sole(200 each) 4마리, mushroom 200g, butter 80g, double cream 8Ts, salt and pepper 5g, white wine 130ml, shallots 6개, fish stock 120ml, can truffles 20g, croutones to garnish 20g

>>> 만드는 방법

1. 신선한 sole은 머리와 껍질을 제거하고 통째로 깨끗이 씻어 둔다.
2. mushroom은 아주 잘게 다져 버터, cream, salt, pepper에 약 5분 정도 볶아서 puree를 만든다.
3. shallot은 잘게 다진다.
4. 오븐 dish에 버터를 바르고 깨끗한 sole을 담는다. 그리고 wine, stock, shallots, salt, pepper를 넣고 190℃로 예열된 오븐에서 약 15분간 뒤집어 가면서 굽는다.
5. sole을 board에 옮겨 fish의 한쪽 면을 완전히 들어내고, 남은 뼈는 빼낸다.
6. 양송이 혼합물을 넙치에 stuffing 하고, 남아 있는 sole의 한쪽 면에 바르고 이것을 다시 oven dish에 놓는다.
7. 남은 버터를 fish stock에 넣고 뚜껑을 덮지 않고 끓여서 부피가 아주 진하게 줄면 이것을 sole fish 위에 붓는다.
8. 이것을 오븐에서 약 10분정도 다시 구워 croutones, truffles로 장식해서 serving한다.

Fillets de Sole au Vermouth

(Fillets of Sole with Vermouth)

버뮤스 와인을 넣은 혀넙치 요리

• 사전준비 : 25분, 조리시간 : 15분 재 료 : (4인분)

dover or lemon sole 4마리, fish stock 250ml, french vermouth 130ml, salt and pepper 5g, butter 50g, egg yolks 1개, double cream 2Ts

>>> 만드는 방법

1. sole은 껍질 채로 fillet을 만든다. head, tail, skin은 fish stock을 만들 때 사용한다. stock은 500ml의 물에 생성뼈를 넣어 약 250ml 까지 양을 줄인 후 걸러낸다.
2. 준비된 stock에 vermouth 와인을 넣고 간을 맞춘다.
3. fillets은 껍질이 안으로 들어가도록 돌돌 말아서 준비한다.
4. oven dish에 버터를 바르고, rolled fish fillets을 차례로 가지런히 담는다. 여기에 버뮤스 스톡을 붓는다.
5. 유산지를 덮어 180℃로 예열된 오븐에서 약 15분정도 익힌다.
6. 다 익으면 생선은 두고, stock만 따라내어 작은 sauce pan에 붓고 센 불에서 뚜껑을 열고 1/3로 줄어 들 때까지 끓인다.
7. 여기에 egg yolks와 cream을 넣으면서 젓는다.
8. 다시 낮은 불에서 버터를 넣고 저어주면서 데운다. 이때 끓이지 않도록 주의한다.
9. 이 소스를 sole fish위에 끼얹어 즉시 serving한다.

Truites aux Amandes

(Trout with Almonds)

아몬드를 첨가한 송어요리

재 료 : (4인분) • 사전준비 : 15분, 조리시간 : 15분

fresh trout(150g each) 4마리, flaked almonds 100g, butter 80g, seasoned flour 50g, dry white wine 40cc, salt, pepper 10g

>>> 만드는 방법

1. trout을 아가미와 내장을 떼어내고 머리는 남겨둔 채 깨끗이 손질한다.
2. trout fish의 물기를 제거하고 seasoned flour를 단단하게 묻힌다.
3. 큰 frying pan에 버터 50g을 녹이고 뜨거워지면 trout을 넣고 한 면을 약 4-5분 정도 익혀 노릇하게 굽는다.
4. serving dish에 trout을 조심스럽게 옮겨 담아 오븐에서 따뜻하게 보관한다.
5. 남은 버터를 frying pan에 녹여 almonds를 갈색이 나도록 볶는다.
6. 여기에 wine을 붓고 약 1분정도 끓이고, 이것을 trout에 부어 serving한다. 레몬 슬라이스와 허브로 장식한다.

Turbot Poche aux Sauce Mousseline

(Poached Turbot with Mousseline Sauce)

무슬린 소스를 곁드린 포칭 광어 요리

• 사전준비 : 20분, 조리시간 : 25분

재 료 : (4인분)

slice turbot(150 each) 4마리, cold court bouillon 200ml, mousseline sauce 400ml, thin slices lemon 4개, sprigs parsley 4개, salt, pepper 5g

>>> 만드는 방법

1. turbot(광어)을 잘 손질하여 넓은 pan에 납작하게 깔아둔다.
2. 소금, 후추 하여 court bouillon을 그 위에 붓고 천천히 끓인다.
3. 뚜껑을 덮고 약 10~12분 더 끓인다.
4. 그 동안 무슬린 sauce를 만든다.
5. turbot fish가 다 익으면 꺼내어 껍질을 벗긴다.
6. fish를 serving dish에 담고 lemon, parsley를 그 위에 뿌린 후 무슬린 sauce는 따로 serving한다.

Filets de Poissons à la Bretonne

(Fish Fillets Brittany Style)

브리터니식의 흰살 생선요리

재 료 : (4인분) • 사전준비 : 20분, 조리시간 : 20분

fillets of white fish 4마리, some seasoned flour 60g, butter 100g, olive oil 4Ts, chopped shallot 1개, rounded capers 10g, chopped parsley 1Ts, shelled shrimps 100g, mixed parsely 1Ts, chives and chervil 10g, juice lemon 10cc

>>> 만드는 방법

1. white fillet을 소금, 후추하고 seasoned flour로 단단하게 잘 입힌다.
2. 40g 버터와 olive oil을 frying pan에 붓고 뜨거워지면 fillets의 절반을 튀긴다. 두께에 따라서 한쪽 면에 약 3~5분 정도씩 튀긴다.
3. 다 익으면 건져내서 기름을 빼고, serving dish에 담는다. 그리고 남은 fillets도 똑같이 튀겨내어 serving dish에 담는다.
4. 그 동안 남은 버터를 작은 팬에 녹이고 shallots을 볶고 나서 shrimps, capers, herbs, lemon juice를 넣어 약한 불에서 조리한다.
5. 이것을 white fish에 뿌려 serving한다.

Raie au Beurre Noir et Capres

(Skate with Browned Butter Capers)

케이퍼 버터를 이용한 가오리요리

• 사전준비 : 20분, 조리시간 : 15분

재 료 : (4인분)

court bouillon 300ml, skate wing(150g each) 4개, butter 60g, wine vinegar 3Ts, drained capers 50g, chopped parsley 1Ts

>>> 만드는 방법

1. 넓은 sauce pan에 court bouillon(나쥬: 만들기 참조)을 데우다가 끓으면 skates를 넣어 약 12~15분간 끓인다.
2. 삶은 가오리 fish를 꺼내어 잘 정리를 한다. 그리고 hot serving dish에 fish를 담는다.
3. 작은 frying pan에 버터를 녹인다. 버터가 갈색이 나면 즉시 fish에 붓는다.
4. 그 frying pan에 wine vinegar를 넣어 데우다가 약 1~2분정도 후에 거품이 부글부글나면 capers를 넣는다. 이것을 다시 fish에 붓는다.
5. 그 위에 parsley를 뿌리고 장식하여 즉시 serving한다.

Coquilles Saint-Jacques à la Vapeur

(French Poaching Scallop)

프랑스식 관자요리

재 료 : (4인분) • 사전준비 : 30분, 조리시간 : 20분

생 관자 800g, 버터 150g, 나쥬(쿠르 부이용) 4큰술, 소금·후추·파슬리 5g씩, 백포도주 100cc, 레몬즙 1/4개

>>> 만드는 방법

1. 가리비는 껍질을 조심스럽게 벌려 스푼으로 살을 떼어낸다. 말랑말랑한 막과 조개관자와 붉은 내장을 구분한다. 모래 등이 남아있지 않도록 잘 씻어 물기를 제거하고 조개관자를 세로로 절반을 잘라 둔다(가공품 사용 가능).
2. 찜솥 안의 굽는 망에 버터를 바르고 가리비와 야채 나쥬를 얹는다. 버터 소량을 얹고 백포도주를 뿌린다(나쥬 만들기 참조).
3. 끓기 시작하면 냄비를 불에서 내려 약 5분가량 그대로 둔다.
4. 뚜껑을 열어 버터가 녹아 윤기가 나도록 약 1분 정도 강한 불에서 익힌다.
5. 제공하기 직전에 파슬리 잎과 레몬즙을 몇 방울 떨어뜨린다.
6. 접시에 가리비를 보기 좋게 담고 냄비 안의 소스를 끼얹는다.

Escalopes de Saumon à l'oseille Troisgros

(Grilled Salmon with White Wine & Herb)

백포도주와 향신료를 넣은 연어요리

• 사전준비 : 40분, 조리시간 : 20분 재 료 : (4인분)

연어 800g, 생크림 600cc, 벨모트 와인 40cc, 백포도주(상세르*) 80cc, 오제이유(수영) 80g, 에샬롯트 2개, 식용유 1큰술, 버터 40g, 레몬즙 1/2개분, 소금·후추·퓨메 뽀와송 약간씩

>>> 만드는 방법

1. 연어는 중앙의 잔뼈를 손가락을 찾으면서 깨끗이 제거한다. 가장 육질이 좋은 부분을 100g씩 잘라둔다.
2. 오제이유 허브는 줄기 윗부분에서 아래로 심을 제거하고 잘 씻어 큰 잎은 2~3장으로 찢어둔다.
3. 에샬롯트는 잘게 다져둔다.
4. 자루냄비에 생선 퓨메, 백포도주, 벨모트, 에샬롯트를 넣어 졸여 광택이 나고 시럽상태가 될 때까지 졸여 소스를 만든다.
5. 생크림을 넣어 가벼운 농도를 맞춘다.
6. 여기에 오제이유를 넣어 냄비를 움직이며 약 25초 정도 익힌다(파괴되지 않도록 거품기로 휘젓지 말 것).
7. 마지막에 레몬즙 몇 방울, 소금, 후추로 간을 맞춘다.
8. 연어살은 한 면에만 소금과 후추를 약간 뿌리고, 뿌리지 않은 면을 후라이팬 바닥에 놓고 약 20초 정도 에 뒤집은 후 약 15초 정도 굽는다(연어살이 딱딱해지지 않도록 구울 것). 따뜻한 접시에 4번 소스를 깔고 연어는 기름기를 제거하여 접시에 담아 곧바로 제공한다.

※ 상세르는 로와르 근방에서 생산되는 백포도주

Feuillée de Morue Berchoux

(Poached Salt-Cod with Olive oil and Truffle)

올리브 오일을 첨가한 대구요리

재 료 : (4인분) • 사전준비 : 45분, 조리시간 : 25분

신선한 대구 800g, 엔쵸비 필렛 2개, 올리브 오일 150cc, 트뤼플 50g, 마늘 2쪽, 레몬즙 1/2개분, 후추 3g, 생크림 30cc

>>> 만드는 방법

1. 소금에 절인 대구는 살이 희고 두꺼운 것을 고른다. 큰 통에 망을 깔고 껍질 부분을 위쪽으로 두고 소금기를 빼기 위해 냉수에 약 48시간 정도 담궈둔다. 이 과정에 2~4회 물을 바꿔준다.
2. 엔초비는 주사위모양으로 썰어두고, 마늘은 다져둔다.
3. 약한 불에 올리브 오일을 넣어 따뜻하게 데워둔다.
4. 소금기를 제거한 대구는 약 2ℓ 의 물에 넣어 끓인다. 끓으면 불을 줄인 후 약 15분 정도 끓여 대구를 건져낸다. 손으로 껍질과 뼈를 잘 제거하고 대구살을 정리해 둔다.
5. 마지막으로 자루냄비에 1/2 컵 정도의 물을 넣고 가열한다. 여기에 대구를 넣어 냄비를 움직여 가며 올리브 오일과 레몬즙을 70~80% 정도 되도록 넣어 혼합한다. 이 때 50℃ 이상 온도가 올라가지 않도록 주의한다. 차츰 올리브 오일이 혼합되지만 마지막에 잘 혼합되지 않으므로 이 때 미지근한 물을 조금 첨가하면 효과가 있다.
6. 약간의 생크림을 첨가한 후, 마늘과 후추를 넣어 간을 맞춘다.
7. 완성된 대구는 바닥이 깊고 둥근 접시에 담은 후 오븐에서 구운 감자를 곁들여 제공한다. 트뤼플을 얇게 썰어 올리브 오일에 살짝 볶아 함께 제공해도 좋다.

Filets de Rouget à la Moelle de Boeuf

(Grilled Rouget with Beef Marrow)

소골을 곁들인 적도미요리

• 사전준비 : 30분, 조리시간 : 20분

재 료 : (4인분)

루제(성대 종류;200g) 4마리, 소의 골수 120g, 토마토 퓨레 2큰술, 적포도주 200cc, 에샬롯트 3개, 버터 120g, 올리브 오일 50cc, 소금에 절인 마른 대구 종류 20g, 밀가루 30g, 소금·흰 통후추 10g

>>> 만드는 방법

1. 요리하기 전날 소 골수 2개를 준비하고 피를 빼기 위해 냉수에 약 12시간 정도 담궈 둔다. 물기를 제거하고 1cm 두께로 링 썰기 한다.
2. 루제(성대; 적도미) 내장을 깨끗이 준비해 얇은 칼날의 식칼로 등뼈를 따라 길게 필레한다. 이것을 네프킨으로 닦아 내고 소금과 후추를 뿌리고, 밀가루를 묻혀 여분의 가루를 털어낸 후 바트에 가지런히 놓아둔다.
3. 에샬롯트를 잘게 썬다. 마른 대구는 잘게 다진다.
4. 후라이팬에 올리브 오일과 버터 20g을 넣어 녹인다.
5. 버터가 녹아 거품이 생기면 후라이팬을 기울여 루제(성대; 적도미) 껍질쪽을 팬바닥에 놓는다.
6. 생선이 타지 않도록 가끔 후라이팬을 움직여 가며 양면을 약 2분씩 굽는다.
7. 냄비에 링 썰기한 골수를 넣어 소금으로 간을 한 물 1/2ℓ 를 붓고 끓으면 불에서 내린다(브랜칭).
8. 서비스용 접시에 껍질쪽이 위로 향하도록 구운 루제를 놓고 식지 않게 보관한다. 같은 후라이팬에 에샬롯트를 넣어 약 2분간 가볍게 슈에한다.
9. 여기에 적포도주를 부어 데그라세한 후 토마토 퓨레를 첨가하여 큰 스푼으로 약 8스푼 정도 될 때까지 졸인다.
10. 소스를 불에서 내려 작게 자른 버터조각을 거품기를 이용하여 잘 섞는다. 흰 통후추를 넣어 강한 맛을 낸다.
11. 필레에 소스를 나뻬한 후, 링 썰기한 뜨거운 골수를 얹어 갈아 놓은 절인 대구를 한 웅큼씩 뿌려 완성한다.

Gigot de Mer Braisé aux Nouilles Fraîches

(Braised Gigot with Noodle and Tomato)

누들을 첨가한 마른 명태요리

재 료 : (4인분) • 사전준비 : 3시간, 조리시간 : 45분

지고트(말린 명태, 아귀와 육질이 비슷한 것;800g) 1마리, 국수 120g, 생크림 100cc, 버터 20g, 백포도주 100cc, 마늘 3쪽, 당근 1개, 양파 1개, 토마토 5개, 샤프란 2g, 부케가르니 1단, 소금과 후추 5g씩

>>> 만드는 방법

1. 지고트(명태)는 껍질을 벗겨 수염 등을 제거한다. 작은 식칼로 생선을 똑같은 간격으로 6줄의 칼집을 내고, 세로로 2등분해서 마늘을 꽂은 후 소금과 후추로 간을 한다.
2. 토마토는 끓고 있는 물에 넣어다 곧바로 식힌 후 껍질을 벗겨 씨를 제거하고 작은 주사위모양으로 썰어둔다.
3. 생선이 넉넉히 들어갈 정도의 냄비에 버터 20g을 넣어 녹인 후, 지고트를 넣어 강한 불에서 약 10분간 익혀 색깔을 내고 그 주위에 링 썰기한 당근과 4등분한 양파, 샤프란, 부케가르니를 넣는다.
4. 뚜껑을 덮어 약 20분간 중탕한 후 백포도주를 부어 약 25분간 무이에 한다. 그동안 생선은 끓인 국물을 끼얹어 가며 끓인다. 생크림을 첨가해 한번 더 끓인다.
5. 완성된 지고트를 서비스용 접시에 옮겨 담고, 끓인 국물은 가는 체에 걸러 작은 냄비에 담아 간을 맞춘다(소스 만들기).
6. 소금을 첨가한 다량의 물에 생면을 넣어 씹히는 맛이 느껴질 정도로 약 7~8분간 삶아낸다. 가볍게 물에 씻은 후 물기를 제거한다.
7. 서비스용 접시는 바닥이 깊고 길쭉한 것을 선택하여 먼저 국수를 깔고 그 중앙에 지고트를 담고, 토마토를 올려 오븐에 약 2초간 넣었다가 끓는 소스를 끼얹는다. 지고트는 등뼈를 따라 갈라두면 먹기 좋다.

Maquereau aux Saint-Jacques

(Braised Mackerel with Scallop)

가리비를 넣은 고등어요리

• 사전준비 : 45분,　조리시간 : 20분

재　료 : (4인분)

고등어 절반 4마리, 생 가리비 8개, 버터 60g, 쌉쌀한 맛의 백포도주 100cc, 당근 1/2개, 토마토 2개, 에샬롯트 2개, 마늘 2쪽, 레몬즙 1/2개분, 코리안더 10잎, 소금·후추·파슬리 5g씩

>>> **만드는 방법**

1. 고등어는 눈이 빛나고, 아가미가 장밋빛이며, 잡은지 얼마 되지 않은 아주 신선한 것을 선택한다.
   - 아가미와 지느러미를 제거하고 내장을 깨끗이 제거해 물에 씻는다.
   - 유연한 얇은 칼로 생선의 배 쪽에서 등 쪽을 따라 자르고, 가위로 양끝을 다듬어 생선살을 잘라둔다(필레용).
   - 생선살 2/4 정도 깊이까지 같은 간격으로 4곳에 칼집을 넣은 후, 소금과 후추로 밑간을 한다.
2. 가리비는 살아 있는 것을 구해 나쥬 만들기와 같이 사전 준비를 하고, 옆으로 2조각을 잘라 밑간을 한 후 생선살 칼집 속에 넣는다. 이 때 칼집 밖으로 약간 나오도록 집어 넣는다.
3. 당근은 미르쁘와, 토마토는 콩까세, 마늘과 에샬롯트는 잘게 썬다.
4. 고등어살 4장을 놓을 수 있는 그라틴용 접시를 준비한다. 여기에 버터 20g과 3번 야채를 깔고 코리엔다를 넣어 약 2분간 슈에 하면서 고등어 생선을 넣는다.
5. 백포도주와 레몬즙을 부이에 한 후, 남은 버터를 작게 썰어 넣는다. 버터 를 바른 유산지를 덮어 끓인 다음 가열한 오븐에 약 15분간 넣어둔다. 어느 정도 끓어 국물이 시럽 상태가 되면 생선에서 윤기가 난다. 만약 농도가 나지 않으면 국물을 작은 냄비에 옮겨 담아 큰 스푼으로 8스푼 정도가 남을 때까지 졸인다(소스용).
6. 소스의 간을 맞추어 생선 위에 끼얹고, 파슬리 찹을 뿌려 바로 제공한다.

Merlan "Hôtel des Platanes"

(Grilled Whiting with Mushroom Butter)

양송이를 곁들인 신선한 명태요리

재 료 : (4인분) • 사전준비 : 30분, 조리시간 : 20분

메르랑(명태 종류;200g) 4마리, 양송이 150g, 우유 150cc, 버터 100g, 레몬 1/4개, 양파 2개, 밀가루 30g, 소금과 후추 5g

>>> 만드는 방법

1. 신선한 메르랑(명태)은 눈알이 생생한 것을 4마리 골라 내장을 깨끗이 제거하고, 꼬리 끝과 지느러미를 잘라낸다. 씻은 후 네프킨으로 물기를 잘 닦아낸다. 칼로 생선 양면에 길이 2cm, 깊이 5mm 칼자국을 한군데 내고 소금과 후추로 간을 한 후, 우유에 적셔 밀가루를 묻힌다(통째로 준비).
2. 양송이는 희고 단단하며 신선한 것을 고른다. 밑뿌리는 자르고 물속에서 흔들어 씻되 오래 담궈 두지 말아야 한다. 물에서 꺼내 깨끗이 하고 네프킨으로 물기를 제거한 후 약간 잘게 썬다.
4. 작은 냄비에 버터 20g정도를 넣어 녹인 후, 양송이와 양파 다진 것을 넣어 회색이 나도록 볶는다. 수분이 없어지면 불에서 내린다.
5. 생선용 후라이팬에 버터 50g을 넣어 가열한 후 녹으면 메르랑을 넣는다. 양면을 약 4분씩 구운 후 오븐에서 약 4분간 가열한다. 레몬즙을 첨가한 다.
6. 제공하기 전에 서비스용 접시에 모양이 일그러지지 않도록 메르랑을 담아 낸다. 후라이팬에 남은 버터 30g과 레몬즙을 넣어 거품이 일면 4번을 넣어 깨끗한 색깔이 나도록 후라이팬을 계속 움직여 가며 볶는다(생선 위에 첨가).

• 이 요리는 될 수 있는 한 곧바로 제공하는 것이 포인트이므로 조리시간을 정확히 계산하며 소스는 따로 제공한다.

Navarin de Homard

(Rock Lobster with Vegetable and Tomato)

토마토와 꼬냑 향을 곁들인 바닷가재 요리

• 사전준비 : 1시간30분,　조리시간 : 30분　　　　재　료 : (4인분)

오마르(바닷가재종류) 2~3마리, 꼬냑 30cc, 백포도주 100cc, 생선퓨메 200cc, 토마토 2개 , 토마토 퓨레 2큰술, 에샬롯트 2개, 당근 1개, 생크림 100cc, 버터 80g, 올리브 오일 100cc, 부케가르니 1단, 소금과 후추 5g씩,

〈곁들이는 야채〉 꼬투리째 먹는 강낭콩 60g, 그린피스 60g, 당근 2개, 순무 2개, 감자 2개, 굵은소금 3g

>>> 만드는 방법

1. 오마르(바닷가재)는 신선하고 무거우며 알이 있는 것을 고른다.
   - 오마르를 도마 위에 얹고 꽉 눌러 칼로 머리와 몸통을 잘라낸다.
   - 몸통을 2등분해서 껍질 속에 있는 것을 주의해서 꺼낸다.
   - 껍질 속 붉은 창자는 알과 함께 따로 떼어둔다.
   - 집게발은 떼어내고, 오마르를 바트 위에 놓고 소금, 후추로 간을 한다.
2. 곁들이기
   - 에샬롯트와 당근은 미르쁘와 썰기한다.
   - 토마토는 콩까세한다.
3. 야채
   - 꼬투리 강남콩과 그린피스는 각각 소금을 넣고 끓는 물에 넣어 색이 선명하고 씹는 맛이 살아 있도록 삶아낸다.
   - 당근, 순무, 감자는 작은 올리브 같은 모양으로 각각 12개씩 잘라 소금 넣은 물에 따로 삶아낸다(브랜칭).
4. 냄비에 버터 20g과 올리브 오일 10cc를 넣어 연기가 날 정도로 가열한 후, 오마르 자른 것을 넣는다. 껍질 중앙이 선명한 적색이 되면 뒤집는다.
5. 여기에 2번을 넣고 꼬냑을 부어 졸이면서 백포도주, 생선 퓨메, 토마토 콘카세, 토마토 퓨레, 부케가르니를 첨가하여 약 15분간 끓인다(소스).
6. 다 익으면 포크로 오마르살 만은 끄집어 내고, 껍질은 믹서기에 넣어 껍질간 것을 국물에 넣어 약 10분간 더 끓인다. 믹싱 볼에 껍질 간 것과, 버터 60g을 넣어 으깬다. 이것을 토마토 적색 소스에 넣은 후, 생크림을 넣어 약 3분간 끓인다 (소스 만들기).
7. 소스는 간을 맞춘 후 가는 체로 거른다.
8. 껍질에서 살을 떼어 낸 오마르는 링 썰기를 하고, 집게발 살은 작은 주사위 모양으로 썬다. 이것을 소스에 넣고 당근, 순무, 감자를 첨가한 후 약한 불에서 마무리 한다.
9. 접시에 담은 후 그 옆에 소스와 꼬투리 강남콩과 그린피스를 담아낸다.

Panaché aux six Poissons "Ajano"

(Poaching 6 Fish with Vegetable and Sauce)

야채를 곁들인 6종류 생선요리

재 료 : (4인분) • 사전준비 : 1시간, 조리시간 : 20분

루제(성대종류;200g) 1마리, 농어(400g) 1마리, 도미(400g) 1마리, 라스카스(씀뱅어종류;400g) 1마리, 연어(1kg) 1마리, 혀넙치(400g) 1마리, 백포도주 250cc, 그린피스(껍질벗긴 것) 60g, 당근 3개, 순무 3개, 꼬뚜리 강낭콩(줄기떼어낸 것) 100g, 토마토 2개 , 에샬롯트 1개, 레몬 1개, 버터 200g, 생선퓨메 100cc, 파슬리 5g, 소금과 후추 5g씩

>>> 만드는 방법

1. 생선은 신선도가 좋은 것을 골라 필레하고, 바르(농어)만 껍질을 벗기고 다른 생선들은 그대로 둔다.
2. 필레는 종류별 1토막을 약 40g 씩으로 6종류를 1인분으로 양으로 준비한다(필레하기).
3. 당근과 순무는 껍질을 벗겨 2cm길이로 막대 썰기한 다음 올리브모양 크기로 20개씩 자른다. 각각 소금을 넣은 물에 약간 단단한 정도로 삶아낸다(올리베트형 브랜칭). 꼬투리 강남콩과 그린피스도 같은 방법은 삶아낸다.
3. 뜨거운 물로 껍질을 벗긴 토마토는 씨를 빼고 작은 입방체로 썰어 소금과 후추로 간을 한다(토마토 콩까세).
4. 에샬롯트는 아주 잘게 다진다.
5. 버터 넣은 큰 냄비에 에샬롯트를 넣는다.
6. 생선에 소금과 후추로 밑간하고 냄비에 종류별로 껍질을 윗면으로 가지런히 놓고 생선 퓨메를 넣어 포칭한다.
7. 그리고 백포도주를 넣은 후 끓으면 뚜껑을 덮고 약 5분간 더 끓인다.
8. 냄비에 생선 끓인 국물을 넣고 강한 불에서 절반정도까지 국물을 졸인 후, 작게 자른 버터를 넣어 거품기를 이용해 소스 농도를 맞춘다. 간을 맞춘 후 레몬즙과 파슬리 찹을 넣는다(소스 만들기).
9. 데워놓은 접시 6개를 준비한다. 각각의 접시에 6종류 생선을 보기 좋게 별모양으로 담아내고 그 위에 끓는 소스를 큰 스푼으로 재빨리 나뻬한다.
10. 야채는 소금을 넣어 끓는 물에 넣었다 꺼내어 물기를 제거한 후, 생선 위에 색에 조화되도록 뿌리고 입방체모양으로 썬 토마토를 뿌려 완성 한다.

Filets de Perche Citronnelle

(Poaching Perche with WineVinegar Lemon)

레몬향의 농어요리

• 사전준비 : 1시간,　조리시간 : 20분　　재　료 : (4인분)

농어의 일종 퍼치(400g 짜리) 4마리, 생선퓨메 1/2ℓ , 버터 80g, 와인비네거 50cc,
레몬 2개, 설탕 20g , 향신료, 소금, 후추 약간

>>> 만드는 방법

1. 레몬은 두꺼운 껍질을 벗겨 식칼을 사용해 과육만 사용한다.
2. 퍼치(농어)는 필레를 8장을 준비해 껍질을 벗기고 가볍게 두드려 편 후, 소금과 후추로 밑간한다(필레를 천으로 감싼다).
3. 작은 냄비에 설탕과 식초를 넣어 녹인 후 그대로 맑은 카라멜을 만든다. 이것을 생선 퓨메로 부이에해서 끓으면 그대로 식힌다(폰).
4. 얇은 냄비에 버터를 녹여 농어 필레를 가지런히 놓고 폰을 붓는다.
5. 레몬을 첨가한 후 뚜껑을 덮고 약 15분간 뭉근히 끓인다.
6. 서비스용 접시에 완성된 필레와 레몬을 옮겨 담고 식지 않게 보관 한다 (레몬 제스트 사용 가능).
7. 삶은 국물은 큰 스푼으로 6스푼 정도로 국물이 남아 시럽상태의 소스가 되도록 졸인다. 여기에 작게 썬 버터 조각을 넣어 거품기를 이용해 버터 몬테한 다음 간을 맞춘다.
8. 필레에서 이쑤시개를 제거하고 뜨거운 소스를 나삐한 후 즉시 제공한다.

Raie Bouclée à l'Huile et au Vinaigre

(Poaching Skate with Wine Vinegar Sauce)

와인 비네거를 곁들인 가오리 요리

재 료 : (4인분) • 사전준비 : 30분, 조리시간 : 20분

가오리(1kg) 지느러미 1마리분, 양파 1개, 당근 1개, 사과식초 100cc,
부케가르니 1단, 굵은 소금 20g, 흰 통후추 10g,
〈소 스〉 와인비네거 80cc, 올리브 오일 160cc, 에샬롯트 1/2개, 후추 5g, 코리앤더 5g, 파슬리 잎(곁들이기) 30g, 감자(껍질채 삶은 것) 4개

>>> 만드는 방법

1. 가오리는 중간정도 크기의 돌기(발)가 있는 것을 고른다. 지느러미 밑의 얇은 부분을 2cm폭으로 잘라내어 4등분한다. 표면의 끈적끈적한 것을 씻어낸다.
2. 양파와 당근은 아주 얇게 썰고, 후추는 갈아서 부케가르니와 함께 꾸르부이용 곁들이기를 준비한다.
3. 큰 냄비에 가오리를 넣어 물 1ℓ 와 2번 야채 곁들이기, 사과식초, 거친 소금을 첨가한다. 이 냄비를 불에 얹어 끓으면 뚜껑을 덮고 약한 불에서 약 20분간 뭉근히 끓인다.
4. 믹싱 볼에 소금, 후추, 와인 비네거를 넣고 거품기를 사용하면서 올리브 오일을 섞어 코리앤더와 잘게 썬 에샬롯트, 파슬리를 넣는다.
5. 팬 위에 가오리를 포크로 하나씩 차례로 형태가 일그러지지 않도록 담고 칼로 양면 껍질을 벗겨낸다. 깨끗이 손질하여 우묵한 서비스용 접시에 담아낸다. 삶아 낸 뜨거운 감자는 껍질을 벗겨 1cm 두께로 썰어 가오리 주위에 곁들인다. 그 위에 소스를 나뻬 한 후 파슬리 잎을 뿌려 바로 제공한다.

Saint-Pierre à la Boulangère

Gratin Sea-bream with Potatoes)

감자를 곁들인 산 피에르 요리

• 사전준비 : 30분,　조리시간 : 60분　　**재　료 : (4인분)**

> 생선(농어류1.5kg) 1마리, 감자 1.5kg, 가금의 흰 폰 1ℓ , 버터 200g, 마늘 1쪽, 양파 6개, 타임 1잎, 소금과 후추 5g씩

>>> 만드는 방법

1. 산 피에르(농어류)는 신선도가 좋은 것을 골라 협복(겨드랑이와 배)에 칼집을 넣고, 내장을 꺼내어 아가미에 물을 흘려 넣어 내부를 깨끗이 씻는다. 가위를 이용해 생선 지느러미와 꼬리 끝을 잘라내고 잘 씻어 물기를 제거한 후 소금과 후추를 뿌린다(필레용).
2. 감자는 삶아서 뭉개지지 않은 것을 고른다. 껍질을 벗겨내고 2~3mm 두께로 둥글게 썬다. 수분을 제거한 후 소금과 후추를 뿌려 테리뉴 속에 넣는다(브랜칭).
3. 양파는 두 쪽으로 나누어 뿌리를 떼어내고 얇게 슬라이스한다.
4. 마늘은 곱게 다진다.
5. 흰폰을 끓인다.
6. 버터 150g을 녹인다.
7. 후라이팬에 버터 50g을 넣어 녹인 후 양파와 마늘을 색깔이 나지 않도록 약 20분간 볶아낸다.
8. 생선크기에 맞는 그라탕 접시에 볶은 양파를 깔고 산 피에르를 얹는다. 그 위에 감자를 덮고, 끓는 폰과 녹인 버터를 붓는다. 마지막에 타임 잎을 뿌려 유산지로 표면을 덮는다.
9. 160℃ 오븐에 약 40분간 넣어둔다.
10. 다 구워지면 오븐에서 꺼내고 만약 폰이 감자에 다 흡수되지 않고 남아 있으면, 작은 냄비에 넣어 시럽상태로 졸인 후 다시 생선위에 얹어 바로 제공한다.

Sole à la Ciboulette

(Sauted Sole with Wine Tomato Sauce)

빵가루와 토마토 혀가자미 요리

재　료 : (4인분) • 사전준비 : 30분,　조리시간 : 20분

> 혀가자미(200g) 4마리, 생크림(절반으로 졸인 것) 200cc, 버터 100g, 베르몬트 와인 40cc, 백포도주 100cc, 퓨메 뽀와송 200cc, 고운 빵가루 100g, 에샬롯트 1개, 토마토 퓨레 2큰술, 레몬 1개, 소금과 후추 5g씩, 실파 10g

>>> 만드는 방법

1. 식빵 100g을 체에 곱게 거른다(빵가루 만들기).
2. 실파는 가위로 잘라둔다.
3. 버터 100g을 클라리피에 한다(맑게한 것).
4. 혀가자미는 껍질을 벗겨 흰 껍질의 비늘도 벗기고 머리를 경사로 자라낸 후 소금과 후추를 뿌려 통째 밑간한다.
5. 길쭉하고 큰 서비스용 접시에 맑은 버터를 넣고 혀가자미를 얹어 전체 버터를 바르고 흰 껍질 면에만 빵가루를 묻힌다.
6. 철판에 생선 퓨메를 약 20cc넣고 5번 혀가자미를 빵가루가 떨어지지 않도록 주의해서 살며시 놓는다.
7. 200℃ 오븐에 약 15분간 넣었다가 색을 내기 위해 사라만다에 넣어 다시 굽는다.
8. 완성된 혀가자미를 꺼내 에바르베 한다. 즉, 생선 주위의 작은 뼈를 빼내고 중앙의 뼈는 절반을 빼낸다.
9. 백포도주, 베르몬트 와인, 생선 퓨메, 잘게 썬 에샬롯트, 토마토 퓨레가 모두 잘 풀어질 때까지 끓인다.
10. 여기에 레몬즙과 생크림을 넣어 소스농도가 가벼울 정도로 졸인다. 가는 체로 거른 후 남은 버터로 몬테 한다.
11. 혀가자미를 오븐에 넣어 따뜻하게 데운 후, 큰 접시 4개에 소스를 깔고 실파를 뿌려 혀가자미를 담아 완성한다.

Filet de Turbotin aux Concombres

(Fillet of Turbot with Tomato, Cucumber)

오이와 토마토를 곁들인 가자미 요리

• 사전준비 : 35분,　조리시간 : 20분

재　료 : (4인분)

유럽산 가자미 1마리, 백포도주 200cc, 생크림 500cc, 오이 1개, 토마토 2개, 에샬롯트 2개, 레몬 1개, 소금·후추·파슬리 5g씩

>>> 만드는 방법

1. 오이는 길쭉하고 단단한 것을 골라 양끝을 자라내고 3등분한 후, 껍질을 벗겨 속씨는 남기고 둘레 사면을 아주 얇게 썬 다음 가늘게 채썬다. 이것을 찬물에 넣어 약 1~2시간 그대로 둔다.
2. 가자미는 유연성 있는 얇은 칼로 등 중앙을 머리에서 꼬리까지 한 줄로 칼집을 넣는다. 칼집을 따라 뼈까지 자르고 등뼈만 남겨 필레 뜬다. 안쪽면도 같은 방법으로 4장의 필레를 뜨지만, 2장은 작게 필레 뜬다. 양면의 껍질을 벗긴다. 큰 필레는 경사로 4등분하고, 작은 필레는 2등분한다(다른 고급 생선도 좋다).
3. 토마토는 껍질을 벗겨 작은 입방체 모양으로 썬다(콩까세).
4. 에샬롯트는 아주 잘게 다진다.
5. 물 300cc를 부은 냄비에 생선머리와 뼈 자른 것을 넣고 무이에해서 약 20분간 약하게 끓여 가는 체에 걸러 퓨메를 만든다.
6. 오븐에 넣는 길쭉한 냄비에 버터를 바르고, 에샬롯트를 넣고 밑간 한 필레를 넣는다.
7. 백포도주와 따뜻한 생선 퓨메를 넣은 후, 버터 바른 유산지로 덮는다.
8. 오븐에 넣어 약 6분간 익힌다.
9. 불에서 내려 끓인 국물은 작은 냄비에 부어 국물량이 1/4정도 될 때까지 졸인다. 생크림을 첨가해 소스농도를 맞추고 소스가 약 200cc정도 될 때 까지 졸인다. 여기에 소금, 후추, 레몬즙으로 맛을 낸다.
10. 생선용 접시에 끓인 국물이 거의 없는 것을 확인한 후 종이를 벗겨내고 오이와 토마토를 뿌려 소스를 나빼 한다. 약 1분간 불에 얹어 굵게 다진 파슬리를 아주 소량만 뿌려 그대로 제공한다.

Anguilles aux Herbes

(Eel with Herbs Sauce)

향신료를 곁드린 장어요리

재 료 : (4인분) • 사전준비 : 15분, 조리시간 : 25분

장어 2kg, 양상추(또는 청경채) 1통, 소렐 또는 시금치 100g, 파세리 1/2ts, 프레쉬 처빌 1Ts, 세이지 1ts, 타라곤 1ts, 버터 30g, 다임 1ts, 월계수 잎 2잎, 화이트 와인 200ml, 소금과 후추 1ts, 계란노란자 2개, 레몬주스 1/2개

>>> 만드는 방법

1. 장어를 5cm 길이로 잘 자른다.
2. 야채와 허브를 씻고 잘 다듬어서 잘게 썬다.
3. 두꺼운 팬에 버터를 녹이고 야채와 허브를 넣고 살짝 볶는다.
4. 장어, 다임, 월계수 잎, 화이트 와인, 소금과 후추를 넣고 재빨리 끓인 다음 뚜껑을 덮고 약 20분 정도 가끔씩 저어주면서 서서히 끓인다.
5. 장어 액체 소스를 조금 떠서 계란 노란자와 함께 저으면서 섞는다.
6. 계란 노란자를 장어소스에 모두 붓고 소스가 되직해 질 때까지 천천히 데운다. 이때 끓지 않도록 주의 한다.
7. 불에서 내려 레몬주스를 짜 넣고 간을 맞춘다.
8. 장어, 야채류, 소스를 함께 깊은 접시에 담아서 서빙한다.
9. 차거나 뜨거울 때 서빙해도 좋다.

Ⅶ. Volailles-Chicken(가금류 요리)

*가금류(Poultry: Volaille)

가금이란 닭, 오리, 칠면조, 비둘기, 거위, 타조 등 집에서 사육하는 날짐승을 말한다.

1) 가금류의 분류

가금류는 크게 흰색 고기(White Meat)를 가진 가금과 검은색 고기(Black Meat)를 가진 가금으로 분류할 수 있다. 일반적으로 흰색 고기는 앞 가슴살 (Breast), 검은색 고기는 다리 부분의 고기를 의미한다.

(1) 흰색 고기를 가진 가금(White Meat): 닭, 칠면조, 타조

(2) 검은색 고기를 가진 가금(Black Meat): 오리, 거위, 뿔닭, 비둘기

2) 육질로 본 가금류의 특성

(1) 흰색 고기의 가금: 온순하며 가슴뼈에 살이 있다. 강한 발과 날카로 운 발톱, 밝고 붉은 색의 벼슬 및 매끄러운 다리의 껍질을 가지고 있다.

(2) 검은색 고기의 가금 : 목이 부드럽고 유연하다. 몸통의 하반부는 대 체로 딱딱하고 두꺼운 지방층으로 둘러 싸여 있다.

3) 가금류의 조리방법

가금류는 삶거나 찌거나 Roasting할 수 있으며, 육질이 연한 가금류는 꼬치 구이와 그릴을 한다.

4) 가금류의 종류

(1) 흰색 육질의 가금

① 새끼 병아리 (Chicken: Poussin) : 생후 6주 정도 된 것.

② 병아리 (Cockerel : Coq Vierge) : 새끼 병아리와 Spring Chicken의 중간 것.

③ 스프링 치킨(Spring Chicken : Poulet de Grain) : 암수탉으로 10주 정도 성장된 것.

④ 닭 (Chicken : Poulet reine): 특수 사료로 키운 닭.

⑤ 프라드(Poularde: Poularde) : 특별히 사육한 닭.

가) 프랑스 - Bresse산

나) 벨기에 - Brusselstks산

다) 네덜란드 - Houdan산

⑥ 케이펀(Capon : Chapon) : 거세된 수탉으로 8개월 성숙된 것.

⑦ 헨(Hen : Poule): 성숙한 암탉. 10개월 성숙. 육질은 수탉보다 질기다.

⑧ 어린 칠면조 (Young Turkey : Dindonneau) : Poularde보다 육질이 건조하다.

⑨ 칠면조 (Turkey: Dinde, Dindon) : 북미가 원산지로 인디언이 사육함.

(2) 검은색 육질의 가금

① 뿔닭 (Guinea-fowl : Pintade) : Poularde를 제외하곤 가금류 중에서 제일 좋다.

② 새끼 오리 (Duckling : Caneton) : Nante산 오리가 유명.

③ 오리 (Duck : Canard) : 목을 따서 도살하지 않고 질식시켜 죽이는 Rouen산 오리도 유명하다.

④ 새끼 거위 (Gosling : Oison) : 살찐 거위 새끼는 5개월 이상 숙성되지 않은 것이 좋다.

⑤ 거위 (Goose: Oie) : 거위간은 Terrines, Loaves pie로 이용하고 고기는 Roast Braise 속에 stuffed하여 사용한다.

⑥ 새끼 비둘기 (Young pigeon : pigeonneau) : 검은색 고기로 분류되나 비둘기 새끼는 육질이 희고 연하다. 성숙한 비둘기의 육질은 붉다.

Game은 사냥으로 잡을 수 있는 야생의 짐승이나 조류를 일컫는데, 이를 크게 염수류(Game Animals : Gibier & Poil)와 염조류 (Game Birds : Gibier a Plume)로 나눌 수 있다. Game은 가금류에 비해 연하고 담백하며, 가을부터 겨울까지의 고기가 맛이나 영양이 가장 좋다.

Poulet aux Chicons

(Roasted Young Chicken with Chicons)

시콘과 생크림 소스의 새끼 닭고기 요리

• 사전준비 : 30분, 조리시간 : 45분

재 료 : (4인분)

영계(1.5kg) 1마리, 앤티브(시콘) 1kg, 생크림 1/2ℓ
버 터 30g, 레 몬 1/2개, 소금, 후추, 밀가루 각5g

>>> 만드는 방법

1. 영계는 내장을 깨끗이 손질하고, 머리와 목은 자르고, 다리는 관절 있는 부분을 벌려 옆구리에 칼집을 한군데 넣은 다음 그 속에 관절을 넣는다. 식칼로 등줄기를 따라 목에서 꼬리부분까지 자르되 살이 떨어지지 않도록 주위해서 전체를 편다. 척추와 작은 뼈는 제거한다.
2. 앤티브(시콘)는 모양이 좋고 굵고 잎이 감겨 있는 흰 것을 고른다. 뿌리와 바깥부분을 조금 제거하고 깨끗한 잎만 따서 굵게 채 썰어 씻은 후, 네프킨으로 물기를 제거한다.
3. 영계에 소금과 후추를 뿌린 후 밀가루를 묻힌다.
4. 닭의 크기에 적당한 냄비를 선택하여 버터를 넣어 녹인다.
5. 껍질 쪽을 바닥으로 닭을 넣고 고운 갈색이 나면 뒤집어 색을 낸다.
6. 주위에 앤티브를 넣고 뚜껑을 덮은 후 약 15분간 슈에 한다.
7. 생크림을 넣은 후 끓으면 약한 불에서 졸인다.
8. 완성품 확인 방법은 브리데용 바늘로 허벅지 관절부위에 꽂아 국물에 피가 섞여 나오지 않는 것이라야 한다.
9. 소금과 후추로 간을 맞추고, 레몬즙을 넣은 후 제공한다.

Poultry à la Basquaise

(Chicken in Basque Style)

토마토 소스를 곁드린 바스크식 닭고기요리

재 료 : (4인분) • 사전준비 : 20분, 조리시간 : 30분

chicken(2kg) 2마리, butter 80g, Olive oil 3Ts, tomatoes 6~8개, salt·pepper·herb 5g씩, white wine 5Ts, brandy 3Ts, veal stock 5Ts, tomato puree 3Ts, garlic 1개

>>> 만드는 방법

1. chicken을 가슴살과 다리살을 8조각 내어 허브와 밑간을 해둔다.
2. 두꺼운 sauce pan에 밀가루를 살짝 묻혀 버터 50g과 olive oil을 녹이고 chicken을 갈색이 나도록 익힌다.
3. 뚜껑을 덮고 낮은 불에서 약 30분간 더 익힌다.
4. 그 동안 두꺼운 소스 팬에 남은 버터를 녹이고 프래쉬 tomatoes를 넣고 salt, pepper를 뿌리고, 뚜껑을 덮은 채로 tomatoes가 부드러워질 때까 지 약 20분정도 조리한다.(이때 tomato가 으깨질 정도로 익혀서는 안된다.)
5. chicken이 다 익으면 꺼내서 기름을 빼고 serving dish에 담고 따뜻하게 보관한다.
6. 그 치킨 팬에 wine, brandy, veal stock을 붓고 몇 분간 빨리 끓인다. 이때 바닥이 눌지 않도록 잘 저어준다. 여기에 tomato puree, garlic chopped를 넣고 천천히 몇 분간 더 졸인다.
7. 간을 맞추고 이 sauce를 chicken 위에 붓고 tomato concasse로 장식해 서 serving 한다.

Poulet aux Poivrons de Francien

(Chicken Francien with Sweet Peppers)

스위트 피멘토를 곁드린 프랑시앵식 닭고기 요리

• 사전준비 : 25분, 조리시간 : 40분

재 료 : (4인분)

onions 3개, shallot 3개, garlic 3쪽, ripe tomatoes 100g, red & green peppers 120g, butter 50g, olive oil 4Ts, black and green olives 10g씩, raw chicken joints 2kg, sprig thyme 2잎, tiny piece sage 1잎, small bay leaf 1잎, paprika 2ts, pinch cayenne 1ts, salt and pepper 5gTlr

>>> 만드는 방법

1. onions, shallots, garlic을 잘게 다지고 tomatoes 콩카세 한다.
2. red and green pepper는 반으로 갈라 씨를 빼고 얇게 slice한다.
3. 크고 두꺼운 sauce pan에 버터와 olive oil을 녹이고 chicken joints(각 부위별 살코기) 고기살을 갈색이 나도록 구워 놓는다.
4. 여기에 olives를 제외한 나머지 모든 재료를 다 넣고, 뚜껑을 덮어 약 40분 정도 저어가면서 끓인다.
5. serving하기 약 5분전쯤, chicken joints는 꺼내서 뜨거운 serving dish 에 담고 herbs는 건져내고 olives를 넣는다. 만약 액체의 양이 너무 많으면 뚜껑을 덮지 않고 세게 끓여서 양을 조절하여 졸인다.
6. 소스는 간을 맞추고 chicken 살고기 위에 부어서 장식하여 serving한다.

Poulet des Karpatique

(Roasted Chicken Karpatique)

야채와 함께 곁드린 구운 카르파티아식 닭고기 요리

재 료 : (4인분) • 사전준비 : 25분, 조리시간 : 50분

chicken(2kg) 1마리, salt and pepper 각5g, butter 40g, juice of lemon 1/2개, button mushrooms 200g, onions 2개, shallot 1개, chopped herbs parsely 1ts, chervil and tarragon 1ts

>>> 만드는 방법

1. chicken 한 마리를 안과 겉에 소금, 후추, 약간 허브 등 밑간을 하고, 닭 껍질에 부드러운 버터를 전체적으로 다 바른다.
2. 이것을 기름종이 roaster bag에 넣는다.
3. 여기에 lemon juice, mushroom, onion, shallot, herbs를 함께 기름종이 로스트 bag안에 넣는다.
4. 치킨을 넣은 bag을 실로 꼭 묶는다. 이때, 내용물이 익어서 커질 정도의 공간은 남겨 둔다.
5. 이것을(parcel) oven proof dish에 놓고 190℃로 예열된 오븐에서 약 30분간 구운 후 chicken parcel을 뒤집어서 약 10분정도 더 익힌다.
6. 다 익으면 roasted bag의 한 면을 자르고 치킨 내용물을 끄집어 낸다. 이 치킨을 serving dish에 chicken과 vegetable을 함께 담는다.
7. 다 익으면 멋지게 장식하여 서빙한다.

Poulet de Mayencaise

(Mayence Style Chicken)

독일 마인쯔식 치킨요리

• 사전준비 : 20분, 조리시간 : 30분　　　　**재 료 : (4인분)**

chicken(2kg) 1마리, salt and pepper 각5g, butter 50g, olive oil 3Ts, dry white wine 120ml, brandy 3Ts, button mushroom 200g, bechamel sauce 400cc, worcestersire sauce 10cc, double cream 2Ts, sprig of tarragon 2Ts, chervil or parsley 1Ts

>>> **만드는 방법**

1. chicken의 부위별로 가슴살과 다리살을 안과 겉에 밑간을 한다.
2. 버터 20g과 olive oil을 두꺼운 oval braising pan에 녹여 chicken을 갈색이 나도록 굽는다.
3. bouquet garni를 넣고 뚜껑을 덮고 가능한 낮은 불에서 약 10분정도 익힌다.
4. white wine을 넣고 약 10분 더 조리한다.
5. 약간의 brandy를 넣고 약 10분 더 조리한다.
6. chicken 살고기가 거의 다 익을 때쯤, mushroom을 남은 버터로 볶는데 이때 즙이 거의 다 증발될 때까지 볶는다.
7. 깊은 serving dish에 다 익은 chicken을 담고 따뜻한 오븐에서 뜨겁게 보관한다.
8. bouquet garni는 제거한다.
9. bechamel sauce을 chicken을 구워낸 pan에 붓고 젓는다. 그리고 worcestershire sauce를 넣고 간을 맞춘다. 끓지는 않지만 뜨거운 상태로 데워지면 fresh cream을 넣는다. 맛이 나도록 졸인다.
10. 이것을 접시에 담은 chicken위에 붓고 tarragon, chervil, parsley로 장식해서 serving한다.

Poulet en Daube

(Casserole Stew Fowl Chicken)

캐서롤 닭고기 스튜요리

재 료 : (4인분) • 사전준비 : 20분, 조리시간 : 60분

boiling fowl(2kg) 1마리, red wine 500ml, carrots 1개, onion 1개, garlic 2쪽, pinch mixed spice 10g, large bouquet garni 1단, salt and pepper 각 5g, olive oil 3Ts, butter 40g, pork rind 100g, knuckle of veal 40g, thin oragne peel 1개, sprig thyme 1잎, small bay leaf 1잎

>>> 만드는 방법

1. 닭고기는 부위별로 살만 잘 만든 다음 fowl을 깊은 팬에 넣고 wine, carrot, onion, garlic, spice, bouquet, garni, salt, pepper도 함께 넣는다.
2. 하룻밤 이 상태로 fowl chicken을 담궈 두어 마린네 한다.
3. 요리하기 약 3시간 전 chicken을 marinade에서 꺼내 살짝 물기를 없앤다.
4. 크고 깊은 sauce pan 혹은 casserole에 olive oil과 버터를 녹여 뜨거워지면 chicken을 넣어 갈색이 나도록 익힌다. 이 과정은 약 10분쯤 소요된다.
5. 여기에 pork rind, wine, marinade의 야채, knuckle of veal or calf' s foot, orange peel, thyme, bay leaf, salt, pepper를 넣고 뚜껑을 덮고 가능한 낮은 불에서 약 1시간 정도 익힌다.
6. 그 동안 fowl의 근육은 아주 부드러운 상태로 될 것이며 이것을 serving dish에 담아 뜨겁게 보관한다.
7. sauce는 센 불에서 끓여 농도를 조절하고 그 위에 기름을 걷어낸다. 간을 맞춘 후 포울 닭고기 위에 붓는다. 원하는 경우 onion, carrot으로 장식해서 serving한다.

Poulet à la Rouennaise

(Chicken Rouen Style)

프랑스 루앙지방식 양송이 닭고기 요리

• 사전준비 : 30분, 조리시간 : 30분 **재 료 : (4인분)**

chicken joints 2kg, butter 100g, salt and pepper 각 5g, mushrooms 200g, brandy 4Ts, double cream 200ml

>>> 만드는 방법

1. 닭을 부위별로 잘 정리하여 잘라 놓은 chicken joints(닭 살코기)를 kitchen paper로 닦는다.
2. 닭고기를 70g의 버터를 팬에 녹이고, chicken 살을 갈색이 나도록 굽는다. salt와 pepper를 뿌린다.
3. mushroom는 씻은 후 얇게 slice해서 닭고기에 넣고, 뚜껑을 닫고 190℃로 예열된 오븐에서 약 20분 정도 굽는다.
4. chicken이 다 익으면 pan에서 꺼내어 따뜻하게 보관하고 pan은 다시 뚜껑을 덮지 않고 가열해서 닭고기 구운 juice를 약 1~2분간 농축시킨다.
5. 구운 chicken을 다시 넣고 그 위에 brandy를 부어 불을 붙인다.
6. 불이 꺼지면 fresh cream을 부어 저으면서 간을 맞춘 후 몇 분간 조이면서 맛을 낸다.
7. 남은 버터를 sauce에 넣어 버터 몬테 한다.
8. 마무리된 chicken은 serving dish에 담고 sauce를 그 위에 붓는다.
9. 곁드리는 야채와 허브로 장식하여 서빙한다.

Suprêmes de Volaille Noisette

(Chicken Breasts Cooked in Butter)

버터소스에 닭 가슴살 요리

재 료 : (4인분) • 사전준비 : 20분, 조리시간 : 25분

chicken breasts 4개, a little flour 40g, salt and pepper 각 5g, unsalted butter 100g, olive oil 2Ts, chopped parsley 2Ts, lemon juice 2Ts

>>> 만드는 방법

1. 깨끗한 chicken breast를 준비하여 마린네 해둔다.
2. 유산지에 싸서 납작해지도록 약간씩 때린다.
3. 닭 가슴살은 salt와 pepper로 밑간을 하고 flour로 chicken breast를 단단하게 입힌다.
4. 큰 frying pan에 버터 50g과 olive oil을 녹이고, 뜨거워지면 chicken breast를 구워 낸다. 노릇노릇하게 될 때까지 한 개당 약 3~4분 정도 구워 완전히 익힌다.
5. 다 익으면 hot dish에 이것을 담는다.
6. 남은 버터를 팬에 넣고 녹인다. 갈색이 되고 고소한 냄새가 나면 불에서 내려 parsley와 lemon juice를 넣고 젓는다.
7. 이것을 chicken 가슴살 위에 뿌리고 serving한다.

Canard aux Cerises

(Roasted Cold Aspic Duck with Cherries)

체리를 곁드린 구운 아스픽 오리고기 요리

• 사전준비 : 60분, 조리시간 : 30분 재 료 : (4인분)

aspic jelly crystals 100cc, cold roast duck(3kg) 1마리, ripe red cherries 450g, ripe black cherries 400g, or black grapes 200g

>>> 만드는 방법

1. 젤라틴을 aspic jelly를 잘 만들어 굳지 않은 정도로 차게 식힌다.
2. 구워 놓은 duck의 부위별로 meat를 잘라 내고 깨끗하게 slice해서 gratin dish에 한층 혹은 두 층으로 가지런히 담는다.
3. aspic jelly로 meat을 덮고 찬 곳에서 굳힌다.
4. 신선한 cherries의 모양이 손상되지 않도록 조심하면서 씨를 발라낸다.
5. aspic 오리가 굳으면 knife로 끝에 약간 칼집을 넣어 주며 끝을 잘 정리한다.
6. 둥근 dish 둘레로 red cherry와 black cherry를 교대로 원을 그리며 담는다.
7. 오리고기 아스픽이 거의 굳을 때쯤 liquid aspic을 dish 가운데에 붓고 찬 곳에서 보기좋게 완전히 굳힌다.

Canard à l'Ananas

(Roasted Duck with Pineapple)

로스트한 오리고기에 파인애플 그래비 소스

재 료 : (4인분) • 사전준비 : 30분, 조리시간 : 60분

duck(2kg) 1마리, salt and pepper 각5g, butter 30g, olive oil 2ts, fresh cream 50cc, fresh pineapple 1개

>>> 만드는 방법

1. 신선한 duck의 내장은 제거하고, 그 안에 salt와 pepper로 밑간을 하고 포크로 찌러 골고루 밑간이 되도록 한다.
2. 버터와 olive oil을 oval braising pan에 녹이고 duck를 골고루 갈색으로 굽는다.
3. 여기에 간을 제외한 나머지 내장을 넣고, 뚜껑을 덮고 180℃로 예열된 오븐에서 굽는다. 이때 시간은 450g 당 약 25분을 기준으로 굽는다.
4. 그 동안 pineapple의 과육을 꺼내어 부드러운 부분만 잘게 다진다.
5. 오리가 다 익으면 pan에서 꺼내고 따뜻하게 보관하고 내장은 버린다.
6. 오리 구운 juice는 차가운 팬에 따라 붓고 기름을 제거한다. 이 소스에 pineapple을 넣고 천천히 가열하여 생크림으로 맛을 낸다.
7. serving dish에 duck을 가지런히 정리해 담고 그 주변에 이 gravy와 pineapple을 부어 serving한다.

Pintadeau au Porto

(Grilled Guinea Fowl with Port)

허브와 포트와인을 첨가한 볶닭 요리

• 사전준비 : 30분,　조리시간 : 40분　　　　재　료 : (4인분)

Guinea fowl(1kg) 2마리, garlic 2쪽, chopped rosemary 1ts, savory and majoram 1ts, petit cheese 20g, butter 50g, port wine 100cc, salt and pepper 각5g, brandy 4Ts, olive oil 12ts, shallots 4개, grated nutmeg 2ts, can truffle 15g, double cream 3Ts

>>> 만드는 방법

1. Guinea fowl의 가슴살, 다리살을 정리하고, liver는 따로 보관하고 반으로 잘라 밑간하여 놓는다.
2. herb와 함께 garlic을 갈아서 cheese와 섞는다.
3. 팬에 버터와 올리브 오일를 녹이고, guines fowl을 넣어 양면의 색이 갈색이 나도록 익힌다.
4. salt와 pepper를 부리고 190℃로 예열된 오븐에서 약 30분 정도 굽는다. 이때 약 20분정도 지나면 brandy에 불을 붙이고 이것을 guinea fowl에 붓는다. 불이 꺼지면 port의 반을 붓고 뒤집어가면서 남은 시간동안 익힌다.
5. 그 동안 작은 소스 팬에 olive oil을 붓고 shallots을 갈색이 나도록 튀긴다.
6. 남은 liver를 다져서 여기에 넣고 저어가면서 익힌다.
7. salt, pepper, nutmeg, truffle peeling과 그 jucie, 남은 port를 다 넣고 약 15분 정도 끓인다.
8. fowl을 꺼내고 잘라서 serving dish에 담는다.
9. fowl을 익힌 casserole에 liver sauce를 붓고 cream도 넣는다.
10. 이 sauce를 guinea fowl 위에 부어서 serving한다.

Pigeoneaux à la Catalan

(Pigeons a la Catalan)

카탈리아식 소스를 곁드린 새끼 비둘기 요리

재 료 : (4인분) • 사전준비 : 30분, 조리시간 : 30분

young pigeons 4마리, parma ham 100g, sprig fresh parsley 4잎, clove garlic 2쪽, salt and peppe 각5g, egg 2개, thin strips bacon 4개, butter 30g olive oil 3Ts, flour 2Ts, dry white wine 130ml, chicken or veal stock 250ml, tomato puree 3Ts, sprig thyme 2잎, bay leaf 2잎, thin orange peel 1개, extra garlic 1쪽

>>> 만드는 방법

1. pigeon은 잘 정리하고 간은 parsley, ham, garlic과 함께 잘게 다진다.
2. garlic, salt, pepper를 넣고 세게 저어 섞어준다. mixture를 만든다.
3. pigeon의 속을 이 mixture로 채운다. 그리고 가슴부위를 얇게 저민 bacon을 감싸고 구운 때 터지지 않게 함. 속에 건포도도 넣을 수 있다.
4. proof casserole에 버터와 olive oil을 넣고 pigeon을 갈색이 나도록 익힌다.
5. pigeon이 다 익으면 들어내고 그 pan에 1cm정도로 썰어진 남은 ham을 넣고 볶는다. 그리고 여기에 flour를 넣어 볶는다. 그리고 wine과 stock 그리고 garlic을 제외한 모든 재료를 다 넣고 저어주면서 끓인다.
6. 뚜껑을 덮고 약 10분정도 끓인 후 ham을 건져내고 나머지 액체 stock은 걸러서 받아 놓고 간을 한다.
7. 이 stock을 pan에 다시 붓고 ham과 pigeon을 넣고 뚜껑을 덮고 약 10 분간 끓인다.
8. serving dish에 담아서 오렌지와 함께 보기 좋게 장식하여 serving한다.

Pigeoneaux aux Petits Pois

(Pigeons with Pork and Green Peas)

돼지고기와 완두콩을 곁드린 새끼 비둘기 요리

• 사전준비 : 20분, 조리시간 : 30분

재 료 : (4인분)

sliced belly pork 150g, olive oil 2Ts, butter 30g, button onions 12개,
young pigeons 4마리, white wine 125ml, chicken stock 125ml,
shelled green peas 450g, lettuce 4잎, bouqeut garni 1개,
salt and pepper 각5g, sugar 2ts

>>> 만드는 방법

1. belly pork를 얇게 길이로 썰어 준비한다.
2. 큰 cassrole에 olive oil과 버터를 녹이고 pork stips과 onions을 약5-7분간 볶는다.
3. 다 익으면 들어내고 pigeons filet을 넣어 갈색이 나도록 굽는다.
4. 여기에 white wine을 넣고, 몇 분간 은근히 끓어 올린다.
5. 그리고 stock을 넣고 다시 소스를 끓인다.
6. bacon과 onion을 5번의 소스팬에 넣고, green peas, shredded lettuce,bouquet garni, salt, pepper, sugar를 넣고 뚜껑을 잘 닫고 약 30분간 정도 은근히 끓인다.
7. bouquet garni는 제거하고 1인당 pigeon 반마리에 해당하는 양씩 덜어서 serving한다.

Ramiers aux Raisins Noirs

(Wood Pigeon with Black Grapes)

블랙 베리를 첨가한 야생 비둘기 요리

재 료 : (4인분) • 사전준비 : 60분, 조리시간 : 30분

〈basic marinade〉 young wood pigeon 4마리, butter 50g, small shallots 4개, small carrot 1개, whisky 4Ts, salt and pepper 각 5g, black grapes 200g, slices buttered toast 4쪽, thin slices cooked 4쪽

>>> 만드는 방법

1. pigeon를 잘 정리하여 약 3일간 marinate하면서 간간히 뒤집어 둔다. 찬 곳에 둔다.
2. 버터를 두꺼운 sauce pan에 녹이고, shallots과 carrot을 볶는다.
3. pigeon을 marinade에서 꺼내 건조시킨 후 2번의 팬에 넣어 갈색이 골고루 나도록 굽는다.
4. whisky를 데워 불을 붙인 후 pigeon 위에 붓는다(flamber 한다).
5. 불이 꺼지면 pan에서 pigeon을 꺼내고 marinade를 부어 센 불에서 끓여 은근히 졸인다.
6. pigeon을 5번의 pan에 다시 넣고, salt와 pepper를 뿌리고 뚜껑을 꼭 닫고 pigeon이 익도록 천천히 소스와 함께 끓인다.
7. pigeon의 크기에 따라서 시간은 다르지만 보통 약 40분~1시간 정도 소요된다.
8. 그 동안 grape를 가는 망에 걸러내어 puree를 만든다.
9. 준비가 다 되면 버터 바른 빵을 serving dish에 담는다. 그 위에 ham을 놓고, 기름 뺀 pigeon을 그 위에 얹는다.
10. grape puree를 7번의 sauce에 넣고, 센 불에서 빨리 끓여 양을 줄인 다음 간을 맞춘다.
11. whole grape로 pigeon을 장식하고 sauce는 따로 담아서 serving한다.

Dinde aux Rotie

(Roast Stuffed Turkey)

속을 채워 구운 암컷 칠면조 요리

• 사전준비 : 30분,　조리시간 : 3시간　　　**재　료 : (4인분)**

turkey(4kg) 1마리, medium sherry wine 8Ts, can truffles 30g, butter 30g, chestnuts 450g, lean gammon 300g, salt and pepper 각 5g, barding fat(bacon) 200g

>>> 만드는 방법

1. 암컷 Turkey를 잘 정리하고 liver는 가능한 오래 sherry에 marinate해 두었다가 칠면조 간은 살짝 다진다.
2. truffles도 다지고 1번과 함께 marinade한다.
3. chestnuts은 살짝 끓는 소금물에서 데친다. 모양은 그대로 유지하는 것이 좋다.
4. chopped liver와 truffles는 marinade에서 꺼내고 minced gammon(훈제돼지고기), chestnut, salt, pepper와 함께 섞는다(혼합물 만들기). 그리고 marinade는 그대로 놔둔다.
5. turkey의 한쪽 속으로 4번의 mixture를 집어 넣고 sherry와 버터를 바른다.
6. barding fat(또는 베이컨)으로 가슴과 다리를 묶는다.
7. baking 팬에 turkey를 담고, 180℃로 예열된 오븐에서 약 3시간 정도 굽는다.
8. 굽는 동안 turkey를 자주 뒤집어 주고, 완전히 익기 약 20분전 쯤에는 barding fat을 떼어내고, breast가 색깔이 노릇해지도록 익힌다.

Faisan à la Normand

(Pheasant Normand Style)

노르망디식 꿩요리

재 료 : (4인분) • 사전준비 : 25분, 조리시간 : 60분

butter 50g, olive oil 2Ts, young pheasant 1마리, calvados 4Ts,
small shallot 1개, small carrot 1개, clove garlic 2쪽, bay leaf 2잎,
salt and pepper 각5g, white wine 125ml, large apples 3개,
small pieces toast 4개, pickled belly pork 4개, double cream 125ml

>>> 만드는 방법

1. 두꺼운 sauce pan에 버터 30g과 olive oil을 녹이고 pheasant를 갈색이나도록 잘 굽는다.
2. calvados를 붓고 불을 붙인다.
3. 불이 꺼지면 shallot, carrot, garlic을 넣고 색깔이 날 때까지 익힌다.
4. bay leaf, salt, pepper를 넣고 white wine 조금씩 넣으면서 젓는다.
5. 뚜껑을 덮고 약 1시간 정도 끓인다. 팬 안에 juice의 분홍빛이 없어지면 거의 pheasant가 다 익었을 것이다.
6. 그 동안 apples는 껍질을 벗기고, 속을 제거하고 4등분한다. 이것을 소스팬에 넣고 물 4Ts과 남는 버터를 넣어 뚜껑을 덮고 익힌다. 과육이 완전히 물러지면 뚜껑을 열고 센 불에서 졸여 puree상태로 만든다. 이것을 따뜻하게 보관해 놓는다.
7. toast를 준비해서 belly pork와 같은 크기의 직사각형으로 썰어 놓는다.
8. toast위에 pork한 장을 얹고 그릴에서 약 5~7분정도 굽는다. pork의 기름이 빠지고 pork가 지글지글 익힌다.
9. pheasant가 다 익으면 뜨거운 serving dish에 담고 그 옆에 apple puree, toast-pork를 보기 좋게 담는다.
10. pheasant를 구워낸 pan에 남은 liquid는 찌꺼기는 제거하고 다시 끓인다. 이 때 액체의 양이 너무 작으면 wine을 약간 더 넣어도 되고, 밑바닥이 눌지 않도록 잘 저어주면서 끓여야 한다.
11. cream을 넣고 간을 맞춘 후 저어주면서 한 번 더 끓이고 나서 sauce가 농도와 색깔을 잘 맞춘다. 소스는 따로 담아서 serving한다.

• calvados는 normand에서 생산되는 apple brandy이다. 없는 경우에는 일반적인 brandy를 사용해도 된다.

Bécass en Cocotte

(Grilled Woodcock in Casserole)

신선한 소스를 곁드린 구운 멧도요새 요리

• 사전준비 : 20분, 조리시간 : 40분 재 료 : (4인분)

butter 30g, olive oil 3Ts, fresh woodcock 4마리, salt and pepper 각5g, tomato puree 5ts, slices fried bread 4쪽, brandy 3Ts, game or veal stock 5Ts, fresh cream 50cc, watercress 4잎

>>> 만드는 방법

1. 220℃로 오븐을 예열한다.
2. proof casserole에 버터와 oil을 녹이고 woodcock을 갈색으로 굽는다.
3. salt, pepper를 뿌리고 woodcock breast가 위로 오도록 casserole에 담는다.
4. 뚜껑을 잘 닫고, 오븐에서 약 20~25분 정도 굽는다. 다 구워졌을 때 woodcock은 연한 pink 색깔이어야 한다.
5. 그 동안 bread를 frying하고, hot serving dish에 담는다.
6. woodcock이 다 익으면 bread 위에 담고 뜨겁게 유지한다.
7. woodcock을 구워 낸 casserole에 tomato puree, fresh cream, brandy와 stock을 붓고 잘 저으면서 끓인다. 소스는 농도와 색깔이 잘 나도록 한다.
8. sauce는 간을 하고 sauce boat에 담고 woodcock은 watercress로 장식해서 즉시 serving한다.

• 멧도요새는 잘 정리 된 것을 사용한다. 통째로 구울 수도 있고, 다리살과 가슴살을 분리하여 사용 할 수도 있다.

Lapin en Compote

(Grilled Casserole Rabbit with Jus)

신선한 소스를 곁드린 캐서롤 토끼요리

재 료 : (4인분) • 사전준비 : 25분, 조리시간 : 60분

medium carrot 3개, shallot 3개, clove garlic 3쪽, lean bacon 150g, salt and pepper 각 5g, rabbit pieces 2kg, butter 50g, olive oil 3Ts, bouquet garni 1개, calf's foot 1개

>>> 만드는 방법

1. carrot, shallot, garlic, bacon을 큼직하게 다진다.
2. rabbit pieces는 깨끗이 씻어서 물기를 뺀다.
3. 두꺼운 casserole에 버터와 olive oil을 녹여 rabbit을 갈색이 나도록 굽는다.
4. 여기에 1번의 야채 재료를 다 넣고, bouquet garni를 넣고 약 1~2분정도 저어주면서 볶는다.
5. 여기에 calf's foot(송아지 족) 혹은 pig's feet(돼지 족)을 넣고 salt와 pepper로 간을 맞춘다.
6. 이것을 약 1시간 정도 뚜껑을 덮고 익힌다. rabbit fresh가 bone으로부터 떨어져 나올 정도로 푹 익힌다. 향신료, 브랜디, 와인 등을 넣어 맛을 낼 수 있다.
7. 팬에서 rabbit은 꺼내어 깊은 dish에 담고, bone은 제거한다.
8. feet와 bouquet garni는 제거하고 나머지는 모두 rabbit 위에 끼얹는다.
9. 이것을 차게 놔두면 맛있는 jelly가 된다.

Selle de Chevreuil aux Marrons

(Saddle of Venison with Chestnuts)

밤을 첨가한 구운 사슴갈비 요리

• 사전준비 : 50분, 조리시간 : 80분 재 료 : (4인분)

〈basic marinade〉 saddle of vension 2kg, olive oil 10cc, butter 50g, chestnuts 1kg, veal stock 200cc, chicken stock 200cc, rosemary, tarragon 각 2잎

>>> 만드는 방법

1. 신선한 venison 갈비를 깨끗이 씻어 물기를 없앤다.
2. 큰 팬에 넣고 marinade하여 넣어서 찬 곳에 약 2~3일 둔다.
3. 준비가 되면 오븐을 220℃로 예열시킨다.
4. marinade에서 venison을 꺼내 물기를 뺀후 roasting pan에 껍질에 위로오도록 담는다.
5. 마린네가 된 사슴 갈비살을 올리브 오일과 버터를 그 위에 바르고 약 20분정도 오븐에서 구워낸다.
6. 오븐의 온도를 180℃로 낮추고 약 1시간 더 굽는다. 굽는 동안 자주 뒤집어 준다. 색깔이 잘 나도록 확인 한다.
7. 그 동안 chestnuts을 baking sheet에 깔아서 약 20분 정도 오븐에서 굽는다.
8. chestnuts 구운 것을 팬에 담고 stock을 부어 끓인다.
9. venison을 꺼내기 약 20분전쯤, 끓인 chestnuts을 오븐에 넣어 색깔을 낸다.
10. 다 익어서 부드러워지면 chestnut을 건져내고 roast venison 둘레에 장식해서 serving한다.

Canette aux Baise de Cassis

(Roasted Duckling Raspberry Sauce)

구즈베리를 곁들인 오리 요리

재 료 : (4인분) • 사전준비 : 1시간, 조리시간 : 30분

오리(바르바리산;2kg) 2마리, 구즈베리(후래쉬 또는 냉동) 300g, 카시스 와인(크림상태인 것) 40cc,설 탕 20g, 와인 비네거 100cc, 올리브 오일 2Ts, 버 터 80g, 오렌지 잼 1큰술, 데미 그라스 250cc, 소금, 후추 각5g씩

>>> 만드는 방법

1. 오리는 내장을 깨끗이 한 후 브리데해서 소금과 후추를 뿌린다. 바닥이두꺼운 냄비에 넣어 올리브 오일 2큰술을 넣고 약 20분간 구워 오리 전체에 고운 갈색 빛깔을 낸다. 서비스용 접시에 1시간 이상 그대로 보관한다.
2. 물 60cc와 설탕 20g을 냄비에 넣어 뚜껑을 덮고 약 5분간 끓여 카시스 상태를 만든다.
3. 오리는 등이 위를 향하도록 조리대 위에 놓고 데브리데 하고 관절을 떼어내면서 4개의 허벅지 살을 떼어 내고, 식칼로 가슴뼈에서 날개 관절까지긴 칼집을 넣는다. 상부를 펴서 필레를 떼어 놓고, 같은 방법으로 작은 필레(골격에 밀착해 있는 긴 부분)도 떼어내고, 꼬리는 끊어 내어 큰 칼로 뼈를 자른다. 오븐에서 색깔이 잘 나도록 굽는다.
4. 냄비에 와인 비네거를 넣고 오렌지 잼을 넣어 졸인 후 카라멜 상태로 만든다. 여기에 카시스 크림으로 데그라세 하고 데미글라스와 구운 오리뼈에서 나온 즙을 첨가한다. 다 끓으면 즉시 불에서 내린다. 가끔 스푼으로앙금을 떠내면서 약 20분간 끓여 깨끗한 소스를 만든다. 이것을 가는 체에 걸러 버터로 몬테 한다. 마지막에 간을 맞추고 구즈베리를 첨가해 너무 달거나 짜지 않도록 만든다.
5. 허벅지살은 가로로 두 쪽으로 나누고 필레는 각각 가늘게 4조각으로 썬다. 서비스용 접시 중앙에 십자형으로 허벅지살을 나란히 놓고 가늘게 썬것을 왕관모양으로 담아낸다. 따뜻한 상태에서 끓인 소스를 위에서 나삐하여 완성한다.

Dindonneau Poche à la Vinaigrette

(Poached Turkey with Vinaigrette Sauce)

비네그래트 소스를 곁드린 어린 칠면조 요리

• 사전준비 : 1시간, 조리시간 : 2시간 재 료 : (4인분)

새끼 칠면조(2.7kg) 1마리, 트뤼플 160g, 당 근 8개, 작은 순무 8개, 굵은 뿌리 샐러리 1개, 쁘와르(대파) 8개, 콜리플라워 1개, 샐러리 1개, 와인 비네거 40cc, 호두 오일 80cc, 레 몬 1/2개, 머스터드 1큰술, 타 임 1가지, 로리에 2매, 소금, 후추, 세르퓨 각5g씩

>>> 만드는 방법

1. 새끼 칠면조는 내장을 깨끗이 한다. 간단하게 자르는 방법은 위쪽 앞부분에 있는 V자형 2개의 작은 뼈를 펴서 주위 살점을 칼로 잘라 낸다. 다음은 다리 안쪽 부분에 칼집을 넣어 허벅지 힘줄을 떼어낸다. 보이는 힘줄은 굵은 바늘로 한줄 한줄 당겨 묶는다. 그리고 양쪽 다리는 관절을 가지런히 펴서 브리데 해서 흰살이 변색 되지 않도록 전체 표면에 레몬 반쪽을 문질러 발라준다.
3. 믹싱 볼에 머스터드, 소금, 후추, 와인 비네거를 넣어 호두 기름을 조금씩넣어가며 섞는다. 비네거 와인소스 만들기.
4. 생 트뤼플 버섯은 아주 얇게 썰어 제공하기 직전에 3번의 소스에 넣는다.
5. 큰 코코트 냄비에 새끼 칠면조를 넣고 잠길 정도의 물을 부어 부이에하고, 칠면조 주위에 목과 다리가 있다면 가금의 내장도 조금 넣어 삶는다.
6. 굵은 소금으로 맛을 낸다. 앙금을 제거하고 타임과 부케가르니를 넣고 뭉근히 끓인다.
7. 약 30분이 지나면 콜리플라워만 남기고 다른 야채는 모두 넣는다.이부이용을 다른 냄비에 조금 나누어 담은 후 콜리플라워를 넣고 약 10 분간 끓인다.
8. 이 야채를 칠면조 고기에 넣고 약 20분간 끓인 후 불에서 내린다.
9. 칠면조 끈을 제거하고 큰 접시에 담아 접시 둘레에 곁들이는 것을 가지런히 놓는다. 비네그렛 소스를 소스 용기에 담아 제공한다. 소스에 트뤼플을 넣지 않을 경우에는 세르퓨를 한 웅큼 넣는다. 칠면조는 닭과 같은 방법으로 자른다. 조리용 포크를 지레처럼 사용해 허벅지 부위를 떼어낸다.흰 살코기는 될 수 있으면 가는 채썰기를 하고 가슴살도 마찬가지이다. 마지막에 날개 부위를 잘라낸다. 접시에 보기 좋게 담아낸다.

Pigeonne aux Gousses d'Ail en Chemise

(Roasted Pigeon With Garlic and Natural Jus)

마늘과 소스를 곁들인 비둘기 요리

재 료 : (4인분) • 사전준비 : 30분, 조리시간 : 30분

식용 비둘기 4마리, 통마늘 24쪽, 버 터 100g, 꼬 냑 30cc,
포와 그라 30g, 가금의 흰 폰 200cc, 소금, 후추 각 5g씩, 로즈마리, 타라곤 각 2잎

>>> 만드는 방법

1. 식용 비둘기의 내장은 깨끗이 한 후 볼에 담아둔다(다른 새와 달리 비둘기의 간장은 담즙이 없다). 알콜이나 가스불에 살짝 구워 작은 털이나 솜털을 모두 태워 제거하고, 목부분과 날개 끝은 잘라내고, 내부에 버터 10g을 넣는다. 다리를 배 위로 접고, 관절은 힘줄을 잘라 다리가 움직이지 않도록 실로 묶어 브리데 한다. 소금과 후추를 뿌린다.
2. 마늘은 껍질째 한쪽씩 떼어둔다.
3. 포와그라는 가는 체로 거른다.
4. 냄비에 향신료와 버터를 녹여 비둘기를 가지런히 놓고 서서히 표면 전체를 구워 갈색을 낸다.
5. 주위에 마늘을 놓고 220℃ 오븐에 넣어 졸인 육수를 표면에 가끔 끼얹으면서 약 20분간 구워낸다.
6. 다 구운 비둘기는 8쪽의 마늘과 졸인 소스 국물이 식지 않도록 보관한다. 이 냄비에 마늘과 간장(내장)을 르베니르 해서 꼬냑으로 데그라세한 후 체 에 거른 포와 그라와 함께 거른다.
7. 냄비에 가금의 흰 폰을 넣고 끓여서 마늘과 포와 그라 거른 것으로 리에 한다. 비둘기의 실을 떼어 내고 이 폰에 넣어 약 2~3분간 끓인 후 간을 맞춘다.
8. 서비스용 접시에 담고 소스를 나빼 한 후 접시 가장자리에 마늘을 나란히놓는다. 감자의 코프렛트와 버터를 곁들여 풍미를 더한다

Pigeonne aux Sable Doré

(Roasted Pigeon with Root Celery & Crumb)

뿌리 샐러리와 빵가루를 묻힌 새끼 비둘기 요리

• 사전준비 : 45분, 조리시간 : 30분

재 료 : (4인분)

식용 새끼 비둘기 1마리, 뿌리 샐러리 1kg, 디종 머스터드 2큰술, 잉글리쉬 머스터드 2큰술, 생 빵가루 100g, 꼬 냑 20g, 백포도주 600cc, 버 터 150g, 소금, 후추 각 5g, 로즈마리 각 2잎, 타라곤, 꼬냑 2큰술

>>> 만드는 방법

1. 식용 비둘기는 내장을 깨끗이 한 후 목, 머리, 다리를 자른다. 알콜이나 가스불에 살짝 구워 털을 제거하고 모양을 정리해서 실과 바늘을 이용해 꿰매어 둔다. 디종 머스터드를 백포도주 20cc를 부어 묽게 한 후 비둘기 전체에 바르고 생 빵가루를 입힌다. 버터 30g을 녹인 후 몸통에 돌려가며 바른 다음 다시 한번 빵가루를 입힌다.
2. 뿌리 샐러리는 껍질을 벗겨 4cm 길이로 잘라 큰 올리브 모양으로 다듬은다음 소금을 넣은 끓는 물에 약 8분가량 블랑시르 한다. 식혀서 물기를 제거한다.
3. 비둘기와 각종 혼합물이 들어갈 정도의 큰 냄비를 가열해 남은 버터를 녹인다.
4. 버터가 녹아 거품이 생기면 비둘기를 가지런히 넣어 깨끗한 갈색이 나도록 강한 불에 약 10분간 구운 다음 주위에 샐러리를 넣어 약 12분간 구 워낸다.
5. 완성되면 재료들을 꺼낸 다음 식지 않게 보관해 둔다.
6. 이 냄비에 꼬냑으로 데그라세 하여 백포도주를 넣고 수분을 증발시킨다. 물 60cc로 무이에 해서 끓인 후 잉글리쉬 머스터드를 첨가한다. 비둘기는 실을 제거한 다음 다시 넣어 샐러리와 함께 약 2~3분간 졸여 간을 맞춘다.
7. 비둘기를 절반으로 잘라 접시에 담고 가장자리에 샐러리를 놓아 소스를 나빼 한다. 이 소스는 떨어진 빵가루가 마치 금빛 모래가루 같은 느낌이 들도록 하는데 요리의 묘미가 있다.

Poulet au Vinaigre de Vin

(Grilled Young Chicken with Wine Vinegar)

와인 비네거를 곁들인 새끼 닭고기 요리

재 료 : (4인분) • 사전준비 : 30분, 조리시간 : 30분

영계(1.5kg) 1마리, 버 터 80g, 와인 비네거 300cc, 토마토 2개, 마늘 15쪽, 토마토 퓨레 2큰술, 당 근 1개, 양 파 1개, 식초에 절인 해조 또는 올리브 오일 50cc, 소금, 후추 각5g, 부케가르니 1단

>>> **만드는 방법**

1. 영계는 내장을 깨끗이 하고 식칼로 허벅지 부위를 잘라내어 지방질을 떼어낸다. 가슴부위에 있는 긴 살 부분은 그대로 두고 날개를 떼어낸다. 제2관절 부분에서 날개 끝을 잘라낸다. 그대로 둔 가슴살 부분을 세로로 2등분한다. 잘라놓은 고기에 소금과 후추를 뿌린다.
2. 뼈, 날개 끝, 목, 발, 당근, 양파로 흰 폰을 만든다. 재료가 다 잠길 정도로 물을 붓고 약 30분간 끓여 거른 후 완성된 폰을 데그라세 한다.
3. 자른 고기들이 겹쳐지지 않을 정도로 큰 냄비에 물을 붓고 버터 10g을 녹인 후, 자른 닭을 껍질이 위를 향하도록 놓고 뚜껑을 덮지 않고 살짝 익힌다.
4. 약 5분간 뒤집어 구워 갈색을 낸다.
5. 여기에 마늘을 넣어 뚜껑을 덮고 약 20분간 졸인다.
6. 뚜껑을 열어 냄비를 기울여 지방질을 볼에 옮겨 담는다.
7. 비네거 와인으로 데그라세 하여 졸인 후 토마토 퓨레, 잘게 썬 토마토, 부케가르니를 넣는다.
8. 다시 뚜껑을 덮고 약 10분간 졸인다.
9. 끓인 후 자른 닭이 절반 정도까지 잠길 정도 졸인다.
10. 거품기를 이용하여 남은 버터 70g으로 몬테 하여 체에 옮긴 후 마늘을 세게 눌러 으깬다. 소스에 농도가 적당하면 독특한 맛이 난다.
11. 서비스용 접시에 자른 닭을 원형으로 담고, 소스를 나뻬해 올리브 오일을 뿌려 완성한다.

Poulet aux Herbes de Province

(Roasted Young Chicken with Herb and Rice)

향신료 버터를 곁들인 새끼 닭고기 요리

• 사전준비 : 30분, 조리시간 : 1시간 **재 료 : (4인분)**

영계(1.5kg) 1마리, 파슬리 15g, 에스트라곤 10g, 올리브 오일 100cc, 바 질 25g,
타 임 2잎, 바질 2잎, 월계수잎 2잎, 세이지 2잎, 레몬즙 20cc, 버 터 270g,
쌀 180g, 레몬 1/2개, 소금, 후추 각 5g

>>> 만드는 방법

1. 향신료 버터를 만들기 위해 파슬리, 에스트라곤, 올리브 오일, 바질, 민트 순으로 향초를 씻은 후, 네프킨 위에 놓아 물기를 제거한다. 이 중 1/3을 잘게 썰어 부드럽게 녹인 버터 180g을 섞은 후 소금, 후추, 레몬즙을 넣어 으깬다.
2. 영계는 알콜이나 가스불에 잘 태워 작은 솜털 등을 제거하고 내장을 깨끗이 손질한다. 등은 위로, 가슴은 바닥 쪽을 향하도록 조리대 위에 놓는다.손가락 전체로 닭 표면을 문지르듯 껍질을 벗기되, 껍질이 찢어지지 않도록 주의한다. 필레 길이에 맞도록 칼집을 넣어 향초 넣은 버터 절반으로속을 채우고 남은 절반은 바깥쪽으로 채운다. 닭을 브리데 해서 소금과 후추를 뿌린 후 꿰맨다.
3. 쌀은 체에 쳐서 여러 번 물에 씻는다.
4. 계란형의 코콧트 냄비에 남은 버터 90g을 녹인다. 여기에 허벅지 부위가냄비바닥을 향하도록 닭을 넣은 후, 갈색이 나면 다른 한쪽을 굽는다. 같은 방법으로 등쪽을 약 10분 가량 구워낸다.
5. 남은 향신료와 타임, 로리에, 세이지를 닭 주위에 놓는다.
6. 코콧트 냄비 뚜껑을 덮고 아주 약한 불이나 석면판 위에서 뭉근히 졸인다. 졸이는 동안 닭 위에 국물을 여러 번 끼얹어 주고 향신료는 타지 않도록 조심한다. 약 1시간 정도 졸인다.
7. 쌀은 소금을 넣은 끓는 물에 넣어 약 18분간 삶아 식힌 후, 체에 쳐서 건조기에 얹어둔다.
8. 닭은 꿰맨 끈을 제거한 후 데워 놓은 접시에 담아 향신료로 덮어둔다. 코 콧트 냄비를 불에 얹어 두었다가 타임과 세이지를 꺼낸다.
9. 라이스는 냄비에 담은 후 국물에 버터 8큰술을 라이스 위에 끼얹는다. 소금을 뿌려 유산지로 덮고 오븐에 넣는다.
10. 냄비의 고기 국물은 타지 않도록 주의하면서 카라멜 상태로 만든다. 여기에 조금 엷은 색을 띤 갈색소스를 만들기 위해 물 20cc를 부어준다.
11. 서비스용 접시에 닭고기를 담고 향신료를 뿌린 후 국물을 끼얹는다. 다른 그릇에 라이스를 담아 제공한다.

Ⅷ. Viandes-Meat(육류 요리)

일반적으로 특급호텔에서 육류요리로서 많이 제공되고 있는 것은 BEEF(소고기), LAMB(양고기), PORK(돼지고기), VEAL(송아지고기), DUCK(오리) 등이다.

육류요리는 앙트레(ENTREE)로 제공될 수 있는데 앙트레(ENTREE)란 영어의 ENTRANCE란 뜻으로 정찬의 중간코스(MIDDLE)를 의미하였으나, 요즘에 와서는 주 요리로서 제공되는 모든 요리를 앙트레(ENTREE) 주요리라고 부른다.

따라서 앙트레(ENTREE)로서 제공되는 육류요리는 조리방법이나 방식에 관계없이 1인분의 양이 제공 되어져야 한다.

육류요리는 따뜻하게 제공 되어져야 하므로 사전에 앙트레 접시(ENTREE PLATE)를 따뜻하게 데워 놓는다. 고객에게 서빙할 때는 뜨거운 야채와 함께 커버(FOOD COVER)를 씌워서 나간다. 육류의 특성과 부위, 서빙방법 등의 전문적인 교육이 필요로 한다.

호텔에서 제공되는 몇 가지 육류요리를 종류별로 살펴보면 다음과 같다.

육류요리의 종류

BEEF : 선홍색이 짙을수록 좋은 BEEF 이다.(Bright red color)
Beef stake, eeef storganoff, beef tratre, pepper stake, bulkoki

VEAL : 우유 빛깔이 짙을수록 좋은 Veal이다.(Meat white color)

MATE WHITE COLOR : Veal medallion, veal birds, veal cut let, swiss veal asiette, emince veal.

LAMB : 적홍색이 짙을수록 좋은 LAMB이다.(Dark red color)
Lamb stew, scotch lamb, stuffed shoulder, lamb chop, rack of lamb.

PORT : 연분홍색이 짙을수록 좋은 Pork이다.(Pinkish color)
Pork chop, pork robert, roast pork shoulder, roast pork budapest.

■ 쇠고기의 분류

식육으로 사용할 수 있는 소는 새끼를 낳지 않은 암소나 거세한 수소가 좋다. 또한 사용목적에 따라 소의 연령에는 차이가 있으나, Steak, Roast용으로는 2~3세의 어린 것이 좋으며, 육가공용으로는 5~7세의 늙은 소가 좋다. 좋은 쇠고기는 밝은 선홍색이어야 하며, 고기는 단단하고 미세한 고깃결과 대리석같이 매끄러우며 마블링이 잘 형성된 것이 좋은 고기이다.

다음은 쇠고기를 사용할 수 있는 소를 분류한 것이다.

(가) 수송아지 : 어릴 때 거세하여 곡물로 사육한 후 2년 반이나 3년 정도 되었을 때 판매한다.

(나) 어린 암소 : 2년 반이나 3년 정도 된 송아지를 낳지 않은 어린 암소.

(다) 암소 : 1~2마리의 송아지를 낳은 암소

(라) 거세한 황소 : 성적으로 성숙한 후 거세시킨 수컷

(마) 황소 : 거세하지 않은 수컷으로 소시지나 드라이비프를 만든다.

■ 쇠고기의 등급

미연방 정부에서는 소비자와 축산업자, 판매업자의 이익을 보호하기 위 하여 고기의 완성도(쇠고기의 내부 및 외부에 있는 지방질의 양과 색), 조직(쇠고기 몸통의 고기의 일반적인 비율), 품질(고기와 뼈의 색과 구조)을 분류하여 종합적으로 판단한 후 쇠고기의 7등급을 나누고 있다.

(가) USDA Prime : 최상급의 등급으로 대부분이 수송아지나 어린 암 소에서 얻는데, 그 양이 제한되어 생산된다. 육질은 맛과 육즙을 더해 주는 좋은 그물조직으로 되어 있고, 단단하고 하얀 크림색의 지방으로 두껍게 덮여 있으며, 성숙시키기 적합하다.

(나) USDA Choice : 이 등급은 가장 인기가 있으며 그 양도 많다. 육질이 연하고 육즙이 많으며 프라임급보다 지방질이 적으나 고급의 지방질을 함유하고 있으며, 지방질의 구조가 치밀하고 좋은 그물조직으로 되어 있다.

(다) USDA Good : 경제적인 쇠고기로 알려져 있으며, 목초로 사육한 수송아지와 어린 암소 고기는 대부분이 상급에 속하며 지방 함량이 낮기 때문에 덜 수축된다. 이 등급의 고기는 연하지만 Prime과 Choice급의 연질과 맛에는 뒤떨어진다.

(라) USDA Standard : 어린 수송아지, 어린 암소, 암소로부터 얻는다. 살코기의 비율이 높고, 지방량은 적다. 위의 등급보다 맛이나 연한 맛이 떨어진다.

(마) USDA Commercial : 늙은 암소 등 성숙한 동물에서 생산되는데, 맛은 풍부하지만 질기기 때문에 연해지도록 천천히 요리하거나 오래 익혀야 한다.

(바) USDA Utility : 거세한 황소, 황소, 늙은 암소에서 생산된다.

(사) USDA Cuter/ USDA Canner : 황소와 거세한 황소의 고기는 모두가 이 등급에 속한다. 경제적, 영양적, 규모적으로 유리하고, 제조 가공하거나 기계에 갈아 사용하기에 적합하다.

미 연방정부 위생보증 표시 가금류 등급이나 품질보증 표시 연방검사 규격에 합격한 최상급 등급표시 육제품에 찍힌다. 위의 번호는 가공업자 등록번호 표시

호텔에서 가장 많이 쓰이는 육류요리로서 BEEF STEAK를 들 수 있는데 부위별로 살펴보면 다음과 같다.

① TENDERLOIN CHATEAUBRIAND : 소의 등뼈 양쪽에 붙어있는 가장 연한 안심의 머리 부분

FILET : 안심 스테이크로 쓰이는 부분

TOURNEDOS : FILET의 앞쪽 끝 부분을 잘라 베이 컨을 말아 구워낸다.

FILLET MIGNON : FILET의 뒤쪽 끝 부분을 잘라서 베이컨을 말아 구워낸다.

FILET GOULASH : 안심의 맨 끝 쪽 조각부분

Tenderloin (안심부위)

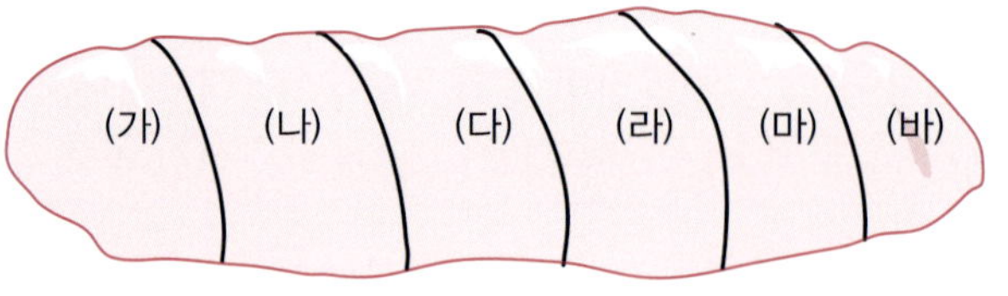

(가) Head (나) Chateaubriand (다) Filet Steak (라) Tournedos (마) Filet Mignon (바) Filet Tip

② SIRLOIN STEAK(등심스테이크)

영국의 왕 찰스2세가 즐겨 먹던 고기로서 이 스테이크에 남작의 작위를 수여할 만큼 즐겨 먹었던 STEAK로서 LOIN에 SIR를 붙여 SIRLOIN이라고 불린다.

SIRLOIN STEAK에는 MINUTE STEAK, NEW YORK CUT STEAK, DOUBUE TEXAN STEAK등의 이름이 있다.

③ RIB STEAK(갈비등심 스테이크)

등쪽에 있는 부위로서 두터우며 지방분이 적당히 있다.

RIB STEAK로는 RIB EYE STEAK, ROAST BEEF(PRIME RIB)등이 있다.

④ PORTERHOUSE STEAK(허리등심 스테이크)

허리부분 위쪽의 안심과 뼈를 같이 잘라낸 큰 스테이크를 말한다. 포터하우스 스테이크를 잘라낸 다음 조금 작은 부분을 자른 것이 T-BONE STEAK라 부른다.

이외에도 RUMP STEAK(엉덩이 부분), ROUND STEAK(허벅지 부분), FLANK STEAK(배 부분) 등이 있다.

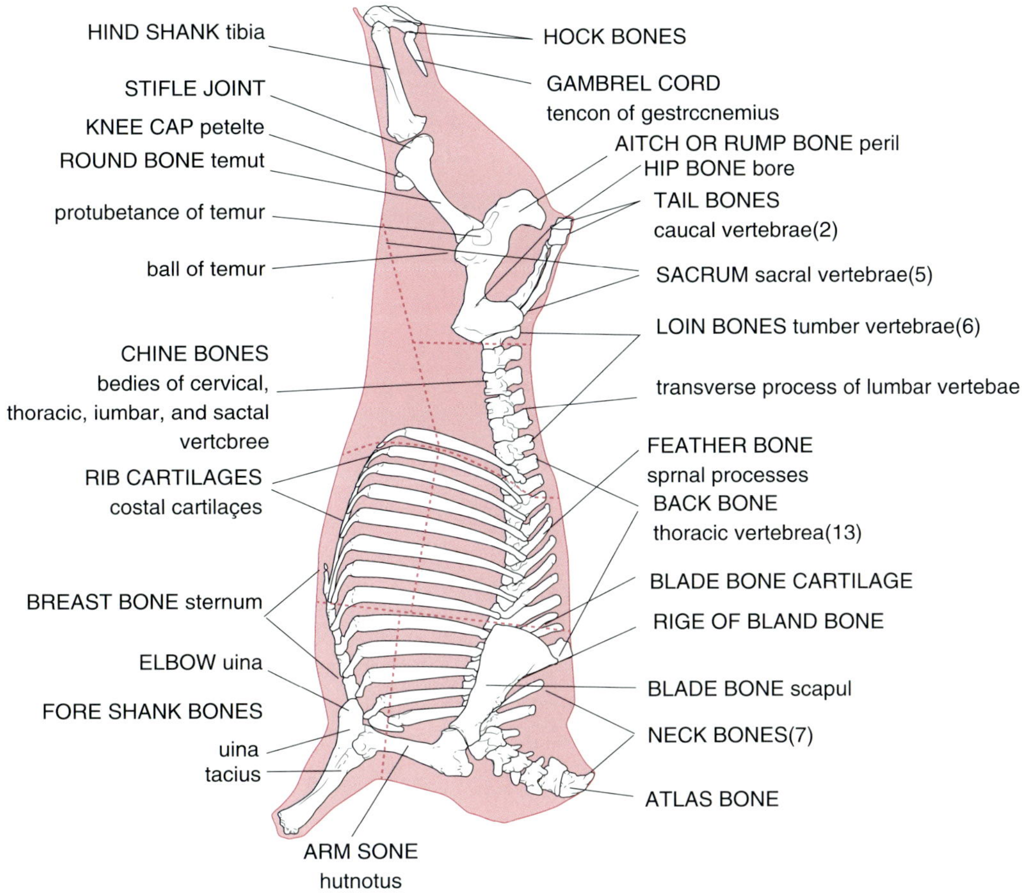
HIND SHANK tibia
STIFLE JOINT
KNEE CAP petelte
ROUND BONE temut
protubetance of temur
ball of temur
CHINE BONES
bedies of cervical,
thoracic, iumbar, and sactal
vertcbree
RIB CARTILAGES
costal cartilaçes
BREAST BONE sternum
ELBOW uina
FORE SHANK BONES
uina
tacius
ARM SONE
hutnotus
HOCK BONES
GAMBREL CORD
tencon of gestrccnemius
AITCH OR RUMP BONE peril
HIP BONE bore
TAIL BONES
caucal vertebrae(2)
SACRUM sacral vertebrae(5)
LOIN BONES tumber vertebrae(6)
transverse process of lumbar vertebae
FEATHER BONE
sprnal processes
BACK BONE
thoracic vertebrea(13)
BLADE BONE CARTILAGE
RIGE OF BLAND BONE
BLADE BONE scapul
NECK BONES(7)
ATLAS BONE

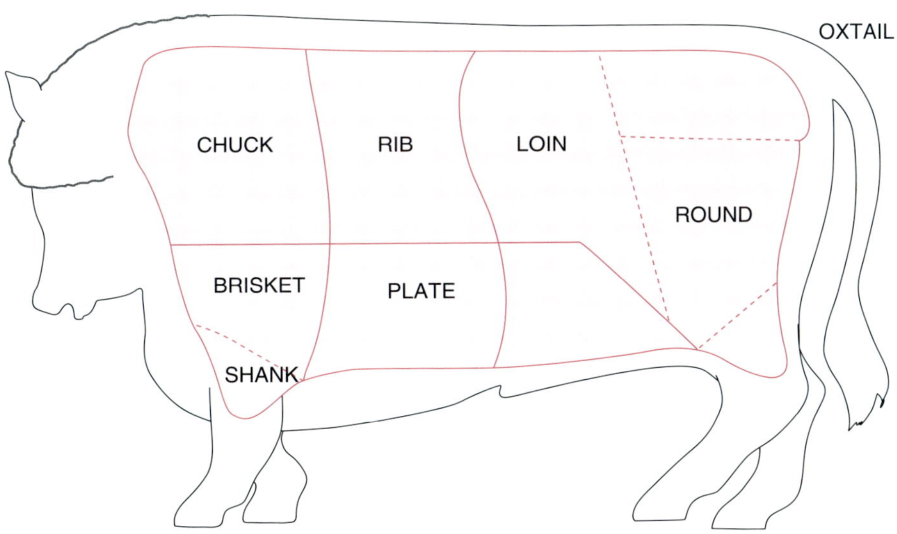
OXTAIL
CHUCK
RIB
LOIN
ROUND
BRISKET
PLATE
SHANK

Beef

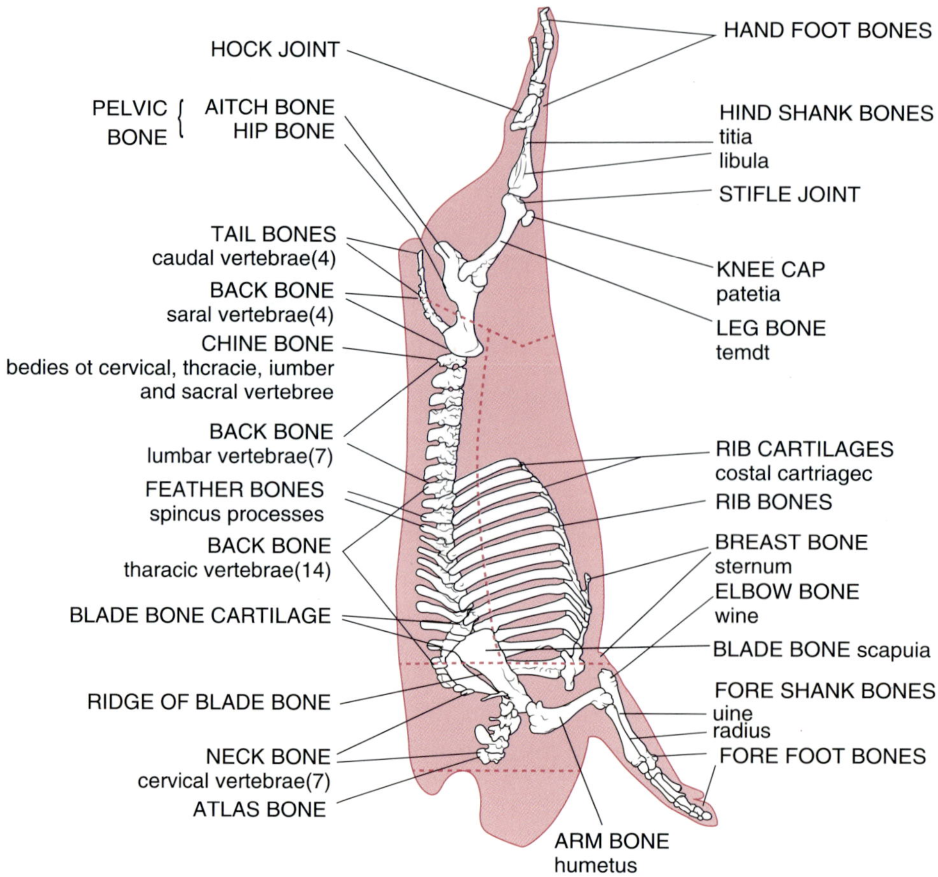
HAND FOOT BONES
HOCK JOINT
PELVIC BONE
AITCH BONE
HIP BONE
HIND SHANK BONES
titia
libula
STIFLE JOINT
TAIL BONES
caudal vertebrae(4)
KNEE CAP
patetia
BACK BONE
saral vertebrae(4)
LEG BONE
temdt
CHINE BONE
bedies ot cervical, thcracie, iumber
and sacral vertebree
BACK BONE
lumbar vertebrae(7)
RIB CARTILAGES
costal cartriagec
FEATHER BONES
spincus processes
RIB BONES
BACK BONE
tharacic vertebrae(14)
BREAST BONE
sternum
ELBOW BONE
wine
BLADE BONE CARTILAGE
BLADE BONE scapuia
FORE SHANK BONES
RIDGE OF BLADE BONE
uine
radius
NECK BONE
cervical vertebrae(7)
FORE FOOT BONES
ATLAS BONE
ARM BONE
humetus

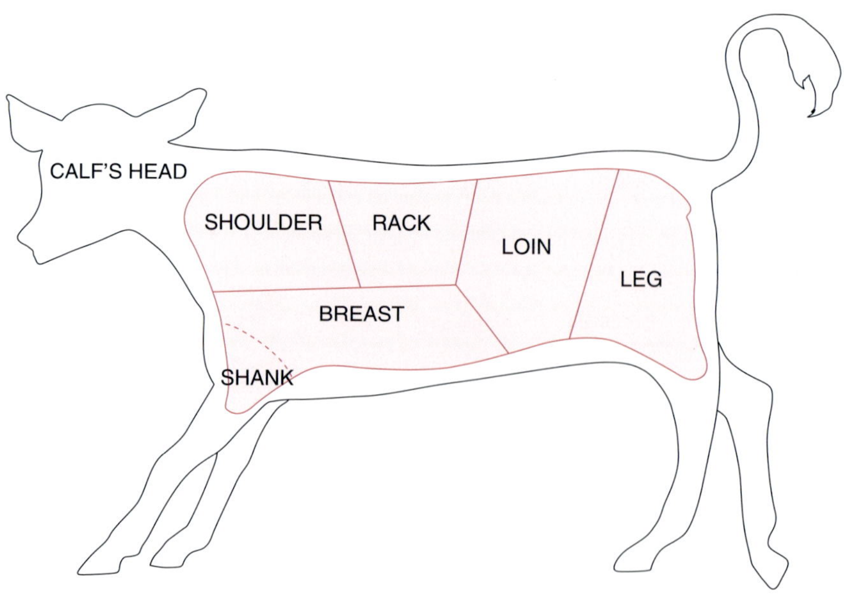
CALF'S HEAD
SHOULDER
RACK
LOIN
LEG
BREAST
SHANK

Veal

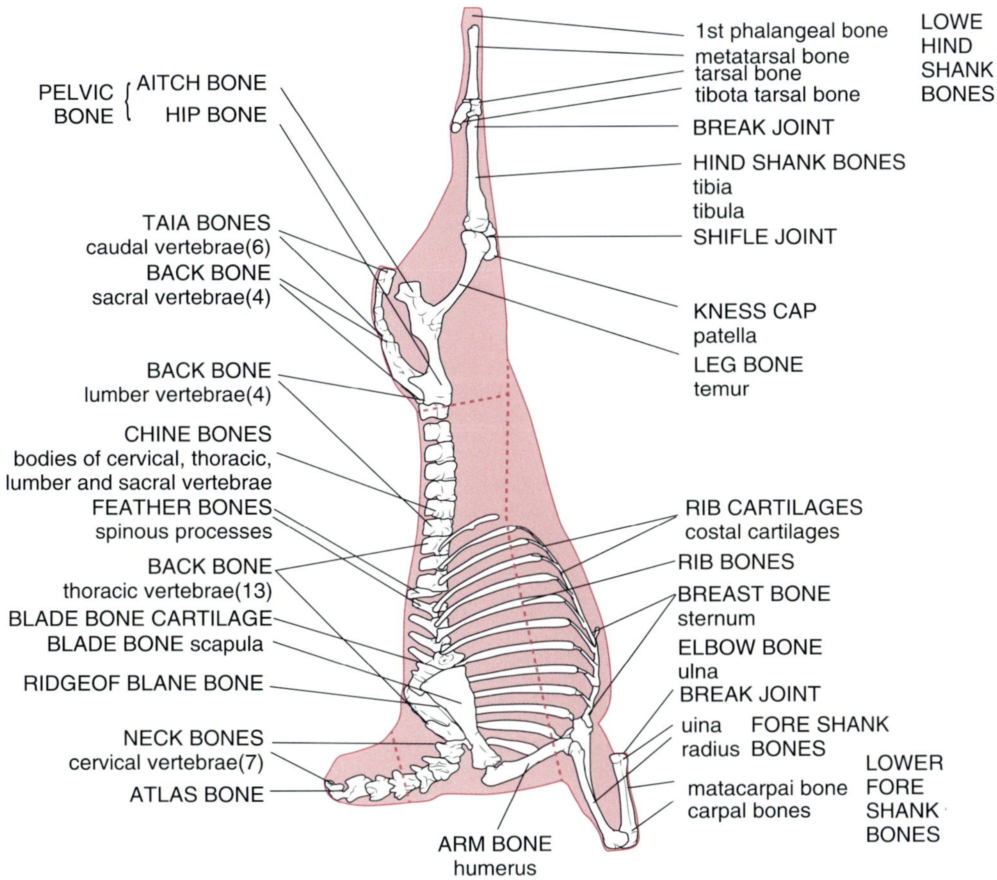
1st phalangeal bone
metatarsal bone
tarsal bone
tibota tarsal bone
LOWE HIND SHANK BONES
PELVIC BONE
AITCH BONE
HIP BONE
BREAK JOINT
HIND SHANK BONES
tibia
tibula
SHIFLE JOINT
TAIA BONES
caudal vertebrae(6)
BACK BONE
sacral vertebrae(4)
KNESS CAP
patella
LEG BONE
temur
BACK BONE
lumber vertebrae(4)
CHINE BONES
bodies of cervical, thoracic, lumber and sacral vertebrae
FEATHER BONES
spinous processes
RIB CARTILAGES
costal cartilages
RIB BONES
BACK BONE
thoracic vertebrae(13)
BREAST BONE
sternum
BLADE BONE CARTILAGE
BLADE BONE scapula
ELBOW BONE
ulna
RIDGEOF BLANE BONE
BREAK JOINT
uina
radius
FORE SHANK BONES
NECK BONES
cervical vertebrae(7)
ATLAS BONE
matacarpai bone
carpal bones
LOWER FORE SHANK BONES
ARM BONE
humerus

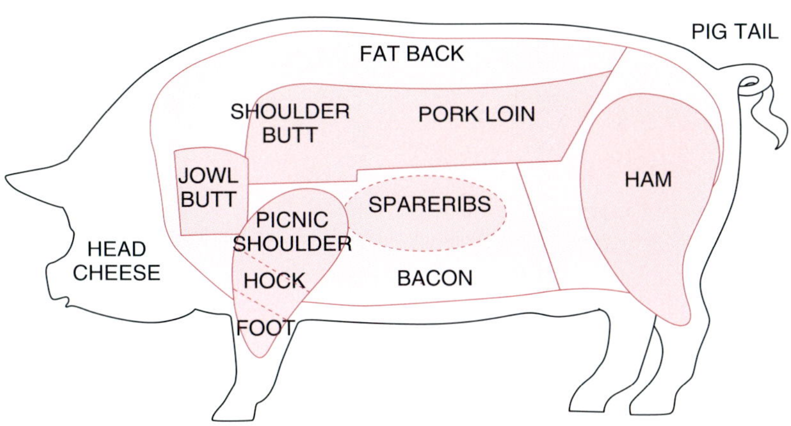
PIG TAIL
FAT BACK
SHOULDER BUTT
PORK LOIN
JOWL BUTT
HAM
SPARERIBS
PICNIC SHOULDER
HEAD CHEESE
HOCK
BACON
FOOT

Pork

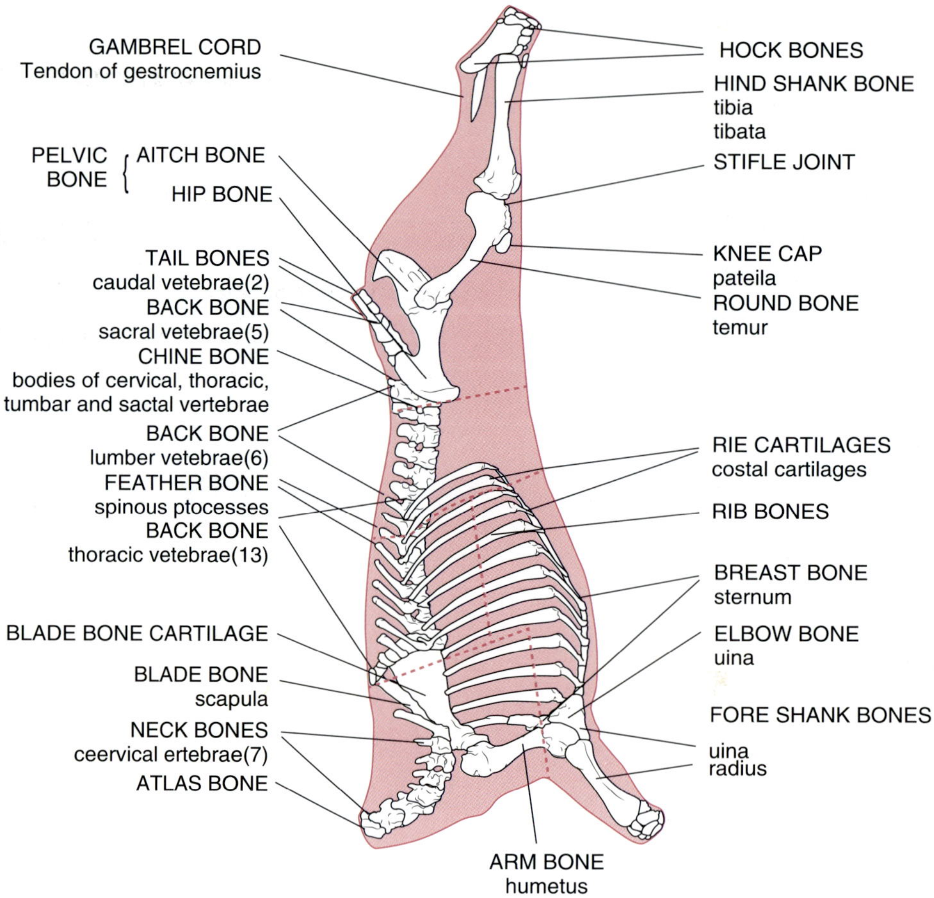
GAMBREL CORD
Tendon of gestrocnemius
PELVIC BONE
AITCH BONE
HIP BONE
TAIL BONES
caudal vetebrae(2)
BACK BONE
sacral vetebrae(5)
CHINE BONE
bodies of cervical, thoracic, tumbar and sactal vertebrae
BACK BONE
lumber vetebrae(6)
FEATHER BONE
spinous ptocesses
BACK BONE
thoracic vetebrae(13)
BLADE BONE CARTILAGE
BLADE BONE
scapula
NECK BONES
ceervical ertebrae(7)
ATLAS BONE
HOCK BONES
HIND SHANK BONE
tibia
tibata
STIFLE JOINT
KNEE CAP
pateila
ROUND BONE
temur
RIE CARTILAGES
costal cartilages
RIB BONES
BREAST BONE
sternum
ELBOW BONE
uina
FORE SHANK BONES
uina
radius
ARM BONE
humetus

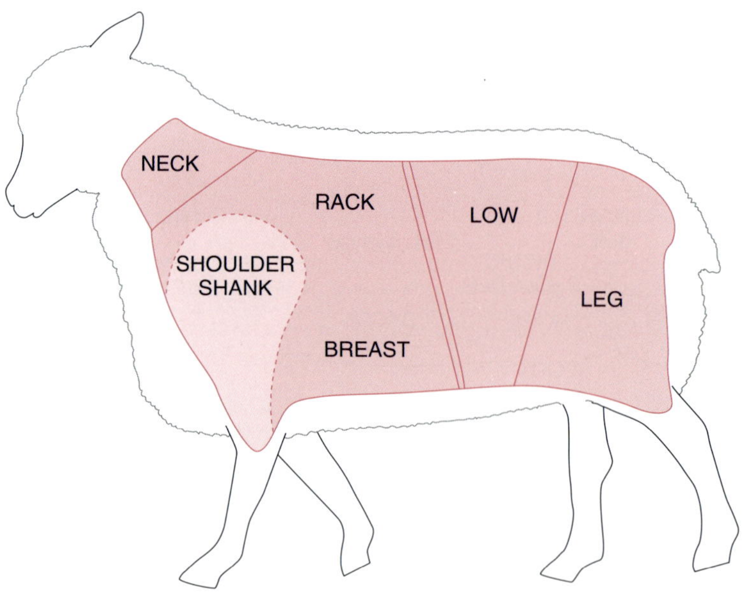
NECK
RACK
LOW
LEG
SHOULDER
SHANK
BREAST

Lamb

Boeuf à la Mode

(Braised Beef in Wine Sauce)

소고기와 돼지고기에 레드와인 넣은 브레이징 요리

재 료 : (4인분) • 사전준비 : 20분, 조리시간 : 80분

topside beef 2kg, sliced belly pork 200g. onions 2개, carrots 3개, garlic 3쪽, pork rind 100g calf's foot 1개, clove 1개, brandy 4Ts, robust red wine 125ml, bouquet garni 1개, salt and pepper 각5g, stock or water 100cc

>>> 만드는 방법

1. belly pork를 길이로 얇게 자른다.
2. 두꺼운 proof casserol에서 돼지고기의 기름이 녹아 흐르도록 굽는다.
3. beef meat을 넣고 갈색이 나도록 굽는다.
4. 여기에 beef meat와 pork는 놔두고 기름은 제거한다.
5. 모든 양파, 당근, 마늘, 야채는 큼직하게 다져 놓는다.
6. casserole의 바닥에 pork rind를 깔고 그 위에 beef, belly pork, calf's foot, vegetable와 남은 재료를 모두 넣는다.
7. stock은 meat보다 더 높이 오도록 붓는다.
8. red wine을 넣어 뚜껑을 덮고 가능한 약한 불에서 약 2시간 이상 은근히 끓인다.
9. meat을 serving dish에 담고 따뜻하게 보관한다.
10. 고기 liquid는 소스 팬에 따라 붓고 기름을 걷어내고 뚜껑을 덮지 않고 센 불에서 몇 분간 끓여 졸이고 간을 맞춘다.
11. meat위에 소스를 붓고, 남은 소스는 따로 담아 serving한다.

Boeuf à la Bourguignonne

(Beef and Red Wine Stew)

레드와인을 첨가한 비퓨 스튜 요리

• 사전준비 : 20분, 조리시간 : 30분

재 료 : (4인분)

braising beef 2kg, sliced salt belly pork 200g, beef jus 30cc, button onions 200g, large onion 1개, flour 50g, red wine 375ml, veal or beef stock 375ml, tomato puree 3Ts, garlic 3쪽, bouquet garni 1개, salt and pepper 각5g, butter 40g, button mushroom 200g

>>> 만드는 방법

1. beef를 씻어 21/2cm 크기의 정육면체로 썰고 물기를 없앤다.
2. pork slices를 1cm길이로 썬다.
3. 큰 casserole에 버터를 녹이고 pork strips, button onion을 볶는다.
4. onion이 갈색이 나면 flour를 넣고 약1-2분간 저으면서 익힌다.
5. 여기에 red wine을 넣고 저어면서 거품이 나면서 끓으면 stock, tomato puree, beef jus, garlic, bouquet garni, salt, pepper를 넣고 끓인다.
6. 끓으면 뚜껑을 꼭 닫고 더 끓인다. 오븐을 이용할 경우 150℃에서 약 1시간 조리한다.
7. 마무리 간을 맞추고 button onion을 넣고 약 20분 더 은근히 끓인다.
8. 버터에 mushroom을 약 5분정도 볶는다.
9. serving하기 전에 casserole에 mushroom을 담는다.

Rôti de Beouf Jardiniere

(Roast Beef of Sirloin with Vegetables)

야채를 곁드린 소고기 등심 구이 요리

재 료 : (4인분) • 사전준비 : 25분, 조리시간 : 60분

boned eye of sirloin 2kg, salt and pepper 각 5g, olive oil 50cc, small new potatoes 300g, small whole carrots 200g, cauliflower 50g, french beans 300g, shelled peas 300g, red wine 125ml, butter 50g

>>> 만드는 방법

1. 오븐을 220℃로 예열한다.
2. salt와 pepper로 meat을 문지르고 그 위에 olive oil을 바른다.
3. roasting pan을 rack에 sirloin meat을 얹고, 오븐의 중간 칸에서 약15분간 굽는다.
4. 오븐을 180℃로 낮추어 약 40분간 더 굽는다. 이때 well done beef를 원하면 더 오래 구워도 된다.
5. 그 동안 vegetables을 익히고 cauliflower는 잘 다듬어 놓는다.
6. meat을 얇게 slice하고 큰 dish에 겹쳐 담는다.
7. vegetables는 종류별로 meat둘레에 쌓아둔다.
8. roasting pan에 기름을 제거하고, wine 혹은 stock을 넣고 끓인다. 이때 pan의 바닥이 들어 붙지 않도록 저어준다.
9. 약1분정도 끓이고 마무리 간을 맞춘 후 sauceboat에 담아서 serving한다.

• First Variation(소스 만들기)

1. stock을 팬에서 들어내고 125ml white wine을 붓고 끓인다.
2. 양이 어느 정도 줄면 50g 버터를 넣어 젓고, 다 녹으면 steak위에 뿌린다(내추럴 소스).

• Second Variation(소스 만들기)

1. steak을 팬에서 들어내고 잘게 다진 shallot을 부드러워 질 때까지 볶는다.
2. 여기에 125ml red wine을 넣고 끓인다.
3. 잘 저어 pan의 바닥에 붙지 않도록 한다.
4. 불을 끄고 버터 50g을 넣어 녹인다.
5. 이 소스를 steak위에 뿌린다.

• Third Variation(소스 만들기)

1. steak을 팬에서 들어내고 4TS brandy를 붓고 불을 붙인다.
2. 불이 꺼지면 4TS cream을 넣고 젓는다.
3. 이 sauce를 steak위에 뿌린다.

Bifteck à l'Estouffade

(Rump Steak with White Wine and Tomatoes)

토마토를 곁드린 럼프 소고기 요리

• 사전준비 : 20분,　조리시간 : 50분　　재　료 : (4인분)

garlic 2쪽, thick slice rump steak 1kg, large onion 2개, medium carrots 2개, potato 2개, olive oil 4Ts, salt and pepper 각 5g, dry white wine 6Ts, madeira or sherry 3Ts, brandy 2Ts, ripe tomatoes 400g

>>> 만드는 방법

1. garlic은 껍질을 벗기고 다진다.
2. rump meat을 kitchen paper로 닦고 garlic 을 바른다.
3. onion, carrot은 껍질을 벗기고 적당한 크기로 slice한다.
4. 넓은 proof casserole에 olive oil을 넣고 steak을 구워낸다.
5. 구워낸 팬에서 steak을 들어내고 salt와 pepper를 뿌려둔다.
6. carrot과 onion도 olive oil에 색깔이 날 때까지 튀긴다.
7. 이 야채 위에 steak을 얹고 white wine과 brandy를 넣어 약 1-2분정도끓인다.
8. tomatoes는 껍질을 벗기고 4등분해서 steak 위에 얹고 seasoning한다.
9. casserole의 뚜껑을 꼭 덮고 150℃로 예열된 오븐에서 약50분 굽는다.
10. creamed potatoes와 함께 serving한다.

Biffeck Haché à la Lyonnaise

(Minced Lyonnaise Beef Cakes)

양파 맛을 내는 소고기 케익 요리

재 료 : (4인분) • 사전준비 : 20분, 조리시간 : 25분

olive oil 3Ts, chopped onion 100g, lean minced beef 700g, salt and pepper 각 5g, large egg 2개, a little flour 30g, red or white wine 125ml, soften butter 30g

>>> 만드는 방법

1. 작은 frying pan에 3Ts olive oil을 넣고 chopped onion을 약 10분정도 볶는다. 이때 갈색이 나지 않고 부드러워질 정도로만 볶는다.
2. 이것을 bowl에 넣고 minced beef를 넣고 간을 한 후 계란을 넣고 소금, 후추, 향신료 등을 넣어 아주 많이 섞는다.
3. 이것을 약 1cm 두께로 8개의 둥그런 cakes을 만들고 랩에 싸서 냉장고에 보관한다. 이 요리는 양파를 많이 넣어 만든 요리이다.
4. 모든 준비가 되면 cakes을 flour에 묻힌다.
5. 남은 oil을 큰 frying pan에 넣고 뜨거워지면 cakes을 넣고 한 면에 약3분 정도씩 굽는다.
6. serving dish에 담고 뜨겁게 유지한다.
7. 구운 같은 frying pan에 white wine을 붓고 약 1~2분정도 끓인다. 바닥이 눌지 않도록 잘 저어주면서 syrup 형태 때까지 졸인다.
8. 불을 끄고 버터 몬테를 하여 녹으면 구운 cake위에 한 스푼씩 떠서 끼얹는다.

Blanquette de Veau Fouree

(Stuffed Rolled breast of Veal)

햄, 소세지를 채운 송아지 가슴살 요리

• 사전준비 : 30분, 조리시간 : 30분 　　　　재 료 : (4인분)

breast of veal 2kgl, veal stock 150cc, cooked ham 150g, mushrooms 100g, pork sausage meat 200g, eggs 1개, can truffle peeling 5g, butter 80g, shallots 2개, garlic 2개, salt and pepper 각 5g, double cream 3Ts

>>> 만드는 방법

1. veal 등심은 stuff할 것을 싸서 돌돌말 수 있을 정도로 납작하게 썬다.
2. 반으로 접어서 양쪽 끝을 1cm정도 꿰매어 롤을 만든다.
3. 기름 바른 kitchen foil에 이 롤을 바로 세워 놓는다.
4. stuffing을 만든다. 우선 ham, mushroom은 아주 잘게 다지고, egg 푼것에 sausage meat, truffle을 섞고 이 모든 재료를 섞는다.
5. 버터 40g에 shallot과 garlic을 볶고 4번의 재료와 섞어서 아주 오래 섞어 준다.
6. 간을 맞춘 후 veal 롤에 빈틈이 남지 않도록 꾹꾹 눌러가며 stuff를 섞는다.
7. 또 다른 둥그런 kitchen foil을 위에 덮고 꼭 묶어서 stuff가 제 자리에서 익도록 한다.
8. 오븐은 170℃로 예열하고 oval cocotte에 남은 버터를 넣어 녹인다.
9. 뜨거워지면 veal stuffing을 넣고 뒤집어 가면서 약20분 정도 익힌다.
10. serving을 위해서는 꿰맨 실과 foil을 버리고 veal만 serving dish에 담는다.
11. cocote 팬에 veal stock 150cc를 붓고 몇 분간 끓이고 간을 맞춘다.
12. 불에서 내려 cream을 넣고 나서 이 소스를 veal위에 붓는다.
13. 이 요리는 마요네즈와 함께 뜨겁게 혹은 차갑게 먹을 수 있다.

Veau à la Provençal

(Veal Steak with Olives)

올리브를 첨가한 송아지 스테이크

재 료 : (4인분) • 사전준비 : 30분, 조리시간 : 30분

butter 50g, boneless veal 4kg, olive oil 2Ts, small onions 8개, carrots 3개, sprig thyme 1잎, bay leaf 1잎, salt and pepper 각 5g, green olives 100g, black olives 100g, button mushrooms 100g, veal/chicken stock 125ml, port wine 3Ts, double cream 125ml, chopped parsley 2Ts

>>> 만드는 방법

1. 200℃로 오븐을 예열한다.
2. proof casserole 팬에 버터를 넣어 오븐에 넣는다.
3. veal은 olive oil로 바르고, 남은 oil과 함께 녹인 버터에 넣는다.
4. onion, carrot을 casserole 둘레에 담고, thyme, bay leaf, pepper, salt를 뿌려 veal의 양쪽을 뒤집어 가면서 굽는다.
5. veal이 갈색이 나면 170℃로 오븐의 온도를 낮추고 뚜껑을 덮고 약20분 정도 더 굽는다. 약 20분이 지난 후 olives, mushrooms, stock, port를 넣도록 한다.
6. veal meat이 준비되면 serving dish에 옮겨 담는다.
7. 구멍 뚫린 spoon으로 야채를 퍼서 meat주변에 담고 따뜻하게 보관한다.
8. 구운 casserole 팬에 cream을 붓고 끓지 않도록 천천히 데운다.
9. parsley를 뿌리고 간을 맞춘 후 따로 serving한다.

Veau Thonne

(Fillet of Veal with Mixed Tuna)

안심 송아지고기와 신선한 참치요리

• 사전준비 : 25분, 조리시간 : 25분

재 료 : (4인분)

knuckle of veal 800g, butter 25g, olive oill 2Ts, shallot 1개, garlic 1개, onion 1개, bouquet garni 1개, dry white wine 250ml, salt and pepper 각 5g, tuna fish 200g, slices lemon 4개, herb 2잎

>>> **만드는 방법**

1. 연한 송아지 고기와 신선한 참치를 cube로 썬다.
2. proof casserole에 버터와 olive oil을 넣어 녹이고 meat을 연한 색깔이 나도록 살짝 볶는다. 그리고 참치도 살짝 색깔을 낸다.
3. onion, shallot, garlic을 다진 후 tuna, meat에 넣고 bouquet garni, wine, herb, pepper를 함께 넣는다.
4. 맛있게 섞은 혼합물을 몰드에 넣어 보기 좋게 만든다.
5. 송아지고기와 참치를 따로 몰드에 층이 되도록 담는다.
6. fish와 veal을 섞어, lemon slice도 함께 넣는다.
7. 서빙 접시에 담고 소스는 적절하게 준비하여 만든다.
8. 이 요리는 중간 정도나 차갑게 그대로 serving한다.

Nids d'Hirondelles

(Fillet of Veal Swallow's Nests)

베이컨과 계란을 넣은 안심 송아지고기 요리

재 료 : (4인분) • 사전준비 : 30분, 조리시간 : 30분

escallops of veal 8개, unsmoked bacon 16개, hard-boiled eggs 8개, butter 30g, olive oil 2Ts, dry white wine 4Ts, veal stock 4Ts, herb 2잎, salt and pepper 각 5g

>>> 만드는 방법

1. 송아지 고기는 escallop을 proof paper사이에 끼워 egg로 쌀 수 있을 정도로 크고 얇게 되도록 때린다.
2. 넓고 신선한 bacon을 송아지고기 escallop 위에 두 장씩을 편다.
3. 삶은 계란을 2번의 가운데에 놓고 잘 말아서 꼭 싼다.
4. 가는 실로 빈틈없이 묶는다.
5. 두꺼운 pan에 버터와 olive oil을 녹이고 veal roll을 연한 갈색이 나도록 굽는다.
6. 여기에 pepper를 뿌리고 wine, stock을 넣고 뚜껑을 덮고 약25분간 뒤집어 가면서 천천히 끓인다.
7. 액체가 너무 많이 증발되었다면 스톡을 약간 더 넣는다.
8. rolls이 다 익으면 roll을 반으로 잘라 serving한다. 반으로 자르면 egg yolk는 맨 가운데 egg white는 그 둘레에 그리고 veal이 감싼 모양의 단면이 보인다.
9. veal sauce와 함께 보기 좋게 담아 서빙 한다.

Épaule d'Agneau Farcie

(Stuffed Shoulder of Lamb)

어깨살에 야채를 채운 양고기 요리

• 사전준비 : 30분, 조리시간 : 45분 **재 료 : (4인분)**

shoulder of lamb 4kg, cooked ham 200g, carrots 100g, mushrooms 100g, large onion 1개, bunch fresh parsley 10g, rosemary 4잎, pork sausage meat 200g, butter 80g, tomato puree 4Ts, salt and pepper 각 5g, brandy 2Ts, medium sherry 4Ts, lamb stock 125ml

>>> 만드는 방법

1. 양고기의 bone는 없애고, roll은 하지 말고 그냥 meat을 준비한다.
2. ham, carrot, mushroom, onion, fresh parsley는 잘게 다지고 sausage와 함께 완전히 섞어서 준비한다.
3. 버터 25g을 frying pan에 녹이고 약 2~3분 정도로 위의 mixtuere를 볶는다. 여기에 tomato puree를 넣고 저은 후 차게 식힌다.
4. 양고기 어깨살 meat은 껍질이 아래로 가도록 펴서 salt와 pepper를 뿌리고 그 위에 혼합물 stuff를 놓고 rolling한다. 몇 군데 실로 묶어서 흘러나오지 않도록 한다.
5. 남은 버터를 두꺼운 braising pan에 녹이고, lamb meat을 갈색이 나도록 굽는다.
6. brandy에 불을 붙이고, flameber가 사라지면 sherry와 stock을 넣고 뚜껑을 덮고 약 30분 정도 서서히 끓여 맛을 낸다.
7. 다 익으면 실을 빼고 serving dish에 lamb meat을 담는다.
8. cooking liquid는 소스의 표면 피막을 제거하고, 간을 맞춘 후 sauce boat에 부어서 serving한다.

Selle d'Agneau Gitane

(Gipsy Saddle of Lamb)

집시 스타일의 양고기 요리

재 료 : (4인분) • 사전준비 : 30분, 조리시간 : 60분

lean lamb(2kg) 2kg, olive oil 50cc, fresh paprika powde 3Tsr, salt and pepper 각 5g, anchovy filets 100g, butter 50g, lamb jus 40cc, garlic 2쪽, fresh tomatoes 8개, double cream 3Ts, brandy 2Ts, pinch grated nutmeg 10g, rosemary 3잎

>>> 만드는 방법

1. lamb meat에 olive oil을 바르고 paprika powder를 뿌려 준비한다.
2. baking pan에 lamb meat을 담고 220℃로 예열된 오븐에서 약 10분간 굽는다.
3. salt와 pepper를 뿌린다.
4. 180℃로 온도를 낮추고 약1시간 정도 더 굽는다. 이때 시간은 개인의 취향에 따라 달리한다.
5. anchovy fillet, butter, garlic, rosemary를 믹서기에 넣고 cream상태로만든다.
6. lamb meat가 약 40분 정도 구워졌을 때 anchovy cream을 lamb meat에 바르고 계속 구워 갈색이 나도록 굽는다.
7. serving하기 약20분전에 tomatoes를 슬라이스 하여 프라이 팬에 넣고 2Ts olive oil, salt, pepper를 넣은 보기 좋게 계속 굽는다.
8. 다 익으면 lamb를 serving dish에 담고, tomatoes를 그 둘레에 담고 뜨겁게 보관한다.
9. roasting pan에 cream, brandy, nutmeg를 넣고 lamb jus와 함께 골고 루 섞으면서 은근히 끓인다.
10. 이것을 gravy boat에 담아서 serving한다.

Selle d'Agneau au Beurre d'Estragon

(Saddle of Lamb with Tarragon Butter)

타라곤 버터를 첨가한 양고기 요리

재 료 : (4인분) • 사전준비 : 25분, 조리시간 : 50분

saddle of lamb(2kg) 1개, salt and pepper 각 5g, butter 200g, fresh cream 40cc, fresh tarragon 10g, tarragon leaves 4잎, slices of bread 8쪽, lamb stock 60cc

>>> 만드는 방법

1. lamb meat(양고기 갈비)에 salt와 pepper를 바른다.
2. 오븐을 180℃로 예열하고, baking pan에 버터 50g을 녹인다.
3. saddle을 넣고, 앞뒤로 뒤적이고 나서 tarragon 2 stalks을 lamb meat를 아래 위로 깐다.
4. 오븐의 중앙에 넣고 뒤적이면서 약40시간 정도 굽는다.
5. 남은 버터에 chopped tarragon과 salt, pepper와 섞어서 cream 형태로만들고 차게 보관한다.
6. lamb 고기가 다 굽히기 전에 미리 tarragon butter를 bread에 발라 둔다.
7. lamb meat는 다 익으면 꺼내서 serving dish에 담고 뜨겁게 보관한다.
8. 구운 팬에서 tarragon stalk는 빼고 roasting pan에 스톡 125ml를 붓고은근히 끓인다. 생크림을 넣어 소스가 되도록 만든다.
9. 간을 맞추고 sauce boat에 붓는다.
10. 남은 tarragon butter를 saddle의 위에 얹어 tarragon의 향이 meat에도 배이도록 한다.
11. lamb meat주변에 tarragon butter bread를 놓고 즉시 serving한다.

Navarin Printanier

(Sprig Vegetable Lamb Stew)

어린 야채를 곁드린 양고기 요리

• 사전준비 : 25분,　조리시간 : 60분　　　　**재　료 : (4인분)**

green bean 50g, boneless lamb 1kg, olive oil 3Ts, butter 30g, flour 3Ts, salt and pepper 각 5g, bouquet garni 1개. ripe tomato 300g, turnips 200g, carrots 200g, new potatoes 400g, onion 6개, shelled peas 100g, lamb 60cc

>>> 만드는 방법

1. green beans는 찬물에서 하룻밤 담근다.
2. 다른 모든 야채는 다 어리고 부드러워야 한다.
3. lamb meat는 2cm cube로 썬다.
4. 큰 braising pan에 olive oil과 버터를 녹이고 lamb meat이 갈색이 나도록 굽는다.
5. flour를 뿌리고 저어주면서 연한 갈색이 날 때까지 익힌다.
6. 이때 lamb meat이 잠길 정도의 충분한 스톡을 넣고 간을 맞추고 끓인다.
7. 여기에 bouquet garni, tomato, drained green beans를 넣고 뚜껑을 덮고 약 30분 정도 끓인다.
8. 여기에 carrots, turnips, potatoes, onion을 넣고 liquid 액체에 잠기도록한다. 만약 잠길 정도의 충분한 스톡이 필요 하다면 스톡을 약간 더 넣는다.
9. 약 20분 정도 더 끓이고 peas를 넣어 다 익힐 때까지 끓인다.
10. 간을 맞추고 casserole에서 들어 내어 허브를 곁드려 serving한다.

Cotelettes du Porc aux Aromates

(Pork chops with Herbs)

허브향을 첨가한 폭찹 요리

재 료 : (4인분) • 사전준비 : 20분, 조리시간 : 25분

for each person, pork chop 4개, olive oil 10cc, ground black pepper 10g, sprays of sage 4잎, thyme and bay leaf 각 2잎, salt 5g, chopped sage 5g

>>> 만드는 방법

1. pork chop을 잘 다듬어 낸 후 olive oil을 바르고 salt, pepper를 뿌린다.
2. grill pan위에 sage herbs spray를 깔고 그망 위에 pork chop을 얹는다.
3. grill을 예열하고 아주 센 불에서 pork chop을 약 1분정도 익힌다.
4. 불을 낮추고 한 면에 약 5~7분정도 더 익힌다. 굽는 동안 fat이 herbs에 떨어져 허브향이 pork meat에 스며들게 될 것이다.
5. 다 익으면 black pepper corn, salt, sage를 뿌리고 뜨겁게 serving 한다.
6. brown sauce를 맛있게 준비하여 제공한다.

Cotes de Porc, Pats d'Auge

(Normandy Style Pork Chops)

노르망디식 폭찹 요리

• 사전준비 : 10분,　조리시간 : 15분　　　　재　료 : (4인분)

pork chops 4개, butter 30g, large cooking apples 2개,
calvados 20cc, brown stock 2-3Ts, salt and pepper 2Ts, herbs 5g

>>> 만드는 방법

1. pork chops의 fat, rind를 떼어낸다.
2. saute pan에 버터를 녹이고 pork chops를 갈색이 나게 굽는다.
3. apples는 껍질을 벗기고 핵을 제거한 후 큼직하게 썰어서 넓은 casserole pan에 깐다.
4. pork chopes을 이 위에 얹고 calvados, stock , seasoning을 넣는다.
5. casserole pan에 넣어 170℃로 예열된 오븐에서 약 30분간 익힌다.
6. casserole에서 들어내어 액체에 스톡을 넣어 소스를 만든다.
7. 접시에 보기 좋게 담아 소스와 함께 serving한다.

Carre de Porc Marechal

(Loin of Pork with Ham and Mushrooms)

햄, 양송이를 첨가한 폭로인 요리

재 료 : (4인분) • 사전준비 : 30분, 조리시간 : 50분

boned loin of pork 2kg, butter 50g, button mushroom 450g, cooked ham 200g, olive oil 10cc, béchamel sauce 500ml, salt and pepper 각 5g, grated nutmeg 3g, grated parmesan 100g, herbs 5g

>>> 만드는 방법

1. pork loin의 기름과 껍질을 제거하고 돌돌 말아서 끝을 잘 봉합한다.
2. 오븐은 220℃로 예열하고 roasting pan에 버터 25g을 녹인다.
3. 버터가 뜨거워지면 rolled pork를 굴려가며 버터를 묻히고 이것을 그대로 오븐에서 한 면에 약 5분정도 굽는다.
4. 오븐을 180℃로 낮추어 약 40분 정도 뒤집어 가면서 굽는다.
5. 남은 버터를 saute pan에 녹이고 mushrooms을 볶는다. 이때 mushroom juice를 다 증발시키도록 한다.
6. mushroom과 ham을 잘게 다지고 béchamel sauce와 섞고 salt, peppernutmeg로 간을 맞춘다.
7. pork loin meat이 다 익으면 적당한 크기로 slice한다.
8. meat slice사이에 mushroom mixture를 바르고 켜켜로 쌓는다.
9. 이것을 한동안 눌러 모양을 잡은 후에 serving dish에 담는다. 그 위에 mushroom mixtuer를 한번 더 뿌린다. 그리고 파메산 cheese를 그 위에 뿌린다.
10. 220℃ 오븐에서 약 10~15분간 구워 cheese는 녹고 색이 나도록 한다.
11. 소스를 곁드려 서빙 한다.

Le Coupe-Jarret

(Five kind of Meat with Vegetables)

야채와 5가지 육류의 정강이살 요리

• 사전준비 : 3시간,　조리시간 : 5시간　　　　　　　　　　　　　　　　**재　료 : (4인분)**

〈육 류〉 소의 정강이살(2kg) 1개, 돼지의 정강이살(1.6kg) 2개, 송아지의 정강이살(2.5kg)2개,
새끼 양의 정강이살(1.2kg) 4개, 영계의 다리 8개, 소의 골 4개,
〈야 채〉 당 근 1kg, 뽀와르(대파) 1kg, 순 무 1kg, 샐러리 1kg, 토마토 1kg,
꼬투리째 먹는 강낭콩 200g, 플라죠레 콩(강남콩 종류) 250g, 쌀 250g,
식 초 120cc, 올리브 오일 80cc, 호두오일 160cc, 버 터 60g, 부케 가르니 2단, 정 향 4개,
에샬롯트 4개, 양 파 5개, 마 늘 5개, 파슬리 30g, 야채 오일 10cc, 타 임 5g, 로리에 2잎,
소금, 굵은 소금, 후추 각 5g, 머스터드 2Ts

>>> 만드는 방법

1. 고기는 여분의 지방을 제거하고 모양을 정리해 실로 묶어 매듭에서 실을 50cm길이는 남겨둔다. 여분의 실은 냄비 손잡이에 묶어 두면 나중에 끄집어내기 편하다.
2. 강남콩은 미지근한 물에 약 3시간 정도 담궈 둔 것을 사용해 물을 듬뿍 넣어 삶는다. 여기에 당근 1개, 정향 2개, 양파 1개, 부케가르니 1다발, 굵은 소금 한웅큼을 넣는다. 콩 상태에 따라 적당하게 삶아낸다.
3. 팬에 양파 절반을 버터에 약 2분간 슈에 한 후 쌀을 넣고 소금을 첨가한 후, 쌀의 1.5배 분량의 끓는 물을 부어 넣는다. 끓어오르면 유산지를 덮어 냄비뚜껑을 덮는다. 강한 불의 오븐에 약 15분간 넣어둔다. 냄비를 꺼내 뚜껑과 유산지를 제거한 후 약 20분 뒤 주걱으로 저어준다.
4. 꼬투리째 먹는 강남콩은 소금을 첨가한 뜨거운 물에 넣어 아삭아삭한 감이 있을 정도로 삶는다. 삶는 시간은 콩에 따라 약 3~8분간 차이가 있다.
5. 토마토 퓨레를 만들어 둔다.
6. 야채는 껍질을 벗기고, 코르크 모양으로 순무는 24개, 당근은 36개를 만들고, 샐러리는 5cm 길이로 24개를 채썰기하고, 뽀와르는 백색부분 8줄을 그대로 사용한다.
7. 비네그렛 소스 만들기

• 영계용 소스는 와인 비네거 4큰술, 소금, 후추, 호두 오일 8큰술을 넣 고

혼합한다. 제공하기 전에 허브와 셀러브유 잎을 한 움큼 첨가한다.

- 건조콩용 소스 머스터드 1 큰술, 식초 2 큰술, 소금, 후추, 올리브 오일 4 큰술을 혼합한다.

8. 알베르 프로스트 소스의 준비(Sauce Albert Prost)는 앞장을 참조한다.

- 총 조리시간 : 약 4시간 30분(쇠고기: 4시간 30분, 송아지고기: 1시간 15분, 새끼 양고기: 35분, 돼지고기: 1시간 25분, 영계: 25분, 야채:30분)

9. 큰 냄비의 절반가량에 물을 채우고 소금을 넣는다. 끓으면 소의 정강이 살과 뼈를 넣어 끓인다. 뚜껑을 덮지 않고 뭉근히 끓여 표면에 떠오르는 앙금이나 지방을 제거해가며 약 2시간 정도 끓인다.
10. 2등분한 양파 2개를 스토브 철판에 가볍게 갈색으로 구워낸 것, 정향 4개를 마늘에 꽂은 것, 부케가르니를 첨가한다.
11. 한부분만 약하게 끓는 상태를 유지한다.
12. 약 3시간 30분 후에 소뼈를 끄집어 낸 후, 돼지고기와 송아지 고기를 넣 는다.
13. 약 30분 후에 새끼 양고기를 넣어 약5분 후 잘라 정리하고 각각 네프킨에 싸둔 야채(당근, 순무, 샐러리, 뽀와르)를 넣는다.
14. 약 5분 후에 마지막으로 영계의 다리를 넣는다.
15. 약 25분간 재료를 모두 끓인 후, 냄비를 불에서 내려 상태를 점검한다.
16. 나누기를 손님의 바로 앞에서 한다.

   ① 맨 먼저 돼지 앞발에 올리브 오일, 비네그렛 소스와 따뜻한 플라죠콩을 넣어 제공한다.

   ② 송아지의 정강이 고기에 라이스를 묻힌 다음 아르베르 프로스트 소스를 나빼해서 제공한다.

   ③ 소의 정강이 고기는 6번의 야채와 머스터드, 피클, 후추, 소금을 넣 어 제공한다.

   ④ 새끼 양의 정강이 고기에 토마토 퓨레를 나빼 해서 제공한다.

   ⑤ 마지막으로 호두 기름과 비네그렛 소스를 끼얹은 영계 다리살 위에 소금을 넣어 끓인 물에 데운 강남콩을 뿌려 제공한다.

- 이 요리는 5종류의 고기를 5회로 나누어 서비스하는 것이므로 각각의 맛 과 색상이 곁들이기 때문에 재료와 소스가 일치한다.

La Bouillonnade

(Poaching Veal & Chicken with Vegetables)

샤브샤브식 송아지와 닭고기 요리

• 사전준비 : 40분, 조리시간 : 30분 재 료 : (4인분)

소의 필레 200g, 송아지의 필레미뇽 180g, 영계의 흰 고기 180g, 가금의 진한 흰 퐁 1ℓ, 와인 비네거 40cc, 당 근 150g, 뽀와르(흰색 부분) 2개, 양 파 1개, 샐러리(흰색 부분) 4개, 에스트라곤 2잎, 토마토 퓨레 1큰술, 야채류 100g, 화이트 와인 100cc

>>> 만드는 방법

1. 육류는 한 토막을 약20~25g 정도로 적당한 두께로 자른다. 도자기 접시에 장미꽃 모양으로 담고 중앙에 샐러리의 흰 잎과 에스트라곤 몇 줄기를 꽂는다(샤브 샤브형)
2. 당근의 껍질을 벗겨 세로로 2등분 해서 만드리느로 아주 얇게 썬다. 뽀와 르는 중간가지 손상되지 않도록 꽃잎 같은 크기의 링 썰기로 8줄을 만든 다. 양파는 두꺼운 링 썰기를 한다.
3. 화덕에 맞는 냄비를 준비한다.
4. 여기에 토마토 퓨레, 화이트 와인, 와인 비네거를 넣은 가금의 폰을 넣고 끓인 다음 썰은 당근과 양파를 첨가해 약5분간 끓인다.
5. 테이블에 고기를 담은 접시를 옮겨 강한 불로 데워놓은 화덕에 냄비를 얹는다. 여기에 양파, 뽀와르, 샐러리, 에스트라곤과 고기 절반을 넣어 약1시간가량 끓인다.
6. 준비되어 있는 바닥이 깊은 접시에 포크와 스푼으로 부이용, 고기, 곁들이기를 담는다. 냄비 속의 야채나 부이용이 없어질 때까지 고기를 조금씩 넣어준다.

• 이 요리는 친한 동료들과의 모임을 즐겁게 할 것이다. 테이블 중앙에 화로를 놓고 그 위에서 요리를 얹어 최종 마무리 하여 손님 한사람 한사람이 고기와 야채 곁들이기를 기호에 맞게 부이용을 끓이면서 먹는 것이다.

Canon d'Agneau aux Féves

(Roasted Lamb Leg with Limabean)

잠두콩을 곁들인 양고기 요리

재 료 : (4인분) • 사전준비 : 10분, 조리시간 : 15분

양고기(뒷다리 허벅지 부위) 2kg, 잠두콩 1kg, 버 터 70g, 생크림 200cc, 백포도주 100cc, 에샬롯트 1개, 소금, 후추 각 5g, 양고기 스톡 50cc

>>> 만드는 방법

1. 양고기는 뼈 처리용 칼로 뼈를 따라 큰 필레 2장을 떼어 내고, 뒤집어 안쪽에 있는 작은 필레 2장도 떼어낸다.
2. 얇은 칼로 큰 필레의 얇은 부분 지방을 남기고 힘줄을 깨끗이 제거하고, 작은 필레를 덮고 있는 얇은 막도 떼어 내어 정리 한다.
3. 다리의 뼈는 잘게 썰지만 전용 칼이 없으면 힘들다.
4. 잠두콩의 깍지와 껍질을 벗겨낸다.
5. 에샬롯트는 잘게 다진다.
6. 큰 필레 로스트
   ① 바닥이 넓은 냄비를 가열해 버터 40g을 넣는다.
   ② 큰 필레에 밑간을 해서 가열된 버터 속에 넣어 주위에 부순 뼈를 넣고 고온의 오븐에 넣는다.
   ③ 약4분 후에 꺼내어 뚜껑을 덮지 않은 채 식지 않게 보관한다.
   ④ 철판 위에 접시를 얹고 그 위에 구운 고기를 얹어두면 더 구워지지 않고 고기에서 흐르는 국물이 끈적거리는 것을 방지할 수 있다.
7. 작은 필레 소테
   ① 작은 후라이팬에 6번의 냄비에 구운 국물에 버터를 넣고 가열해 밑간 한 후 작은 필레를 굽는다.
   ② 양쪽을 약 2분씩 구워 큰 필레와 함께 둔다.
8. 냄비의 졸인 국물에 뼈를 그대로 두고 여분의 지방을 제거한 후, 잘게 다진 에샬롯트를 넣는다. 생크림을 첨가해 약한 불에서 끓여 소스 농도가 가벼울 정도에서 불을 끈다. 소금과 후추로 맛을 낸다. 소금을 넣어 끓는 물에 잠두콩을 넣어 약 5분간 데친 후 물기를 빼고, 버터 30g을 녹인 후라이팬에 넣어 볶는다.
9. 양고기 필레는 1cm 두께로 잘라 서비스용 접시에 왕관모양으로 담는다. 여기에 잠두콩을 곁들여 낸다. 소량의 소스로 나뻬하고 나머지는 소스용 기에 따로 담아 제공한다.

Épaule de Chevreau aux Oignons Nouveaux

(Shoulder of Goat with Onion Sauce)

양파를 곁들인 염소고기 어깨살 요리

• 사전준비 : 30분,　조리시간 : 35분　　　　재　료 : (4인분)

작은 산양의 어깨살(800g) 1개, 양 파 10개, 데미그라스 5큰술, 백포도주 100cc, 스 톡 360cc, 버 터 100g, 에스트라곤 4잎, 소금, 후추 각 5g씩

>>> 만드는 방법

1. 양고기 어깨살 1개를 골라 약3~4일 그대로 두어 고기를 죄어 들게 한다. 뼈가 붙은 채로 소금과 후추를 뿌린다.
2. 양파를 골라 5cm 길이로 줄기를 그대로 둔 채 껍질을 벗겨 4등분한 후뿌리를 제거하고 손으로 한 장 한 장 벗긴다.
3. 에스트라곤 잎은 그대로 사용한다.
4. 고기를 가지런히 놓을 수 있는 큰 철판을 가열해 올리브 오일이나 버터 50g을 녹여 구워 어깨살 전체에 깨끗하고 고운 색이 나도록 한다.
5. 양파와 함께 중간불의 오븐에 약 20분간 넣는다.
6. 약 20분이 지나면 고기를 끄집어 내어 철판은 불에 얹은 채 백포도주로 데그라세 하여 수분이 없어질 때까지 졸인 후 스톡 360cc와 데미글라스를 넣는다.
7. 소스가 8스푼 정도 될 때까지 약 10분가량 졸인다.
8. 어깨살을 다시 철판에 옮겨 담아 양파가 부스러지지 않도록 주의하면서 혼합해 뭉근히 끓인다.
9. 철판을 움직여 가면서 버터를 섞어 간을 맞춘 후 에스트라곤 잎을 첨가한다.
10. 이 요리는 아주 뜨거울 때 제공한다. 이를 위해 어깨살 분리는 재빨리 하고, 서비스용 접시는 특히 뜨겁게 데워 놓는다. 곁들이는 것은 '감자 베이컨 말이 구이'로 하는 것이 좋다.

Les Corsus de Veau aux Graines de Moutarde

(Veal Steak with Grains of Mustard)

겨자씨를 바른 송아지고기 요리

재 료 : (4인분) • 사전준비 : 10분, 조리시간 : 15분

송아지고기의 허리살 800g, 데미그라스 50cc, 머스터드 열매 60g, 흰 디종 머스터드 3큰술
에스트라곤 머스터드 1큰술, 버 터 50g, 올리브 오일 50cc, 소금, 후추 각 5g씩

>>> 만드는 방법

1. 송아지고기 허리살은 1인분에 4장씩 모두 16장을 준비해 고기 근육질을 따라 얇게 썬다.
2. 여기에 소금과 후추를 뿌려 기름을 바른 2장의 유산지 사이에 넣고 고기 망치로 골고루 두드린다. 고기 편은 길이 12cm, 폭 8cm, 두께 5mm 정도로 한다.
3. 유산지를 떼어내고 고기에 머스터드 열매를 가볍게 누르듯 발라 그대로 뒤집기 한다. 뒷면에는 흰 머스터드를 솔로 바른다.
4. 동도금의 스토즈 냄비에 올리브 오일과 버터 20g을 넣어 가열한다.
5. 연기가 나기 시작하면 머스터드 열매를 바른 쪽이 바닥을 향하도록 고기 살이 겹치지 않게 잘 놓아 약 1분간 구운 후 뒤집어 약 1분간 더 굽는다.
6. 다 구운 고기는 접시에 담아 식지 않도록 접시를 덮어둔다.
7. 고기를 구운 냄비에서 기름을 제거한다. 냄비바닥에는 소스에 풍미를 더하는 갈색의 고기 국물만이 남는다. 여기에 스톡 100cc를 부어 데그라세 한 후 소스가 1/3정도 남을 때까지 졸인다.
8. 데미글라스를 넣어 큰 술로 소스량이 200cc정도 될 때까지 졸인다. 여기에 6번 고기와 스며 나온 고기국물도 함께 넣는다.
   - 냄비에 뚜껑을 덮고 약한 불에서 가열하되 끓지 않도록 주의한다. 만약 끓게 되면 고기가 딱딱해져 버린다.
9. 제공하기 약 1분 전에 데워 놓은 접시에 고기를 담는다. 이때 머스터드 열매 바른 쪽이 위로 향하도록 놓아 약간 겹치도록 나열한다. 소스냄비를 불에서 내려 에스트라곤이 들어 있는 머스터드를 녹여 소스농도를 맞춘다. 이것을 고기에 나뻬한 후 호박 등을 첨가해 제공한다.

Emincés de Rognons de Veau aux Haricots Blancs

(Grilled Kidneys With Sauce and Green Bean)

흰 강낭콩을 곁들인 송아지 신장 요리

• 사전준비 : 30분, 조리시간 : 20분

재 료 : (4인분)

송아지의 신장(유지방 제거) 1kg, 껍질 벗긴 강낭콩 500g, 생크림 400cc, 버 터 30g, 백포도주 150cc, 데미 그라스 100cc, 디종 머스터드 1큰술, 에샬롯트 1개, 소금 각 5g씩, 후추 파슬리 4잎

>>> 만드는 방법

1. 송아지 신장 주위를 덮고 있는 투명한 막이 상처 나지 않도록 주의해서 표면 유지방을 제거한다. 세로로 칼집 한 줄을 넣어 신장 중앙에 있는 굵은 힘줄을 제거한다.
2. 흰 강남콩은 깍지를 벗겨 소금을 넣은 뜨거운 물에 넣어 아삭한 질감이 살아 있을 정도로 데친다.
3. 에샬롯트는 곱게 다진다.
4. 코콧트 냄비에 버터를 녹여 소금과 후추로 간 한 신장을 가지런히 놓고 양면을 굽는다.
5. 노릇하게 구워지면 고온의 오븐에 약 15분간 넣는다.
6. 신장을 꺼내어 같은 냄비에 에샬롯트 다진 것과 함께 약1분간 슈에한다.
7. 보졸레로 데그라세 한 후 데미 글라스를 넣어 끓인다.
8. 생크림을 넣어 끓여 가벼운 소스 농도를 맞춘다.
9. 송아지 고기 신장 표면에 있는 여분의 지방을 네프킨으로 닦아 내고, 조리대 위에 놓아 1cm 두께로 잘라둔다.
10. 냄비에 머스터드를 넣고 8번의 소스를 소량 넣어 묽게 한 후, 신장의 물기를 제거한 후 콩과 함께 소스에 넣는다.
11. 약한 불에서 끓어오르지 않도록 주의하면서 약 2~3분간 익힌다. 끓어오르면 신장이 딱딱해지므로 주의한다.
12. 다 되면 틈을 주지 말고 곧바로 제공하는 것이 좋다.

Côte de Veau Cressonnière

(Loin of Veal with Cresson and Sauce)

크레송을 첨가한 송아지 등심요리

재 료 : (4인분) • 사전준비 : 40분, 조리시간 : 25분

송아지 등살(180g) 4개, 크레숑 300g, 버 터 60g, 생크림 1/4ℓ ,
레 몬 1/2개, 에샬롯트 1개, 소금, 후추 각 5g씩, 올리브 오일 60cc, 스톡 100cc

>>> 만드는 방법

1. 송아지고기 제2늑골과 제5늑골 사이의 등심살은 180g씩 4장을 준비한다.
2. 크레숑은 한 장 한 장 잎을 따서 씻은 후 물기를 제거하고, 그 중 24장을 마련해 둔다.
3. 에샬롯트는 아주 잘게 다져둔다.
4. 동도금한 스토즈 냄비 또는 큰 후라이팬을 준비한다. 4장의 등심살이 가지런히 놓일 만큼 큰 것으로 선택한다. 냄비를 가열해 올리브 오일과 버터를 넣고 소금과 후추를 뿌린 등심살을 넣는다.
5. 고기 양면을 깨끗하고 고운 색이 나도록 약 10~15분간 굽는다. 접시에 담아 식지 않게 보관한다.
6. 같은 냄비에 에샬롯트를 넣어 색이 나지 않도록 약 2분간 슈에 한다.
7. 스톡 100cc로 데그라세한 후 크레숑과 생크림을 넣어 끓인다. 뚜껑을 꼭 덮어 빈틈이 생기지 않도록 한다.
8. 약 10분 후에 뚜껑을 열어 레몬즙 몇 방울을 첨가하여 맛을 정리한다.
9. 서비스용 접시에 고기를 담고 마련해 둔 크레숑 잎으로 장식한다. 곁들이는 것은 5종류 라이스를 곁들여 제공한다.

Sauté Jarret de Veau aux Poireaux

(Grilled Veal of Shank with Leek)

대파를 곁들인 정강이 송아지고기 요리

• 사전준비 : 30분, 조리시간 : 1시간 **재 료 : (4인분)**

송아지의 정강이살 밑부분 800g, 뽀와르(흰색 부분) 800g, 백포도주 100cc, 버 터 40g, 올리브 오일 100cc, 우 유 200cc, 건포도 40g, 레 몬 1/2개, 부케가르니 1단, 소금, 후추 각 5g씩

>>> 만드는 방법

1. 송이지 정강이살은 될 수 있는 한 근육을 따라 하나가 약 40g분량이 되도록 주사위 모양으로 썬다.
2. 뽀와르의 흰부분은 가지런히 정돈해서 에멍세 한다.
3. 건포도는 냉수에 담궈 둔다.
4. 주사위 모양의 정강이살이 가지런히 들어갈 정도로 크고 바닥이 두꺼운 동 냄비나 코콧트 냄비를 준비한 후 올리브 오일과 버터를 넣어 가열한다.
5. 송아지 정강이 살은 밑간하여 냄비 속에 넣는다.
6. 뽀와르를 넣고 뚜껑을 덮어 색이 나지 않도록 약한 불에서 약 10분간 삶은 다음, 백포도주와 부케가르니를 첨가한다.
7. 우유를 부어 약 20분 정도 끓인다. 소스는 자연스럽게 적당한 농도가 된 다.
8. 송아지고기가 완성되면 부케가르니를 꺼내고 물기를 뺀 건포도와 레몬즙 몇 방울을 첨가한다.
9. 마무리 맛을 맞춘 후 제공한다.

Tendrons de Veau Braisés aux Salsifis

(Braised Tender of Veal with Lotus)

우엉을 곁들인 송아지 연골 요리

재 료 : (4인분) • 사전준비 : 40분, 조리시간 : 2시간

송아지의 안심(흉부 연골;200g) 4개, 셀시피(서양 우엉) 1kg,
라르 메글러(돼지의 바깥껍질 다음층에 포함된 지방기가 섞인 것) 150g,
작은 양파 20개, 버 터 50g, 가금의 흰 폰 50cc, 올리브 오일 40cc,
부케가르니 1단, 밀가루 40g, 소금, 후추 각 5g씩, 파슬리 4잎

>>> 만드는 방법

1. 송아지의 부더러운 연골 1개가 200g씩이 되도록 4개를 마련한다.
2. 껍질 깍는 도구를 이용해 셀시피 껍질을 벗겨 길이 5cm정도 막대 썰기한 후, 식초 넣은 물에 헹구어 희게 한다.
3. 작은 양파 20개의 껍질을 벗긴다.
4. 라르 메글러(lar maigere frais : 돼지 껍질)는 두께 1cm, 길이 4cm 로썬다. 이것을 블랑쉬르해서 흐르는 물에 적셔 물기를 제거한다.
5. 충분히 큰 코콧트 냄비를 준비해 4번의 라르를 넣고 불에 얹어 구운 색이 나면 거품 뜨는 도구로 거품을 걷어 내고, 라르에서 나온 지방을 이용해 고운 색이 날 때까지 양파를 볶는다.
6. 밑간 후 밀가루를 듬뿍 묻힌 연골 안심은 5번 냄비에 가지런히 넣어 양면에 고운 색이 나도록 중불에서 약20분 가량 굽는다.
7. 연골 안심을 꺼내어 5번의 양파와 라르를 함께 넣는다.
8. 셀시피의 물기를 제거하고 밑간 후 같은 냄비에 넣어 약 20분간 볶는다. 여기에 고기와 곁들임을 다시 넣어 흰 폰을 첨가해 부이에 해서 부케가르니를 넣은 후 뚜껑을 꼭 덮는다.
9. 끓는 상태를 계속 유지하기 위해 150℃ 오븐에 넣어 약 50분간 그대로 둔다. 완성품은 국물이 절반 가량 줄어 갈색의 시럽 상태가 된다.
10. 부케가르니를 꺼내 표면에 뜨는 지방을 서비스용 스푼으로 제거하고, 냄 비는 오븐에서 꺼내 잠시 그대로 둔다. 올리브 오일과 파슬리 잎의 콩까 세를 첨가해 맛을 낸다.
11. 서비스용 접시에 연골 안심이 겹쳐지지 않도록 잘 놓고 곁들임과 졸인 소스를 부어 완성한다.

Tête de Veau Amourette

(Braised Calf's Head and Tongue with Olive)

혀와 송아지 머리고기 요리

• 사전준비 : 1시간, 조리시간 : 2시간

재 료 : (4인분)

송아지 머리고기 500g, 송아지 혀 100g, 소의 등골 100g, 백포도주 1ℓ, 꼬 냑 50cc, 데미그라스300cc, 와인 비네거 20cc, 올리브 오일 50cc, 버 터 50g, 사과 식초 30cc, 감 자 150g, 마 늘 1개, 양 파 1개, 당근 1개, 그린 올리브 24개, 토마토 5개, 파슬리 4잎, 부케가르니 1단, 밀가루 40g, 소금, 후추 각 5g씩

>>> 만드는 방법

1. 송아지 머리고기와 혀를 블랑쉬르해서 흐르는 물에 헹구어 차게 한 후 한 조각을 약 20g 분량으로 썬다.
2. 송아지 등골은 냉수에 약1시간 가량 담궈 소금과 식초를 넣은 물에 블랑쉬르 한다.
3. 감자는 4등분해서 굵은 샤토 모양으로 다듬는다.
4. 올리브는 씨를 제거하고 블랑쉬르 한다.
5. 토마토는 에몽데 해서 콩까세 한다.
6. 코콧트 냄비에 기름을 넣고 가열한 후 머리고기와 혀를 볶는다.
7. 나무주걱을 계속 움직여 냄비바닥에 묻는 기름막을 떼면서 약20분간 볶는다. 머리고기와 혀를 끄집어 낸다.
8. 미르쁘와를 넣어 약 5분간 슈에한다. 꼬냑으로 데그라세한 다음 백포도주와 데미그라스를 첨가한다. 부케가르니를 넣고 뚜껑을 덮어 약 30분간 끓인다.
9. 여기에 감자와 토마토 콩까세를 넣고 약 20분간 더 끓인다.
10. 송아지 등골은 5cm 길이로 잘라 밀가루를 바른 후 버터 녹인 후라이팬에 넣어 고운 색이 나도록 굽고, 와인 비네거로 데그라세 한다.
11. 마무리 된 9번에 머리고기, 혀, 볶은 등골을 넣어 블랑쉬르한 올리브와 오일을 첨가하고 후추를 뿌려 강한 맛을 낸다. 약 10분 가량 뭉근히 끓인 후 마지막에 신선한 파슬리 다진 것을 한 움큼 넣어 뜨거울 때 제공한다.

Côte de Boeuf Fleurie

(Sauted Rib Eye with Marrow, Wine Sauce)

적포도주와 소골을 첨가한 쇠고기 등심요리

재 료 : (4인분) • 사전준비 : 30분, 조리시간 : 30분

쇠고기의 뼈 붙은 등심살 1개(1.3kg), 프루리(Fleurie–적포도주) 250cc, 에샬롯트 2개, 소 등골 120g, 버 터 180g, 글라스 드 비안드(농축소스) 50cc, 소금, 후추 각각 5g씩

>>> **만드는 방법**

1. 쇠고기는 제2늑골과 제3늑골 사이의 등심살 부분으로 뼈가 붙은 것을 준비한다. 항상 마린네를 해 놓는 것이 좋다.
2. 소 골수는 요리에 사용하기 전날 관골을 준비해 냉수에 약 12시간 동안 담궈 피를 뺀다.
3. 에샬롯트는 잘게 다져둔다.
4. 쇠고기 등심살에 소금과 후추를 뿌린다. 동도금한 스토즈에 버터 40g을 넣고 녹인 후, 등심고기를 넣어 스푼으로 버터를 끼얹으며 약 15분간 굽는다.
5. 철판 위에 랙을 얹고 그 위에 구운 고기를 얹어두면 고기에서 나오는 국물로 고기가 끈적거리지 않게 된다. 구운 고기를 적어도 약 20분간이상 두 어 식지 않도록 한다.
6. 우선 골수를 두께 1cm로 자른 후, 작은 냄비에 넣고 소금을 첨가한 물을 잠길 정도로 붓는다. 천천히 끓인 후 불에서 내린다.
7. 구운 후라이팬에 여분의 버터를 옮겨 담아 고기를 구운 스토즈에 잘게 다진 에샬롯트를 넣고 가볍게 슈에한다. 여기에 적포도주를 첨가해 데그라세한 후, 글라라스 드 비안드(갈색 농축소스)를 첨가하여 절반가량 될 때까지 졸인다.
8. 냄비를 불에서 내려 작게 자른 버터를 넣고 거품기를 이용해 천천히 섞는다. 온도 70℃를 유지하고 소스를 절대 끓지 않게 한다. 소스가 끓어오르면 소스 냄비를 냉수에 담궈 온도를 내린 후 버터를 첨가한다. 맨 마지막에 간을 맞춘 후 가는 체에 거른다.
9. 앞서 후라이팬에 옮겨 놓은 것을 버터로 다시 따뜻하게 데운다. 이것을 서비스용 접시에 담고 고기를 보관하는 동안 나온 국물을 7번의 소스에 혼합한 프루리 소스를 나뻬 한다.
10. 골수의 물기를 네프킨으로 닦고 등심살 위에 살며시 놓는다. 고기는 뼈가 붙은 채로 8등분해서 감자 그라탕 등을 곁들여 낸다.

Entrecôte Dix sur Dix

(Grilled Sirloin with Tomoto Puree and Herb)

향신료와 쇠고기 등심요리

• 사전준비 : 30분, 조리시간 : 20분 재 료 : (4인분)

안트레코트(쇠고기 등심) 1.2kg, 적포도주 100cc, 올리브 오일 3큰술, 와인 비네거 80cc, 버 터 80g, 양 파 2개, 토마토 퓨레 2큰술, 타 임 2잎, 셀르브 오일 10cc, 생 파슬리, 에스트라곤 각 5g씩, 소금, 통후추 각 5g씩

>>> 만드는 방법

1. 쇠고기 등심은 제2늑골과 제4늑골 사이의 가장 좋은 등심살을 골라 12토막 낸다. 항상 마린네 해 둔다.
2. 바닥이 평평한 냄비를 가열해 버터 20g을 넣어 녹인 후, 다진 양파 20g을 넣어 나무주걱을 사용해 색이 나지 않도록 약5분간 볶는다. 와인 비네거를 첨가해 데그라세한 후 수분을 증발시킨다.
3. 적포도주, 부순 통후추 2g, 토마토 퓨레, 타임을 첨가하여 소금을 간을한 후, 그대로 약한 불에서 약20분간 뭉근히 끓여 큰 스푼 3개 분량의 소스가 되도록 졸인다.
4. 타임을 꺼내고 작게 자른 버터 30g을 첨가하여 거품기를 이용해 혼합한다. 간을 맞춘 후 소스는 절대 끓지 않도록 주의하면서 온기를 유지한다.
5. 큰 후라이팬에 버터 20g과 올리브 오일 2큰술(올리브 오일을 사용하면 보다 고온을 유지하므로 고기의 맛을 잃지 않고 잘 구워진다)을 넣어 가열한다. 연기가 나면 고기를 넣고 양면을 약10초씩 구워낸다. 고기를 뒤집을 때 고기에 상처가 나지 않도록 주의한다.
6. 후라이팬에 따라서 몇 번 정도 나누어 구워야 하므로 따뜻하게 데운 철판에 접시 등을 엎어 그 위에 구운 고기를 얹어둔다. 고기를 얇게 썰었기 때문에 될 수 있는 한 단시간에 빨리 구워내야 한다.
7. 따뜻하게 데워 둔 4개의 큰 접시에 1인분씩 3장의 앙트레 코트를 겹치지 않도록 담는다. 스푼 등으로 고기를 누르듯이 하면서 뜨거운 소스를 끼얹는다. 파슬리, 셀르브 오일, 에스트라곤 잎을 잘게 찢어 뿌린다. '감자 코프 렛 버터풍 맛구이(Pommes gaufrettes au beurre)' 를 곁들여 바로 제공한다.

Filets Mignons de Boeuf aux Échalotes

(Fillets Mignons of Beef with Red Onion)

데미그라스 소스에 쇠고기 안심요리

재 료 : (4인분) • 사전준비 : 20분, 조리시간 : 20분

깨끗이 손질한 쇠고기 필레 800g, 와인 비네거 50cc, 생크림 100cc, 데미 그라스 200cc, 버 터 60g, 에샬롯트 80g, 소금, 후추 각 5g씩, 로즈마리 4잎

>>> 만드는 방법

1. 쇠고기 필레는 끝 쪽의 고기 한토막이 두께 2cm, 분량 약35g으로 24개를 준비한다. 항상 마린네를 해 둔다.
2. 에샬롯트는 신선도를 유지하기 위해 조리 직전에 굵게 다진다.
3. 자른 고기가 나란히 들어갈 정도로 크고 두꺼운 후라이팬을 준비한다. 고기에 가볍게 소금과 후추를 뿌린 후 버터 25g을 가열한 후라이팬에 넣는다.
4. 양면을 약2분씩 구워낸다. 꺼낸 필레는 철판에 접시를 엎고 그 위에 얹어 고기에서 스며나오는 국물이 묻지 않도록 한다.
5. 후라이팬에 남아 있는 버터(나중에 첨가되는 야채를 볶기 위해)를 옮겨 담는다. 여기에 와인 비네거를 넣어 데그라세한 후 수분을 증발시킨다.
6. 데미그라스와 생크림을 넣은 후 큰 스푼으로 약8스푼이 될 때까지 졸인다.
7. 소스를 불에서 내려 남은 버터를 넣은 후 거품기를 이용해 혼합하고 맛을정리한다. 여기에 고기를 다시 넣어 끓어오르지 않도록 주의하며 졸인다.
8. 따뜻하게 데워놓은 서비스 접시에 필레를 가지런히 놓은 후, 그 위에 소스를 나빼해서 작은 입방체로 썬 에샬롯트를 뿌려 완성한다. 다른 접시에 특별한 버섯이나 계절 버섯을 곁들여 제공한다.

Jambon de Roanne Enrubanné

(Grilled Ham with Vegetable and Sauce)

야채를 곁들인 햄 요리

• 사전준비 : 45분,　조리시간 : 20분　　　　재　료 : (4인분)

로와르산 햄(120g) 4개, 말이 야채(야채의 삼색리본) 4개, 버 터 140g, 레몬즙 1/2개, 소금, 후추 각 5g씩

>>> 만드는 방법

1. 로와르산 햄은 짚 속에서 만들며 푸른 후추가 들어간다. 요크산 햄이나 쟌본, 도우파리(로스용으로 대용)라도 가능하다. 햄은 적절하게 썬다.
2. 후라이팬에 버터 20g을 넣어 가열한 후, 4조각의 햄을 볶아 양쪽이 깨끗하게 색이 나면 서비스용 접시에 담는다.
3. 작은 냄비에 물을 50cc 넣은 후, 강한 불에서 끓어오르면 잘게 자른 버터를 넣어 잘 섞어 농도가 나면 소금과 후추를 넣고 레몬즙 몇 방울을 떨어뜨린다.
4. 말이 야채를 1cm 두께로 4개의 세르펜틴으로 자른다. 몇 종류의 야채를 깍아 썰기(무 등을 5~6cm 길이로 잘라 껍질 벗기듯 깍은 것을 채쳐서 곁들이기로 쓴다)한 것을 겹쳐 말아 부이용에 삶아 만든다. 이것을 1cm폭의 리본모양 또는 띠 모양으로 편다.
5. 따뜻하게 데워 놓은 4개의 접시에 햄을 담고 그 위에 세르펜틴을 장식해 끝 쪽을 조금 펴 접시에 보기 좋게 곁들인다(리본이 바람에 휘어져 있는 듯한 느낌이 든다). 뵈르폰쥬를 나삐해서 제공한다.

Côtelettes de Porc Sance Coufuse

(Sauted Porkloin with Orange and Tomato)

오렌지와 토마토를 넣은 돼지고기 등심요리

재 료 : (4인분) • 사전준비 : 20분, 조리시간 : 40분

돼지 등심살(아래를 처리한 것;180g) 4개, 버 터 60g, 잘 익은 토마토 1개,
껍질 벗긴 마늘 4조각, 데미그라스 300cc, 오렌지 1개, 레몬즙 1/2개, 민트 잎 4매,
로즈마리 잎 2잎, 양 파 1개, 소금, 후추 각 5g씩, 생크림 20cc

>>> 만드는 방법

1. 돼지 등심살은 여분의 지방을 깨끗이 제거한 후 4토막으로 잘라 소금과 후추를 뿌리고 적절하게 마린네 한다.
2. 오렌지 껍질을 벗겨내고 씨를 제거한 후 링썰기 한다.
3. 토마토는 얇게 썰어 씨를 제거한다.
4. 마늘은 작은 쪽을 골라 껍질을 벗겨낸 후 세로로 2등분한 후 약 3분간 블랑쉬르한다.
5. 양파는 굵게 다진다.
6. 스토즈에 버터 절반을 넣어 가열한 후 등심살을 나란히 넣는다.
7. 양면을 각 5~6분씩 구워 색을 낸 후, 불을 줄여 가끔 뒤집어가며 속까지 익도록 약10분간 구워낸다.
8. 완성된 고기는 서비스용 접시에 담아 식지 않게 보관한다.
9. 고기를 구운 남은 기름에 양파와 마늘을 넣어 갈색이 날 때까지 냄비를 흔들어가며 볶는다.
10. 냄비 뚜껑을 눌러 기울여 고기와 야채가 떨어지지 않도록 하면서 냄비 에 여분의 기름을 다른 볼에 옮겨 담는다. 여기에 레몬즙 1/2개 분량으 로 데그라세한 후 로즈마리 잎, 민트 잎, 토마토, 오렌지 썬 것을 넣는 다.
11. 데미그라스를 넣고 끓여 소스가 200cc 분량이 될 때까지 졸인다. 간을 맞춘 후 남은 약간의 생크림과 버터로 몬테한다.
12. 서비스용 접시에 등심살을 담고 그 위에 얇게 썬 오렌지와 토마토를 덮은 후 소스로 나뻬 한다.

Palette de Porc "Pauvre Femme"

(Sauted Pork Tenderloin with Onion and potato)

양파와 감자로 맛을 낸 돼지고기 안심요리

• 사전준비 : 50분,　조리시간 : 60분　　　　**재　료 : (4인분)**

돼지 안심살 800g, 양 파 1개, 마 늘 3쪽, 감 자 1개, 버 터 100g, 데미그라스 80cc, 우 유 250cc, 생크림 20cc, 파슬리 1잎, 부케가르니 1단, 소금

>>> 만드는 방법

1. 돼지고기는 핑크빛을 띤 안심부분을 선택한다. 마늘은 껍질을 벗겨 종심으로 등분한 후, 6군데 칼집 낸 안심살에 꽂는다. 소금과 후추를 뿌린다.
2. 양파는 아주 얇게 슬라이스로 썬다.
3. 감자는 링썰기한다.
4. 코콧트 냄비에 버터 20g을 넣어 녹인 후, 안심 양면에 깨끗한 색이 나도록 약 10분간 구워낸다. 동시에 후라이팬에 나머지 버터를 넣은 후 양파를 엷은 갈색으로 볶는다.
5. 돼지 안심고기에 볶은 양파를 넣고, 감자도 같은 방식으로 볶아 넣은 후 부케가르니를 넣는다.
6. 여기에 끓인 우유를 첨가해 무이에하고 뚜껑을 덮어 가끔 고기를 뒤집어 가며 약한 불에서 약1시간정도 끓인다.
7. 돼지고기를 꺼내어 불에 얹은 접시에 담아 식지 않게 보관한다.
8. 부케가르니를 꺼내고 담백한 퓨레 상태의 소스를 만들기 위해 양파, 감자, 부이용, 데미그라스, 생크림을 넣어 야채 거르는 기구로 떠낸다.
9. 소스에 뜨는 여분의 지방을 제거한 후 후추로 강한 맛을 내고 고기위에 끼얹어 그대로 수 초간 끓인다.
10. 고기에 소스와 파슬리 잎을 뿌려서 '소금에 절인 돼지고기 안심을 넣은 카베츠 졸임(chou vert aux lardons)' 을 곁들여 제공한다.

Ⅸ. Gibier-Game(야금류 요리)

(1) 엽수류(Game animals)

사냥을 통하여 얻은 들짐승으로 육질은 사육동물과 비슷하나 더 연하고 소화가 용이하며, 사육고기에 비해 영양가가 높다.

(가) 사슴(Deer : Chevreuil) : 무리를 지어 서식하며, 수컷만 뿔이 있다 .크기는 암수가 비슷하다. 포획한 후 바로 내장을 제거하나 껍질을 벗기지는 않는다. 어린 것부터 3년생까지는 부드럽고 맛이 좋으나, 늙은 것은 질기고 소화가 용이하지 않다. 특히, 며칠간 소금에 저린 것은 더욱 맛이 있다. 조리방법은 Roasting이 좋으나 지방분이 적기 때문에 기름칠을 자주하고 Rare로 익히는 것이 좋다.

(나) 멧돼지(Wild Boar : Sanglier) : 어린 멧돼지의 등과 다리고기는 식도락가들에게 대단히 인기가 높으며, 나머지 부분은 Ragout 요리로 사용된다. 일반적인 조리방법은 사슴과 같다.

(다) 토끼(Hare : Lievre) : 야생류로서 씨앗과 야채 등을 갉아 먹는다. 어린것은 부드럽고 늙은 것은 단단하다. 가장 좋은 것은 3~8개월 정도 자란 것이다.

(2) 엽조류(Game Birds : Gibier a Plume)

사냥을 통해 얻을 수 있는 야생조류를 말한다. 야생조류는 사육조류보다 담백하고 소화가 용이하며 맛이 더욱 좋다. 모든 야생조류는 조리 전에 털을 뜯지 않고 일정 기간 매달아 놓아야 하는데, 이것을 숙성(aging)이라고 하며, 이 기간을 거치면서 고기와 힘줄 조직이 부드러워져 독특한 맛을 얻을 수 있다. 다만, 물오리와 다른 물새는 부패의 속도가 빠르기 때문에 매달아 두어서는 안 된다.

(가) 메추라기(Quail : Caille) : 들새과에 속하며 수렵조 중 제일 작다. 길이는 약 20 cm로 깃은 갈색, 벼슬은 확색점 무늬, 다리는 황적색의 털로 덮여 있고 고기의 맛은 좋다.

(나) 꿩(Pheasant : Faisan) : 텃새로서 세계 각지에서 서식한다. 수컷은 밝은 색의 깃이 있고 ,암컷은 짧은 꼬리에 색은 빛나지 않는다. 가장 먹기 좋은 크기의 새로서 고기는 냄새가 좋고 육질은 부드럽다. 우리나라에서는 만두 속의 고기로 사용한다.

(다) 도요새(Woodcock : Becasse) : 숲속의 습지나 황무지에서 산다. 부리가 긴 이동성 섭금류의 일종으로 철새이다. 내장은 특별 요리로 쓰인다.

1). 누른도요 : 갈담색의 깃과 뾰족한 부리가 있으며, 고기는 매우 연하여맛이 좋고 장기간 보존할 수 있다.

2) 습니도요 : 긴 부리는 넓적하고 발뒤에 노란 줄무늬가 있으며, 종달새 크기부터 큰 것까지 있다.

(라) 자고(partridge : Perdrix) : 북, 중 동부 유럽과 북미에 서식하며 비둘기보 다 조금 크고, 어린 자고는 다리가 황색이며 살이 많고 길이가 짧다.

1) Perdreau : 두달된 새끼자고로, 매우 맛이 있다.

2) Perdrix grise(회색 자고) : 자고 새끼보다 더 크고 매우 비싸다.

3) Perdrix rouge (빨간 자고) : 회색 자고보다 조금 크며 "Faisanfee(연하게 만든다)"한 고기는 가장 가격이 비싸다.

(마) 들오리(Wild-duck : Canard Sauvage) : 여러 지역에 서식하는 들새로 , 어린 고기는 맛이 좋으나 늙은 오리는 느끼한 맛을 가지고 있다.

Lapin Farci "Georgette Badaut"

(Stuffed Hare With Bacon and Vegetable)

토끼고기에 야채 속을 채운 로스트 요리

재 료 : (4인분) • 사전준비 : 1시간 30분, 조리시간 : 1시간 10분

베이컨 100g, 시금치(삶은 것) 200g, 양송이(삶은 것) 200g, 에샬롯트 2개, 버 터 50g, 소금, 후추 5g, 토끼고기 1마리, 적포도주(아르고유산 뽀와르) 500cc, 생크림 250cc, 버 터 50g, 디종 머스터드 3큰술, 소금, 후추 각 1g씩, 타 임 2잎

>>> 만드는 방법

1. 베이컨을 잘게 썰어 후라이팬에 리브니르(Revenir)한다.
2. 데친 시금치와 양송이는 굵게 썬다.
3. 에샬롯트는 다쳐서 버터에 살짝 볶는다.
4. 위 재료를 볼에 넣어 소금과 후추를 넣고 부드럽게 녹인 버터와 함께 섞어 스타프드 할 준비를 한다.
5. 토끼고기
   - 뒷다리를 자르고 앞다리는 무릎부위에서 자른다. 껍질은 떼어내듯 털을 뽑는다. 이 때 양귀와 머리에 상처가 나지 않도록 주의한다. 내장을 깨끗이 손질하고 담즙을 조심해서 제거한 후 간장은 떼어둔다.
   - 토끼고기에 사전 준비 재료를 속에 채운 후 깨끗한 스푼을 이용해 3번 정도 가득 채워 넣는다.
6. 바느질용 바늘에 실을 꿰어 벌어진 배의 껍질을 꿰맨다. 토끼고기를 반대로 놓고 양 어깨사이로 실을 통과시켜 앞다리를 묶은 다음, 머리를 정위치에 두고 묶는다. 뒷다리도 같은 모양으로 한다.
7. 소금과 후추로 간하고 솔을 사용해서 머스터드를 전체에 잘 바른다.
8. 에샬롯트와 간장부위를 잘게 썰어 놓는다.
9. 철판을 가열해 버터를 녹인 후 스타프드한 토끼고기를 놓은 다음 250℃오븐에 넣는다.
10. 약 10분 후 온도를 낮추고 솔 대신 타임 잎가지 적신 것을 이용하여 미리 데워둔 적포도주 1/3분량을 토끼고기 표면에 여러번 발라가며 1시간 정도 구운 다음, 철판을 꺼내 식지 않게 보관한다.
11. 철판에 에샬롯트와 간장부위를 볶는다. 여기에 남은 적포도주를 부어 데그라세한 후 레뒤에르 한다. 생크림을 첨가해 소스농도가 진해질 때까지

졸인다. 간을 맞춘다.

12. 오븐에서 구운 토끼고기를 꿰맨 실을 모두 제거한 후, 긴 접시위에 있는 그대로(머리는 일으키고 4다리는 위를 향하게 놓는다) 놓는다. 끓는 소스를 토끼고기 위에 나뻬하고 나머지는 소스그릇에 담는다.
13. 데워둔 접시 6개에 먼저 토끼 속을 1큰스푼씩 놓고, 허벅지의 가장 굵은 부위를 자르고, 어깨살을 나누어 등심을 얇게 썬다. 고기편육을 개별 접시에 담아 소스를 나뻬한 후 제공한다. 곁드리는 야채는 함께 또는 따로 서빙한다.

Agates de Palombes à la Menthe

(Steamed Pigeon and Pork Tenderoin With Mint)

야생 비둘기와 돼지고기 안심 요리

재 료 : (4인분) • 사전준비 : 30분, 조리시간 : 20분

새끼 야생 비둘기 1마리, 소금에 절인 돼지 안심 100g, 에샬롯트 1개, 버 터 , 후 추 2g
꼬 냑 20cc, 민트 잎 30잎, 타임, 로리에, 로마린 4잎씩, 소금, 후추 각 2g씩

>>> 만드는 방법

1. 털을 뽑고 내장을 깨끗이 손질한 야생 비둘기는 뼈를 제거하고 껍질을 벗겨 필레한다.
2. 소금에 절인 돼지고기 안심은 잘게 썬다.
3. 에샬롯트는 잘게 썰어 버터를 넣고 색이 나지 않도록 주의하며 약5분간 슈에한다.
4. 버터는 버찌 크기로 둥글게 30개 정도를 만들어 냉장고에 넣어 보관한다.
5. 2번 소금에 절인 안심은 중간 정도의 그물코를 이용하거나 robot-coupe 하여 고기를 적당히 얇게 저민다.
6. 조금 있다 야생 비둘기도 넣어 다시 저민다. 저민 고기, 에샬롯트, 꼬냑을 용기에 모두 넣어 잘 혼합한다. 돼지안심에 간을 맞춰 놓았으므로 다시 간할 필요는 없다.
7. 차게 보관한 버터 볼을 꺼내 개당 10~15g 정도 파르시에 손가락 끝으로 꼬냑을 적셔 버터를 싸듯이 둥글게 만든다. 그리고 민트 잎으로 감싼다.
8. 찜솥 바닥에 스톡을 넣어 이중 바닥에 야생 비둘기, 타임, 로리에, 로마린을 넣는다.
9. 여기에 물을 부어 망에 고기가 잠기지 않도록 주의하면서 7번을 넣는다.
10. 냄비를 불에 얹어 뚜껑을 덮고 끓어 오르면 그 상태를 유지하면서 약4분간 찐다.
11. 꺼내 즉시 제공한다. 소스는 따로 서빙한다

• 이 요리는 아페르티프나 토마토 퓌레를 첨가해 앙뜨레 요리로 제공하 면 좋다.

Aiguillette de 'Col Vert' aux Mousserons des Prés

(Roasted Duckling With Mousserons, Sauce)

새끼 오리고기 로스트요리

재 료 : (4인분)

새끼오리고기 2마리, 무스런(버섯) 500g, 꼬 냑 500cc, 데미그라스 250cc, 생크림 150cc, 버 터 80g, 올리브오일 50cc, 에스트라곤 4개, 파슬리 1잎, 부케가르니 1단, 소금, 후추 각 2g씩, 브루곤 오일 400cc, 생 포와그라 10g

>>> 만드는 방법

1. 오리는 부리가 유연한 새끼 오리를 골라 선택한다.
   - 털을 뽑고 알콜이나 가스불에 살짝 구워 솜털 등을 제거한 후, 내장을 깨끗이 손질하고 꼬리 쭉지를 잘라내어 브리데 한다.
   - 담즙과 녹색부분을 제거하고 간장부위를 꺼내 포와그라와 함께 가는 체에 걸러 찬 곳에 보관한다(소스에 농도와 풍미를 더하기 위해).
2. 무스런(Les mousserons)은 줄기를 떼어내고 2번 정도 물에 씻은 다음 오랫동안 물에 담궈 두지 않는다.
   - 소금을 두 주먹 가량 뿌려 뚜껑을 덮고 버섯 자체에서 나오는 수분만으로 약2분간 끓인다.
3. 철판에 밑간을 하고 올리브유를 뿌린 오리를 넣어 강한 불의 오븐에 넣어굽는다. 구워지면 약10분간 그대로 둔다. 될 수 있으면 제공하기 1시간 전에 굽는다. 구운 후 약1시간 가량 그대로 두면 부드러운 장밋빛을 띤다.
4. 실을 뽑아내고, 허벅지 부위를 자르고, 가슴살을 따라 2장의 필레와 뼈에 붙어있는 필레를 만들고, 4개의 날개 끝을 남겨둔다.

>>> 소스만들기

5. 뼈 자르는 칼로 목, 허벅지, 뼈를 콩까세한 후 냄비에 넣어 러비니르한다.
6. 깨끗이 구운 색이 나면 지방을 제거하고 꼬냑으로 데그라세 한다. 4등분한 에샬롯트와 부케가르니를 넣는다.
7. 적포도주와 데미그라스로 무이에 한다. 부족하면 스톡을 부어준다. 약1시간정도 뭉근히 끓인다.
8. 끓인 폰은 체에 걸러낸다. 깨끗한 냄비에 폰을 넣어 레뒤에르 한 후, 앙금을 제거하고 150cc 가량 분량을 만든다. 생크림을 첨가한 후 끓여 러비니르 하면서 포와그라를 넣는다.
9. 간을 맞추어 잘 정리 마무리 한다. 완성된 소스가 끓어오르지 않도록 한다.

10. 구운 새끼 오리고기는 필레 껍질을 벗겨내고 5cm 길이로 가늘게 썬다.
11. 무스런은 물기를 제거하고 버터 80g을 넣어 녹인 후라이팬에 넣어 몇분 간 볶아 색을 낸다. 담아내기 전에 에샬롯트와 잘게 썬 파슬리를 첨가한 다.
12. 데워 놓은 접시 중앙에 무스런 버섯을 담고, 그 주위에 썰어 놓은 오리 고기를 왕관모양으로 약간 겹치게 나란히 남아낸다. 날개 끝 부위 4개는 무스런 버섯위에 놓는다. 요리를 담은 접시를 약20초간 오븐에 넣어다 꺼낸 다음, 접시 주위에 소스를 끼얹고 남은 소스는 데워놓은 그릇에 담아 제공한다.

Bécasse Maître Richard

(Oven Roasted Woodcock with Foie-Gras)

로스트에 거위 간 넣은 산도요새 요리

• 사전준비 : 10분,　조리시간 : 15분　　　　재　료 : (4인분)

산도요새 4마리, 샴베르틴(적포도주) 100cc, 데미그라스 250cc, 포와그라 40g, 버 터 80g, 식 빵 4장, 레몬껍질 4개, 소금, 후추 각 2g씩

>>> 만드는 방법

1. 산도요새는 시기나 기온에 따라 재워두는 기간이 다르지만 적어도 1주일은 재운다. 이 때 발이 쳐지도록 거꾸로 재운다.
2. 조리 전에 날개 끝을 떼어내고 내장은 그대로 둔다. 눈은 제거하고 허벅지부위를 교차시켜 그사이에 부리가 통하게 한다. 부리로 허벅지를 교정하므로 브리데는 필요 없다. 소금과 후추로 간한다.
3. 새가 들어갈 정도로 넉넉한 후라이팬을 가열하여 버터를 넣고 끓으면 강한 불의 오븐에 넣어 가끔씩 뒤집어 버터를 끼얹어가며 약 20분간 구워 장밋빛을 낸다.
4. 스푼 등으로 산도요새 내장을 조심스레 꺼내 후, 작고 둥근 딱딱한 모래주머니도 꺼낸다. 믹싱볼에 내장, 소금과 후추를 친 포와그라를 함께 넣어 으깬다.
5. 식빵으로 길이 8cm, 폭 4cm, 두께 1cm 크기의 장방형 크루통을 4개 만든다. 여기에 6cm × 3cm 칼집을 넣어 토스트로 만든다. 식칼 끝으로 칼집을 따라 접어 4개의 작은 상자 속에 절반을 넣는다.

>>> 소스만들기

6. 볼에 1번의 여분의 기름을 붓고 후라이팬을 꼬냑으로 데그라세한 후, 샴베르틴, 데미그라스, 레몬껍질 2장을 넣어 수분이 없어질 때까지 레뒤에르한다. 여기에 레몬즙을 넣고 끓인 후 소스농도를 맞추기 위해 나머지 속을 넣어 잘 섞는다. 간을 맞추어 정리한다.
7. 산도요새를 반으로 찢어 가슴쪽을 소스에 넣고 약2분간 뭉근히 끓인다. 크루통을 오븐에 넣어 따뜻하게 데운 후 담은 고기 위에 얹어낸다. 소스는 따로 제공하고, 샴베르틴 적포도주를 곁들여 제공한다.

Compote de Lapin de Garenne aux Abricots Secs

(Compoted Hare With Wine and Abricots Section)

말린 살구를 첨가한 새끼 토끼고기 요리

재 료 : (4인분)

새끼 토끼고기 1마리, 말린 살구 150g, 와인비네거 100cc, 적포도주(부르고뉴산) 250cc, 껍질 있는 마늘 2조각, 부케가르니 1단, 소금, 후추 각 2g, 버 터 50g

>>> 만드는 방법

1. 토끼는 털은 뽑고, 담즙을 제거하고, 간장은 떼어둔다. 등심, 허벅지, 어깨살의 뼈를 추려내어 한토막이 약25g 정도인 입방체 모양으로 자른다. 컨테이너 속에 적포도주, 와인비네거, 마늘, 부케가르니를 넣어 약12시간 재워둔다.
2. 마른 살구는 2등분해서 냉수에 약1시간가량 담궈둔다.
3. 마리네한 토끼즙은 다른 곳에 보관하고, 마늘과 부케가르니를 망국자로 떠내 냅킨으로 물기를 닦아낸다.
4. 큰 코콧트 냄비에 버터 25g을 넣고 가열한다.
5. 여기에 토끼편육을 넣고 간을 맞춘 다음 구워서 고기 전체에 고운 색을 낸다.
6. 마늘과 부케가르니를 넣고 뚜껑을 덮어 약 20분간 그대로 뭉근히 찜구이 한다.
7. 강한 불에서 뚜껑을 열고 고기를 마리네하여둔 절인 국물과 물기를 제거한 살구를 넣어 냄비를 흔들어가며 끓인다.
8. 냄비크기에 맞추어 원형으로 잘라 버터 바른 유산지를 편육 위에 덮어 씌운다.
9. 냄비뚜껑을 덮은 채 약20분간 끓이다가 4토막 낸 토끼 간장을 넣는다.
10. 냄비뚜껑을 열고 유산지는 제거하고 마늘을 꺼내 껍질을 벗긴 다음, 볼에 토끼간장과 함께 넣어 남아있는 버터를 넣는다.
11. 냄비에서 부케가르니를 꺼내고 조금씩 냄비를 움직여가며 소스 속에 리에종을 넣고 잘 혼합한다. 필요하면 간을 맞춘다.
12. 바닥이 우묵한 원형의 서비스 접시에 토끼편육과 살구를 교차시켜 담고, 그 위에 소스를 끼얹어 제공한다.

Daube de Lièvre au Vin d'Ambierle

(Stewed Hare and Pork Breast With Purée Sauce)

야생 토끼고기와 돼지고기 가슴살 요리

• 사전준비 : 1시간,　조리시간 : 5시간

재　료 : (4인분)

토끼고기 1마리, 돼지고기 가슴살(소금에 절인것) 100g, 로와르산 포도주(방 단비 에르루) 75cc, 껍질벗긴 마늘 5조각, 로리에 잎 2매, 민트 잎 4매, 바질 잎 1매, 타 임 1가지, 토마토 퓌레 2큰술, 레몬껍질 2개, 오렌지껍질 2개, 코리앤더 20잎, 부순 후추 15개, 소 금 약간

>>> 만드는 방법

1. 야생토끼는 '토로와 카르' 라고 불리는 생후 1년이 되지 않은(9개월 가량) 것, 즉 체중 2.5~3kg인 것을 선택한다.
   - 털을 뽑고, 내장을 깨끗이 손질한 후 피와 담즙을 제거한 간장을 준비 한다.
   - 허벅지고기를 8등분하고, 가슴살과 등심살 사이를 6토막해서 총18개로 나눈다.
   - 중간크기의 철제 코콧트 냄비에 향초, 마늘, 토마토 퓌레, 부순 후추와 코리앤더를 넣은 다음 서늘한 곳에서 하루동안 편육을 마리네한다. 이 때 포도주를 편육 전체에 덮어 씌우듯이 부어준다.
2. 소금에 절인 돼지고기 가슴살은 껍질을 벗겨 두께 5mm, 사방 3cm 크기로 각썰기한다. 껍질을 작은 주사위 모양으로 자르고 전체를 5분간 블랑쉬르 한다.
3. 토끼 간장은 4조각으로 얇게 자른다.
4. 레몬껍질과 오렌지껍질을 크게 썰어 블랑쉬르해서 토끼졸인 국물에 첨가한다.
5. 토끼고기는 코콧트 냄비에 넣어 거친 소금을 가볍게 간을 한다.
6. 뚜껑을 뒤집어 냉수를 담아 열기가 빠져나가지 못하도록 한다. 국물이 거의 졸여지도록 아주 강한 불에서 약 3시간 정도 뭉근히 끓인다.
7. 여기에 돼지고기를 넣어 약 2시간 더 끓인다. 완성되기 약5분 전에 표면에뜬 기름을 제거하고 로리에, 민트, 바질, 타임도 꺼낸다.
8. 얇게 썰어 둔 토끼 간장과 국물을 첨가해 약5분간 뭉근히 끓인 후, 간을 맞춘다.
9. 코콧트 냄비와 함께 '트뤼플을 이용한 패주요리(coguillette aux truffes 'Jolly Martive)' 를 곁들여 제공한다.

Perdreaux aux Lentilles Vertes

(Grilled Partridge with Lentil and Foie-Gras)

렌틸콩을 넣은 구운 자고새 요리

재 료 : (4인분) • 사전준비 : 1시간 30분, 조리시간 : 30분

자고새 4마리, 렌틸콩 100g, 포와그라 20g, 버 터 130g, 양 파 2개, 당 근 1개,
꼬 냑 20cc, 적포도주 100cc, 머스터드(쓴맛) 1큰술, 부케가르니 1단, 소금, 후추 약간씩

>>> 만드는 방법

1. 렌틸콩은 조리 전날 냉수에 담궈두었다가 당일 물기를 제거하고 콩 부피의 2배가량 물을 붓고 삶는다. 냄비가 끓으면 표면의 앙금을 제거하고 당근, 양파, 부케가르니를 첨가해 소금을 넣은 후, 가끔 끓은 상태를 확인해가며 뭉근히 끓인다.
2. 자고새는 가능하면 신선한 것을 구한다. 털을 뽑고, 내장을 깨끗이 하고, 담즙을 제거하고, 간장을 떼어놓은 다음, 알콜이나 가스에 살짝구워 남아있는 솜털 등을 제거한다. 발끝을 잘라내고 몸통에서 목을 잘라 껍질을 등 위쪽으로 밀어올린다. 자고새 내장에 버터 10g, 굵은 소금 3~4알을 넣는다. 옆구리에 팔을 접어부쳐 브리데한다.
3. 후라이팬에 절반 분량의 버터를 녹여 밑간해 둔 간장을 넣고 약1분간 러브니르한 후, 꼬냑으로 데그라세한 다음, 포와그라와 머스터드를 넣고 체에 거른다. 완성된 속은 볼에 넣어둔다.
4. 철판에 버터 60g을 녹여 새를 넣은 다음, 고온의 오븐에 넣어 버터가 골고루 배어들도록 2~3회 발라가며 약 20분간 구워낸다. 오븐에서 꺼낸 새는 식지 않게 보관한다.
5. 작은 냄비에 버터 30g을 넣고 가열한 후, 잘게 썬 양파를 넣고 러브니르한다.
6. 적포도주로 데그라세하여 물기를 증발시키듯이 레뒤에르 한다.
7. 졸인 국물 그대로 렌틸콩의 물기를 제거하고 6번의 냄비에 넣는다.
8. 렌틸콩이 잘 혼합되면 간을 맞춘다. 자고새를 다시 한번 오븐에 넣어 데운 다음 꿰맨 실을 뽑아 제거한다.
9. 바닥이 깊은 서비스용 접시에 렌틸콩을 먼저 넣고 그 위에 자고새를 담아낸다. 새를 구웠을 때 버터를 따뜻하게 데운 소스용기에 담아 제공한다.

Sarcelle aux Pêches

(Roasted Duckling with Peach and Wine Vinegar)

복숭아를 곁들인 새끼 오리고기 요리

• 사전준비 : 45분,　조리시간 : 30분　　　　재　료 : (4인분)

새끼 오리고기 4마리, 복숭아 4개, 살구잼 1큰술, 꼬 냑 20cc, 데미그라스 20cc, 와인비네거 50cc, 버 터 100g, 레몬즙 1/2개, 설 탕 300g, 올리브유 약간씩, 슈가파우더, 소금, 후추 각 5g

>>> 만드는 방법

1. 새끼오리는 털을 뽑고,내장을 깨끗이 손질하고, 꼬리부분을 잘라내고, 알콜이나 가스불로 살짝 구워 솜털 등을 제거한 후 브리데 한다.
2. 복숭아는 잘 익은 것은 껍질을 벗기기 쉬우며 잘 벗겨지지 않는 것은 열탕에 1분간 담군 후 껍질을 벗긴다. 절반으로 잘라 씨를 제거하고 설탕을 넣은 3/4ℓ 의 물에 넣고 약 5분간 끓인다. 그대로 시럽절임을 해둔다.
3. 코콧트 냄비에 밑간을 하고 소량의 올리브유를 바른 새끼오리를 넣고 고온의 오븐에 넣어 구워낸다.
4. 약12분이 지나면 꺼내 약 30분간 그대로 둔다.
5. 오리를 구워낸 코콧트 냄비를 꼬냑으로 데그라세한 후, 잼과 와인비네거를 첨가한다. 캬라멜 상태로 만들어 레몬즙을 넣은 다음 데미그라스를 넣는다. 불순물을 제거해가며 약 5분간 레뒤에르한다. 이것을 가는 체에 걸러 작게 자른 버터를 넣고 거품기를 사용하여 잘 섞는다. 이렇게 하면 소스에 매끈한 윤기를 더해준다. 간을 맞추어 정리한다.
6. 복숭아는 수분을 제거하고 철판 위에 얹어 슈가파우더를 뿌린 다음, 사라만다나 그릴에 넣어 따뜻하게 데워 가벼운 색을 낸다. 오리고기의 실을 뽑아 제거한다.
7. 서비스용 접시에 4마리의 새끼 오리고기를 담아내고 그 위에 소스를 나뻬하여 2등분한 복숭아를 곁들여 제공한다.

Selle de Chevreuil Panée au Poivre Blanc

(Roasted Deer with Whole White Pepper and Sauce)

구운 사슴고기에 흰 통후추를 곁드린 요리

재 료 : (4인분) • 사전준비 : 40분, 조리시간 : 40분

사슴 안하육(1kg) 1개, 버 터 150g, 생크림 150cc, 올리브 오일 40cc, 백포도주 100cc, 꼬 냑 40cc, 폰 드뷰 지비에 100cc, 흰 통후추 30g, 소 금52g

>>> 만드는 방법

1. 사슴의 안하육이란 뒷발에서 대퇴부에 이르는 고기부위이다. 얇은 칼로 고기를 그대로 두고 껍질을 벗긴 다음, 올리브 오일을 부은 바닥이 깊은 접시에 넣어 고기에 기름이 배이도록 한다.
2. 부순 후추를 고기 전체에 바른다. 이 때 고기를 가볍게 눌러발라 후추가 잘 붙도록 한다(서늘한 곳에서 약 12시간 동안 보관한다).
3. 버터를 넣은 철판을 가열한 후 고기를 넣고 고온의 오븐에 넣어 여러번 버터를 발라가며 약 35~40분간 구워낸다.
4. 다 구운 고기는 서비스용 접시에 담아 식지 않도록 버터바른 유산지로 덮어둔다.
5. 철판에 남아있는 고기구운 기름을 따라내고 꼬냑으로 데그라세한 후, 백포도주를 붓고 절반가량 졸인다. 여기에 폰 드뷰 지비에나 송아지 폰 드부를 넣어도 좋다. 이것을 끓여 생크림을 첨가해 냄비를 움직여가며 레뒤에르 한다(졸인다). 고기국물을 첨가하고 간을 맞춘 후 식지 않게 보관한다(이 때 곱게 한 후추는 첨가하지 않도록 한다).
6. 고기에서 뼈를 추려내 2장의 큰 필레를 떼어내어 12개의 메달리욘으로 자른 후, 고기 안쪽에서 작은 필레를 떼어내어 8장의 아주 얇은 에스깔로뻬로 자른다.
7. 서비스용 접시에 메달리욘 자르기한 편육을 왕관모양으로 담고, 그 안쪽에 에스깔로뻬한 편육을 담는다.
8. 고기에서 떨어져나와 소스 속에 떠 있는 후추알을 제거하고, 끓고 있는 맑은 소스를 고기 위에 나뻬한다. '밤의 스프레' (marrons en souffle)를곁들여 제공한다.

Côtes de Marcassin "Fructidor"

(Grilled Wild Boar Loin with Dried Fruit and Sauce)

새끼 멧돼지고기 뼈있는 등심살 요리 – "결실의 가을"

• 사전준비 : 1시간, 조리시간 : 30분 재 료 : (4인분)

새끼 멧돼지고기의 뼈있는 등심살 200g 8개, 가 지(600g) 4개, 사 과(600g) 4개, 밤 8개, 말린 자두 큰 것 4개, 버 터 200g, 올리브유 100cc, 와인비네거 60cc, 백포도주 80cc, 당 근 1/2개, 양 파 1/2개, 에샬롯트 2개, 노간주나무 열매 12개, 소금, 후추, 설탕 각2g

>>> 만드는 방법

1. 30~40kg 정도인 새끼 멧돼지고기에서 8조각의 등심살을 떼어낸다. 고기의 표면을 데그라세하여 등심살에 붙어있는 뼈는 그대로 두고 척추를 제고하고 가볍게 두드려 고기살을 편다.
2. 고기부스러기들과 뼈를 작게 잘라 기름두른 냄비에 넣고 양파와 당근을 넣어 함께 볶은 다음, 물 1/2 분량을 부어 무이에하고 약1시간 남짓 뭉근히 끓인다. 가끔 증발한 물의 분량만큼 부어준다. 이것을 체에 걸러 표면에 뜬 기름을 제거하고 데그라세하여 30cc 분량의 퐁이 될 때까지 졸인다.
3. 에샬롯트는 잘게 다진다.
4. 가지는 너무 익지않은 것을 골라 4등분한 후 씨를 제거하고 3cm 길이의 큰 올리브 크기만큼 16개로 뚜르네한다. 냄비에 물 50cc, 버터 30g, 설탕 한움큼을 넣는다. 뚜껑을 덮지않은 채 졸여 과일에 금색을 입힐 수 있도록 수분이 증발하여 버터와 설탕이 녹은 약간 단단한 캬라멜 상태로 만든다.
5. 사과는 약간 푸른 것을 골라 4번의 가지처럼 준비해둔다. 과일 조리시간은 각각 익은 정도에 따라 다르다.
6. 밤은 끓는 물에 약 5분간 담궜다 건져내어 껍질을 벗긴 후 1/2 분량의 물, 버터 20g, 설탕 한움큼을 넣은 작은 냄비에 넣어 뚜껑을 덮은 채 뭉근히 약20분간 졸인다.
7. 말린 자두는 전날 물에 담궈둔 것을 살짝 끓여 물기를 제거한다. 반으로 잘라 씨를 제거하고 버터를 녹인 후라이팬에 넣어 가볍게 볶는다.
8. 후라이팬에 버터 50g을 넣어 녹인 후 밑간을 한 뼈가 붙은 등심살을 넣고 버터 양을 충분히 하여 약 15~20분간 약한 불에서 구워낸다.

9. 코트렛트를 구워낸 오일은 후라이팬에 따르고, 여기에 에샬롯트를 넣어 약 20초간 볶는다. 약간의 와인비네거로 데그라세한 후 백포도주를 넣는다. 여기에 폰과 가볍게 부순 노간주나무 열매를 첨가해 소스분량이 8스푼 정도 남을 때까지 졸인다. 남아있는 잘게 썬 버터를 거품기를 이용해 잘 섞어 리에한다. 간을 맞추고 완성된 소스는 절대 끓어오르지 않도록 주의한다.

10. 원형 접시에 코트렛트를 담는다. 가장자리에는 색이 조화롭게 과일을 가 지런히 놓는다. 고기에 소스를 나뻬하여 바로 제공한다.

X. Légumes-Vegetages(야채류 요리)

· 야채요리 종류 및 원리

일반적으로 야채요리는 메인요리에 곁드리는 것으로 여겨져 왔다. 따라서 "곁드린다"는 뜻으로 Garniture라는 용어로 주요리 음식에 함께 필히 곁드리는 것이다.

그러나 요즘은 야채요리만 따로 메뉴를 구성하여 채식주의자들의 욕구에 충족하도록 하는 트랜드이다.

요리에 쓰이는 야채는 다양하다고 할 수 있다. 감자, 당근, 시금치, 완두콩, 토마토, 아티쵸크, 녹색 야채류 등 많이 쓰인다.

요즘 야채요리는 건강요리로서 곁들이는 뿐만 아니라 단독메뉴로도 활용하여 고객의 입맛을 사료 잡을 수도 있다.

건강을 위한 야채요리는 아라 카르트 메뉴로도 적절하게 활용 할 수가 있다.

뿌리채소 우엉, 감자, 무, 연근, 흰 파 등은 풍부한 식이섬유와 칼륨, 비타민 등 영양소들이 많이 들어있다. 그리고 뿌리채소는 몸속의 해독 작용과 변비해소, 장 회복기능 등 혈액순환에도 탁월한 효과가 있다. 특히 흰뿌리 채소는 한약재 역할을 하는 사포닌이 들어 있어 염증억제효과, 에너지 대사기능, 피로해소, 면역성 강화와 노화방지를 예방하는 항산화제 기능도 있다.

Fonds d’Artichauts au Fromage

(Artichoke Bottoms with Cheese)

그리에 치즈를 이용한 아티쵸크 요리

재 료 : (4인분) • 사전준비 : 20분, 조리시간 : 30분

artichoke bottoms 1can, parmesan and. gruyere cheese mixed 80g,
egg yolks 2개, single cream 250ml, salt and pepper 각 2g

>>> 만드는 방법

1. Artichoke를 씻어 물을 빼고 ovenproo f dish에 가지런히 담는다.
2. ceram에 egg yolk와 parmesan cheese를 섞고, salt, pepper로 간을 한다.
3. 이것을 artichoke위에 붓는다.
4. 150℃로 예열된 오븐에서 약 25~30분정도 구워낸다.
5. 뜨거울때 serving한다.

Fonds d'Artichquts à la Moelle

(Aritichoke Bottoms with Bone Marrow)

아티쵸크 뿌리와 소골을 넣은 요리

• 사전준비 : 10분, 조리시간 : 10분

재 료 : (4인분)

marrow bones 큰 2개, artichoke bottom 4개,
black pepper 2g, bordelaise sauce 150cc

>>> **만드는 방법**

1. 조각 낸 marrow bone을 구입하여 끓는 소금물에서 약 5~6분간 끓이고 나서 다시 식힌다.
2. artichoke bottom을 ovenproo f dish에 가지런히 담는다.
3. bone으로부터 marrow를 꺼낸다. 이때 bone이 부서지지 않도록 조심해야 한다.
4. bone을 두껍게 slice해서 artichoke 한 개에 bone slice 한 개가 되도록 담는다.
5. 그 위에 salt, pepper, 1Ts bordelaise sauce를 끼얹고 220℃로 예열된 오븐에서 약 8~10분간 구워낸다.

Aubergines Papeton

(Papal Aubergine Pudding)

잘 익은 가지를 이용한 푸딩요리

재 료 : (4인분) • 사전준비 : 60분, 조리시간 : 50분

aubergines(200g) 4개, salt 2g, shallot 2개, garlic 1개, olive oil 4Ts, sprig thyme 1잎, small bay leaf 2잎, black pepper corn 2g, double cream 2Ts, large eggs 2개, tomato sauce 250ml

>>> 만드는 방법

1. aubergines을 slice해서 그 위에 소금을 뿌리고 철제판위에 넣고 한 시간 정도 물을 뺀다.
2. 다른 준비가 다 되면 깨끗한 towel로 물기를 완전히 닦아낸다.
3. shallot, garlic을 아주 잘게 다진다.
4. saucepan에 oil을 두르고 aubergines, shallot, garlic, thyme, bay leaf,black pepper를 넣고 뚜껑을 덮은 상태로 약 15~20분 정도 익힌다.
5. aubergines이 부드러워지면 electric blender로 puree상태로 만들고 간을 확인한다.
6. cream과 egg yolks를 저어 puree에 넣어 섞는다.
7. 이것을 버터 바른 1 liter soufflé dish에 붓는다.
8. 뚜껑을 덮고 뜨거운 물을 반쯤 담은 baking 텀블러에 이 dish를 넣고 180℃로 예열된 오븐에서 약 40~50분 정도 굽는다.
9. 다 익어서 모양이 고정되면 오븐에서 꺼내 soufflé dish에서 떼어내고 깊은 접시에 담고 그 위에 tomato sauce를 붓는다.(오븐에서 구워내는 시간은 individual cocotte dish를 사용할 경우 줄이도록 한다.)

Aubergines 'Chutney'

(Puree of Aubergines)

팀블러 가지 퓨레

• 사전준비 : 15분, 조리시간 : 10분

재 료 : (4인분)

aubergines 400g, sprig thyme 2잎, small bay leaf 2잎, juice of 1/2 lemon 1개, powered ginger 5g, olive oil 2Ts, cayenne pepper 2g, salt and pepper 각 1g, small onion 1개

>>> 만드는 방법

1. 이 puree는 아주 부드러워서 cold meat or fish에 잘 어울린다.
2. Aubergines은 껍질을 벗기고 4토막 내어 끓는 물에 salt, thyme, bay leaf와 함께 넣는다.
3. 약 10~15분정도 삶아서 부드러워지면 건져내고 물을 뺀다.
4. 약한 불로 팬에 aubergines을 올려 놓고 저어주면서 물기를 완전히 말린 다음 pulp를 으깬다.
5. lemon juice, ginger, olive oil, cayenne을 넣고 저어주고, salt, pepper로 간을 맞춘다.
6. serving dish에 담고 chopped onion을 그 위에 뿌린다.

Courgettes à la Marie

(Courgettes in Cream Sauce)

긴 호박에 생크림 소스를 곁드린 요리

재 료 : (4인분) • 사전준비 : 60분, 조리시간 : 20분

courgettes 1kg, unsalted butter 50g, bouquet garni 1단, béchamel sauce 250ml, double cream 4Ts, egg yolk 2개, lemon juice 2Ts, black pepper 2g

>>> 만드는 방법

1. courgette를 길게 잘라 젖은 수건으로 닦아낸다.
2. 1cm두께로 어슷하게 썬다.
3. 소금을 뿌리고 colander에서 약 1시간 정도 물을 뺀다.
4. 깨끗한 천으로 물기를 완전히 닦아 낸다.
5. 넓고 두꺼운 saucepan에 버터를 바르고, courgette, bouquet garni를 넣어 뚜껑을 덮고 약 12~15분간 익힌다. 이때 바닥에 달라붙지 않도록 자주팬을 흔들어 주면서 부드러워질 때까지 익힌다.
6. 그 동안 béchamel sauce를 만들고 불에서 내려 egg yolk, cream, lenon juice를 넣고 섞는다. 간을 맞추고 다시 불 위에 얹어 약 1~2분간데운다.
7. 이것을 courgettes위에 뿌려 serving한다.

Les Choux de Bruxelles aux Marrons

(Brussel Sprouts with Chestnuts)

베이컨을 곁드린 스포르트와 밤 요리

• 사전준비 : 30분,　조리시간 : 20분　　　　재　료 : (4인분)

chestnuts 200g, salt 2g, steaky bacon 100g, firm sprouts 400g, chipolata sausage 200g, butter 50g, black pepper 2g

>>> 만드는 방법

1. chestnut의 껍질을 칼로 약간 썬다. 이것을 끓는 소금물에 넣고 약 5분간 끓여 낸다.
2. 아직 뜨거울 때 속껍질과 겉껍질을 모두 벗긴다.
3. chestnut을 끓는 소금물에 넣고 약 30분정도 부드럽게 익힌다.
4. bacon은 끓는 물에 데쳐 물을 빼고 길게 썬다.
5. sprout는 끓는 소금물에 데쳐 물을 빼고 찬물로 헹군다. 다시 sprout을 끓는 소금물에 약 12~15분간 삶아서 부드럽게 익힌다.
6. sausage는 구워낸다.
7. 버터를 녹이고 bacon이 갈색이 나도록 볶는다. 여기에 chestnut, sprouts을 넣고 센 불에서 저어주면서 볶는다.
8. serving dish의 중간에 이것을 담고, 그 둘레에 sausage를 놓는다.

Chou-fleur au Beurre Noir

(Cauliflower with Black Butter)

빵가루 곁드린 커리플라워 야채요리

재 료 : (4인분) • 사전준비 : 10분, 조리시간 : 10분

large cauliflower 2개, salt 2g, unsalted butter 100g,
white breadcrumbs 40g, wine vinegar 2ts, boiled egg 2개

>>> 만드는 방법

1. cauliflower의 줄기와 잎을 제거하고 꽃봉우리를 나누어 찬 소금물로 씻고 물을 뺀다.
2. 끓는 소금물에서 부드러워 질 때까지 약 5~6분간 데치고 나서 물을 빼고 serving dish에 담는다.
3. frying pan에 버터 40g을 녹이고 crumbs을 갈색이 날 때까지 튀겨낸다.
4. 이것을 cauliflower위에 뿌려 담는다.
5. 남은 버터를 frying pan에 녹인다. 갈색이 나면 불에서 내리고 가능한 멀리 떨어뜨린 상태에서 wine vinegar를 붓는다.
6. 이것을 즉시 cauliflower위에 붓고 삶은 계란을 1/4썰어 장식하고 간을 한 후 serving한다.

Chou-Fleur à la Zita

(Cauliflower Zita)

빵가루, 생크림, 화이트소스를 곁드린 커리플라워

• 사전준비 : 10분, 조리시간 : 15분 **재 료 : (4인분)**

large califlower 2개, salt 2g, butter 80g, white bread crumbs 50g, black pepper 2g, double cream 40cc, béchamel sauce 4큰술

>>> 만드는 방법

1. cauliflower을 꽃봉우리를 나누어 찬물로 씻어 끓는 소금물에서 약5-7 분간 살짝 데친다.
2. 큰 frying pan에 버터를 두르고, salt, pepper로 간을 해가면서 berad crumbs을 바삭바삭하고 갈색이 날 때까지 튀겨낸다.
3. cauliflower는 물을 빼고 oven proof dish에 담는다.
4. 그 위에 crumbs를 뿌리고, cream이나 béchamel sauce를 끼얹고, 남은 crumbs를 다시 골고루 뿌린다.
5. 190℃로 예열된 오븐에서 약 10~15분간 구워 뜨거울 때 곧바로 serving한다.

Endives Gratinees au Jambon

(Chicory and Ham with Gratin)

엔다이브와 햄을 곁드린 그라탕 야채요리

재 료 : (4인분) • 사전준비 : 25분, 조리시간 : 30분

heads chicory 8개, salt 2g, thin slices ham 8개, double cream 3Ts, béchamel sauce 250ml, black pepper 2g, parmesan cheese 50g, butter 20g

>>> 만드는 방법

1. endives chicory를 다듬어 젖은 수건으로 닦아낸다.
2. 끓는 소금물에 넣고 약 5분 동안 데치고 물을 빼 놓는다.
3. sliced ham에 chicory 한 개를 싸서 ovenproof dish에 가지런히 담아둔다.
4. béchamel sauce에 cream을 넣고 간을 맞춘 후 chicory위에 붓는다.
5. parmesan cheese, butter조각을 그 위에 뿌린다.
6. 180℃로 예열된 오븐에서 약 20분정도 구워 소스가 거품을 내면서 갈색이되면 꺼낸다.

Endives à la Meunière

(Braised Chicory)

브레이징한 에다이브 야채요리

• 사전준비 : 30분,　조리시간 : 10분　　　　재　료 : (4인분)

large heads chicory 4개, butter 40g, olive oil 2Ts,
caster sugar 1ts, salt and pepper 각 2g, lemon juice 2ts

>>> 만드는 방법

1. chicory를 다듬는다.
2. flame proof casserole에 버터와 oil을 두르고 뜨거워지면 chicory를 편편하게 깔아 갈색이 날 때까지 둔다.
3. 색깔이 나기 시작하면 그 위에 salt, sugar, pepper를 뿌린다.
4. 황금갈색이 나면 뚜껑을 덮고 낮은 불에서 약 20분가량 익힌다.
5. casserole 바닥에 물이 있으면 불을 더 세게 해서 증발시키고 나서 lemon juice를 뿌린다.
6. 이것을 serving dish에 옮겨 담고 그 위에 buttery juices를 붓는다.

Puree de Lentilles

(Lentil Puree)

렌틸콩 퓨레 요리

재　료 : (4인분) • 사전준비 : 60분,　조리시간 : 20분

lentils 450g, small carrot 1개, small onion 1개,
clove garlic 1쪽, bay leaf 1잎, salt and pepper 각 2g, butter 50g

>>> 만드는 방법

1. Lentil을 찬물에 하룻밤 정도 담궈 둔다.
2. carrot와 onion은 잘게 다지고 garlic clove는 껍질을 깐다.
3. Lentils은 물을 빼고, 소스 팬에 넣고 물을 부어 carrot, onion, garlic, bay leaf, salt와 함께 뚜껑을 덮고 끓인다.
4. 부드러워질 때까지 약 1시간 정도 끓인다.
5. 다 익으면 물을 빼고 electric blender로 puree를 만든다.
6. 이것을 다시 sauce pan에 붓고 간을 맞추고 버터를 넣는다.
7. 불에 올려 다시 저으면서 섞는다.

Kartoffel Schnitz

(Alsatian Potatoes)

바삭하게 튀겨낸 감자요리

• 사전준비 : 15분, 조리시간 : 10분

재 료 : (4인분)

waxy potatoes 500g, salt 2g, slice bread(1cm thick) 1개,
butter 100g, onion(chopped) 75g, croutons 50g, cream 4Ts

>>> 만드는 방법

1. potatoes껍질을 벗기고, orange segment모양으로 썬다.
2. 이것을 끓는 소금물에 넣고 약 10~12분간 삶아서 부드럽게 한다.
3. bread는 1cm cube로 썰어 버터 50g에 바삭바삭하도록 튀겨낸다.
4. 버터 25g으로 onion을 볶아 갈색이 날 때까지 볶는다.
5. potatoes가 다 익으면 dish에 담는다.
6. 남은 버터 25g을 onion에 넣고 녹으면 bread croutons도 넣는다. 이것을 준비된 5번에 부어 뜨거울때 serving한다.

Pommes de Terre Rissolees

(Golden Potatoes)

황금색으로 튀긴 감자요리

재 료 : (4인분) • 사전준비 : 20분, 조리시간 : 10분

small potatoes 600g, salt 2g, butter 50g,
chopped parsley 1Ts, chopped chives 1Ts

>>> 만드는 방법

1. potatoes를 잘 씻어 끓는 소금물에 넣고 약15분간 익힌다.
2. colander에서 물을 빼고 흐르는 찬물에서 몇 초간 씻어 껍질 벗기기가 쉽게 한다.
3. 큰 frying pan에 버터를 넣고 거품이 생길 때 potatoes를 넣고 저으면서볶는다. 황금갈색이 나면 불에서 내리고 salt, herbs를 뿌리고 serving한다.

Petitis Pois à la Paysanne

(Country Style Green Peas)

시골풍의 그린피스 콩 요리

• 사전준비 : 10분, 조리시간 : 50분

재 료 : (4인분)

sprig onions 2개, lettuce 10–12, butter 50g, shelled green peas 450g, bay leaf 1잎, sprig thyme 1잎, water 2Ts, salt and pepper 각 2g

>>> 만드는 방법

1. onion은 껍질을 벗기고, lettuce는 씻어둔다.
2. flameproof dish에 버터를 녹이고 onions을 몇 분간 볶아낸다.
3. lettuce를 넣고 뚜껑을 덮고 lettuce가 시들 때까지 약 5분정도 익힌다.
4. peas, bay leaf, thyme, water, seasoning을 넣는다.
5. 뚜껑을 덮고 약 30~45분간 익혀서 peas를 부드럽게 한다.
6. 간을 맞추고 herbs를 빼고 dish에 담아서 serving한다.

Salsifis Frits

(Salsify Fritters)

서양우엉 튀김요리

재 료 : (4인분) • 사전준비 : 20분, 조리시간 : 30분

scorzonera vinegar 20cc, salt 1g, oil for deep frying 100cc,
frying butter 200cc, lemon 1개, 튀김반죽 50cc

>>> 만드는 방법

1. salsify를 씻고, 껍질을 벗기고, 손가락 크기 정도로 썬다.
2. 500ml물에 1Ts vinegar를 섞은 물에 담근다.
3. salsify를 꺼내 물을 빼고 끓는 소금물에 넣고 부드러워질 때까지 약 20~30분 정도 삶는다.(너무 무르지 않도록 한다)
4. 물을 빼고 말린다.
5. 튀김 기름의 온도가 190℃가 되면, salsify에 튀김옷을 입혀 한 개씩 넣는다.
6. 튀김옷이 바삭바삭해지고 황금색이 나면 꺼내고 기름을 뺀다.
7. lemon 1/4개와 함께 serving한다. 이 salsify fritters는 이 자체로도 훌륭한 야채요리이고, roast meat과도 함께 어울리는 요리이다.

Couronne Vegetarianne

(Spinach and Cauliflower Crown)

시금치와 코리플라워 야채요리

• 사전준비 : 15분, 조리시간 : 20분 재 료 : (4인분)

fresh spinach 1kg, salt 2g, small cauliflower 2개,
butter for greasing 50cc, béchamel sauce 250ml, tomato puree 30cc

>>> 만드는 방법

1. Spinach는 깨끗이 씻고 줄기는 버린다.
2. 큰 소스 팬에 물은 붓지 않고 salt 1ts 정도 넣고 약 2~5분간 spinach 를 부드럽게 익혀낸다. 물기를 빼고 다진다.
3. cauliflower는 줄기와 잎을 떼어내고 통째로 끓는 소금물에 넣어 약 10~15분 정도 부드러워질 때까지 익힌다. 물을 빼고 전체 모양이 유지되도록 잘 둔다.
4. 16-18cm ring mould에 버터를 바르고 spinach를 꼭꼭 채운다.
5. 넓고 깊은 dish에 4번을 빼낸다. 이 spinach위의 중앙에 cauliflower를 얹는다.
6. béchamel sauce는 paprika나 tomato puree로 분홍색을 내어 spinach 둘레에 붓고 즉시 serving한다.

Fenouil au Gratine

(Fennel Gratin)

펀넬 야채 그라탕

재 료 : (4인분) • 사전준비 : 30분, 조리시간 : 10분

Florentine fennel 4개, salt 1g, butter 40g, black pepper2g,
parmesan cheese 50g

>>> 만드는 방법

1. fennel roots을 손질해서 젖은 행주로 잘 닦고 길이로 잘라둔다.
2. 이것을 끓는 소금물에 넣고 뚜껑을 덮은 채로 약 10~20분간 끓인 후 물기를 빼둔다.
3. 버터 바른 oven proof dish에 fennel을 둥글게 담고 그 위에 salt, pepper, cheese를 뿌린다.
4. 남은 버터를 조각내서 그 위에 얹고 grill에서 갈색이 날 때까지 굽는다.
5. 뜨거울 때 lamb 혹은 pork chops, chicken과 함께 serving한다.

Topinambours au Jus

(Braised Jerusalem Artichokes)

브레이징한 예루살렘 아티쵸크 요리

• 사전준비 : 15분, 조리시간 : 10분

재 료 : (4인분)

artichokes 600g, lemon juice 1/2개, unsalted butter 60g, salt and pepper 각 2g, stock 20cc, jus de viande 6ts, juice of 1/2 lemon 1개, chopped parsley 1잎

>>> 만드는 방법

1. artichokes의 껍질을 벗기고 1Ts lemon juice를 섞은 500ml 물에 즉시 담근다.
2. 준비가 되면 건져내고 말린 후 얇게 썬다.
3. 넓은 소스팬에 버터 50g을 녹이고 artichoke을 넣고 약10여분 저어주면서 익힌다.
4. salt, pepper 그리고 stock 혹은 jus de viande를 넣고 뚜껑을 덮고 부드러워 질때까지 익힌다.
5. 뚜껑을 내리고 액체를 모두 증발시킨다.
6. 남은 버터를 넣고, lemon juice와 parsley를 넣고 팬을 흔들어 골고루 섞는다.

Tomatoes à la Provençale

(Stuffed Provencal Tomatoes)

속을 채운 프로방샬 토마토 요리

재　료 : (4인분)　　　　• 사전준비 : 10분,　조리시간 : 10분

large tomatoes 4개, salt and pepper 각 2g, cloves garlic 2쪽, cheese 20g, chopped parsley 2Ts, white breadcrumbs 40g, olive oil 6Ts, parsley 1잎

>>> 만드는 방법

1. tomatoes를 수평으로 자르고 스푼의 뒷면으로 중앙을 움푹하게 만들고 salt, pepper를 뿌린다.
2. garlic는 1/4ts salt와 함께 섞고, parsle, bread crumbs, oil을 넣고 충분히 섞는다.
3. 이 mixture를 반으로 자른 tomato의 움푹한 곳에 채워 넣고 oil을 바른 oven proof dish에 담는다.
4. tomatoes가 부드러워질 때까지 grill에서 굽고 그리고 나서 불을 세게 해서 표면이 갈색이 날 때까지 굽는다.
5. 만약 오븐을 이용한다면 190℃에서 약 10~15분간 굽는다.
   Roast or grilled chicken, lamb 혹은 white fish와 잘 어울린다.

Haricots Verts à la Maître d'Hotel

(French Beans with Maitre d'Hotel)

메트로 버터소스를 곁드린 프렌치 빈스

• 사전준비 : 15분, 조리시간 : 10분

재 료 : (4인분)

young french beans 1kg, salt and pepper 각 2g, Herbs 5g,
butter 50g, chopped parsley 1Ts, Lemon juice 1/2개

>>> 만드는 방법

1. 큰 팬의 끓는 소금물에 beans을 한꺼번에 다 넣는다.
2. 뚜껑을 덮지 않고 약 10~12분 끓여 부드러워지면 물을 뺀다.
3. beans을 다시 pan에 넣고 salt, pepper, butter를 넣고 섞는다.
4. lemon juice, parsley도 넣고 섞은 후 serving dish에 담고 즉시 serving한다.

Cuisson des Légumes Verts

(Green Vegetables with Sauce)

각종 녹색 야채요리

재 료 : (4인분) • 조리시간 : 30분

각종 야채류 – 특수야채류(신선한 야채)

* 겯들이는 야채로 쓰인다. 각1개씩

>>> 만드는 방법

1. 꼬투리째 먹는 강낭콩, 그린피스, 시금치, 아스파라거스의 부드러운 상부 등 녹색 야채를 실패없이 삶아내는 기본적인 방법은 다음과 같다.
2. 주요 포인트는 삶은 야채의 맛, 색깔, 모양의 손상없이 아삭아삭한 맛이 나도록 하는데 있다.
3. 냄비는 도금하지 않은 붉은 동냄비나 산화하지 않은 냄비를 사용한다.
4. 물 1ℓ 에 소금 10g의 비율로 소금을 첨가한 후 끓는 물에 야채를 넣는다.
5. 뚜껑은 절대 덮지 않는다.
6. 삶고 있는 동안 강한 불을 유지한다.
7. 다 삶으면 곧바로 야채의 물기를 제거하고 간을 맞추어 제공한다. 만약 제공하기까지 간격이 있다면 야채를 곧바로 식히지만(이런 경우가 많기 때문에), 때론 얼음조각을 띄운 냉수를 준비해 망국자로 야채를 냄비에서 꺼내 냉수에 헹궜다가 다른 냄비로 옮겨 담는다. 야채가 식으면 물기를 제거하고 접시 위에 담아 신선한 곳에 놓아둔다. 앙글레즈로 제공할 경우에는 끓고 있는 물에 넣어 따뜻할 정도로만 데우며 삶지 말 것. 물기를 제거하고 간을 맞춰 제공한다.

Cuisson des Asperges

(Green Asparagus with Sauce)

아스파라거스 요리

• 조리시간 : 20분

재 료 : (4인분)

신선한 아스파라거스

소스와 곁들이는 야채로 쓰인다. 600g

>>> 만드는 방법

1. 1인분은 약 500g 분량으로 할 것.
2. 아스파라거스 조리에는 다음의 3가지 주의사항이 있다.
   ① 수확한 지 얼마안되는 신선한 것을 고르며, 신선도는 깍아보면 즉시 알 수 있다.
   ② 껍질을 벗길 때는 껍질 벗기는 도구를 이용한다. 깨끗이 벗긴 후 윗부분의 작은 잎을 따고 씻어 8~10 줄기를 다발로 묶는다. 18cm 길이로 준비한다.
   ③ 너무 삶으면 맛을 손상시키므로 굵기에 따라 약 13~15분간 삶아낸다.
3. 예전부터 조리하는 방법대로 삶는다. 소금을 넣고 끓는 물에 넣는다.
4. 완성된 아스파라거스는 식지 않게 보관한다. 소스를 곁들인다.

• 완성 약5분 후 제공하는 것이 좋으나, 아스파라거스 상태에 따라 제공하기 약20분 전에 시작하면 좋다.

Aubergines Stendhal

(Tomato and Eggplant with Sauce)

토마토를 첨가한 가지요리

재 료 : (4인분) • 사전준비 : 30분, 조리시간 : 15분

길쭉한 가지(150g) 4개, 토마토 400g, 버 터 200g, 마 늘 1개, 바질 잎 4잎, 소금, 통후추, 치즈 약간씩

>>> 만드는 방법

1. 가지는 가지런하고, 껍질에 광택 있는 짙은 보라색의 아주 신선한 것을 선택한다. 씻은 후 물기를 제거하고 끝을 잘라낸다. 긴 칼로 두께의 3/4정도 깊이까지 4줄의 칼집을 넣는다. 접시 위에 가지런히 놓고 소금과 부순 후추를 가볍게 뿌린 후 약 15분간 그대로 둔다.
2. 토마토는 꼭지를 떼고 절반으로 자른 후, 두께 1cm의 링 썰기로 32조각을 만든다. 밑간을 하고 가지의 칼집 사이에 2개씩 끼워 넣는다.
3. 가지모양이 일그러지지 않도록 주의하면서 토마토가 빠지지 않게 단단히 실을 묶는다.
4. 큰 냄비에 가지를 넣는다.
5. 버터, 마늘, 소금을 넣은 물 3/4ℓ 을 넣는다.
6. 냄비뚜껑을 덮고 약한 불에서 약 20분간 끓인다.
7. 완성된 가지는 큰 포크를 이용하여 서비스용 접시에 담아낸다.
8. 냄비에 남은 국물이 큰 스푼으로 8스푼 정도 남을 때까지 졸인다.
9. 가지의 실을 제거하고 소스를 나뻬한다.
10. 완전히 끓어오르지 않을 정도로 데운 후, 다져둔 바질 잎을 뿌려 뜨거울 때 제공한다.

• 차가운 가지요리 만드는 법

버터 대신 올리브유 200cc를 사용하여 레몬 1/2개의 레몬즙과 부케가르니 한 묶음을 첨가한다. 소스분량이 6스푼 정도이므로 더 오랜 시간 졸인다. 이것을 식힌 후, 다음날 살짝 데워 제공한다.

Chou Vert aux Lardons

(Pork Tenderoin and Sprouts with Vinegar)

돼지고기 안심을 첨가한 양배추 조림요리

• 사전준비 : 30분,　조리시간 : 30분　　　　재　료 : (4인분)

양배추(1kg) 1개, 버 터 80g, 소금에 절인 돼지고기 안심 120g,
올리브유 20cc, 와인비네거 60cc, 소금, 흰 통후추 약간씩

>>> 만드는 방법

1. 양배추는 녹색 잎이 있는 것을 선택한다. 시즌일 경우에는 잎이 좋은 양배추를 사용한다. 잎은 모두 벗겨내고 굵은 심이 있는 잎을 제거하고 물에 씻는다. 소금을 첨가한 물에 넣어 약 10분간 하고 블랑쉬르한 후, 물기를 제거하고 받침대 위에 펴서 폭이 넓은 칼로 큼직하게 썬다.
2. 소금에 절인 돼지고기 안심은 가로 1cm, 세로 5cm 크기로 자른다. 끓는 물에 넣어 약 2~3분간 삶아낸 후 물기를 제거한다.
3. 코콧트 냄비에 기름과 돼지고기 안심을 넣고 가열하고 고기에서 나온 기름 성분으로 표면에 갈색이 날 때까지 굽는다. 기름기를 제거하고 접시에 담아둔다.
4. 3번의 냄비에 양배추를 넣고 물 100cc를 부어 무이에 한 후, 가볍게 소금을 친다(안심의 소금량에 따른다).
5. 기름을 바른 원형 기름종이를 양배추 위에 덮고, 냄비뚜껑을 덮어 약 20분간 오븐에 넣어둔다.
6. 냄비뚜껑과 종이를 벗겨내고 삶은 국물량이 줄어든 것을 확인한다. 후라이팬에 와인 비네거를 끓여 양배추 위에 끼얹는다.
7. 돼지고기 안심을 양배추에 넣어 약 5분간 약한 불에 끓인 다음, 흰 통후추를 듬뿍 갈아 뿌린 후 서비스용 접시에 담아 제공한다.

Côtes de Bletters à la Fourme de Montbrison

(Bletters Vegetable with Cheese and Cream)

블렛트 야채에 치즈를 첨가한 요리

재 료 : (4인분) • 사전준비 : 30분, 조리시간 : 30분

블렛트(명아주 일종) 900g, 몬브리존 치즈 80g, 버 터 50g,
생크림 300cc, 계 란 2개, 소금, 후추 각 2g씩

>>> 만드는 방법

1. 블렛트는 중간의 잎을 모두 따내고 흰 부분만 사용한다. 줄기와 흰 부분을 덮고 있는 얇은 껍질을 벗겨내고 길이 4cm, 폭 2cm로 잘라 준비한 다. 씻은 후 물기를 제거한다.
2. 볼에 계란 2개분과 생크림 1스푼을 넣어 잘 섞는다(리에종).
3. 코콧트 냄비에 버터와 야채를 넣어 뚜껑을 덮고 약 15분간 찐다.
4. 남은 생크림을 첨가해서 아주 약한 불에서 약 10분간 삶는다.
5. 다른 작은 냄비에 약한 불에서 치즈를 녹인 포마르를 블렛트와 혼합한다.
6. 냄비를 불에서 내려 야채에 리에종을 섞어 끓어오르지 않도록 혼합한다(간을 맞춘다). 그라탕 접시에 담은 다음 그릴에 살짝 넣었다 꺼내 고운색을 내도록 한다. 바로 제공한다.

Duo de Truffe à la Vapeur

(Steamed Potato with Wine and Truffle)

감자에 트뤼플을 첨가한 요리

• 사전준비 : 25분, 조리시간 : 20분ㅁ

재 료 : (4인분)

신선한 트뤼플 160g, 감 자 250g, 버 터 50g, 백포도주 40cc,
소금, 후추 각 2g씩, 치즈 20g

>>> 만드는 방법

1. 감자를 쪄내는 마르밋트(바브루 냄비)나 냄비바닥에 3개의 다리를 놓고 그 위에 망을 얹어 쪄내는 캐서롤을 준비한다.
2. 트뤼플은 깨끗한 것을 사용하지만, 그렇지 않을 경우에는 흐르는 물을 놓고 솔로 깨끗이 씻는다.
3. 감자는 다양한 모양을 트뤼플과 같이 뚜르네 한다.
4. 찜솥의 망이 있는 데까지 물을 부어넣은 다음, 소금과 후추로 간을 한 트뤼플과 감자를 망 위에 놓는다.
5. 찜솥 그대로 서비스하여 미리 데워놓은 4장의 접시에 감자와 트뤼플을 2~3쪽씩 담는다. 그 위에 굵은 소금 몇 알을 얹고 손님의 기호에 따라 버터를 곁들인다.
6. 기호에 따라 감자를 사용하지 않고, 트뤼플 국물에 단맛의 Sauterues와 쓴맛 나는 백포도주를 반반씩 섞은 것을 사용하며 이것은 트뤼플의 향을 더욱 강하게 하는 효과가 있다. 찐 국물에 버터를 몬테하여 맛을 더한다.

Émince d'Artichaut au Cerferil

(Steamed Artichoke With Cream and Wine)

와인과 크림을 곁드린 아티초크 요리

재 료 : (4인분) • 사전준비 : 35분, 조리시간 : 30분

아티초크(中) 6개, 생크림(절반분량으로 졸인 것) 150cc, 버 터 30g, 백포도주 40cc, 에샬롯트 1개, 올리브 오일 20cc , 레몬즙 1개, 디죵 머스터드 1큰술, 소금, 후추 각 2g

>>> 만드는 방법

1. 아티초크는 보라색을 띤 신선한 것을 골라 줄기 밑을 자르고, 둘레의 딱딱한 큰 잎은 떼어낸다. 칼로 아티초크를 바닥을 돌려가며 깍아낸 후, 색이 변하지 않도록 레몬 1/2개를 문지르고 식초 100cc를 첨가한 물에 담궈둔다. 이것을 4등분하고 솜털은 제거한 후 다시 식초물에 넣어둔다(캔제품 대용가능).
2. 에샬롯트는 잘게 썰고, 아티초크는 물기를 제거한다.
3. 버터를 녹인 동도금한 냄비나 바닥이 두꺼운 냄비에 에샬롯트를 넣고 색이 나지 않도록 슈에한다.
4. 백포도주를 첨가해 데그라세 한 후, 4등분한 아티초크를 나란히 넣는다.
5. 재료가 절반정도 잠기도록 물을 붓고, 소금과 후추를 뿌린 후 뚜껑을 덮는다. 그대로 약 15분간 삶은 후 뚜껑을 열어 국물이 2스푼 정도될 때까지 레듀에르 한다.
6. 여기에 생크림을 넣고 잠시 동안 끓는 상태를 유지한다. 그 위에 머스터드를 첨가하여 잘 섞고 맛을 정리한다.
7. 바닥이 깊은 접시에 담아내고 신선한 올리브 오일을 뿌려 제공한다.

Frisons de Concombres

(Fresh Cucumber with Fresh Whipped Cream)

생크림과 오이 요리

• 사전준비 : 25분, 조리시간 : 10분

재 료 : (4인분)

오 이 600g, 생크림 200cc, 레 몬 1/2개, 소금, 후추 각 2g씩

>>> 만드는 방법

1. 신선한 오이 2개를 선택해 양 끝을 잘라내고 각각 7~8cm 길이로 자른다. 껍질을 벗겨 2~3cm 두께로 자른 것을 쥬리엔으로 자른다(필요하면씨를 제거한다).
2. 프리즌(Frisons : 오이 가늘게 썰기)을 냉수에 넣어 2~3회 물을 갈아주면서 약 12시간 정도 담궈둔다(오이의 아삭아삭한 맛을 더한다). 물에서 꺼내 냅킨으로 물기를 제거한다.
3. 중간크기의 냄비에 생크림을 넣고 끓인다.
4. 여기에 오이를 넣는다. 오이에 포함되어 있는 수분으로 인해 생크림이 풀어지기 때문에 약5분간 더 끓여 원래 농도를 유지한다.
5. 소금, 후추, 레몬즙으로 간을 맞춘다.
6. 생선이나 흰살 육류에 곁들여 캐서롤에 넣어 제공한다.

Haricots Blancs au Vin Rouge

(Marinade Red Wine with white String Beans)

적포도주에 절인 흰 강낭콩 요리

재 료 : (4인분) • 사전준비 : 40분, 조리시간 : 50분

흰 강낭콩 750g, 버 터 80g, 에샬롯트 3개, 적포도주 200cc, 양 파 1개, 당 근 1/2개, 마 늘 1개, 부케가르니 1단, 크로브(정향) 1개, 파슬리, 소금, 후추 각 5g씩

>>> 만드는 방법

1. 흰 강낭콩은 조리 직전에 깍지를 벗긴다.
2. 에샬롯트와 마늘은 다진다.
3. 당근과 양파는 껍질을 벗긴다.
4. 물 1ℓ 에 7g의 소금을 첨가해 끓인 물에 흰 강낭콩을 넣어 약 30분간 삶는다. 떠오르는 앙금은 제거한다.
5. 여기에 크로브를 꽂은 양파, 당근 1/2개, 부케가르니를 넣는다.
6. 버터 40g을 녹인 코콧트 냄비에 에샬롯트를 슈에한 후, 적포도주를 부어 수분을 증발시키듯 졸인다.
7. 여기에 크로브와 물기를 제거한 콩을 넣고 다진 마늘을 첨가하여 그대로 약 10분간 졸인다(간을 맞춘다).
8. 남아있는 버터를 호두크기로 잘라 냄비에 넣고 가볍게 흔들어가며 버터가녹아 콩에 골고루 배이도록 한다. 수분이 부족할 때는 콩 삶은 물을 조금씩 첨가하면 좋다. 잘게 다진 파슬리를 뿌려 제공한다. 이 요리는 다시 데우는 것이 가능하다. 건조콩을 사용할 경우에는 조리 전에 미지근한 물에 약2시간 정도 담궈 두었다 건져 생콩보다 장시간 삶아낸다.

Gratin de Pommes de Terre à la Forézienne

(Potato Gratin)

감자 그라틴 요리

• 사전준비 : 20분, 조리시간 : 1시간

재 료 : (4인분)

감 자 800g, 우 유 250cc, 생크림 300cc, 소금, 후추, 버터 약간씩

>>> 만드는 방법

1. 감자는 길쭉한 장형으로 삶아내어 형태가 일그러지지 않은 것을 골라 조리 직전에 껍질을 벗긴다(껍질을 먼저 벗기고 삶아도 좋다).
2. 두께 3mm, 직경 5cm 크기로 얇은 링썰기를 한다.
3. 냅킨으로 물기를 제거하고 접시에 담아 소금과 후추로 간을 맞춘다.
4. 바닥이 깊고 두꺼운 냄비에 우유를 부어 끓인다. 여기에 링 썰기한 감자를 넣어 끓인다.
5. 뚜껑을 덮고 약한 불에서 약 10분간 삶는다.
6. 생크림을 넣고 다시 끓으면 뚜껑을 덮어 약한 불에서 약 30분간 졸인다.
7. 망 국자를 이용해 감자를 그라탕 그릇에 옮겨 담고, 오븐에 약 10분간 넣어 보기 좋은 색을 낸다. 치즈나 파슬리 다진 것을 첨가해도 좋다.

Purée Mauve

(Chestnuts Purée)

밤 퓌레 요리

재 료 : (4인분) • 사전준비 : 10분, 조리시간 : 15분

밤 1kg, 우 유 1/2ℓ , 버 터 100g, 꼬 냑 20cc, 설탕, 소금 각 2g씩

>>> 만드는 방법

1. 밤은 칼 끝으로 내부가 손상되지 않도록 주의하며 칼집을 넣는다.
2. 접시에 담아 고온의 오븐에 넣어 약 7~8분간 구워낸다.
3. 오븐에 꺼낸 밤은 칼로 겉껍질과 속껍질을 벗긴다(깐 밤 대용가능).
4. 깨끗한 냄비에 밤을 넣고 유유를 부어 뚜껑을 덮은 채 약25분간 뭉근히 끓인다.
5. 다 삶은 밤은 삶은 국물을 조금 첨가해 체에 걸러낸다(퓌레 만들기).
6. 퓌레를 깨끗한 냄비에 다시 넣어 나무스푼으로 섞어가며 데운다. 제공하기 직전에 꼬냑과 잘게 자른 버터를 넣어 혼합한다. 기호에 따라 소금과 설탕을 넣는다. 이 퓌레는 지비에 요리와 돼지 로스트에 곁들여 제공하면 좋다.

Palets au Potiron

(Pumkin Purée)

호박 퓌레 요리

• 사전준비 : 30분,　조리시간 : 10분　　　　**재　료 : (4인분)**

호 박 500g, 버 터 25g, 레몬껍질, 생크림 10cc,
밀가루 60g, 계 란 2개, 소금, 후추, 설탕 각 2g, 올리브유 10cc

>>> **만드는 방법**

1. 조리 직전에 껍질 벗긴 호박을 4등분한다.
2. 큰 냄비에 소금을 넣고 끓인 물 속에 호박을 넣고 삶는다(온도에 따라 약 15~20분간 삶아낸다).
3. 행주 위에 물기를 제거한 호박을 놓고 하룻밤 그대로 둔다.
4. 냅킨으로 호박의 수분을 제거한다. 삶은 호박으로 퓌레를 만든다. 완성된퓌레를 볼에 넣고 밀가루, 계란 2개, 다진 레몬껍질, 소금과 설탕 한 움큼 후추를 첨가한다.
5. 작은 냄비에 맑은 버터를 만들어 거품기를 이용하여 아파레이유에 조금씩혼합한다. 찬 곳에 보관한다.
6. 제공하기 5분 전에 올리브유를 조금 넣은 후라이팬을 가열해서 아파레이유를 작은 숟가락을 떠서 후라이팬에 넣는다(열에 의해 저절로 퍼진다). 직경 5cm 정도이므로 아파레이유가 겹치지 않도록 간격을 조절한다.
7. 양면을 약 30초씩 구워 완성된 퓌레는 서비스용 접시에 왕관모양으로 담아 낸다. 진한 소스와도 잘 어울리지만, 설탕을 뿌려 제공해도 좋다.

Marrons en Soufflé
(Chestnuts Soufflé)

밤 수플레 요리

재 료 : (4인분) • 사전준비 : 30분, 조리시간 : 15분

밤 300g, 생크림(절반분량으로 졸인 것) 40cc, 우 유 200cc, 계란 흰자 5개분, 계란 노른자 3개분, 소 금 3g, 설 탕 5g, 버터, 밀가루 약간씩

>>> 만드는 방법

1. 밤은 밤 퓌레와 같은 방법으로 껍질을 벗긴다(깐 밤 대용가능).
2. 직경 16cm, 높이 6cm의 형틀에 버터를 바르고 밀가루를 뿌리거나, 직경 10cm, 높이 5cm의 볼 4개를 이용해도 좋다.
3. 작은 냄비에 밤을 넣고 우유로 무이에한 후, 설탕과 소금을 넣고 삶는다.
4. 뚜껑을 덮은 채 약 10분간 끓이다가 뚜껑을 열고 우유가 절반 분량으로 줄어 들도록 약 5분간 끓인다.
5. 밤은 4개는 그대로 두고, 나머지는 가는 체에 내려 퓌레 냄비에 다시 넣고 생크림을 혼합해 약한 불에 데운다.
6. 같은 볼에 소금 한 움큼을 첨가한 계란 흰자를 넣어 거품기나 믹서기를 이용하여 단단한 거품을 만든다.
7. 따뜻한 퓌레에 계란 노른자를 넣고 약 1분간 휘저은 다음 불에서 내린다. 여기에 거품 낸 흰자 1/4분량을 넣어 섞는다.
8. 남겨둔 밤 2개를 으깨어 7번에 넣고, 남아있는 계란 흰자는 넣어 나무 주걱을 이용해 섞는다. 이 때 리듬을 살려 재빨리 혼합한다.
9. 혼합된 재료를 2번에서 준비한 큰 형틀이나 4개의 볼에 넣어 주걱으로 표면을 평평하게 만든 후, 남아있는 밤 2개를 12등분한 것을 뿌려준다.
10. 180℃ 오븐에 넣어 약15분간 구워낸다. 그리고 즉시 서빙한다.

Laitues Farcies à la Bourbonnaise

(Stuffed Lettuce with Chicken and Pork loin)

양상추에 다진 고기를 싼 요리

• 사전준비 : 90분, 조리시간 : 60분

재 료 : (4인분)

양상추 4통, 삶은 영계의 흰 살 2쪽, 돼지고기의 지방질 껍질 1쪽, 계 란 5개, 묽은 생크림 150cc, 버 터 50g, 쓴맛나는 백포도주 50cc, 가금의 흰 폰 1/2ℓ , 당 근 1/2개, 양 파 1개, 파슬리 1개, 큰 실파 20개, 식 빵 150g, 부케가르니 1단, 소금, 후추 각2g씩

>>> 만드는 방법

1. 양상추는 잘 손질된 것을 선택해 통째로 사용하기 위해 깨끗하지 않은 잎은 떼어내어 조심해서 잘 씻는다. 이것을 소금을 첨가하여 끓는 물에 넣어 약5분간 블랑쉬르한 후, 냉수를 넣은 볼에 즉시 담궈 리프레시르한다.모래가 잎 사이에 남아있지 않도록 물 속에서 줄기 밑부분을 잡고 흔들어 깨끗이 한다(양배추 대용가능). 양 손가락으로 물기를 짜서 망 위에 놓는다.
2. 볼에 잘게 썬 식빵을 넣고 생크림으로 촉촉하게 만든다. 영계의 흰 살은 껍질은 벗기고 고기는 실파, 파슬리와 함께 민찌하여 볼에 첨가한다. 여기에 계란 노른자 5개를 넣고 나무주걱으로 강하고 빠르게 혼합하여 재료 전체가 잘 섞이게 한다.
3. 곁들이는 야채로 당근과 양파는 크게 링썰기 한다.
4. 조리대 위에 4개의 양상추를 올려 각각 2등분한다. 이 때 뿌리 밑까지 자 르지 말고 잎을 펴서 속을 싼다. 잎 위에 두드리면서 원래의 모양으로 정 리하여 실로 한번 감아준다.
5. 코콧트 냄비에 버터 10g을 넣어 녹여 링썰기한 당근과 양파를 넣고 5분간 슈에한다.
6. 여기에 양상추로 속을 싼 것을 가지런히 얹어 백포도주로 데그라세한 후,가금의 흰 폰을 붓고 부케가르니를 넣고 소금을 뿌린 다음, 돼지의 지방질 껍질로 덮어준다. 끓어오르면 뚜껑을 덮고 약1시간 가량 끓인다.
7. 양상추를 냄비에서 꺼내 실을 제거하고 버터를 바른 후, 데워놓은 접시에담아낸다.
8. 곁들이는 것들도 꺼내고 폰은 레뒤에르한다. 큰 스푼으로 6스푼 분량이 되면 잘라놓은 버터를 넣고 강한 불에서 거품기를 이용하여 혼합한다. 여기에 양상추를 다시 넣어 2~3분간 따뜻하게 데운다.
9. 서비스용 접시에 양상추를 담고 소스를 나빼하여 뜨거울 때 제공한다.

Pommes Gaufrettes au Beurre

(Potato Gaufrettes with Butter Sauce)

감자 코프렛트 요리

재 료 : (4인분) • 사전준비 : 15분, 조리시간 : 20분

감 자 800g, 버 터 160g, 소 금 4g, 후 추 2g, 치즈가루 10g

>>> 만드는 방법

1. 감자는 껍질을 벗겨 정리하고 끝을 잘라 긴 코르크마개 모양으로 자른다.
2. 만드리느(얇게 써는 기구)를 이용해 냉수를 담은 볼 위에서 얇게 썰기하여 폼 코프렛트를 만들고, 그대로 약 10시간 동안 물에 담궈 전분을 깨끗이 제거한다. 이 때 중간 중간 물을 바꿔준다.
3. 감자의 물기를 제거하고 마른 천으로 잘 닦는다.
4. 작은 냄비에 버터를 넣고 약한 불에 녹여 맑은 버터를 만든다.
5. 큰 그라탕 접시에 감자, 맑은 버터, 소금, 후추를 넣어 잘 섞는다(sheet pan 사용가능). 이 때 감자가 겹치지 않도록 가지런히 놓은 수 있는 큰 그라탕 접시를 사용한다. 고온의 오븐에 넣어 약 20분간 구워낸다.
6. 완성되면 접시를 기울여 여분의 버터를 제거하고 보다 큰 접시를 이용하여 한번 뒤집는다.
7. 약5분간 오븐에 넣어 구운 색을 낸 후 다시 한번 버터를 제거한 다음, 후라이팬에 굽거나 그릴에 구운 고기와 함께 뜨거울 때 제공한다.

Pommes de Terre "Mère Carles"

(Rolled Bacon in Potato)

베이컨을 만 감자 요리

• 사전준비 : 30분, 조리시간 : 35분

재 료 : (4인분)

감 자 1.5kg, 버 터 80g, 베이컨 220g, 소금, 후추 약간씩

>>> 만드는 방법

1. 감자는 가능하면 비슷한 크기로 준비하며 껍질을 벗긴다. 껍질벗기는 칼을 이용해 길이 5cm의 코르크 마개모양으로 28개로 자른다.
2. 베이컨은 얇게 28장을 썬다.
3. 두꺼운 스토즈에 감자를 가지런히 놓는다.
4. 여기에 소금을 첨가한 물을 가득 부어 끓여 블랑쉬르한다(옮겨담아 물기를 뺀다).
5. 냄비를 다시 불에 얹어 버터 50g을 넣은 후, 물기 뺀 감자를 넣고 뚜껑을 덮는다.
6. 약 20분간 약한 불에서 끓지않을 정도로 냄비를 움직여가며 감자에 구운갈색을 낸다.
7. 불에서 내려 잠깐 식힌 후, 감자에 베이컨을 만다.
8. 이것을 스토즈에 하나씩 넣어 뚜껑을 덮지 않은 채 고온의 오븐에 넣어 약 15분간 구워낸다.
9. 여분의 기름을 제거하고 그 주위에 버터 30g을 넣어 감자에 잘 배어들게 한다.
10. 서비스용 접시에 감자를 원형으로 가지런히 담고 그 위에 버터를 조금씩 얹어 윤이나게 한다. 이 요리는 송아지 로스트 또는 돼지고기 후라이 팬 구이에 곁들이기도 한다.

Pommes de Terre en Robe de Chambre Soufflés

(Ham and Potato Soufflée)

햄과 감자 요리

재　료 : (4인분)

감 자 1kg, 생 햄 100g, 순도 높은 버터 50g, 생크림 100cc,
실 파 15g, 계 란 2개, 소금, 후추 각 2g씩

>>> 만드는 방법

1. 감자는 1개 무게가 120g 정도이며, 전분이 많고 모양이 일정하게 고른 것을 8개 준비한다.
2. 솔로 잘 씻어 껍질 채 중간불의 오븐에 넣어 약 40분간 구워낸다(베이킹).
3. 오븐에서 꺼낸 감자는 한쪽 끝을 잘라낸다. 스푼 등으로 속살을 파내어 뜨거울 때 재빨리 체에 내려 퓌레를 만든다.
4. 속을 파낸 감자껍질이 식지 않도록 보관한다.
5. 바닥이 평평한 작은 냄비에 퓌레를 넣고 잘게 썬 버터를 넣어 나무스푼으로 세게 저어가며 잘 섞는다.
6. 다른 냄비에서 생크림을 끓인 후, 이것을 퓌레에 섞어 소금과 후추로 가볍게 간을 맞춘다.
7. 퓌레가 다소 부드럽게 되면 불에서 내려 계란 노른자 2개를 넣어 다진 실파와 작은 주사위 썰기한 생 햄을 용기에 채워 넣기 전에 혼합한다.
8. 계란 흰자는 단단하지 않을 정도로 거품을 내어 나무 주걱으로 퓌레에 넣는다. 이것을 보관해둔 감자껍질에 가득 채워 넣는다.
9. 철판위에 감자를 가지런히 얹어 180℃ 오븐에 넣어 약 15분간 구워낸다.
10. 완성되면 바로 제공한다. 이 때 접시위에 냅킨을 깔고 음식을 담아 낸다.

Purée de Légumes Stéphanoise

(Vegetables Purée)

각종 야채퓌레 요리

• 사전준비 : 1시간, 조리시간 : 30분 재 료 : (4인분)

그린피스 200g, 시금치 잎 100g, 꼬투리째 먹는 강낭콩 100g,
아스파라거스 상부(시즌 아닌 경우에는 통조림 대용가능) 200g, 버 터 70g,
설 탕 3g, 소금, 후추 각 2g씩

>>> 만드는 방법

1. 콩은 껍질을 벗기고 조리직전에 깍지를 깐 후, 재래방식으로 소금을 첨가하여 끓고 있는 물에 뚜껑을 덮지 않은 채 각각 따로 삶는다. 재빨리 식힌다(야채를 데친다).
2. 그린피스 1/4, 아스파라거스 24줄기, 2cm 길이로 잘라 손질한 강낭콩 1/5을 준비한다.
3. 큰 냄비에 버터 30g을 녹여 시금치를 넣고 뚜껑을 덮어 약5분간 슈에한 후, 남아 있는 그린피스, 아스파라거스, 강낭콩을 첨가한다. 뚜껑을 꽉 닫고 아주 약한 불에서 약20분간 삶아낸다. 뜨거울 때 체에 내리거나 야채는 망으로 걸러 큰 냄비에 퓌레를 넣는다.
4. 가열된 후라이팬에 남은 버터를 넣고 약간 갈색빛이 날 때(볶은 버터가 되기 전의 상태) 퓌레에 넣는다. 나무 숟가락으로 잠시 혼합한 후 설탕 한 움큼을 넣고 맛을 정리한다. 제공할 때까지 여유 있으면 중탕에 넣어 퓌레 표면이 굳지 않도록 잘게 자른 버터를 뿌려둔다.
5. 제공하기 몇 분전에 소금을 첨가한 뜨거운 물에 야채를 넣어 다시 데운다. 야채용기에 퓌레를 담고 그 위에 물기를 제거한 곁들이기를 뿌려낸 다.

Serpentins de Légumes

(Buttered 3Kind Vegetables)

순무 · 당근 · 오이 삼색요리

재 료 : (4인분) • 사전준비 : 45분, 조리시간 : 10분

순 무(200g) 2개, 당 근(200g) 2개, 오 이(100g) 1개, 버 터 100g, 소금, 후추 약간씩

>>> 만드는 방법

1. 야채는 굵은 것을 고른다. 순무는 6cm 원통형으로 2등분하여 얇은 칼로 길게 깍아 썰기 한다. 써는 도중 부서져도 상관 말고 계속 벗긴다(리본모양).
2. 당근은 통째로 약5분간 블랑쉬르하여 부드럽게 한 후, 순무와 같은 방법으로 리본 썰기한다.
3. 오이는 앞의 야채들과 같은 방법으로 하되 씨가 있는 부분까지만 벗긴다.
4. 벗겨진 리본모양의 야채들을 약1분간 끓는 물에 넣었다가 망국자로 떠내 식힌다. 순무, 당근, 오이를 20~25cm 삼색리본을 겹쳐 끝에서 색테이프와 같이 말아 양끝을 실로 묶는다.
5. 4번 야채를 소금을 첨가한 끓는 물에 넣어 약8분간 삶는다(데친다).
6. 작은 냄비에 물 50cc를 붓고 끓인 후, 작게 자른 버터를 넣고 강한 불에서 녹여 거품기로 저어 잘 섞는다. 소금과 후추로 간을 맞춘다.
7. 물에서 야채말이한 것을 꺼내 3등분한다. 데워 놓은 4장의 접시에 리본이바람에 날리고 있는 듯한 느낌이 들도록 1/3정도 펴서 담아낸다.
8. 6번 버터 폰주를 나삐하여 바로 제공한다. 야채들의 색조화를 고려하여 흰접시에 담아 내면 훨씬 보기 좋다.

Tomates à la Tomate

(Grilled Tomato with Tomato and Herbs)

토마토를 이용한 요리

• 사전준비 : 10분, 조리시간 : 15분

재 료 : (4인분)

토마토 12개(1.5kg), 생크림(절반분량으로 졸인 것) 300cc, 식용유 100cc, 버 터 20g, 껍질없는 마늘 1개, 양 파 2개, 파슬리 1잎, 타 임 1잎, 월계수 잎 1/2매, 소금, 후추 약간씩

>>> 만드는 방법

1. 토마토 8개를 끓는 물에 30초간 담궜다가 냉수에 넣어 건져내어 얇은 칼로 껍질을 벗기고, 남은 토마토는 2등분하여 위에서 누르듯이 씨를 빼고 작은 입방체로 썬다.
2. 양파를 다지고 마늘은 찧은 다음 타임 1줄기, 로리에 1/2잎, 파슬리 몇 줄기로 부케가르니를 만든다. 껍질 벗긴 토마토 4개를 가로로 2등분하여씨를 제거한다.
3. 버터 10g을 졸인 작은 스토즈에 양파 다진 것을 넣고 5분간 색이 나지않도록 볶는다.
4. 여기에 토마토 각설기, 마늘 다진 것, 부케가르니와 소금을 첨가한다.
5. 끓은 다음 뚜껑을 덮고 25분간 더 끓인다. 부케가르니를 꺼낸 후 남은 버터를 녹여 잘 섞고 소금과 후추로 간을 맞춘다.
6. 2등분한 토마토에 밑간을 한 후 기름을 넣고 가열한 후라이팬에 토마토를 넣어 볶는다. 이 때 토마토를 자른 부분을 밑으로 놓고 약 5분간 구운 후, 뒤집어 180℃ 오븐에 넣어 약 10분간 구워낸다.
7. 오븐에서 꺼내 생크림을 전체에 끼얹어 아주 약한 불에서 몇분간 졸인다.
8. 서비스용 접시에 이등분한 8개의 토마토를 담아 생크림을 나뻬하고 토마토 콩까세를 곁들여 제공한다.

Coquillettes aux Truffes “Jolly Martine”

(Marinade Scallop with Truffles)

트뤼플을 이용한 패주 요리

재 료 : (4인분) • 사전준비 : 15분, 조리시간 : 15분

패주형 바트 180g, 트뤼플(껍질벗긴 것) 40g, 버 터 100g, 트뤼플 즙 10g, 소 금 1g

>>> 만드는 방법

1. 1~2월의 경우에는 생 트뤼플을 소금을 첨가한 소량의 물에 넣어 약 20분간 쪄낸다. 통조림의 경우에는 트뤼플의 껍질을 벗기고 잘게 가지런히 자른다. 조리시 농축하기 위해 트뤼플 즙 약10~30cc를 발라둔다.
2. 바트는 작은 조개껍질 모양으로 알이 들어있는 것이 좋다.
3. 냄비에 물 2ℓ 를 넣고 소금을 첨가하여 끓인 후 바트를 넣는다. 엉키지 않고 따라따로 잘 삶아지도록 가끔 휘젓는다.
4. 뚜껑을 덮지 않은 채 약 12~14분간 삶은 후 꺼내 냉수에 담궈 더 이상 바트가 익지 않도록 한다. 파소와르(체)에 옮겨 담아 물기를 제거한다.
5. 중간크기의 코콧트 냄비에 트뤼플 즙이 졸아 수분이 없어질 때까지 레뒤에르(졸인다)하고 바트와 잘게 자른 버터를 넣는다. 요리용 포크를 이용해서 잘 섞는다.
6. 버터가 바트에 녹아 스며들어 윤기가 나면 완성된 것이다. 여기에 가지런히 잘라 둔 트뤼플을 넣고 모양이 일그러지지 않게 섞어 바로 제공한다.

Nouilles au Lard

(Porkloin with Tomoto and Noodles)

토마토에 돼지고기 지방을 첨가한 누들 요리

• 사전준비 : 30분,　조리시간 : 20분　　　　**재　료 : (4인분)**

국수(누들) 300g, 돼지고기 지방 200g, 토마토 500g, 껍질벗긴 마늘 2개, 민트 잎 8잎, 소금, 후추 각 1g씩

>>> **만드는 방법**

1. 돼지고기 등심부위의 지방은 칼로 지방껍질을 벗겨내고 가늘게 썬다. 냄비에 블랑쉬르하여 물기를 제거한다.
2. 토마토는 열탕하여 껍질을 벗긴 뒤 세로로 2등분하여 씨와 수분을 빼고 과육만 준비하여 가는 체에 걸러낸다.
3. 누들은 기성제품 또는 자가 제품을 이용한다. 이 중 30g은 길이 3cm로썬다.
4. 작은 냄비에 토마토 거른 것, 마늘 다진 것, 민트 잎을 함께 넣어 5분간끓인다(민트 잎은 끓인 뒤 꺼낸다).
5. 후라이팬에 등심지방을 넣고 고운 색이 날 때까지 볶는다.
6. 5번의 지방 1/2분량과 3번의 썰어 둔 누들을 약 3분간 볶고, 나머지는 소금을 첨가하여 끓는 물에 넣어 중간 불에서 약 7~8분간 삶아낸다.
7. 불을 끄고 물 1컵을 뿌린 후 물기를 뺀다.
8. 누들은 제공하기 직전에 맛을 내기 때문에 삶는 시간에 주의한다.
9. 누들의 물기를 제거한 후 삶을 때 사용한 냄비에 다시 넣는다. 토마토와 등심지방을 넣고 서비스용 포크를 이용하여 골고루 맛이 배이도록 한다.
10. 간을 한 바트를 샐러드 볼에 담고, 그 위에 후라이팬에 볶은 5번의 누들을 뿌려 완성한다.

XI. Douceur-Desserts(디저트)

· 여러 가지 후식

후식(DESSERT)는 주식사가 완전히 끝난 후에 제공되는 순서로서 감미로운 것을 의미하나 때로는 치즈 종류가 디저트로 제공되기도 한다. 디저트(DESSERT)는 크게 찬 후식(COLD DESSERT)과 더운 후식(HOT DESSERT)으로 나누어진다.

1) 찬 후식(COLD DESSERT)

(1) ICE CREAM (아이스크림)

우유, 크림, 사탕, 향료 등을 주원료로 여기에 연유, 분유, 무염버터를 첨가하여 교착제로 젤라틴, 알, 물엿 등을 배합 냉결시켜서 만든 찬 후식이다.

종류 : VANILLA ICE CREAM, STRAWBERRY ICE CREAM, CHOCOLATE ICE CREAM 등.

(2) 아이스크림과 함께 제공되는 과일

① SHERBET(셔벳)

불어로는 솔르베(SORBET)라고 불리며 과즙과 리큐르(LIQUEUR)를 사용하여 만든 빙과를 말한다. 다양한 종류의 셔벳을 만들 수가 있다.

종류 : LEMON SHERBET, ORANGE SHERBET, CHERRY SHERBET 등.

② MOUSSE(무스)

계란과 휘핑크림(WHIPPING CREAM)을 이용하여 만들어서 차게 얼린 것을 말한다. 다양한 과일 무스를 만들 수 있다.

종류 : LEMON MOUSSE, CHOCOLATE MOUSSE, BANANA MOUSSE

③ FRESH FRUIT(과일류)

계절적으로 신선한 과일을 후식으로 제공하기도 한다. 과일류를 제공할 때 과일의 신선함과 맛을 돋우어 주기 위하여 아이스크림이나 각종 샤베트를 함께 제공하기도 한다.

종류 : APPLE, PEAR, MELON, PINEAPPLE, KIWI, PERSIMMON,ORANGE, MANDARIN ORANGE, GRAPES, PLUMS, BANANA,WATERMELON

2) 더운 후식(HOT DESSERT)

(1) CRÉPES SUZETTE(크레프 슈제)

세계적으로 알려진 디저트로서 미리 만들어진 PANCAKE로서 설탕, 오렌지, 레몬즙, 리큐르(GRAND MANIER, COINTREAU), 브랜디(BRANDY)등을 사용하여 고객 앞에서 직접 FLAMBÉE SERVICE 한다.

CRÈPES(PANCAKE)의 재료: 밀가루, 설탕, 소금, 계란, 우유, 버터

(2) CHERRY JUBILEE(체리 주블레)

체리(CHERRY)를 이용하여 만든 디저트로서 버터, 설탕(BROWN SUGAR) 체리주스, 오렌지주스, 리큐르(KIRSCH) 등을 사용하여 고객 앞에서 직접 FLAMBÉE SERVICE 한다.

고객에게 제공할 때는 바닐라 아이스크림 위에 알몬드(ALMOND)와 위핑크림(WHIPPING CREAM)을 얹어서 함께 제공한다.

(3) SOUFFLÉ(슈플레)

크림 슈플레와 프루트 슈플레로 나누어지는데 크림 슈플레는 무스 만드는 방법과 같고 프루트 슈플레는 과일 저민 것과 함께 위핑크림이 많이 들어간다.

종류 : CHOCOLATE SOUFFLÉ, VANILA SOUFFLÉ, STRAWBERRY SOUFFLÉ, APPLE SOUFFLÉ.

3) 치즈류

• 여러 종류의 치즈

우유나 산양유 등을 RENNET(치즈제조에 쓰이는 송아지의 제4위의 내막)에 유산균을 작용시켜 지방, 유당 및 무기물 등과 함께 응고시킨 후 발효시켜서 만든 것을 일반적으로 치즈라고 부른다.

치즈의 종류는 세계적으로 약 500여 종이 있으나 크게 분류하여 다음의 3종류로 나누어진다.

① SOFT CHEESE : MOZARELLA, CAMEMBERT, BRIE, PETIF MUNSTER, FETA COTTAGE, CREAM CHEESE.

② SEMI HARD CHEESE : DUNLOP, CHEDDAR, GRUYERE, ROQUEFORT, BRICK, CAUSSE, BREESE.

③ HARD CHEESE : PARMESAN(VERY HARD), EDAM, EMMENTAL, GOUDA, PROVOLOME, BONBEL.

위와 같은 CHEESE 중에서도 가공된 모양이나 형태에 따라서 BIUE-VIENED CHEESE 혹은 PROCESSED CHEESE, SMOKED CHEESE 등으로 부르기도 한다.

• 경질치즈의 종류

• 연질치즈의 종류

(1) Cheese란 어떤 음식인가?

우유에서 지방물을 제거한 탈지유에 젖산균과 응유효소를 가하여 생긴 커드(cud)를 제거한 것으로 그 종류는 대략 6백~8백 種에 이른다. cheese는 동물성 단백질, 지방, 칼슘, 비타민 A, B_2등을 완전히 갖춘 완전식품이라 할 수 있다. 단백질은 제조 과정에서 단백질 분해 효소에 의해 1차 처리 되었기 때문에 소화 흡수율이 90~98% 정도로 매우 높은 특징을 갖고 있다. 그리고 지방분도 콜레스테롤과 밀접한 관계가 있는 스테아린산이라 팔미헌산이 다른 동물성 지방에 비해 상대적으로 적기 때문에 동물성 지방이 금기로 되어 있는 고혈압이나 심장병 환자도 그런 제한을 받지 않는다. 즉 Cheese는 우유에 비해 지방 단백질, 비타민 A가 8~10배, 칼슘, 비타민 B_2는 5배로 농축되어 있고 열량도 6배정도나 되는 완전식품으로 식이요법의 제한대상이 안 된다. 1백g당 열량은 400칼로리 정도이며 대개 단백질이 25%, 지방 30%, 비타민A, B, B_2그 외 무기질인 인 6백~8백mg, 칼슘 6백~9백 mg씩 이상적으로 함유되어 있어 최소한 무기질과 비타민의 걱정은 없다. 현재 Cheese의 국내 소비량은 75년 22t, 80년 123t, 82년 144t 지난해 3개사에서 295t생산, 판매해 매년 늘고 있으나 외국과는 큰 차이를 보이고 있다. Cheese소비는 국민 1인당 연간소비량은 한국은 0.01kg, 미국 10kg., 프랑스 17.3kg, 일본 0.74kg, 독일 13.3kg이다.

(2) Cheese의 역사적 배경

Cheese는 가장 부드러운 젖을 함유한 소의 젖으로 부터 만들어지며 비록 적은 양이지만 염소나 암양의 젖으로도 만들고 있다. (그 외 낙타, 암말, 물소, 순록 등) Cheese가 이느 시기에 확실히 치즈를 만들었는가에 대해 아는 사람은 없고 다만 전설에 의하면 한 아라비아의 상인이 사막을 횡단 할 때 양가죽으로 된 주머니에 우유를 담고 가다 오랜 시간이 흘러 우유를 먹으러 주머니를 보니 그 우유는 응유와 유장으로 구분 되어 있었다 한다. 또한 그 응유(cud)는 향기가 새로와 그 상인은 사막을 횡단 하는 동안 응유로 시장함을 달래고 유장으로 갈증을 해소 했으며 이것이 처음으로 유용하게 사용된 Cheese의 시효이며 역사적 배경이다. 고대 역사 기록에 의하면 4000년 이전부터 사용된 것으로 기록되어 있으며 아시아의 여행자들로 부터 유럽으로 Cheese의 제조 방법이 전해 진 것으로 믿어진다. 그 Cheese는 번창한 로마제국의 여러 지역에서 만들어 졌으며 이는 로마인들을 통해 영국에 소개 되었다고 한다. 로마 제국이 쇠퇴 하면서 미국의 발견이 있기까지의 이 기간에 주로 유럽에 있는 수도원의 수도승에 의해 만들어져 발전 되어 갔다. 고르곤 졸라 (Gorgonzola) Cheese는 AD819년에 이태리의 Do Valley에서 만들어 졌고, 이태리는 1C세기 경 유럽의 치즈 생산국의 중심지가 되었다. 록크포르 치즈는 1070년 프랑스 Gongue에 있었던 수도원의 옛날 기록에 진술 되었다. 19세기까지 Cheese 제조는 지역 농・산업으로 이어 졌으며 가정주부들은 생활경제를 우유에서만 만들었졌다고 한다. 그러나 1851년 미국내에서 Jesse Williams에 의해 최초로 Cheese공장이 세워졌으며 향후 50년간 미국내 치즈산업의 중심 역할을 하였다. 현재 미국내 소비생산량은 약 20억 파운드이다.

(3) Cheese의 다양한 종류

- Very Hard

박테리아에 의해 숙성 (Asiago old, Parmesan, Romano, Sapsago, Spalen)

- Hard Cheese

유청과 유지를 분리후 압력을 가하여 일정한 원형모양을 만듬

① 홈이 없이 박테리아로 숙성 (Chedder, Granalar, Caciocavallo)

② 홈을 가지며 박테리아로 숙성 (Swiss, Emmentaler, Gruyere)

- Semi Hard Cheese

불에 조리 하지 않고 압력을 가한 후 아주 소량의 물을 넣어 만들며 숙성정도가 아주 느리기 때문에 오랫동안 보관 하여야 한다.

① 박테리아 만으로 숙성 (Brick, Munster)

② 박테리아와 다른 미생물로 숙성 (Limburger, Port du salut,Trappist)

③ 푸른곰팡이에 의해 숙성 (Roguefort, Gorgenzola, Blue, Silten, Wensleydale)

- Soft Cheese

특징은 부드럽고 숙성이 잘되므로 보관시에는 너무 통풍이 잘되는 곳은피하고 약간 습기 파면서 건조한 곳에 특별히 보관 해야 한다.

① 숙성 시킨것 (Belpaese, Brie, Camembert, Cooked Neutchatel)

② 숙성 시키지 않은것

ⓐ Cottage, Pot Backers, Cream Neutchatel Primort, Fresh ricotta)

ⓑ Soft Cheese with Briue-Washed Rind 주로 노란색이며 향이강하다.
(Livan, Maroilles, Munster, Gereme, Portlevegue, Reblo chon)

ⓒ Soft Cheese Neutchatel : 주로 염소 젖으로 만든 치즈
(sainte mame, Croltin)

ⓓ French Cheese : 주로 Cream과 Cottage Cheese로 만들어 지며 가 끔씩 향신료나 마늘, 후추등을 사용하기도 한다. 대부분 소의 젖으로 부터 만든 치즈이다.

(4) Processed Cheese(가공 치즈)

어떤 원료를 녹이거나 또는 섞어서 가공한 치즈로서 여러가지 형태가 있 으며 주로

Guryee Cheese 같은 것에 호두나 포도 또는 Almond등을 첨가하여 시원한 장소에서 보관한다. 이것은 부드럽고 Creamy해서 매우 인기가 높다. 한 가지 이상의 Hard Cheese를 분해 혼합해서 만들며 Soft Cheese다.

• Soft Cheese(연질치즈) : 수분 45~75% 정도

a. Cream Cheese

영국인이 애용하는 Cheese이며 지방이 8~10%되는 Cream을 원료로 해 서 만든 것이다. 샌드위치, 샐러드, Fruit, 방이나 크랙크에 발라서 먹는다.

b. Cottage Cheese

희고 두부보다 부드러운 작은 결정의 Cheese며 탈지유(skim milk)또는 전유를 원료로 해서 만든다. 샌드위치, 치즈케익, 카스타드, 샐러드등

c. Limburger Cheese

벨기에인이 애용하는 치즈로서 전유로 만든 것이며 appetizer, 샌드위치 에 사용. 크랙커와 함께 먹기도 한다.

d. Camembert Cheese

프랑스의 치즈로서 냄새가 강한 것이며 전유 또는 일부 탈지유로 만든다.
appetizer, 샌드위치에 이용, 크래커와 함께 먹기도 한다.

e. Blue Cheese

프랑스 치즈이며 곰팡이 치즈이다.

• Semi Hard Cheese : 수분 38~45% 정도

a. Brich Cheese

전유 또는 탈지유로 만든 미국Cheese다.

b. Stilton Cheese

영국 치즈로서 전유를 원료로 해서 만든 푸른 곰팡이 치즈이다.

c. Roguetort Cheese

프랑스 치즈로 우유, 산양유를 원료로 해서 만든다.

• Hard Cheese : 수분 30~40% 정도

a. Chedder Cheese

전유로 만들어 지며 영국산이며 세계 각국에서 널리이용

b. Edam Cheese

전유 또는 일부 탈지유로 만들며 화란인이 즐겨먹는 Cheese이다.

c. Emmental Cheese

전유 또는 Cream을 혼합해서 만든 스위스의 치즈 이다.

d. Permesan Chesse

이태리에서 많이 이용된 Cheese이며 전유, 양유, 산양유, 부분 탈지유 를 원료로 한다. 이 Cheese는 마카로니 또는 스프에 뿌리며 강한 냄새 를 풍기는 Cheese이다.

(5) 각국별 Cheese 종류

1. USA : Cream, Plain Cheese
2. France : Neufchatel, Brie. Camembert, Blue, Roguefort
3. Italy : Ricotta, Parmesan, Romano, Gorgonzola, Mozzarella
4. Norway : mysost
5. Belgium : Limburger
6. Germany : Muenster
7. Netherland : Edam Gouda
8. England : Gorgonzola
9. Swiss : Emmentaler
10. 그 외 국가 : Cottage

(6) Cheese의 제조방법 및 관리

① Cheese 제조 과정

생유 → 발효원 첨가 → rennet첨가 → 가잠 → Cheddering → 분쇄가감 → 가압성형 → 냉각 발효 → Cheese

생유또는 유청을 rennet또는 유산발요(유산균)에 의해서 응고시키며 단백질과 지방분을 모아서 소금과 향료를 넣어서 발효한 것이 Cheese이다

※ Camembert Cheese의 제조과정

- 첫 단계는 우선 응유를 분리

  소의 젖에서 산발효 물질과 자연효소를 첨가하여 Curd와 Whey를 구분하여 이것들을 뒤척 이며 엉겨 굳게 한다.

- 이 응유들을 모양있게 자르고 곰팡이실에 옮겨 놓는다. 이때 유청은 천천히 밖으로 내보내며 응유는 Cooking과 압력을 가하여 물기를 빼는것을 가속화 한다.
- 이 치즈들은 소금물에 담갔다가 빼내어 건조실로 옮겨 숙성시킨다. 이과정에서

Camembert는 푸른 곰팡이를 뿌리며 겉표면에 크림으로 껍질을 입혀 수일동안 숙성시킨다.

② Cheese의 관리 방법

Cheese는 수송 또는 보관할 시 4~6℃를 유지하는 것이 좋으며, Hard Cheese는 쌓아 놓아서는 절대 안 되며 굴려서도 안 된다. 치즈가 자연 숙성 할때는 손대지 않으며 어둡고 통풍이 잘되는 곳에 보관해야 한다. 원활한 통풍은 치즈를 탄력성 있게 만들며 다른 식재료와 분리시켜 보관 하며 벽으로 부터 약간 격리시켜 놓는다. Soft Cheese처럼 주의를 요하는 품목과 숙성이 빠르거나 Semi Hard Cheese와 같이 보관하기 쉬운 품목으로 나누어 구분하여 놓는 것이 적당하다.

전시 할 때에는 색깔별 모양별로 전시하며 주위에 나뭇잎, 나무선반, 돗자리 등으로 장식하는 것이 좋다. Show case보관 시 8℃정도 유지하며 저녁에는 보관 창고로 옮겨 놓으며 Cutting한 Cheese는 약간 축축한 헝겊으로 덮어 놓아야 좋다. 치즈는 선입선출에 의하고 Foil이나 유니랩으로 포장하는 것이 좋다. Hand Cheese는 손잡이 칼로 자르고 Soft Cheese 종류는 Cheese Knife로 자른다.

③ Cheese Party를 할 경우

a. 치즈를 나뭇잎이나 건조한 나무판에 seting 한다.
b. 치즈는 목록표에 의해 Soft한 것 부터 Hard한 것으로 Setting 한다.
c. 각 setting cheese 마다 label을 붙여 놓아 알기 쉽게 한다.
d. 치즈를 드실 때는 small salad나 신선한 야채를 곁들인다.
e. 치즈를 드실 때는 Fruit salad나 청량 후식 뿐만 아니라 Fresh Bread 와 Wine을 같이 곁들인다.

따라서 치즈는 IQ를 높이고 숙면 돕고 지방도 분해시키고...기특한 '영양 덩어리' 이다.

⑺ 치즈 시장 급성장

고대 아라비아 행상이 양의 위로 만든 주머니에 염소 젖을 담아 먼 길을 떠났다가 이것이 하얀 물과 흰 덩어리로 변한 것을 보고 발견하게 됐다고 전해지는 치즈. 사실 정확한 역사는 알 수 없지만, 치즈가 수 천년 동안 인류의 사랑을 받아온 것만은 분명하다. 치즈의 종류는 현재 2000여종이 넘는 것으로 알려졌으며, 프랑스에만 약400종 이상의 치즈가 있다고 한다.

우리나라에는 벨기에 사람인 지정환씨가 1972년 전북 임실에 치즈공장을 세운 이후 유가공업체에서 본격적으로 생산을 시작하며 시장규모가 급속도로 커졌다. 식생활이 서구화 한 것도 한 요인이지만, 치즈에 워낙 다양한 영양 성분이 들어 있는데다, 다이어트는 물론 지능지수(IQ)를 높이는 데 까지 효과가 있다고 알려진 것도 원인으로 꼽힌다. 업계에 따르면 지난2000년 이후 1600억원 규모였던 치즈 시장은 2011년 약 5000억원 규모로 성장했다. 남양유업 관계자는 "외국의 경우 유제품 중 치즈가 차지하는 비중이 30%에 이르지만 우리나라는 아직 10%수준에 불과하다"면서 "앞으로 더 큰 폭으로 성장할 것으로 예상한다" 고 말했다.

◇맛과 영양에 기능성까지 겸비

우유를 10분의1로 응축해 만든 만큼 치즈는 적은 양에 비해 많은 영양분을 갖고 있다. 먼저 치즈는 '밭에서 나는 쇠고기' 라고 불리는 콩보다 단백질 함유량이 훨씬 높다. 치즈의 23~25%는 단백질로 구성됐다. 숙성 과정에서 생긴 효소가 단백질은 아미노산(단백질의 기본단위)으로 분해하기 때문에 단백질이 몸에 잘 흡수되는 것도 장점이다. 치즈에는 칼슘과 인, 미네랄 염, 비타민A와 B등의 영양소도 많이 들어 있다.

치즈는 다양한 기능성도 인정받고 있다. 먼저 치즈는 수면을 돕는 식품으로 알려졌다. 치즈에는 수면을 돕는 신경전달 물질인 '세로토닌' 을 만드는 역할을 하는 '트립토판' 이라는 아미노산이 많이 들어 있다. 다이어트에도 효과가 있다고 한다. 콩보다 단백질이 많고 흡수도 잘 돼 비타민이 면역력 높여 질병예방, 2년이상 숙성 치즈 사용한 '드빈치' 나트륨 줄인 '상하치즈' 등 출시 치즈에는 우리 몸에서 지방을 분해해 열량으로 바꿔주는 비타민B2가 풍부하다. 또 치즈에 많이 들어있는 비타민A의 경우 면역력을 높여 병에 걸리지 않도록 돕는 역할을 한다.

최근에는 치즈가 지능지수를 높이는 데 효과가 있다는 연구결과도 나오고 있다. 호주 애들레이드대 연구진은 15~24개월 때 치즈와 채소, 과일을 먹은 어린이가 같은 기간에 비스킷과 초콜릿을 먹은 어린이 보다 8살이 됐을 때 지능지수가 2점 높게 나왔다고 밝혔다. 연구진은 7000여명을 대상으로 연구한 이 결과를 '유럽 전염병학 저널' 에 게재했다.

◇우유업체들 다양한 치즈로 소비자 사로잡기 나서

치즈 소비가 꾸준히 늘며 우유업계서는 최근 다양한 치즈를 출시하고 있다. 소비자의 선택폭이 점점 넓어지는 셈이다.

남양유업은 국내 최초로 2년 이상 숙성한 최고 등급 치즈인 '빈티지(Vintage)치즈' 를 함유한 '드빈치 체다 슬라이스 치즈' 를 내놨다. 이 제품은 기존 치즈에 맛있게 보이려고 넣던 노란 색소를 빼고 자연 그대로의 맛과 향을 살린 것이 특징. 남양유업 관계자는 "산소를 효과적으로 차단하는 신기술을 적용해 치즈 본연의 깊은 맛을 살렸다"고 설명했다.

남양유업은 또 빈티지 치즈와 유기농 원료로 만든 '드빈치 유기농 아기치즈' 도 만들었다. 이 제품은 아기의 월령에 따라 3단계로 영양 성분을 구분해 아기의 균형잡힌 성장을 돕는다고 회사 측은 덧붙였다.

매일 유업은 나트륨(소금) 함량이 적은 어린이용 치즈인 '상하 치즈' 를 내놨다. 경쟁업체인 A사와 B사의 24개월 어린이용 치즈에 나트륨이 각각 85mg과 90mg 들어 있는 것과 비교하면 상하 치즈의 '유기농 젖 치즈' 는 나트륨이 60mg밖에 들어 있질 않다.

매일유업은 또 영양소의 소화 흡수를 돕는 성분과 면역 성분을 추가로 넣었다. 매일유업 관계자는 "영양성분은 그대로 유지하면서 나트륨을 줄여 아이들 성장 발달에 도움이 된다" 고 설명했다.

이 밖에 식생활 변화에 맞춘 치즈들도 최근 많은 종류가 판매 중이다. 동서식품의 필라델피아 크림치즈는 베이글이나 빵, 크래커에 발라먹기 좋도록 크림 형태로 출시됐다. 서울우유는 자연 치즈 함량을 83%까지 높여 깊고 진한 맛을 내는 '웰작 체다 치즈' 를 선보였다.

Clafoutis aux Kiwis

(Kiwis Tart)

키위 타르트

재 료 : (4인분) • 사전준비 : 30분, 조리시간 : 30분

키 위 8개, 계 란 4개, 생크림 250cc, 글라뉴 설탕 150g,
설탕을 넣고 반죽한 생지 200g, 브럼주 40cc

>>> 만드는 방법

1. 직경 25cm의 타르트형에 설탕을 넣은 생지반죽을 깔고 타르트 바닥을 만든다.
2. 믹싱볼에 계란 2개, 생크림, 설탕 100g, 브럼주를 넣고 거품기를 이용해 잘 섞은 후 가는 체에 거른다.(아파레이유 준비)
3. 키위는 껍질을 벗기고 1cm 두께로 자른다.
4. 각각 타르트 바닥에 유산지를 깔고 그 위에 건조콩을 넣은 후, 200℃ 오븐에 넣어 약10분간 생지를 구워낸다.
5. 유산지와 콩은 꺼내고 4번의 타르트 바닥에 얇게 썬 키위를 잘 넣는다.
6. 그 위에 2번의 아파레이유를 가득 채운 후, 180℃ 오븐에 넣어 약 20분간 구워낸다.
7. 오븐에서 꺼내어 타르트의 가장자리에만 종이를 덮고 남은 설탕을 아파레이유 위에만 뿌린다.
8. 사라만다에 넣어 설탕이 캐러멜 상태의 작은 입자가 될 때가지 굽는다. 타르트용 접시에 글라프티를 얹어 틀을 떼어 내어 완성한다.

Gouire aux Myrtilles dans à la Feuille de Chou

(Fresh Myrtilles with White Cabbage)

양배추 잎에 미르티르를 첨가한 디저트

• 사전준비 : 25분, 조리시간 : 20분 재 료 : (4인분)

미르티르(월 귤) 160g, 양배추 3장, 버 터 20g, 생크림(절반분량으로 졸인 것) 40cc,
계 란 2개, 설 탕 70g, 밀가루 20g

>>> 만드는 방법

1. 양배추 잎은 깨끗한 것을 3장 골라 굵은 심을 제거한 후, 가볍게 소금을 첨가하여 끓는 물에 넣어 약 5분간 블랑쉬르 한다.
2. 바닥이 넓은 그릇에 계란, 밀가루, 생크림을 넣고 혼합하여 가는 체에 거른다(아파레이유 준비).
3. 미르티르 열매는 손질에 주의하면서 잎이나 작은 가지는 제거한다.
4. 직경 20cm의 고급 후라이팬을 가열한다.
5. 여기에 버터를 넣어 녹인 후 후라이팬 바닥과 가장자리를 양배추 잎으로 덮어준다.
6. 미르티르(신맛 열매)를 넣고 그 위에 아파레이유를 부어준다.
7. 이것을 170℃ 오븐에 약 15분간 넣었다 꺼내어 불에 얹은 후, 양배추에 깨끗한 색이 나면 완성된 것이다.
8. 서비스용 접시에 옮겨 담아 약 10분간 그대로 두었다가 뜨거울 때 제공한다.

Coffret de Cerises Lamartire

(Brioche of Cherry)

브리오슈에 버치를 넣은 디저트

재　료 : (4인분)　　　　• 사전준비 : 20분,　조리시간 : 10분

> 버찌(잘 익은 과육이 단단한 것) 60개, 구즈베리의 젤리 200cc, 키로슈(오래된 것) 50cc, 장방형의 브리오슈(부드러운 것) 400g, 슈가 파우더 10g

>>> 만드는 방법

1. 씨 빼는 기구를 이용해 버찌의 씨를 제거하거나, 버찌 꼭지에서 씨를 빼 낸다.
2. 바닥이 평평한 냄비에 구즈베리과 낙엽 저목 열매의 젤리를 넣고 데워 물 100cc를 부어 묽게 끓인다. 이 시럽 속에 버찌를 넣고 뚜껑을 덮어 강한불에서 약 5분간 끓인다.
3. 불에서 냄비를 내려 망국자로 버찌를 건져내고 서비스용 콘포트 그릇에 넣어둔다.
4. 냄비의 시럽이 약 200cc 분량의 젤리상태가 될 때까지 졸인다. 냄비를 불에서 내려 키르슈 리큐를 첨가한다. 이렇게 하면 키르슈의 향이 달아나지 않는다.
5. 브리오슈는 2cm 두께로 자른다. 크기는 길이 7cm, 폭 12cm의 장방형으로 한다. 작은 칼 끝으로 끝에서 1cm 지점 표면의 한쪽을 남기고 칼집을 넣어 구울 때 뚜껑이 바로 열릴 수 있도록 한다. 오븐에 넣어 구워낸다.
6. 과자용 철판 위에 브리오슈를 가지런히 놓고 그 위에 슈가 파우더를 뿌린 후, 사라만다에 넣어 설탕을 캐라멜 상태로 만든다. 표면도 똑같이 한다.
7. 시럽을 깔아 둔 4장의 접시위에 칼집 넣은 브리오슈 뚜껑을 살며시 열어 버찌를 넣어 브리오슈 케이스를 얹고 그 속에 버찌를 넣은 후 다시 뚜껑을 덮어 완성한다. 이 디저트는 약간 따뜻할 때 제공하면 좋다.

Gâteau aux Pommes Reinettes

(Gâteau of Apple)

사과를 이용한 갸토 디저트

• 사전준비 : 1시간,　조리시간 : 40분　　재　료 : (4인분)

사 과(레네트 일종, 홍옥과 골덴의 중간 맛) 1.5kg, 설 탕 160g, 슈가 파우더 10g, 레몬즙 1/4개분, 계 란 3개, 버 터 50g, 식 빵 4장

>>> 만드는 방법

1. 마멀레이드 : 잘 익은 사과를 골라 껍질을 벗기고 4등분 해서 씨부분을 제거한다. 냄비에 넣고 뚜껑을 덮어 가끔 냄비를 흔들어가며 중간 불에서 약 40분간 졸인다. 뚜껑을 열고 설탕 100g을 첨가해 나무스푼으로 휘저어마무리한다. 사과가 잼처럼 느껴질 정도로 끈적해지면 냄비를 불에서 내려 체에 거른다. 아파레이유에 계란과 녹인 버터를 넣어 잘 혼합한다(마멀레이드 만들기).
2. 카라멜 : 직경 25cm 냄비에 설탕 60g, 레몬즙 몇 방울, 물 1스푼을 넣는다. 냄비를 불에 얹어 약 10분간 쉬지 않고 계속 휘저어 캐러멜화 한다. 캐러멜이 맑은 갈색이 나면 냄비를 가볍게 기울여 골고루 섞는다(캐러멜 만들기).
3. 식빵 4장을 하트형으로 8장 만들어 카라멜 냄비 바닥에 장미꽃처럼 가지런히 놓는다. 깨끗한 캐러멜 색이 나면 뒤집는다.
4. 사과 마멀레이드를 채워 중탕해서 160℃ 오븐에 넣어 약 40분간 구워낸다. 약간 식혀 냄비나 틀에서 떼어낸다.
5. 이 디저트는 약간 따뜻할 때 제공하는 것이 좋으나, 식혀서 앙글레즈 소스와 곁들여 제공해도 좋다.

Le Grand Dessert Trois-gros

(Fruit Compote, Sherbet, Cake Dessert)

과일 컴포트, 셔벳, 케익을 이용한 특제 디저트

재 료 : (4~8인분)

각종 계절 과일류각 1개 씩 (복숭아, 배, 살구, 자두, 이찌, 아몬드, 포도, 수박, 파인애플, 오렌지, 딸기)

>>> 만드는 방법

1. 이 디저트는 다양한 계절 과일들을 섞은 것이다. 중요한 것은 신선도이며, 될 수 있으면 다양한 종류를 사용한다. 아이스크림이나 셔벳에 곁들이거나, 프랑스 포와즈의 젤리, 또는 기호에 따라 생크림을 끼얹어 제공한다.
2. 될 수 있으면 냉장해둔 큰 접시를 준비하여 중앙에 셔벳(파르파르아산이 찌지꾸, 딸기, 나무딸기, 파인애플)와 아이스크림(바닐라, 호두, 벌꿀)을 각 1스푼씩 담는다.
3. 그 주위에 색이 조화롭도록 계절 과일을 잘 나열하고, 그 위에 나무딸기의 젤리나 가는 줄기모양으로 휘핑 생크림을 얹는다(이 경우 아주 소량이 나 얹지 않아도 좋다). 개인용 접시에 담는 경우에는 소량만 담아낸다. 키 위가 들어간 글라프니 사과 케이크, 구즈베리과 낙엽저목 열매가 들어 간미르피유 또는 3종류의 초콜릿 등에 첨가물로 파르미에 파이, 티유일(기와 형 케이크), 그레이프 후르츠 껍질의 설탕 졸임, 멜론, 글라세, 마카론 등 의 케이크와는 다른 향의 것을 곁들인다.
4. 모양과 색상의 조화를 이루도록 하여 서빙 한다.

>>> 과일 콤포트 만들기

- 시럽: 물 1ℓ 에 대해 설탕 600~700g을 사용한다. 과일이 푹 잠기도록 시럽을 붓고 과일의 익은 정도에 따라 졸이는 시간을 다르다.
- 복숭아: 껍질을 벗기고 시럽으로 끓인다. 백도는 통째로, 황도는 2등분 하여 씨를 제거하고 끓인다.
- 배: 껍질을 벗기고 레몬즙을 뿌린다. 꼭지는 그대로 두고 심과 씨만 제 거한다. 큰 것은 2등분하고 시럽을 넣고 끓인다.
- 살구: 2등분하여 시나몬 껍질과 함께 끓인다.
- 미라벨(달며 야생의 향이 나는 황색의 작은 브람): 그대로 끓인다.
- 브류노(자두 말린 것): 전날 물에 담궈 둔 것을 그대로 끓인다. 끓기 시작

하면 곧바로 꺼내 물기를 제거한다.

- 이찌지꾸: 붉은 포도주에 설탕과 로리에 잎을 넣고 끓인다.
- 생 아몬드: 껍질을 벗기고 2등분한다.
- 포도: 껍질을 벗기고 씨를 제거한다.
- 멜론 수박: 씨를 제거하고 구슬 스푼으로 과육을 지구모양으로 도려 낸다. 껍질 가까운 부분은 떼어내지 않는다. 설탕과 오렌지 리큐르에 담근다.
- 파인애플: 껍질을 벗기고 얇게 썰어 찬 시럽에 절인다.
- 오렌지, 그레이프 후르츠: 두꺼운 껍질을 벗기고 과육을 싸고 있는 얇 은 껍질을 모두 제거한 후 설탕을 첨가한 즙에 넣어 약 24시간 절인다.

>>> 붉은 과일

- 딸기: 꼭지를 떼고 필요하면 깨끗이 씻은 다음 설탕을 묻혀 레몬즙을 뿌린다. 큰 것은 2등분한다. 예)야생딸기, 나무딸기, 뽕나무 열매

Glace aux Noix

(Glace Walnut Sherbet)

호두를 이용한 셔벳 디저트

재 료 : (4인분) • 사전준비 : 30분, 조리시간 : 10분

> 우 유 1/2ℓ, 외피를 벗긴 생 호두 50g, 계란 노른자 5개,
> 아카시아 벌꿀 00g, 호두 물 20cc, 리와인 20cc

>>> **만드는 방법**

1. 호두는 상처가 없는 신선한 것을 골라 겉껍질을 부수고 호두알을 꺼내 얇은 칼로 속껍질을 벗긴다. 깨끗이 손질한 호두알을 조리대 위에 놓고 잘게 부순다.
2. 넓직한 믹싱 그릇에 계란 노른자와 벌꿀을 넣고 거품기를 이용하여 약 5분간 혼합한다.
3. 냄비에 우유를 붓고 끓인 후 호두를 넣고 약한 불에서 약 10분간 졸인다.
4. 호두 졸인 것을 2번의 아파레이유에 붓고 약한 불에서 나무주걱을 계속 저어가며 잘 섞는다. 아파레이유 농도가 적당히 가벼워지면 불에서 내린다. 불 위에서는 끓어오르지 않도록 주의한다.
5. 아파레이유를 넓직한 믹싱 그릇에 옮겨 담아 식으면 호두 물을 섞어준다.
6. 제공하기 전(약 30분)에 셔벳 제조기로 아이스크림을 만든다.
   서빙할 때 호두, 민트, 허브로 장식한다.

Millet au Potiron

(Raisin & Pumpkin Dessert)

건포도와 호박을 이용한 디저트

• 사전준비 : 10분, 조리시간 : 15분 **재 료 : (4인분)**

호 박 800g, 건포도 40g, 밀가루 50g, 설 탕 50g, 버 터 20g,
계 란 3개, 우 유 250cc, 생크림 50cc, 레 몬 1개, 넛맥(육두구), 소금, 후추 약간

>>> 만드는 방법

1. 호박은 먹기 적당한 것으로 될 수 있으면 오렌지색이 나는 호박 재료를사용한다.
2. 캘리포니아산 건포도는 냉수에 담궈 둔다.
3. 레몬껍질(제스트) 3쪽을 준비한다.
4. 호박은 소금을 첨가한 끓는 물에 약 10분간 삶아낸 후, 파소와르(체)에 옮겨 물기를 뺀다.
5. 후라이팬에 버터를 녹여 호박을 넣고 수분이 증발해 퓌레상태가 될 때까지 소테한다.
6. 큰 믹싱 볼 속에 밀가루, 설탕, 계란, 우유, 생크림을 넣는다. 거품기를 이용하여 대충 섞는다. 여기에 호박 퓌레를 조금씩 넣어가며 잘 섞는다.
7. 물기를 제거한 건포도, 소량의 넛맥 비빈 것, 후추와 레몬껍질을 넣는다.
8. 7번 두께가 4~5cm 가량 되므로 큰 그라탕 접시를 준비하여 아파레이유를 넣어 중탕한다. 이것을 170℃ 오븐에 넣어 약 40분간 구워낸다.
9. 완성되면 약 2~3시간정도 식혀 차게 제공한다.

Oranges Tango

(Orange Tango Dessert)

석류시럽을 이용한 오렌지 디저트

재 료 : (4인분) • 사전준비 : 1시간, 조리시간 : 1시간

오렌지 4개, 석류 시럽 100cc, 그랑 마니에르 50cc, 글라뉴 설탕 10g, 코냑 10cc

>>> 만드는 방법

1. 오렌지는 씨가 없고 깨끗한 것을 고른다(스페인 라브렌드산 4월과 9월 품종). 오렌지를 씻어 껍질 벗기는 도구를 이용해 오렌지색의 겉껍질만조심스럽게 벗겨낸다. 껍질을 정리해 쥬리엔으로 잘라 약 5분간 블랑쉬르 한다.
2. 오렌지의 흰 껍질을 얇은 칼로 떼어 내듯 두껍게 벗겨낸다. 오렌지 속을 살짝 주물러 과즙을 짠다. 여기에 그랑마니에르 리큐르와 설탕을 첨가해 약 3시간 정도 찬 곳에 보관한다.
3. 냄비에 석류시럽을 넣고 끓인 후, 오렌지 껍질을 넣고 약한 불에서 졸인다.
4. 수분이 증발하여 술의 당분이 껍질에 잘 흡수되어 끈적끈적하게 되면 불에서 내려 다른 그릇에 옮겨 담는다. 약 40~60분을 그대로 둔다.
5. 오렌지 시럽 절임을 제각기 컵에 담고, 그 위에 껍질 설탕 절임을 얹어 제공한다. 보기 좋게 장식한다.

Oreillettes

(Fresh Pâté Dessert)

오레제트 생과자 디저트

• 사전준비 : 30분, 조리시간 : 20분

재 료 : (4인분)

밀가루 250g, 계 란 2개, 버 터 40g. 올리브 오일 1ℓ ,
라임 주스 20cc, 레 몬 1/2개, 글라뉴 설탕 100g, 슈가 파우더 약간

>>> **만드는 방법**

1. 조리대 위에 밀가루를 수북이 담아 중앙은 음푹 판다. 밀가루 속에 글라뉴 설탕 70g, 계란 노른자 2개분, 녹인 버터, 라임 주스, 레몬껍질을 넣는다.
2. 한손으로 밀가루를 조금씩 섞어가며 다른 한손의 손가락 끝으로 혼합한다. 여기에 물 10cc를 넣어 손끝만으로 이겨 넣지 않도록 주의하면서 반죽 전체에 골고루 탄력을 붙인다. 잘 섞이면 둥그런 모양으로 정리하여 젖은 천으로 싸서 차가운 곳에 약1시간 정도 보관한다.
3. 조리대 위에서 밀대를 사용하여 2회째 파테를 5mm 두께로 편다. 이것을 길이와 폭이 10cm인 마름모꼴로 잘라 좋아하는 모양을 만든다.
4. 냄비에 튀김용 올리브 오일을 붓고 180℃로 가열한 후, 오레이에트를 넣고 약 2~3분간 튀겨낸다.
5. 냅킨 위에 놓아 기름을 제거하고 슈가 파우더를 뿌려낸다. 이 과자는 식으면 제공하고 깡통에 넣어 보관하면 2~3일은 유지된다.

Pamélas

(Compote Grapefruit Dessert)

그레이프 후르츠 디저트

재 료 : (4인분) • 사전준비 : 30분, 조리시간 : 90분

그레이프 후르츠 4개(2kg), 글라뉴 설탕 600g, 굵은 설탕 100g, 민트 허브 4잎

>>> 만드는 방법

1. 그레이프 후르츠(자몽)는 껍질이 두꺼운 것을 선택한다. 양끝을 잘라 내어 세운 후 돌려가며 껍질의 1/3정도를 남겨두고 4등분해 둔다.
2. 껍질 한쪽을 4등분해 길이 7cm, 두께 1.5cm정도 세그먼트로 가지런히 잘라 놓는다.
3. 가지런히 잘라둔 껍질을 냄비에 넣고 완전히 잠길 정도로 물을 부어 뭉근히 끓인다.
4. 약5분간 끓인 후 물기를 제거한다. 이 과정을 4회 되풀이한다(껍질의 쓴 맛을 제거하기 위해서이다). 5회째는 냄비에 껍질을 넣고 물이 아닌 글라뉴 설탕을 넣어 뚜껑을 열은 채 약한 불에서 끓인다. 수분 증발이 빠를수록 익는 상태가 나빠진다. 껍질에 당분이 흡수되기까지 대략 50~60분이 소요된다.
5. 다 익힌 껍질은 여분의 시럽을 제거하기 위해 쇠망에 얹어 식으면 하나씩 굵은 설탕 속에 넣어 묻혀 차게 한다.
6. 다음날 아침 식사 때는 남아있는 그레이프 후르츠의 속살을 이용한다. 칼날이 잘드는 얇은 칼로 열매와 얇은 막 사이를 썰어 열매만 분리해낸다. 떼어낸 열매는 씨를 떼어낼 때 나온 과즙은 볼에 넣는다. 설탕을 듬뿍 뿌려 하룻밤 찬 곳에 보관한다. 아침 식사 시 절여둔 그레이프 속살을 제각기 컵에 넣어 제공한다.이것은 설탕을 약간 넣은 커피와 잘 어울린다.

Pêches at Amandes au Brouilly

(Peach & Almond with Strawberry Dessert)

복숭아와 아몬드를 이용한 디저트

• 사전준비 : 10분,　조리시간 : 15분　　재　료 : (4인분)

복숭아(백도) 8개(1kg), 생 아몬드 24개, 나무딸기 200g,
보졸레 적포도주 250cc, 글라뉴 설탕 150g

>>> 만드는 방법

1. 복숭아는 얇은 칼로 껍질을 벗긴다. 잘 익은 복숭아는 껍질 벗기기가 쉽다. 2등분한 후 조각마다 8쪽으로 나눈다.
2. 아몬드는 깍지를 벗겨 끓는 물에 넣어 약 2분간 불린 후, 손가락으로 비벼껍질을 벗긴다. 작은 칼 끝을 알맹이 중앙에 넣어 2등분 한다.
3. 나무딸기는 재빨리 체에 걸러 퓌레를 만들어 볼에 담아둔다.
4. 딸기퓌레에 적포도주, 복숭아, 설탕을 첨가한 후 약 1시간 정도 그대로 둔다.
5. 4개의 큰 유리잔에 차게 보관한 보졸레 적포도주를 약간 붓고 복숭아를 넣는다. 여기에 아몬드를 뿌린 후 디저트용 스푼을 곁들여 제공한다. 큰 유리잔이 없을 경우에는 부순 얼음 속에 접시를 놓고 그 안에 담아 제공해도 좋다.

Pruneaux au Rasteau et à la Crème Fraìche

(Prune Whipped Cream Dessert)

말린 살구에 과일을 섞은 생크림 디저트

재 료 : (4인분) • 사전준비 : 15분, 조리시간 : 10분

말린 살구 16개, 라스튜(호수계곡의 단포도주) 1/2ℓ , 볼드산 가벼운 적포도주 1/2ℓ , 글라뉴 설탕 100g, 나무딸기 과즙 200cc, 생크림(절반분량으로 졸인 것) 200cc, 레 몬 1개, 오렌지 1개

>>> 만드는 방법

1. 말린 살구는 라스튜와 적포도주에 넣어 하룻밤 절여 둔다.
2. 다음날 포도주를 듬뿍 흡수한 살구를 냄비에 넣고 불에 얹는다.
3. 오렌지와 레몬은 껍질을 두껍게 잘라낸 후, 냄비에 넣고 포도주와 설탕을 첨가하여 끓인다. 약 15분간 졸인 후 찬 곳에서 약 2시간 정도 보관한다.
4. 오렌지와 레몬은 건져내고, 바닥이 깊은 접시에 절인 국물과 살구를 담아낸다. 전체에 휘핑 생크림을 얹고 오렌지 섹션이나 민트 잎을 올려 제공한다.

Sorbet à la Figue de Barbarie

(Strawberry Sherbet)

바르바리아산 딸기 셔벳

• 사전준비 : 30분, 조리시간 : 10분

재 료 : (4인분)

바르바리아산 딸기 1.3kg, 레몬즙 1개, 글라뉴 설탕 150g,
생크림 2큰술, 키르슈 리큐르 20cc

>>> 만드는 방법

1. 얇은 칼로 양끝을 잘라내고 세로로 칼집을 한줄 넣으면 껍질이 간단히 벗겨진다. 딸기 4개는 두께 2cm로 썰어 볼에 넣고 설탕 20g을 뿌려 키르슈를 부어준다. 남은 딸기는 야채 가는 체에 갈아 과즙은 다른 볼에 담아레몬즙과 설탕 1/2을 첨가하여 찬 곳에 보관한다.
2. 부순 얼음 속에 볼을 놓고 그 속에서 생크림 표면이 매끈해질 때까지 약5분간 거품을 걷어낸다. 남아 있는 설탕을 넣어 섞는다. 1번을 넣어 함께잘 혼합한다.
3. 셔벳 제조기에 아파레이유를 넣고 셔벳을 만든다. 입구가 넓은 그릇에 담고 썰어둔 딸기로 장식한 후 제공한다.

• 선인장과의 이 과일은 잘 익은 것을 선택한다. 과일을 덮고 있는 가시가아주 날카로우므로 취급에 주의하여 껍질 벗기는 장갑을 끼고 작업한다.

Crème Pâlissière pour Soufflé

(Cream Mousse Soufflé)

크림무스 수플레

재 료 : (4인분) • 사전준비 : 20분, 조리시간 : 10분

우 유 1/4ℓ , 계 란 2개, 글라뉴 설탕 100g, 밀가루 40g,
생크림 150cc, 젤라틴 10g

>>> 만드는 방법

1. 작은 냄비에 우유를 넣고 약간 끓인다.
2. 믹싱 볼에 계란, 설탕, 밀가루를 넣어 저은 후 거품기를 이용해 전체를 잘 혼합한다. 약간의 젤라틴을 혼합 할 수도 있다.
3. 여기에 끓고 있는 우유를 조금씩 부어가며 섞는다.
4. 이것을 1번의 냄비에 넣고 덩어리 지지 않도록 거품기를 계속 움직여가며 끓인다. 약 2~3분 끓인 후 가는 체에 걸러 작은 테리뉴에 담는다. 사용할 때까지 가볍게 데워둔다(필요하면 휘핑크림 사용한다).

Soufflé Flambé aux Prolines

(Cream Soufflé With Ice Cream)

아이스크림을 곁들인 커스터드 형태의 수플레

• 사전준비 : 45분,　조리시간 : 20분　　　　**재　료 : (4인분)**

계란 노른자 4개분, 계란 흰자 8개분, 오렌지 리큐르 40cc, 블라리뉴 150g, 버 터 20g, 글라뉴 설탕 20g, 커스터드 크림 1/8ℓ

>>> **만드는 방법**

1. 그릇이 길이 3cm의 그라틴 접시에 버터를 바른 후 설탕을 넣고 좌우를 흔든 다음 여분의 설탕은 접시를 뒤집어 제거한다.
2. 조리대 위에 블라리뉴를 얹고 밀대를 이용하여 세게 콘카세 한다.
3. 뜨거운 커스터드 크림 속에 노른자 4개분을 넣고 거품기를 이용해 약 2~3분간 혼합한다.
4. 믹싱 볼에 계란흰자와 약간의 소금을 넣고 거품을 낸다. 거품이 단단해지면 1/4분량을 커스터드 크림에 넣어 섞은 후, 남아 있는 흰자 거품 속에넣어 나무주걱으로 잘 혼합한다. 블라리뉴 1/5 분량을 준비해 두고 나머지는 크림 속에 넣는다.
5. 버터 바른 접시에 아파레이유(혼합물)를 넣고 주걱으로 표면을 평평하게 만든다. 그 위에 남겨둔 블라리뉴를 뿌린다.
6. 가열한 철판위에 약 1분간 얹었다가 180℃로 가열했다 불을 끈 오븐에 약 15분간 넣어둔다.
7. 꺼내어 조리대에 놓고 오렌지 리큐르를 뿌린 후 알콜이 잘 스며들도록 구멍을 내고 알콜을 태운다. 아몬드 아이스크림을 곁들여 바로 제공한다.

Le Trois-Tiers au Chocolat

(Chocolate Mousse Dessert)

3가지 형태의 초콜릿 무스 디저트

재　료 : (8인분)　　　　• 사전준비 : 1시간 30분,　조리시간 : 30분

계 란 4개, 설 탕 120g, 콘스타치 120g, 코코아 30g,
버 터 30g, 생크림 150cc

>>> 만드는 방법

1. 중탕한 냄비를 약한 불에 얹는다.
2. 여기에 설탕과 계란을 넣고 거품기로 잘 섞어 원재료의 약3배 분량을 만든다(이때 온도는 사람의 피부 온도 정도).
3. 콘스타치와 순 신선한 코코아 가루를 첨가해 잘 섞는다.
4. 직경 25cm, 높이 5cm의 몰딩 틀에 버터를 바른 후 틀 속에 아파레이유를 넣고 160℃ 오븐에 넣어 약 30분간 구워낸다.
5. 오븐에서 준비된 스폰지 케이크를 꺼내 쇠망 위에 놓고 틀을 벗겨낸 후 그대로 식힌다.

• 이 케이크는 가벼운 반죽으로 만든 스폰지 케이크에 초콜릿 무스와 휘핑 크림을 덮은 것이다.

>>> 초콜릿 무스

재 료 : 초콜릿(고형) 125g, 글라뉴 설탕 25g, 계란 2개, 우유 60cc

6. 우유에 고형 초콜릿을 넣고 아주 약한 불에서 녹인 후, 설탕과 계란 노른자 2개분을 첨가하여 계속 저어준다.
7. 여기에 실온정도의 따뜻한 상태일 때 거품 낸 계란 흰자 2개분을 넣고 나무주걱으로 잘 혼합한다. 적어도 약 10시간은 식혀둔다.

>>> 거품 낸 생크림

재 료 : 엷은 생크림 1/2ℓ , 설 탕 20g

8. 차게 보관한 볼에 생크림을 넣고 약7~8분가량 거품을 낸다. 생크림에 농도가 나면 설탕을 첨가해 골고루 섞은 후 식혀둔다.

>>> 케이크 만들기

9. 초콜릿 무스 1/3 분량을 준비한다. 스폰지 케이크는 빵 칼을 이용해 얇게 3등분한다.
10. 같은 크기의 받침 종이 위에 케이크에 1장을 얹어 무스 1/3 분량을 바른다. 그 위에 다른 케이크 1장을 얹어 거품 낸 생크림을 무스와 똑같이 방법으로 바른다. 남아 있는 케이크 1장을 그 위에 얹어 나머지 무스를 바른다.

>>> 장식 붙이기

재 료 : 얇게 썬 아몬드 구운 것 80g, 초콜릿 덩어리 20g

11. 얇게 썬 아몬드를 그릴로 저으면서 볶아 고운 갈색을 낸다.
12. 케이크 위에 아몬드를 뿌린다. 초콜릿을 깍은 후 케이크 표면 무스위에뿌려 완성한다.

Soufflé à la Fleur d'Acacia

(Acacia Cream Custard Soufflé)

아카시아 향을 이용한 수플레

• 사전준비 : 30분, 조리시간 : 20분 　　　　재 료 : (4인분)

아카시아 꽃송이 120g, 꼬 냑 20cc, 계란 노른자 2개분, 계란 흰자 5개분, 버 터(호두크기) 2개, 커스터드 크림 1/8ℓ , 글라뉴 설탕 20g, 슈가 파우더 10g, 소 금 약간

>>> 만드는 방법

1. 아카시아 꽃 큰2송이는 그대로 두고, 나머지는 꽃자루에 묻어 있는 꽃잎을 손상시키지 않도록 주의하며 딴다. 꽃잎 50g 정도 되면 슈가파우더를 뿌리고 꼬냑을 약간 부어 촉촉하게 한 후 약 2시간 후도 그대로 둔다.
2. 커스터드 크림을 만들어 식지 않게 보관한다.(만들기 참조)
3. 슈프레이용 볼이나 없을 경우에는 둥근모양의 은제품을 사용해 버터를 바른 후, 글라뉴 설탕 20g을 넣어 흔들고 여분의 설탕은 가볍게 두드려 제거한다. 찬 곳에 보관해 놓는다.
4. 믹싱 볼을 소금과 식초를 넣고 약간 흐르는 물에 잘 헹군 후 마른 헝겊으로 잘 닦아 준비한다. 여기에 계란 흰자 5개분과 약간의 소금을 넣고 거품기를 이용해 처음에는 조용히 섞다가 점차 속도를 낸다. 거품에 윤기가 있으면 안쪽으로 모아 거품기를 재빨리 돌려가며 표면을 매끄럽게 만든다. 전기거품기를 이용해도 좋다(계란흰자 휘핑 만들기).
5. 커스터드 크림 속에 계란 노른자 2개분을 더 넣고 거품기를 이용해 혼합한 후 약간 데워둔다. 여기에 거품 낸 흰자 1/4 분량을 넣는다. 이것을 남아 있는 흰자 휘핑에 넣고 나무주걱으로 잘 혼합한다. 아카시아 꽃을살짝 넣고 꼬냑을 첨가한다. 이 아파레이유를 3번의 볼에 넣고 주걱으로표면을 매끈하게 만든 후 먼저 준비해 둔 아카시아 꽃 2송이로 장식한다.
6. 가열한 철판위에 잠시 얹었다가 180℃로 가열했다 불을 끈 오븐에 약 15분간 넣어둔다.
7. 완성되면 슈가 파우더를 뿌려 바로 제공한다.

Tarte au Rock Melon

(Rock Sweet Melon Tart)

메론 타르트

재 료 : (4인분) • 사전준비 : 30분, 조리시간 : 20분

메론(600g) 3개, 젤라틴 3봉지, 레몬즙 1/2개분, 글라뉴 설탕 25g,
설탕 들어간 반죽 180g, 민트 잎 4잎

>>> 만드는 방법

1. 타르트 바닥은 키위 그라피티 만드는 방법을 이용해 완전히 흰색으로 만든다.
2. 메론은 너무 익지 않은 것으로 손으로 들어 보아 무겁고 향이 좋은 것을 사용한다.
   - 메론을 1개를 2등분하여 조심스럽게 씨를 제거하고 파리지앤 스푼으로 지구형 24개를 만들어 장식용으로 사용하기 위해 준비한다.
   - 남은 과육도 껍질에 가깝지 않은 부분을 스푼으로 떠낸다. 이것을 바로 걸러내어 볼에 담고 레몬즙을 첨가한 후 찬 곳에 보관한다.
   - 다른 2개의 메론은 4등분해서 과육을 떠낸다.
3. 젤라틴을 물에 담근다.
4. 냄비에 2번의 4등분한 메론 2개의 떠낸 과육을 넣고 설탕을 첨가해 나무 스푼으로 저어 가며 약 10분가량 졸여 수분을 증발시킨다.
5. 준비된 젤라틴을 넣고 혼합해서 잘 녹여 불에서 내린다.
6. 아파레이유(혼합물)가 식으면 2번의 멜론 레몬즙을 첨가한다.
7. 아파레이유를 타르트 바닥에 부어 넣고 약 1시간가량 식힌 후, 구슬형의 메론으로 장식한다. 민트 잎을 올려 장식하고 차게 하여 제공한다.

Tarte à la Rhubarbe à la Crème

(Rhubarbe Tart)

류바르브 대황 뿌리 타르트

• 사전준비 : 30분,　조리시간 : 30분

재　료 : (4인분)

류바르브(대황) 600g(껍질벗긴 것 400g), 글라뉴 설탕 170g, 레몬껍질 1/2개, 설탕 들어간 반죽 150g, 생크림(절반분량으로 졸인 것) 70cc, 크로브(정향열매) 3개

>>> 만드는 방법

1. 대황은 우선 15cm 크기로 썰어 감싸고 있는 작은 껍질을 벗긴 후, 되도록 얇게 에멍세한다.
2. 냄비에 설탕 20g과 류바르브 뿌리를 넣는다. 뚜껑을 꼭 덮고 약 10분간 쪄낸다.
3. 아주 약한 불에서 나무주걱을 움직여가며 수분을 증발시켜 사과 콘포트를 만드는 농도로 맞춘다. 여기에 레몬껍질(제스트) 다진 것을 첨가한다.
4. 타르트 밀가루 반죽 (도우)을 직경 15cm의 얇은 반죽을 깐다. 포크로 찔러 바닥에 구멍을 낸 후 희게 구워낸다. 유산지를 반죽 위에 덮고 건조 콩을 얹어 200℃ 오븐에 약 10분간 넣어둔다.
5. 유산지와 건조 콩을 제거한 후 류바르브 콘포트를 넣어 150℃ 오븐에 약 15분간 넣어둔다. 오븐에서 꺼내어 쇠망위에 얹어 찬 곳에 보관한다.
6. 볼에 차가운 생크림을 넣고 매끄럽고 단단해질 때까지 거품을 낸다. 여기에 설탕 10g과 크로브 빻은 것을 섞어 넣는다.
7. 이것을 류바르브 콘포트 위에 부어 주걱으로 표면을 매끈하게 만들거나 좋아하는 모양을 짜낸다. 곧바로 제공한다.

• 류바르브는 가능하면 숲속에 있는 류바르브 잎 꼭지를 사용한다. 녹색과붉은 빛을 띠는 뿌리와 잎이 류바르브가 성숙한 것이다.

La Grosse Tuile

(Mixed Sugar Almond Dessert)

아몬드를 이용한 디저트

재 료 : (4인분) • 사전준비 : 15분, 조리시간 : 10분

얇게 썬 아몬드 130g, 글라뉴 설탕 120g, 밀가루 20g, 계란 흰자 100cc(2.5개분), 버 터 30g

>>> 만드는 방법

1. 팬을 너무 뜨겁지 않게 달구어 버터 20g을 넣고 녹인다.
2. 얇게 썬 아몬드 10g은 따로 준비해 둔다. 볼에 설탕과 밀가루를 넣고 거품기로 섞어가며 계란 흰자와 1번 녹인 버터를 첨가한다. 이 아파레이유는 전날 만들어 두고 적어도 약 2시간은 재워둔다.
3. 철판에 버터를 바르고 물에 적신 스푼을 이용해 아파레이유 1/4 분량을 철판위에 골고루 펴 폭 15cm, 길이 20cm의 계란형으로 만든다. 전체 두께를 고르게 만들어 골고루 굽히게 한다. 그 위에 얇게 썬 아몬드를 뿌린다.
4. 170℃ 오븐에 넣어 상태를 확인하면서 고운 구운색이 나도록 약 10분간 구워낸다.
5. 오븐에서 꺼내 옆으로 누인 빈병 위에 두꺼운 쪽을 맞추어 얹어 기와모양으로 만든다.
6. 한번에 여러 장 구울 수 있는 오븐이 없으면 동일한 과정을 되풀이하여 1개씩 3회 구워낸다.
7. 완전히 식으면 모양이 일그러지지 않도록 주의하여 큰 접시에 담아낸다.

제 5 편

프랑스요리의 메뉴 구성 내용

Ⅰ. 세계적 명품요리의 역사적 배경

Ⅱ. 특급호텔 프랑스요리 메뉴 목록 실례(324가지)

Ⅲ. 세계적인 훌륭한 요리명장의 일생

Ⅳ. 특수 야채와 향신료 목록

제 5 편

프랑스요리의 메뉴 구성 내용

Ⅰ. 세계적 명품요리의 역사적 배경

1. Grenouille Sautees à la Provençal(그러뉴 소테 아라 프로방샬)

인간의 욕망 중에 강장식에 대한 맹신은 동서고금을 막론하고 공통적인 것 같다. 우리나라에서는 예로부터 개구리가 보양, 강장에 큰 이로움으로 여겨져 왔는데 이러한 개구리에 대한 인식은 프랑스에서도 마찬가지다. 특히 다른 점이 있다면 우리가 야생의 개구리를 포획해서 먹었든데 반해 프랑스에서는 고급 식재료로 식용개구리를 사육해서 먹는다는 것이다. 또 우리의 개구리 요리는 튀김이나 구이, 탕 등 비교적 간단한 것이나 프랑스에서는 다양한 메뉴로 기교를 부린 요리를 만들어 먹는다는 점에서 차이가 있다. 따라서 프랑스의 다양한 개구리 요리 중 가장 대표적인 것은 Grenouille Sautees à la Provençal 로 이것은 프로방샬 지역풍의 개구리 뒷다리 튀김이라는 뜻이다. 지구상에는 약 2000여종의 개구리가 서식하고 있는 프랑스의 대표적인 개구리는 초록색 개구리, 붉은색 개구리, 식용 개구리, 벙어리 개구리 등의 종류가 있다.

이들 야생 개구리 가운데 식용개구리만은 식용으로 이용하고 있다. 2천여 종의 개구리 중 식품으로 쓸 수 있는 것은 식용 개구리와 미국이 원산지인 황소개구리 정도이다.

결국 우리나라에서는 마구잡이로 잡아 먹는 개구리는 음식 재료로 적당한 것이 아니다.

유럽 전역에 걸쳐 폭넓게 서식하고 있는 식용 개구리는 특히 유고슬로비아에 가장 많이 자생하고 있으며 프랑스와 영국에서도 많이 사육되고 있다. 프랑스에서는 브레뉴 지방의 동브르와 솔로뉴 지방에서 주로 사육한다. 사육되는 개구리는 성대를 제거 울지 못하도록 하여 인위적으로 살을 찌운다. 개구리의 살은 맛이 닭고기와 비슷한데 살에 지방질이 적고 단백질이 많으며 소화흡수가 잘되는 것으로 밝혀져 있다.

프랑스인들이 개구리를 잡을 때에는 막대기에 붉은색 모직실로 덫을 만들어 묶어 두었다가 그 안에 개구리가 들어오면 덫을 잡아당겨 잡는다. 잡힌 개구리를 꼭 잡아 맨 뒤 마치 꼭 끼는 바지를 벗기듯이 뒷다리 껍질을 벗겨 허리 아래만을 잘라내 요리 재료로 이용한다. 개구리 다리요리는 육류요리로 생각하기 쉬우나 살이 연한 까닭에 프랑스요리에서는 이를 생선요리로 분류한다. 그러뉴 소테 아라 프로방샬은 프로방스지방 사람들이 즐겨 만들어 먹는 요리로 풀코스의 애피타이저로 메뉴로 쓰이기도 하지만, 이런 경우는 별로 흔치 않으며 주로 일품요리로 먹는다.

개구리 요리는 뒷다리를 찬 포도주로 담궈다가 다음 밀가루를 묻혀 기름에 5~6분 동안 튀겨 수분을 없앤다. 기름은 올리브 오일과 버터 녹인 것을 반반씩 섞어 사용한다.

튀긴 개구리다리에 마늘 다진 것, 토마토 다진 것, 딜 등 향신료 다진 것, 파슬리 다진 것과 레몬 주스, 화이트 와인을 약간 넣어 프라이팬에 살짝 볶는다. 이것은 레몬으로 장식을 한 뒤 서어브 한다. 1인분을 6마리로 만드는 이 요리는 값이 꽤 비싼 편이다. 우리나라 고급 호텔 레스토랑에서는 2~3만원 정도 넘는다. 프랑스 레스토랑에서는 계절에 구애 받지 않고 메뉴 주문을 받는다.

이 요리를 먹을 때는 손으로 먹어도 실례가 되지 않는다. 특별히 곁들여야 할 음식은 따로 없으며 식사주로 포도주를 곁드려 마시면 제격이다. 그 밖에 그러뉴 아라 크렘 시부레트 (Grenouille à la Crème et Ciboulette)라 하여 더블 생크림과 실파를 넣은 개구리 다리요리도 유명하다. 이 요리는 개구리 뒷다리에 밀가루를 뿌린 다음 소금, 후추로 양념을 한다. 이것은 버터에 튀긴 다음 건져서 에샬로트 (옥파의 일종)을 넣어 잠시 재워둔다. 그 다음 더블 생크림을 넣어 끓인 후 개구리 다리는 건져내고 국물에 실파 다진 것, 레몬 주스, 화이트 와인을 넣어 졸인다. 개구리 다리 위에 소스를 얹어서 내놓는다. 실파와 생크림을 넣은 이 개구리 요리는 다소 느끼한 맛이 있으나 그러뉴 소테 아라 프로방샬은 마늘, 파슬리, 토마토, 와인, 향신료 등이 많이 들어가서 조금도 느끼하지 않아 한국인의 입맛에도 맞는 세계적 명품요리이다. 담백하고 쫄깃쫄깃한 개구리 다리의 맛이 한껏 살아나는 프랑스요리라 할 수 있다.

2. Papillote de Truite Au Poivre Rouge(파피요드 드 트루위트 오프와브르 루지)

이 요리는 분홍후추를 곁들인 송어 찜으로 두툼하게 포를 뜬 송어에 색색이 야채를 넣고 찜을 한 생선요리이다.

시각적 효과가 뛰어난 이 송어 요리는 분홍후추를 뿌린 후 알루미늄 은박지에 싸서 찜을 한 것으로 월계수 잎, 향신료의 그윽한 향기와 더불어 분홍후추의 독특한 맛이 특징이다. 프랑스에서는 최근 들어 생선요리가 차지하는 비중이 부쩍 높아지고 있다. 프랑스 인들의 식습관은 점차 간편화 되고 있을 뿐만 아니라 소량의 음식을 섭취하려는 경향 때문이라는 것이다.

프랑스에서는 주로 쓰이는 생선들은 혀넙치, 송어 연어, 도미, 대구, 숭어 등 비교적 고급 어종들이다. 송어 (Truite) 는 청어목 연의과에 속하는 것으로 몸길이가 50~60㎝정도 되는 바다 생선 이다. 바다에서 자라다가 3~5월이 되면 강으로 올라와 8~9월에 산란한 후 다시 바다로 내려가는 독특한 생태적 특징을 지니고 있다. 외관상 연어와 큰 차이가 없는 송어는 등쪽이 담갈색이며, 배 부분은 은백색으로 빛이 비치면 무지개 색으로 반짝거리는 것이 특징이다. 그래서 무지개 송어라고도 한다.

살색은 흰색으로 맛이 좋기 때문에 담백한 음식을 좋아하는 세계 미식가들의 사랑을 받는다. 송어를 비롯한 생선들은 다양한 조리 방법으로 요리되고 있다. 그 가운데 가장 대표적인 것은 소금, 후추로 간을 하면서 불에 굽는 방법이다. 우리의 소금구이로 굽는 방법과 거의 비슷하나 생선의 표면에 직사각형의 무늬를 만들어 볼품 있게 굽는 것이 다른 점이다. 그 밖에 밀가루와 달걀을 묻혀 지져내는 생선전과 흡사한 뫼니에르, 물에 삶거나 중탕을 해서 찌는 포세, 기름에 튀기는 튀김요리들이 주류를 이루고 있다. 파피요트 드 트루위트 오파와브르 루지는 찜의 일종이기는 하나 기름종이나 은박지에 싸서 간접적으로 찐다는 것이 특징이다.

파피요트(Papillote)란 원래 종이라는 말로 요리에서는 기름종이나 은박지에 싸서 요리하는 요리법을 총칭하는 것이다. 파피요트를 쓰는 것은 생선요리를 할 때 야채나 향신료의 향, 향기와 자체 맛의 유출을 방지하기 위한 목적으로 쓰인다. 파피요트 드 트루위트 오 프와브로 루지는 보통 2백~2백50g짜리 송어 1마리를 1인분으로 만든다. 송어의 머리를 떼어내고 껍질을 벗겨 낸 다음 등뼈를 발라내고 그 살을 포로 떠낸다. 생선을 준비한 후에는 당근, 애호박, 버섯, 양파, 샐러리, 대파를 가는 채로 썰어 월계수 잎을 가미해서 버터에 볶는다. 딜, 월계수 잎은 서양음식에서 널리 사용되는 향신료로 지중해 연안이 원산지이며 모로코, 프랑스, 멕시코, 벨기에 등에서 나는 식물이다.

육류나 어패류의 소스에 주로 사용되는 월계수 잎은 잎사귀를 통째로 사용한다. 서양요리에선 때때로 낙엽과 비슷한 건더기가 건져져 불쾌하게 여기는 경우도 있으나, 이는 향신료로 사용된 월계수 잎이기 때문에 불쾌하게 생각할 필요는 없다. 이렇듯 월계수 잎으로 향을 낸 색색의 야채와 포를 뜬 송어살 사이에 넣은 다음 소금과 후추로 간을 맞춘다. 그 다음에는 지중해 연안에서 재배되는 분홍후추 10알 정도를 넣는다.

프랑스요리에 사용되는 후추로는 흰색 통후추, 검은색 통후추, 그린 통후추, 레드 통후추, 핑크 통후추 등 5가지 색상이 다양하게 사용되고 있다.

그 중 흰색 통후추는 후추열매가 완숙되기 전에 따서 소금과 석회수에 담가 탈색시킨 것이고, 그린 통후추는 후추열매의 막이 생기기전에 따서 만든 것이며, 검정 통후추는 완숙된 후추열매로 가공된 것이다. 레드 통후추는 아주 잘 익은 후추열매이다. 그러나 핑크 통후추는 식물학적으로 후추의 범주에 넣지 않는 독특한 것으로 지중해 연안에서 자생하는 껍질이 산호색인 식물의 열매이다. 송어에 분홍색 통후추를 뿌려 이를 기름종이나 은박지로 잘 싼 다음 백포도주를 섞은 액체가 들어 있는 오븐에 이것을 약 10분 동안 넣어둔다.

이 송어요리는 간접열로 익히면 영양과 맛의 손실을 적게 해준다. 완전한 요리가 되면 은박지에 싸여진 채 웨이터가 가지고 나와 손님 앞에서 은박지를 벗기고 접시에 담아 서브한다.

생선요리의 곁드리는 가니쉬로는 찐 감자나 으깬 감자가 곁들여진다. 생선용 포크와 나이프로 먹으면 되는데. 생선살 결을 거슬러 자르면 살이 부스러지기 쉽다. 이 요리에는 백포도주를 곁들여 먹으면 담백한 맛이 아주 환상적이다.

3. Escargots à la Bourgougne(에스카르고 아라 부르고뉴)

단단한 달팽이 껍데기안의 속살에 버터와 갖가지 향신료로 양념해 껍데기 째로 구원낸 것이 에스카르고 아라 부르고뉴라는 긴 이름을 가진 세계 명품 달팽이 요리이다. 쫄깃쫄깃하면서 향기로운 맛도 맛이려거니와 허브향의 푸른 빛깔이 입맛을 돋구어 준다.

프랑스의 대표적인 오르되브르(Hors d' Oeuvre)중의 하나 오르되브르란 스프가 나오기 전에 입맛을 돋우기 위해 먹는 음식으로 보통 야채, 연어, 새우, 관자살 등 담백한 식재료를 써서 시각적으로도 보기 좋게 만드는 음식을 말한다. 여러 가지 오르되브르 중에서도 특히 달팽이 요리인 에스카르고 아라 에스카르고 아라 부르고뉴 「부르고뉴식의 달팽이」란 뜻이다.

지구상에는 2만여종의 달팽이가 서식하고 있다. 그중에는 독을 품고 있어 절대로 먹어서는 안 되는 달팽이가 있기도 하지만, 헬릭스 포마티아(Helix Pomatia) 등 몇몇 종류는 식용으로 사용되고 있다. 식용 달팽이들을 에스카르고 라고 부르며 오래전부터 세계 명품요리의 식재료로 사용해 왔고, 세계 미식가들을 즐겁게 해왔다.

달팽이 요리가 알려지기로는 BC 50년께 이미 식용달팽이가 양식된바 있으며, 고대 로마제국에서도 식도락가들이 달팽이 요리를 즐겨 만들어 먹었다는 기록이 전해온다. 로마제국에서 프랑스로 전해져 프랑스 궁중요리로 발전했는데, 유럽지역 중 영국, 이탈리아, 독일, 스위스, 오스트리아 등지에서도 달팽이 요리를 먹기는 하지만 프랑스만큼 성행하고 있지는 않았다. 달팽이로 만든 여러 가지 요리 중 가장 널리 알려진 것이 바로 에스카르고 아라 부르고뉴 요리이다. 부르고뉴지방의 달팽이 요리가 유명한데에는 특별한 이유가 있었다. 부르고뉴란 프랑스 동부의 샤블리(Chabis), 디종(Dijon), 리용(Lyons) 일대를 일컫는데 이곳은 포도의 집산지이며 포도주의 명산지로 유명한 곳이다. 19세기 부르고뉴지역 포도밭에 포도의 잎을 갉아 먹는 달팽이들의 극성으로 농민들이 골치를 앓은 적이 있었다. 껍데기가 단단해 약물을 써도 박멸되지 않아 궁리 끝에 요리의 식재료로 썼다고 하는데, 이 덕분에 포도나무는 달팽이의 폐해에서 벗어 날수 있게 되었고, 달팽이요리는 궁중음식으로 대우를 받았며 대중들에게는 접근할 수 없었던 달팽이 요리가 점차 대중음식으로 격하되었다고 한다.

그 이유 때문에 전 세계적으로 유명한 에스카르고 아라 부르고뉴를 요즘도 리용이나 디종에 가면 싼값으로 즐길 수가 있다. 이 달팽이는 동면하기 전에 특히 맛이 좋다고 해서 동면하기 1개월 전부터 1주 동안 양상추만을 먹인 뒤 3주 동안 굶긴 다음 요리하는 것이 특징이다. 소금과 식초를 섞은 물에 1일 동안 담가 놓으면 뱃속의 배설 물질을 모두 토해내 깨끗해진다. 이 달팽이를 껍데기째 삶은 뒤 살만 빼내어 백포도주, 닭고기 육수, 향신료, 마늘 등을 넣고 다시 2시간 정도 끓인다. 껍데기는 껍데기대로 소다를 넣어 삶아 놓는다. 끓여 놓은 달팽이 살은 다시 부르고뉴 버터(일명 허브 버터)를 만들어 요리한다.

부르고뉴 버터는 피네제르(Fines-herb) 파슬리, 에스트라곤, 샐피유, 에샤로트 등 허브를 다져 만든 향신료와 마늘, 딜, 실파의 일종인 에샤로트(Ehalote)등을 섞어 만든 녹색 빛깔의 버터이다.

달팽이 껍데기에 이 부르고뉴 버터를 약간 넣은 다음 부르고뉴 버터와 백포도주를 넣어 맛을 낸 다음 달팽이 살을 다시 채워 놓는다.

달팽이 요리에는 특별히 6개씩 담기도록 둥근 홈이 파인 특별 접시가 쓰인다. 이 접시에 달팽이 6개를 담고 사라만더에 넣고 버터가 녹을 때까지 굽는다. 달팽이 껍데기안의 버터가 녹아 부글부글 끓어 오르면 코냑을 부어 불길이 치솟게 하는 플랑베를 해야 한다. 먹기 전에 플랑베(flambér)를 하면 시각적 효과로 식욕이 증진될 뿐만 아니라 코냑의 향미가 달팽이 살에 베어 들어 맛이 더욱 좋아지기 때문이다. 에스카르고 아라 부르고뉴를 먹을 때는 날이 두 개 달린 2지창과 달팽이 전용 집게 <펭스 Pence>를 사용한다. 왼손에 집게를 달팽이 껍데기를 고정 시킨 다음 2지창으로 찍어 먹는다. 달팽이 살을 먹은 다음에는 껍데기안의 국물을 접시에 쏟아 붓고 껍데기는 다른 빈 접시에 담는다. 달팽이 살을 모두 먹은 다음에는 프랑스 고유의 빵인 바케트<baguette>를 국물에 찍어 먹는다. 보통 1인분은 달팽이 6개로 파리의 중급 레스토랑에서는자주 맛 볼 수 있다. 국내 특급호텔에서는 매우 비싼 편이다. 마늘, 실파, 허브 등이 들어가 비교적 우리나라 사람의 입맛에 잘 맞는 이 에스카르고 아라 부르고뉴를 주문하면서 잊지 말아야 할 식사매너는 식사주로 부르고뉴 백포도주를 주문하는 일이다. 에스카르고와 바케트, 부르고뉴 백포도주가 삼위일체가 되어야 비로소 제 맛을 내기 때문이다.

4. Consommé(콩소메 수프)

프랑스요리 코스에는 식욕을 증진시킬 목적으로 정찬의 에피타이저 다음 코스에 서브되는 것이 수프다. 수프는 각 나라마다 다양한 종류가 있으나, 특히 프랑스의 수프 Consommé는 맛이나 영양면에서 세계최고의 수프로 꼽힌다. 에피타이저나 메인요리는 향신료나 조리법에 의해 얼마든지 맛을 낼 수 있으나 콩소메는 조리법이 간단한 만큼이나 맛도 정직하게 나타나며, 들어가는 식재료와 주방장의 정성에 따라 맛이 달라진다. 프랑스요리는 특정한 레스토랑의 주방장 솜씨를 알아보려면 콩소메 맛을 보라는 말이 있을 만큼 중요시 되는 수프요리인 것이다. 프랑스에서는 수프를 potage라고 부르며 이는 크게 3가지 분류로 나누어진다. 맑은 스프를 뜻하는 포타지를 클레어< clair>, 진한 수프를 potage lie<포타지 리에>, 외국의 유명한 수프를 의미하는 에트랑제 <Potage Etranger>가 있다. 콩소메는 포타지 클레어에 속하며 야채수프나 크림수프는 포타지 리에에 속한다. 포타지 에뜨랑제는 러시아의 보르시치<borshch>, 미국의 clam chowder, 스페인의 gazpacho, 헝가리의 Goulash, 이탈리아의 Minestron 등의 세계적으로 유명한 수프가 있다.

이들 다양한 수프는 나름대로 독특한 맛, 특징, 분위기가 있어 어느 것이 우월하다고 말할 수는 없으나, 프랑스적 분위기를 가장 잘 나타내는 수프가 콩소메인 것이다. 콩소메를 만드는 방법은 비교적 간단하다. 쇠고기, 쇠뼈 쇠힘줄 등과 닭고기를 3대1의 비율로 넣고 여기에 양파, 당근, 샐러리, 파슬리, 향신료, 통후추 등을 넣어 끓여 부이용 형태로 만든다. 고기의 진국인 부이용은 수프의 국물이나 소스로도 사용되는 기본적인 액체 국물이다. 이 부이용에 다시 다진 소고기, 양파, 당근, 샐러리, 향신료, 타임, 파슬리, 월계수 잎, 계란흰자, 쉐리 와인, 파레아라 와인 등을 넣고 은근히 끓인다.

이때 계란흰자가 불순물을 흡수하기 때문에 국물이 맑아지며 계란흰자가 응고 되어 위로 떠 상층을 덮어주기 때문에 맛과 향이 보존된다. 계란흰자를 걷어낸 후 체에 걸려 맑고 진한 소고기국물 맛이 바로 그 유명한 콩소메 수프의 맛이 된다. 이렇게 만들어진 기본적인 콩소메를 콩소메 심플(Simple). 더욱 진하게 고아서 거른 것을 콩소메 더블(Double), 차게 해서 굳힌 것을 콩소메 글라세(Glacée)라고 부른다. 또한 콩소메에 띄우는 가니휴어에 따라 300여 종류로 콩소메가 나누어진다. 그 대표적인 것으로는 계란에 부이용을 넣고 찐 것을 썰어 놓은 콩소메 로얄, 얇고 가늘고 길게 썬 야채를 넣은 콩소메 쥬리엔느, 녹말가루를 빚어 넣은 콩소메 타피오카 등이 있다. 그 밖에도 토마토를 풍부하게 넣은 콩소메 마들린느, 바다제비집을 넣은 콩소메 프로 피테롤르 등이 유명하다. 이처럼 다양한 콩소메들 가운데 특히 콩소메 줄리엔느에는 한 가지 일화가 있다.

18세기에 살았던 요리장 쥬리엔은 모든 유산을 가난한 사람들에게 남겨 줄 만큼 박애정신이 투철한 사람이었다. 그가 1785년 가난한 결핵환자의 영양을 증진 시켜줄 목적으로 콩소메에 가늘게 썬 야채를 집어 넣은 것을 만든 데서 콩소메 쥬리엔느가 유래됐다는 것이다.

콩소메 수프는 귀가 양쪽으로 달린 타세 (Tasse 일명 뷔용)에 담겨져 서브된다. 스푼도 보통 스푼과는 달리 둥그런 뷔용 스푼이 따라 나온다. 먹는 방법은 스푼으로 맛을 본 다음 뷔용컵을 손으로 들어 마시는 것이 매너이다. 물론 소리를 내서는 안 되며 컵이 뜨거워 손으로 마실 수 없을 때는 스푼으로 저어 약간 식힌 후 마셔도 좋다. 콩소메는 양이 적고 위에 부담

이 적어 풀코스 요리의 수프로 아주 적합하다. 다만 1인분의 콩소메를 만들기 위해 소고기 200g 이상이 필요하기 때문에 값이 약간 비싼 편이다.

5. Huître Frappe Au Citron(위트르 프라페 오 시트롱)

이 요리는 잘게 부순 얼음위에서 차갑게 식혀져 껍질째 서브되는 생굴요리인 위트르 프라페 오 시트롱은 보기만 해도 담백하면서 시원한 맛이 연상돼 입안의 침을 돌게 할 뿐만 아니라 저절로 식욕이 돋구게 만든다. 회백색의 별로 크지 않은 생굴의 몸체에 수용성 비타민, 인, 철, 마그네슘, 요드 등 무기질이 다량 함유되어 있어 「바다의 우유」라는 별칭으로 불리면서 영양식으로 각광 받고 있다. 우리나라에서도 날것을 그대로 먹거나 전을 부치기고 하고 전골 등에도 넣어 먹어 친숙한 식품이지만, 생굴을 좋아하기로는 프랑스 사람들을 따라가기 어렵다. 생굴은 고대 이집트인과 아시아인들이 즐겨 먹었으며, 고대 중국과 5세기에는 로마시대의 나폴리에서 이미 양식 되기 시작한 것으로 알려져 있을 만큼 인류와 친숙한 식품이며, 더욱 프랑스인들에게는 각별한 음식이다. 프랑스요리에서 입맛을 돋우기 위한 오르되브르 중 가장 대표적인 요리인 생굴은 요리를 해서 먹기도 하지만 프랑스인들은 생굴로 먹는 것을 더욱더 즐긴다. 프랑스인들이 해산물을 날로 먹는 경우는 훈제연어를 제외하고는 별로 흔치 않은데, 미루어 보아 생굴은 프랑스 식탁에서 독특한 위치를 굳히고 있음을 알 수 있다. 생굴은 날 것으로 먹는 것을 즐기기 때문에 생굴을 먹는 절기에 대한 일화도 있다.

생굴은 불어로 Huître로서 어미가 re로 끝난다. 즉 1월(Janvier), 2월(Février), 10월(Octobre), 11월(Novembre), 12월(Décembre)에 생굴을 먹는 일이 유행하고 있다. 비록 생굴에 얽힌 속설이기는 하나 3~8월 까지는 굴의 번식기 이므로 맛과 영양이 떨어지는 편이어서 과학적으로 근거가 없는 것은 아니다. 위트르 프라페 오 시트롱은 생굴요리이므로 먹는 시기를 기억해 두는 것이 좋다. 레스토랑에서 위트로 프라페 오 시트롱을 주문하게 되면 껍질이 반쯤 까진 굴이 잘게 부순 얼음위에 얹어져 레몬 웨이지, 칵테일 소스, 비네거 소스와 함께 서브되는 것이 일반적이다. 에스카르고요리와 마찬가지로 1인분은 6개이며, 그러나 그의 2배인 12개(dozen) 즉 1다즌을 먹어도 실례가 되지 않는다.

생굴 요리는 포크와 손을 사용해야 하기 때문에 요리가 서브 되기 전에 물론 핑거볼이 서브된다. 핑거볼에 왼손가락을 가볍게 닦고 생굴요리를 먹도록 한다, 먹는 방법은 우선 레몬을 짜서 그 즙을 생굴 위에 뿌린다. 레몬즙이 잘 짜지지 않을 때에는 레몬의 살부분을 포크로 찔러 오른손으로는 포크를 잡고 왼손으로는 레몬을 비틀면 즙이 잘 짜진다. 레몬즙을 짠 후에는 기호에 따라 칵테일 소스나 비네거 소스를 얹어 왼손으로 생굴 껍데기를 잡고 오른손에 쥔 포크로 굴을 먹는다. 생굴이 껍데기에 단단하게 붙어서 쉽사리 떨어지지 않을 때 에는 포크 옆 모서리로 떼내어 먹는다. 생굴의 살을 먹고 난후 껍데기 안에 생굴 자체의 소스가 남아 있을 때에는 왼손으로 들고 국물을 마셔도 실례가 되지 않는다. 오히려 이 국물을 마시지 않는 것이 덜 세련된 매너이다. 먹고 나서는 다시 핑거볼에 손을 씻는다. 한편 위트르 프라페 오 시트롱에는 반드시 칵테일 소스와 비네거 소스가 함께 따라 나온다. 마치 우리나라에서 생선회를 주문하면 초고추장과 와사비를 곁들인 간장 이 두 가지 양념장으로 나오는 것과 마찬가지이다. 칵테일 소스는 토마토 케찹, 칠리소스, 잘게 다진 호스래디시, 타바스코, 우스터소스, 허브, 꼬냑, 소금, 후추 등을 섞어 만든 것이다.

칠리소스, 호스래디시, 타바스코, 후추등이 들어가 약간 매운맛을 내는데 해산물에 많이 사용되는 것이다. 비네거 소스는 적포도주를 발효시켜 만든 비네거 식초로 된 것이다. 생굴 맛을 중요하게 생각하는 사람은 향이 강한 칵테일 소스보다는 베니거 소스를 얹어 먹도록 한다. 이 두 가지가 같은 붉은색을 띄고 있으나 맑은 것이 비네거 소스, 농도가 진한 것이 칵테일 소스임을 알아 둬야 한다.

이밖에 익힌 굴 요리로는 위트르 록펠러(Rockefeller)가 유명하다. 이 요리는 시금치+샐러리+파슬리+양파를 잘게 다져 소금과 후추를 넣고 버터에 볶아 체에 거른 뒤 빵가루, 허브, 다진 베이컨, 타바스코를 섞어 굴 위에 얹어 오븐에 구워낸 것이다. 이는 미국의 거부 록펠러가 좋아했던 굴 요리로 알려져 있다.

6. Langouste Eu Gratin à la Mathurini(랑구스트 엉 그라탱 아라 마투리니)

달팽이, 개구리, 생 거위 간 등 다양하고 값진 진기한 식재료를 사용하는 프랑스 요리 중에서도 랑구스트(Langouste)요리는 최고급 요리 중의 최고급 요리로 손꼽힌다.

특히 잘 세팅된 파티에는 커다란 랑구스트를 통째로 조리한 것이 빠지지 않을 만큼 랑구스트 요리는 볼품도 맛도 훌륭한 음식이며, 재료가 흔치 않고 값이 비싸기 때문에 여러 가지 요리법이 있는데 특히 랑구스트 엉 그라탱 아라 마투리니는 랑구스트에 시금치의 맛이 조화를 이뤄 특진미로 알려진 요리다. 갑각류인 랑구스트는 단백하며 쫄깃쫄깃한 속살이 단단한 껍데기에 싸여 있다. 크기는 작은 것은 20cm남짓한 것부터 50cm가 넘는 큼직한 것까지 다양하다. 모양은 역시 바다가재의 일종인 호마드 (Homard)와 달리 집게발이 없고 긴 수염과 가늘고 긴 발이 달려 있다. 색깔은 대체적으로 초록빛이 도는 갈색에 꼬리부분은 노란색으로 종류에 따라 약간의 차이가 있다. 이 랑구스트는 번식력이 강해서 1회에 10만개 이상의 알을 낳으며 알에서 완전히 성숙할 때까지는 대략 5년 정도 걸린다. 보통 성숙할 때 까지 20회 이상 껍데기를 벗어야 하고 다 자라면 약 4Kg 정도가 된다. 또 랑구스트는 단백질, 칼슘, 비타민 등이 풍부하고 단백질에는 필수아미노산이 많이 들어 있는 것이 특징이다. 여러 종류의 랑구스트 가운데 프랑스요리에서는 3가지 정도가 쓰인다. 가장 많이 쓰이는 것은 적색 랑구스트로 대서양 동쪽과 지중해 연안에서 많이 잡힌다. 이 중 브레타뉴 지방에서 잡힌 것을 브레톤느 라고 부르며 이 지방에서는 많이 양식하기도 한다.

그 밖에 분홍색 랑구스트, 녹색 랑구스트도 있다. 분홍색 랑구스트는 에이레 남서쪽에서부터 아프리카 세네갈 사이의 바다에서 잡히는 것으로 적색 랑구스트보다는 그 숫자가 적으며 껍데기에 조그만 붉은색 점이 있는 것이 특징이다.

녹색 랑구스트는 다른 종류보다 2배 이상 크며 긴 수염이 있고 모리타니에서 많이 잡힌다. 랑구스트는 재료 구하기가 쉬운 브레타뉴에서 많이 만들어 먹는데 여러 가지 조리법 중 튀김이나 석쇠에 굽는 방법이 대부분 이용되고 있다.

향신료는 커리 가루, 코냑, 바질릭 버터가 쓰이는데 바질릭 버터는 물풀과에 속하는 박하와 비슷한 풀인 바질락을 넣은 버터와 이 바질락은 생선요리, 거북이 수프 등의 향신료로 쓰이기도 한다. 랑구스트의 전통요리 중 차게 해서 먹는 것에는 「벨레뷰 」(Belleveu)와 「아라 파리지엔느」 (À La Parisienne) 가 있으며, 익혀서 먹는 것에는 「카타고 뉴쵸걸리트를 넣은 랑구스트 요리」「생강을 넣은 랑구스트 요리 」,「보로도풍의 랑구스트 요리」그리고 「르 웰드 랑구스트 엉 그라텡 아라 마투리니」등이 있다.

이처럼 여러 가지 랑구스트 요리 가운데 르 웰드 랑구스트는 시금치를 넣은 랑구스트라는 뜻이다. 브레타뉴의 향토음식으로는 랑구스트의 꼬리부분으로 만든다. 먼저 랑구스트의 꼬리부분을 생선 비린내를 제거하기 위해 찬물과 백포도주, 레몬 주스를 넣어 만든 쿠르 부이용에 넣어 삶은 후 껍질을 벗겨 둥글게 썬다.

삶은 랑구스트 살 밑에 시금치를 깔고 위에는 애호박, 당근, 실파, 대파를 가늘게 채 썰어 버터에 살짝 볶은 것을 얹고 송이버섯으로 장식을 한다. 이 위에 소스를 뿌린다.

Sauce는 송이, 표고, 느타리 버섯과 에샬로트(락교)를 잘게 썰어 버터에 볶은 다음 준비해 두고, 백포도주로 만든 소스, 생크림, 소금, 후추, 토마토 퓨레 등을 넣어 끓여 거른 것이다.

그 다음에는 계란노른자와 생크림을 넣은 사바용 소스를 뿌린 후 사라만더나 오븐에 넣어 보기좋은 색깔이 나면 뜨겁게 서빙 한다.

시금치의 향긋한 맛과 랑구스트의 감칠맛이 어우러진 최고급 요리이며, 가격이 비싼 것이 흠이다.

7. Insalata Di Riso Con Frutti Di Mare(인살라타 이 리소 콘 푸루티 디 마레)

이 메뉴는 이태리 요리로 쌀, 조개류를 주재료로 한 샐러드로 날씨가 더울 때 먹기 좋은 여름철용 음식이다. 얼핏 보기에는 우리나라의 비빔밥과 비슷하지만 쌀을 제외하고는 그 사용되는 식재료가 아주 다르다. 비빔밥에는 쌀을 비롯하여 시금치, 콩나물, 고사리 등 주로 나물류가 많이 들어가는 반면 인살라타 디 리소 콘 프루티 디 마레 에는 홍합, 대합, 새우, 오징어 등 해산물이 주로 사용된다. 그리고 독특한 맛을 살리기 위해 레몬즙과 양파, 올리브 오일, 파슬리 등의 양념과 특히 회향풀을 허브로 사용한다는 것도 비빔밥과 다른 점이다.

회향풀은 특이한 향기를 내는 식물로 우리나라 에서는 주로 약재로 쓰이지만 그 향기가 어떠한 종류의 해산물과도 잘 어울리기 때문에 지중해 지방에서는 요리의 허브로 많이 사용된다.

"인살라타 디 리소 콘 프루티 디 마레"가 유래한 곳은 이태리 베니스이다. 이탈리아 북동부 아드리아해 베네치아만 안쪽의 호수 위에 산재하는 1백여 개의 섬들이 약 4백 개의 다리로 이뤄져 있는 유서 깊은 항구도시이다.

이 도시에서는 섬과 섬 사이의 수로가 중요한 교통로로 이용되고 있어 흔히 물의 도시라고 불린다. 지리적조건 때문에 옛 부터 무역의 중심지가 된 베니스는 10세기 말에는 동부 지중해 지역과의 무역으로 얻어진 경제적 번영으로 이탈리아 자유 도시 중에서 가장 부강한 도시로 발달하게 되었다. 또 14세기 말쯤에는 교역상대를 인접국가에서 극동지역으로 까지 확장하여 해상무역의 공화국으로서 그 황금시대를 개척하였다. 아카데미아 미술관등 과거 번영의 모습을 보여주는 건축물이 그대로 남아 있다. 베니스는 로마 피렌체와 더불어 이탈리아에서 가장 중요한 관광도시의 하나로 꼽히고 있다. 이처럼 베니스가 외국과의 교역을 통해 발달해온 도시 인만큼 그 요리도 다채로운 식재료를 사용하는 것이 특징이다. 요리에 사용되는 식재료로는 지중해에서 잡아온 갖가지 종류의 해산물이 주류를 이루고 있으며 인근 지역에서 생산되는 야채와 향신료도 해산물 못지 않게 다양하고 풍성하게 쓰이고 있다.

베니스인들은 한번에 많은 양의 음식을 먹기 때문에 대식가로도 소문이 나 있다. 그들이 전통적으로 즐겨 먹어온 음식은 생선과 조개류를 식재료로 만든 샐러드이다. 그 중에 서도 대표적인 것이 바로 인살라타 디 리소 콘 프루티 디 마레이다. 이 요리를 만드는 방법은 먼저 큰 냄비에 소금물을 붓고 끓인 다음 쌀을 넣어 밥을 짓는다. 밥이 다되면 다른 그릇에 옮겨 담고 올리브 오일, 레몬즙, 식초, 후추, 양파 등으로 양념을 해서 잘 섞은 후 밥이 식을 때까지 기다린다.

밥이 다 식은 다음 회향풀과 파슬리를 넣고 골고루 섞는다. 찬물에 깨끗이 씻은 홍합과 물을 큰 냄비에 넣고 뚜껑을 꼭 닫은 다음 강한 불 위에 올려 놓는다. 냄비를 가끔 흔들어 주면서 약5분쯤 삶으면 홍합의 아가미가 벌어진다. 홍합의 아가미가 모두 벌어졌을 때 껍데기를 벗겨 내는데 몇 개의 껍데기를 그대로 두어 나중에 장식용으로 사용한다.

대합, 새우도 홍합과 같은 방법으로 껍데기를 벗겨 내며 역시 몇 개의 껍데기는 있는 채로 놔둔다, 이렇게 준비가 끝나면 홍합, 대합, 새우를 밥에 넣고 잘 섞은 다음 접시에 담는다.

여기에 회향풀잎으로 만든 향신료를 한번 뿌려준 다음 껍데기가 있는 홍합, 대합, 새우와 삶은 계란을 위에 얹어주면 요리가 완성된다. 조리를 할 때 홍합, 대합, 대신 새조개나 가리비조개 또는 다랑어 같은 생선류를 사용하면 다양한 맛의 변화를 즐길 수 있다.

8. Tartar Steak(타르타르 스테이크)

음식고유의 순수한 맛을 즐기는 미식가들은 어떤 음식이든 간에 날것으로 먹는 것을 즐긴다, 야채나 고기든 간에 익히지 않은 날것이 훨씬 제 맛이 난다는 것이 식도락가들의 지론인 것이다. 서양의 육류요리 중에는 날 것을 그대로 먹는 경우도 결코 흔치 않다.

그러나 예외적으로 날고기를 스테이크로 만들어 먹는 경우가 있다. 그것이 바로 타르타르 스테이크(tartar Steak)로 육류요리를 즐기는 미식가들의 사랑을 받고 있는 요리인 것이다. 우리나라의 육회와도 흡사한 이 음식은 몽고족의 음식을 본떠 만든 것으로 알려져 있는데 유럽전역에 널리 퍼져 있다. 특히 프랑스 식당에서는 이 타르타르 스테이크를 낼 때 손님앞에서 만들어 주는 등의 기교를 발휘하여 더욱 식욕을 돋우기도 한다.

몽고족으로 부터 전래된 것으로 알려진 이 타르타르 스테이크의 유래는 다음과 같다.

1240년께 유럽의 북동쪽을 정복 통치한 몽고족은 오랫동안 유목생활을 한 민족으로서 전쟁중 쇠고기와 야채를 자루에 넣어 말 궁둥이에 매달고 다녔다고 한다. 말이 달릴 때 이 자루 안에 있는 고기와 야채는 잘게 부서져 뒤섞이게 되고 이것을 그대로 먹는 것을 본 유럽사람들이 신기하게 생각하여 흉내 내게 되었다는 것이다. 이처럼 쇠고기와 야채를 잘게 다진 것을 그대로 먹는 요리를 몽고족의 한 부족인 타르타르족의 이름을 따 타르타르 스테이크라고 불렀다. 그리고 독일의 함부르크지방 사람들은 이것을 날로 먹지 못하고 익혀서 먹었는데 이를 함브루크의 이름을 따서 햄버거 스테이크라고 부르는 있다는 것이다.

타르타르 스테이크나 햄버거 스테이크는 가열하느냐 안하느냐는 차이가 있을 뿐만 아니라 날로 먹는 타르타르 스테이크는 순수한 쇠고기로 만들지만 햄버거 스테이크는 쇠고기와 돼지고기의 비율을 7대3으로 섞는다는 점도 다르지만 결국 그 유래의 뿌리는 하나인 셈이다.

그런데 타르타르 스테이크는 쇠고기 중에서도 신선한 안심부위로만 만든다. 유럽의 콘티넨를 레스토랑에서 타르타르 스테이크를 주문하면 날고기와 야채 다진 것을 버무려 완제품을 가져다 주지만, 프렌치 레스토랑에서는 주문한 고객이 보는 앞에서 그의 식성에 맞춰 만들어 주기 때문에 더욱 식욕을 돋군다. 이 요리를 주문하면 계란 노란자를 위에 얹은 쇠고기 안심 다진 것과 각종 야채 다진 것을 주문한 고객 앞에서 가지고 나와 보는 앞에서 만들어 주는 것이다. 야채로는 피클, 마늘, 양파, 머스타드, 파슬리, 케이퍼, 실파, 레몬 등을 쓴다. 이것을 섞는 순서는 커다란 믹싱 볼에 우선 소금과 후추를 뿌린다. 소금을 맨 처음 뿌리는 것은 그릇 안에서 식재료들이 미끄러지지 않고 잘 비벼질 수 있도록 하기 위해서이다. 그 다음은 케이퍼와 실파, 피클, 양파 다진 것을 넣고 머스타드와 계란 노란자, 쇠고기 다진 것을 넣고 레몬즙을 짜 넣는다.

이 조리과정에서 조리사는 일일이 손님의 기호에 맞춰 만들어 주는데 대체로 유럽인들은 머스타드를 많이 사용하며, 미국인들은 타바스코를, 동양인들은 간장을 많이 넣는다. 모든 식재료를 골고루 저어 간이 배도록 한 후에는 동그랗게 모양을 내어 위에 노란자, 파슬리 다진 것을 뿌려 서브한다.

먹을 때에는 포크로 떠서 먹기도 하고 포크와 나이프를 사용하기도 한다. 포크와 나이프를 사용할 때 포크의 등에 요리를 붙여 먹는 것은 잘못된 매너인 것이다. 포크의 앞부분에 요리를 얹어 먹어야 한다. 타르타르 스테이크는 반드시 얇게 구워낸 멜바토스트와 곁들여 먹는다. 멜바 토스트 위에 발라 먹어도 되고 스테이크를 먹는 사이사이에 멜바 토스트를 먹어도 된다. 멜바 토스트를 곁들이는 이유는 "푸와그라 파테"와 마찬가지로 요리의 강한 맛을 씻어내기 위한 것이다. 날고기 다진 것이 주된 요리이기 때문에 아무래도 이 타르타르 스테이크의 맛은 좀 독특하다.

우리나라의 육회에는 참기름이 들어가 고소한 맛이 있으나 이 타르타르 스테이크에는 고소한 맛은 없고 겨자 맛이 나는 편이다. 특별히 곁들이는 음식은 따로 없으나 반주로 보르도산 적포도주를 곁들이면 제격이다. 그런데 유럽에서는 신선한 소고기로 만들기 때문에 맛이 뛰어나지만, 우리나라의 호텔 레스토랑에는 냉동고기를 녹여 사용하기 때문에 다소 맛이 떨어지는 편이다. 신선한 소고기를 사용하는 레스토랑도 있다.

9. Filet de Sole Belle Meuniér(필레드 솔 벨르 뮤니에르)

노르스름한 생선살 요리에 토마토의 분홍살과 양송이를 곁드려 더욱 입맛을 돋우는 필레드 솔 벨르 뮤니에르 요리는 과거에는 서양요리 풀코스인 애피타이저, 수프, 생선요리, 육류요리, 디저트 순으로 서브 되어 메인 요리로 생선요리와 육류요리를 모두 먹는 것을 의미했다. 그러나 점차 식생활이 간소화 되어 메인 요리로 육류나 생선요리중 하나만 선택해서 먹는 것이 일반화됨에 따라 생선요리가 중요시 되고 있다.

메인 요리로 각광 받고 있는 프랑스의 생선요리중 대표적인 요리가 바로 피레 드 솔 벨르 뮤니에르 이다. 이 요리는 혀넙치 살을 벨르 뮤니에르 조리법으로 조리했다는 뜻이다. 이 요리에는 루이 14세 때의 재미있는 에피소드가 얽혀있다. 지금으로 부터 약3백40여 년전인 1671년 4월 프랑스 왕카인 부르봉가의 자손 콩데공작 (conde 1621~1686)이 프랑스 서북부 지방에 있는 샹티유(chantilly)성에서 루이 14세와 그의 왕비인 마리 테레즈를 비롯한 3천여명의 초대 대연회를 베풀었다. 그런데 이 연회는 콩데공작이 생각했던 것보다 훨씬 많은 인사들이 참석 음식이 부족하게 되었다.

음식이 부족한데다가 연회의 분위기 마저 별로 좋지 않자 손님들이 불평을 하게 됐다. 콩데 공작은 연회 책임자인 프랑소와 바텔 (Fransois Vatel)을 불러 크게 호통을 쳤다.

주인에게 꾸중을 들은 바텔은 다음날 파티를 성공적으로 끝낼 것을 주인 앞에서 맹세한 뒤 특별메뉴를 고안했다. 그것이 바로 필레 드 솔 벨르 뮤니에르 요리이었다. 이 요리가 비교적 요리법이 간단하고 맛도 있을 것 같았기 때문이었다는 것이다. 메뉴는 결정됐으나 그 요리의 주재료인 생선을 급하게 구할 수는 없었다. 연회시간이 다되어도 생선이 도착하지 않자 이에 책임감을 느낀 바텔은 자신의 방에서 단도로 자결해 버리고 말았다. 그러나 불과 1시간 후에 생선이 도착하여 예정 했던 파티는 성황리에 끝이 났다. 그 뒤 바텔의 이야기를 들은 루이14세는 죽은 그에게 「코르동 블뢰」(Cordon Bleu)라는 훈장을 수여했다. 그로 부터 프랑스 궁전에서는 유명한 요리장이나 연회 책임자에게는 이 훈장을 수여했다. 이 관습이 지금까지 남아 있어 프랑스의 유명한 요리사를 코르동 블뢰라고 부르고 있다.

이런 사연을 가지고 있는 필레 드 솔 벨르 뮤니에르 요리는 혀넙치 살로 만든 요리이다.

필레(Filet)란 일반적으로 소나 양등의 안심을 말하나 생선에는 가시를 발라낸 살코기를 뜻한다.

솔은 가자미과에 속하는 혀 넙치로 손바닥 크기의 작은 생선이다. 우리나라의 넙치와는 약간 다르며, 프랑스 생선요리의 50%는 이 혀넙치를 이용할 만큼 대중적인 요리가 가시를 발라낸 혀넙치 살코기에 밀가루와 계란 노른자를 묻혀 뜨거운 프라이팬에 넣고 익힌다. 그리고 그것을 접시에 옮겨 담고 그 위에 얇게 썰어 프라이팬에 익힌 양송이 버섯과 토마토를 얹은 후 버터를 갈색이 나도록 만든 베르 누아제트(Beurre Noisette)소스를 끼얹는다. 우리나라 생선전처럼(煎) 밀가루와 계란노른자를 묻혀 만드는 요리법을 뮤니에르 요리라고 부른다. 뮤니에르란 원래 방앗간 집 여주인이란 뜻으로 방앗간 집 여주인의 아름다운 손에 묻은 밀가루와 비슷한 느낌을 주기 때문에 이런 이름이 붙여졌다고 한다.

벨르 뮤니에르는 주 재료위에 양송이나 토마토 등 곁드리는 부재료를 얹은 것이다. 보통 필레 드 솔 벨르 뮤니에르를 메인 요리로 주면 하면 1인분으로 약 120g~150g정도가 나온다.

혀넙치가 작은 생선이므로 2마리가 1인분이 보통이다. 풀코스의 생선코스로 나올 때는 이보다는 적게 나온다. 맛은 우리나라의 민어전과 비슷해서 거부감 없이 즐길 수 있으며 먹는데 따른 특별한 매너도 없다. 다만 생선요리이므로 식사주로 백포도주를 곁들이면 더욱 맛을 즐길 수 있다.

한편 이 요리를 먹을 때 어울리는 애피타이저로 멜롱 오 잠봉 (생 햄을 곁들인 멜런)이 어울리며 수프는 프랜치 양파 수프를 권할만 하다. 식후 디저트로는 바닐라 아이스크림에 뜨거운 체리소스를 얹은 체리 주블리가 적당하다.

II. 특급호텔 프랑스요리 메뉴 목록 실례(324가지) À La Carte MENU Selection

■APPETIZERS(전채요리) 목록

1. GRAPE FRUIT COCKTAIL
2. FANCY TROPICAL FRUIT COCKTAIL
3. CHILLED PAPAYA BOAT W/LEMON
4. PARMA HAM & ASPARAGUS
   (Home prepared parma ham & tinned asparagus)
5. ARTICHOKOS "TRIANON"
   (Artichoke hearts filled with shrimps, mushrooms and pate)
6. TOMATOES "MONEGASQUE"
   (Fresh tomatoes filled with tuna fish and fresh shrimps)
7. EGGS À LA RUSSE
   (Hard boiled eggs on a bed of vegetable salad, coated w/mayonnaise and Danish caviar)
8. HAM CORNETS "CHRISTINE"
   (Cornets of tinned ham filled with liver mousse)
9. BARQUETTES OF SALMON A LA RUSSE
   (Barquettes filled with salmon mousse and topped w/Danish caviar)
10. PÂTÉ MAISON
   (A home-made pate made with fresh green pepper corns)
11. SWISS GOOSE LIVER PARFAIT
12. PÂTÉ DE FOIE GRAS
   (Truffled goose liver pate from France)
13. PHEASANT GALANTINE
14. SPICED CHICKEN LIVER MOUSSE
15. CHICKEN LIVER COCKTAIL
16. PARMA HAM & PAPAYA
17. CHICKEN CHAUD FROID
   (Chicken breast dressed in a flavoured white sauce and dressed in aspic)
18. HAM MOUSSE IN BARQUETTES
19. SMOKED EEL
20. LIGHTLY SMOKED SCOTCH SALMON

21. POACHED SALMON EN BELLEVUE
(Cold poached salmon garnished w/a russian Salmon, olives and tomatoes)

22. SMOKED SALMON “ROSE BELLEVUE”
(Smoked salmon roses filled w/Iranian caviar)

23. BUTCHER MASTERS PLATTER
(a Selection of home-made smoked and cured meats and sausages)

24. DRESSED CRAB CALYPSO
(Fresh crab seasoned and mixed w/mayonnaise, dressed in the shell)

25. ALAKAN KING CRAB COCKTAIL
(Tender chunks of king crab served w/a tangy cocktail sauce)

26. SHRIMP COCKTAIL
(Fresh yellow sea shrimps, served w/a choice of dressings)

27. PRAWN COCKTAIL
(Succulent pink prawns topped w/a tangy louisse dressing)

28. MIXED SEAFOOD COCKTAIL

29. LOBSTER EN BELLEVUE
(Half a fresh lobster dressed in shell and decorated with egg and caviar)

30. FRESH LOBSTER COCKTAIL

31. MATJES HERRINGS IN SOUR CREAM

32. FRESH OYSTERS ON ICE

33. FRESH ABALONE COCKTAIL

34. BELUGE MALOSSOL CAVIAR
(1 oz. of cavair w/blinis, chopped onion, egg yolk and white lemon)

35. LIGHTLY SMOKED MULLATDOCK TROUT
(Smoked brook trout with creamed horseradish sauce)

36. PÂTÉ DE CAMPAGNE
(Selection of farm house pates, paillettes and provincial delicacies)

37. PINK PRAWNS & CRAMBMEAT
(Dressed on artichoke salad w/a tangy louise dressing)

38. GRAVLAX
(A marinated dill salmon with a sweet mustard sauce. A Speciality from Scandinavia)

39. VINEYARD SNAILS BOURGUIGNONNE
(a half doz. snails baked in the shell with garlic butter)

40. FROG LEGS "PROVENÇALE"
(Pan fried in butter w/herbs, garlic and lemon juice)

41. CREPÊS "NEWBOURG"
(Lobster, shrimps and seafood in a cream sauce wrapped in delicatepancakes)

42. ESCARGOS "DUC DE BOURGOGNE"
(Whole button mushrooms filled w/succulent snails)

■Soup(스프) 목록

43. CONSOMMÉ DOUBLE AU XERES
(Thickened consomme with sherry)

44. CONSOMMÉ DE GIBIER
(Consomme of game)

45. CONSOMMÉ CELESTINE
(Consomme garnished with pancake)

46. CONSOMMÉ JULIENNE
(Consomme garnished with sliced vegetables)

47. CONSOMMÉ MARDRILENE
(Celery flavoured consomme with tomato)

48. CONSOMMÉ ROYALE
(with cubes of royale)

49. BOULA BOULA SOUP
(1/2 green pea and 1/2 turtle soup)

50. CONSOMMÉ DIABLOTINS
(Chicken consomme garnished with toast and paprika cheese)

51. CONSOMMÉ XAVIER
(Consomme garnished with shredded eggs)

52. CONSOMMÉ AUX PROFITEROLES
(Consomme garnished with profiteroles)

53. CONSOMMÉ ALEXANDRA
(Chicken consomme garnished with julienne of chicken and lettuce)

54. CONSOMMÉ CARMEN
(Chicken consomme garnished with pearl-barley and dried lean mutton)

55. CONSOMMÉ ECOSSAIS
(Mutton broth garnished with pearl-barley and dried lean mutton)

56. CONSOMMÉ AUX CHEVEUX D' AGNES
(Consomme with fine vermicelli)

57. TORTUE CLAIRE AU XERES PAILLETTES D' OREES
(Turtle soup with sherry and cheese straws)

58. LADY CURZON
(Consomme with curry and cream, baked)

59. BISQUE D' HOMARD
(Lobster cream soup)

60. CONSOMMÉ AU NID D' HIRONDELLES
(Birds nest soup)

61. SHARK' S FIN SOUP

62. CONSOMMÉ AU QUEUE DE BOEUF
(Oxtail soup)

63. CONSOMMÉ A LA MOELLE
(Consomme with marrow)

64. CRÈME D' ASPERGES
(Asparagus cream soup)

65. CRÈME DE VOLAILLE
(Chicken cream soup)

66. CRÈME DE VOLAILLE
(Tomato cream soup)

67. CRÈME DE TOMATES
(Mushrooms cream soup)

68. AMERICAN VEGETABLE SOUP

69. MINESTRONE

70. POTAGE BALOISE
(Swiss flour soup)

71. POTAGE AU RAVIOLI
(Raviloi soup)

72. PETITE MARMITE "HENRY Ⅳ"
(Broth with boiled beef, chicken and vegetables)

73. MULLIGATAWNY
(Mulligatawny soup-indian curry soup)

74. LA SOUPE AU POTIRON
(Pumpkin soup-seasonal)

75. POTAGE AUX BOULETTES DE POIS
(Liver dumpling soup)

76. POTAGE SAINT GERMAIN
(Green pea soup)

77. CRÈME NINON
(Green pea soup with fresh cream and champagne)

78. POTAGE PARMENTIER
(Potato soup)

79. VIDHYSSOISE(HOT/COLD)
(Leek and potatoes soup with chives)

80. SOUPE A L' OIGNON
(Onion soup)

81. POULET AU POT AUX NOUILLES
(Noodle soup with chicken)

82. BOUILLABAISSE
(French fish soup with saffron)

83. SOUPE D' ESCARGOT "JURASSIENNE"
(French snail soup)

84. LA SOUPE À LA MODE DE CAEN
(Beef tripes simmered in wine with herbs, vegetables and cream)

85. TANQUERAY CRÈME OF TOMATO
(A gin and tomato soup)

86. POTAGE BILLY-BY
(A creamy clam and mussel soup)

87. BRAZILLIAN GREEN TURTLE SOUP

88. CACILK À LA TURGUE
(Cold yogurt and cucumber soup)

89. GAZPACHO ANDALOUSE
(A chilled spicy vegetables soup)

90. SEAFOOD GUMBO

(A combination of seafood and vegetables simmered together)

■ FISH(생선류 요리) 목록

91. SOLE MEUNIÉRE

(Sole fried in butter sauce)

92. SOLE GRILLE

(Grilled sole with any sauce)

93. SOLE COLBERT

(Sole, breadcrumbed, fried and served with colbert butter)

94. FILET OF SOLE BONNE FEMME

(Poached fillet of sole in white wine sauce with mushrooms and cream)

95. FILET DE SOLE DUGLERE

(poached fillet of sole in a tomato and onion sauce)

96. FILET DE SOLE NORMADE

(Fillet of sole baked with gider, lemon and fresh cream)

97. FILET DE SOLE FLORENTINE

(poached fillet of sole on a bed of spinach with mornay sauce)

98. FILET DE SOLE AN VIN BLANC

(Fillet of sole poached in a white wine sauce)

99. FILET DE SOLE NANTUA

(Poached fillet of sole in a shrimp sauce)

100. FILET DE SOLE AMANDINE

(Poached fillet of sole with truffle in grayfish butter)

101. FILET DE SOLE AMANDINE

(Fried fillet of sole in butter with sliced almonds)

102. FILET DE SOLE PRICE MURAT

(Fried fillet of sole with potato & artichoke bottoms)

103. FILET DE SOLE MORNAY

(Poached fillet of sole in a cheese sauce)

104. FILET DE SOLE CAPRICE

(Grilled fillet of sole with bananas)

105. FILET DE SOLE CARDINAL
(Poached fillet of sole stuffed with fish forcemeat & lobster butter)

106. DARNE DE SAUMON GRILLEE
(Salmon steak grilled with any sauce)

107. DARNE DE SAUMON ROYALE
(Salmon steak poached in white wine, mushrooms, shrimps & quenelles of fish as decoration)

108. TRUITE MEUNIERE
(Trout fish fried in butter)

109. TRUITE MEUNIERE BRETONNE
(Trout fish fried in butter shrimps & mushrooms)

110. FILLET DE SOLE WALESKA
(Fillet of sole poached coated with mornay sauce decorated with lobster medaillons & truffles)

111. TRUITE AUX AMANDES
(Trout fried in butter with sliced almonds)

112. HOMARD AU CURRY
(Lobster in curry sauce)

113. HOMARD CARDINAL
(Lobster filled with meat, covered with mornay sauce and cheese)

114. COQUILLES SAINT JACQUES PARISIENNE
(Scallops sauted with mushrooms & mushroom sauce covered with breadcrumbs & gratine)

115. CREVETTES PROVENCALE
(Saute shrimps with onions, garlic, parsley and flambe with white wine)

116. SOUFFLÉ AU HOMARD
(Lobster souffle)

117. CUISSES DE GRENOUILLES POULETTE
(Deep fried frog legs with red sauces)

118. CUISSES DE GRENOUILLES FINES HERBES
(Butter-fried frog legs with herbs)

119. CUISSES DE GRENOUILLES POULETTE
(Poached frog legs in white wine sauce)

120. FILET DE SOLE "ALLENBY"

(Pan fried in butter with tomatoes, asparagus & Cafe de Paris butter)

121. HOMARD "CHINOISE" OR "CHEJU"

(A whole lobster with chablis, ginger & chilli steamed in the oven with vegetables)

122. FILET DE SOLE SOUFFLÉ AMBASSADEUR

(Fillet of sole filled with lobster mousse & creamed with sauceAmericaine)

123. LANGOUSTE AU "NOILLY-PART"

(1/2 lobster prepared with mushrooms & a noilly part cream sauce)

124. LA MATELOTTE D' ANGUILLES AU MEURSAULT

(A ragout of ells cooked in a dry burgundy wine with herbs)

125. TRUITE BEAULIEU

(Deboned trout poached with shallots & stuffed with mie de pain, butter & champignon de paris)

126. CALAMARIS TEBFRIAS

(Pieces of squid sauteed with julienne of vegetable, a lobster sauce,cognac & tarragon)

127. MOULLES MARINIERE

(Mussels & clams cooked with dry chablis, herbs, double cream & butter)

■CHICKEN(가금류 요리) 목록

128. POULET ROTI

(Roast chicken with vegetables & sauce)

129. CHICKEN MARYLAND

(1/2 chicken garnished with fried bananas, corn-on-the-cob, bacon, etc.)

130. CHICKEN DIABLE

(Grilled chicken with a devilled sauce)

131. CHICKEN GRANDMERE

132. COQ AN VIN

(Chicken cooked in red wine with vegetables)

133. CHICKEN MARENGO

(Chicken in a casserole with mushrooms and tomatoes topped with croutons & a fried egg)

134. CHICKEN À LA KING

(Chicken prepared in a cream sauce with a dash of sherry)

135. SUPRÊME OF CHICKEN HONGROISE

(Chicken breast prepared in a paprika sauce with tomatoes)

136. SUPRÊME OF CHICKEN PRINCESSE

(Chicken breast in a white wine sauce topped with asparagus tipps and truffles)

137. SUPRÊME OF CHICKEN "HENRY Ⅳ"

(Saute chicken breast on artichoke bottoms covered with a sauce bearnaise)

138. SUPRÊME OF CHICKEN A LA KIEV

(A whole chicken breast stuffed with butter covered in bread crumbs and deep fried)

139. CHICKEN CACCIATORA

(Roast chicken with onions & mushrooms in a red with sauce. Use Chianti wine)

140. EMINCE OF CHICKEN ROYAL SCOTCH GUARD

(Slices of tender chicken in a white wine cream sauce with mushrooms, onions and bell peppers)

141. POULARDE POCHÉE TRIANON

(Poached chicken with truffles & supreme sauce)

■GAME(야금류 요리) 목록

142. CIVET DE LIEVRE

(Jugged hare)

143. CIVET DE CHEVREUIL

(Jugged venison)

144. ESCALOPE DE CHEVREUIL À LA CRÈME

(Escalopes of venison in cream sauce)

145. SELLE DE CHEVREUIL

(Roast saddle of vension)

146. PIGEON FARCI RICHELIEU

(Stuffed pigeon with wild rice)

147. PERDRIX ROTI EN CASSERILE

(Roast partridge en casserole)

148. CANARD SAUVAGE BIGARADE

(Wild duck with cherry' s)

149. FAISAN SOUVAROFF
((Pheasant souvarof)

150. FAISAN NORMANDE
(Pheasant cooked in apples & served with cream & calvados sauce)

151. CAILLES À LA VIGNERONNE
(Quails toasted with fresh grapes)

152. FAISAN LUCULLUS
(Stuffed faisan in madeira sauce)

153. CANARD AU POIRRE VERT
(A wild duckling prepared with fresh green pepper cans)

■ MEAT(육류 요리) 목록

154. ENTRECÔTE BEARNAISE
(Grilled sirloin steak with bearnaise sauce)

155. ENTRECÔTE MIRABEAU
(Grilled sirloin steak with anchovy fillets & olives)

156. ENTRECÔTE FORESTIERE
(Grilled sirloin steak with mushroom sauce)

157. ENTRECÔTE MARCHAND DE VIN
(Sirloin steak in red wine sauce)

158. ENTRECÔTE CAFE DE PARIS
(Grilled sirloin steak with special butter)

159. TOURNEDOS ROSSINI
(Grilled fillet steak with foie gras & truffles)

160. TOURNEDOS FORESTIERE
(Grilled fillet steak in mushroom sauce)

161. COTE DE BOEUF
(Rib of beef)

162. TOURNEDOS ANDALOUSE
(Fillet steak saute, sliced egg plants, red pimentos)

163. ROTI DE BOEUF À L' ANGLAISE

(Roast beef)

164. BOEUF BRAISÉ JARDINIERE
(Braised beef with macedoine of legumes)

165. PAUPIETTES DE BOEUF "GRAND MERE"
(Beef clives with vegetables & Parisienne potatoes)

166. SELLE D' AGNEAU ROTIE
(Saddle of lamb)

167. EPAULE D' AGNEAU BOULANGERE
(Shoulder of lamb baked with onions & potatoes)

168. COTELETTES D' AGNEAU ROTI
(Grilled lamb chops)

169. GIGOT D' AGNEAU ROTI
(Roast leg of lamb)

170. IRISH STEW
(Lamb stew)

171. ROTI DE PORC
(Roast pork loin)

172. FILLET DE PORC
(Tenderloin of pork)

173. JARRET DE PORC
(Pork knuckle)

174. CATTE DE PORE FUME AU CHOUCROUTE
(Smoked rib of pork with sauerkrout)

175. COTE DE PORC PANE
(Breaded pork chops)

176. GOULASH DE PORC CZARINE
(Pork goulash with sauerkrout)

177. PICCATE À LA MILANAISSE
(Pork fillets with spaghetti & tomato sauce)

178. CARRE DE PORC FUME
(Smoked pork loin)

179. FILLET DE PORC EN CROUTE
(Pork fillet in pastry crust)

180. JAMBON AN MADERE
(ham in madeire sauce)

181. JAMBON ON CROUTE DE PAIN
(Ham in bread crust)

182. JAMBON GRILLEE "HAWAII"
(Grilled ham steak with pineapple)

183. SAUTE DE VEAU CHASSEUR
(Veal stew hunters style with whole wine sauce, mushrooms, and tomatoes)

184. PAUPIETTES DE VEAU JARDINIERE
(Slice of veal rolled with forcement macedoine of vegetables and red wine)

185. SELLE DE VEAU "PRINCE ORLOFF"
(Saddle of veal orloff with braised celery)

186. WIENNER SCHNITZEL
(An escalope of veal, dipped in bread crumbs and pan fried in butter)

187. ESCALOPE DE VEAU AUX MOURILLES
(Veal escalopes, with a mushroom cream sauce)

188. ESCALOPE DE VEAU À LA CRÈME
(Escalopes of veal in a cream sauce)

189. COTE DE VEAU "POJARSKI"
(Minced veal cutlet fried in butter)

190. COTE DE VEAU MILANAISE
(Breaded cutlet served with spaghetti and a tomato sauce)

191. CITE DE VEAU "ZINGARA"
(Sauted veal cutlet served with julienne of ham, gherkins, ox tongueand beetroot)

192. ENTRECÔTE "IMPERIAL MEXICANI"
(Mexican style peppered steak)

193. LONGE DE VEAU À LA FLAMANDE
(Roasted, served with cabbage balls, carrots, turnips, bacon & boiled potato)

194. FILLET DE BOEUF "MAITRE ETIENNE"
(With oysters & ox-tongue in a creamy red wine sauce)

195. COEUR DE FILLET "BEARNAISE"
(A centre cut of tenderloin with a rich bearnaise sauce)

196. FILLET DE BOEUF "MONEGASQUE"

(Sauteed fillet w/red pepper, onion, mushroom, tomato, bacon & olives)

197. GRENADIN DE VEAU SAUTE DIJONNAISE
(Veal steak with ham, mustard & flamed with cognac)

198. MEDAILLONS OF PORK "MAXIM"
(Simmered in Port wine with cream and champignon de Paris)

199. TOURNEDOS AROMATIQUE
(A poached tenderloin in a spicy herb sauce with fresh cream)

200. CALF'S SWEET BREAD "ORBEC"
(Expertly prepared in creamed calvados)

201. ROAST RACK OF LAMB "PROVENÇALE"
(Basted with mustard & encased in bread crumbs, garlic, onion & baked)

202. VEAL "TROIS MOUTARDE"
(Sliced veal kidneys prepared in a delicate flavoured mustard sauce)

203. STEAK "DIANE "
(Thin slices of beef sauteed in butter with shallots, mushrooms, spices & cognac)

■POTATOES & VEGETABLES(감자 요리와 야채류 요리) 목록

204. POMMES CROQUETTES
(Croquette Potatoes)

205. POMMES DAUPHINE
(Dauphine potatoes)

206. POMMES RISOLEES
(Baby roast potatoes)

207. POMMES PARISIENNE
(Marbled potatoes)

208. POMMES LYONNAISE
(Potatoes with onions)

209. POMMES FRITES
(French fried potatoes)

210. POMMES PAYSANNE
(Potatoes boiled in beef stock & bacon)

211. POMMES PERSILLEES

(Boiled potatoes with parsley)

212. POMMES NATURE

(Boiled potatoes)

213. POMMES PONT-NEUF

(Deep fried potatoes)

■SALADE(샐러드 요리) 목록

214. SALADE COEUR DE LAITUE

(Heart of lettuce with dressing)

215. CHEF' S SALAD

216. CUCUMBER SALAD

217. TOMATO SALAD

218. CELERY SALAD

219. MIXED SALAD

(Green salad)

■LEGUMES(곁드림 야채 요리) 목록

220. CHOUX DE BRUXELLES AU MARRON

(Brussel sprouts with chestnuts)

221. CHOUX DE BRUXELLES AU BEURRE

(Brussel sprouts in butter)

222. EPINARDS EN BRANCHE AU BEURRE

(Leaf spinach in butter)

223. EPINARD À LA CRÈME

(Creamed spinach)

224. HARICOT CHINOISE

(Braised stringbeans)

225. CAROTTES VICHY

(Slice carrots cooked in butter)

226. CHOUFLEUR AU GRATIN

(Cauliflower with cheese sauce)

227. PETITS POIS AU BEURRE
(Buttered garden peas)

228. MACEDOINE DE LEGUMES
(Mecedoine of young garden vegetables)

229. TOMATES CLAMART
(Stuffed tomatoes with green peas)

230. BROCCOLI AU PARMESAN
(Broccoli with parmesan cheese)

231. TOMATES GRILLEES
(Grilled tomatoes)

232. CHOUX FARCIE
(Stuffed cabbage rolls)

233. HARICOTS VERTS
(Braised French beans)

234. HARICOTS PRINCESSE
(Buttered princess beans)

235. RATATOUILLE NICOISE
(Egg plant, aubergines tomato mixed)

236. FENOUIL MILANAISE
(Braised fennel with cheese)

237. CHOUFLEUR POLONAISE
(Cauliflower covered with fried breadcrumbs)

238. CHOUX BRAISE
(Braised cabbage)

239. PIMENTS FARCIS
(Stuffed green pepper)

240. CHOUX ROUGE FLAMANDE
(Red cabbage with apples)

241. CHOUX ROUTE
(Sauerkrout)

242. CELERI EN BRANCHES AU JUS
(Celery in gravy)

243. LENTILES AU LARD

(Lentils with bacon)

*Please check storeroom for availability

244. ASPERGES HOLLANDAISE

(Asparagus sauce hollandaise)

245. ASPERGES MILANAISE

(Asparagus with brown butter, grated parmesan cheese & fried egg on top)

246. NAVETS AU BEURRE

(Turnips in butter)

247. SALSIFIS FRITES

(Fried salsify) * Please check storeroom for availability

248. SALSIFIS À LA CRÈME

(Salsify in cream sauce)

249. FEVES À LA CREÈE

(Broad beans in cream sauce)

250. AUBERGINES FRITES

(Deep fried egg plant)

251. AUBERGINES FARCIES

(Stuffed egg plant)

252. FONDS D' ARTICHAUTS AU BEURRE

(Artichoke bottoms in butter)

253. CORN-ON-THE COB

254. RIZOTTO MILANAISE

(Rissotto with saffron & cheese)

255. NOUILLES AU BEURRE

(Noodles in butter)

256. RIZ PILAF

(Rice pilaf)

257. SPAETZLI

(Swiss dumplings)

258. GNOCHIS À LA PIEDMONTAISE

(Potato dumplings)

259. GNOCHIS À LA ROMAINE

(Somolina dumplings)

260. SPAGHETTI BOLONAISE
(Spaghetti with forced meat & tomato sauce)

261. RAVILOI
(Stuffed squares of noodle dough, stuffed with beef meat)

262. POMMES ALLUMETTES
(Mashed potatoes)

263. POMMES ALLUMETTES
(Match potatoes)

■DESSERT & SWEET(후식류) 목록

264. BEIGNETS DE POMMES

265. APPLE STRUDEL

266. BANANA SPLIT

267. GETEAU MILLE FEUILLES AU KIRSCH
(Mille feuilles tarte with kirsch)

268. PUDDING DIPLOMATE
(Cabinet pudding)

269. CHARLOTTE RUSSE
(Cold vanilla custard encased with finger biscuits)

270. ECLAIRS AU CHOCOLAT
(Small cake filled with cream & iced)

271. TARTE AUX POMMES
(Apple pie)

272. BABA AU RHUM
(Baba with rum)

273. MERINGUE CHAN-TILLY
(Meringue chantilly)

274. POIRE ALMA
(Pear alma)

275. POIRE ALMA
(Pear helene)

276. POIRE BELLE HELENE

(Pear conde)

277. GÂTEAU À LA CREÈE AU BEURRE
(butter cream cake)

278. TARTE AU FRAMBOISES
(Raspberry tart)

279. STRAWBERRY TART

280. GÂTEAU AU FROMAGE BLANC
(Cheese cake)

281. SOUFFLÉ AU KIRSCH (HOT)
(Kirsch souffle)

282. SOUFFLÉ GRAND MARNIER (HOT)
(Grand marnier souffle)

283. GÂTEAU AU KIRSCH DE LA FORET NOIRE
(Black forest layer cake)

284. SORBET AU CAMPAGNE
(champagne sherbet)

285. SABAYON
(Foamy wine sauce of egg yolks, sugar & white wine)

286. SOUFFLÊ AU CITRON(HOT)
(Lemon souffle)

287. BOMBE GLACÉE BRESILIENNE
(Ice bombe with pineapple)

288. BOMBE GLACÉE AIDA
(Iced bombe with strawberry kirsch)

289. BOMBE GLACÉE GEORGETTE
(Iced bombe pralines with kirsch)

290. BOMBE GLACÉE JAPONAISE
(Iced bombe peaches & tea mousse)

291. SWAN LOHENGRIN
(Filled with fresh cream and served with raspberry mousse)

292. L' ANANAS LAS HRISAS
(Fresh pineapple with pineapple sherbet-mint sauce)

293. L' ORANGE ROYAL

(Orange royal)

294. TARTE GLACÉE ALEXANDRA
(Ice cream tart Alexandra)

295. COUPE JACQUES
(Vanilla ice cream with strawberry mousse)

296. COUPE MELBA
(Fruit salad smothered in ice cream)

297. COUPE MELBA
(Peach and melba sauce on ice cream)

298. COUPE MONTE CRISTO
(Pistachio ice cream with fruit salads and kirsch)

299. VACHERIN GLACÉE HAWAII
(Ice cream vacherin with pineapple)

300. OMELETTE SOUFFLÉ EN SURPRISE
(Baked Alaska)

301. MERINGUE GLACÉE SUCHARD
(Meringue shells filled with chocolate ice cream)

302. CASSATE SICILIENE

303. CASSATE NAPOLITAINE

304. PARFAIT DE FRUITES
(Fresh strawberries parfait Yvonne)

305. CRÊPES AUX FRUITES
(Pan-cake filled with fruits)

306. CERISES JUBLEC
(Hot black cherries flamed in brandy with vanilla ice cream)

307. PÊCHE ADLON
(2 half peaches enclosing a scoop of ice cream dipped in butter & fried)

308. LES CRÊPES SUZETTE
(Delicate pancakes poached in an orange flavoured sauce)

309. COUPE MONT BLANC
(Vanilla ice cream & glazed chestnuts, whipped cream)

310. TIMBALE DE FRAISES LAVILLIERE
(Sponge cake filled with vanilla ice cream strawberries and grand marnier)

311. BISCUIT GLACE AU COINTREAN
(Cointreau ice cream biscuit)

312. POIRE AU SABAYON
(Pear served on chocolate ice cream and sabayon sauce)

313. PROFITEROLES OPERA
(Profiteroles filled with cream & coated with a raspberry sauce)

314. L' ORANGE AU COINTREAU
(Fresh sliced oranges marinated with Cointreau served on orange sherbet)

315. GÂTEAU BASQUE
(Basque cherry jam pie)

316. GÂTEAU GLACÉE A l' ABRICAT
(A frozen apricot tart)

317. POUDING BRESILIENNE
(Tapioca pudding caramel)

318. CRÈME CARMEL
(Caramel custard)

319. SOUFFLÉ ROTHSCHILD
(Vanilla souffle with candied fruits)

320. GÂTEAU VIENNOISE AU CHOCOLAT
(Chocolate cake)

321. ANANAS AU KIRSCH
(Pineapple with kirsch)

322. POMME BONNE FEMME
(Baked apple)

323. CHOUX À LA CRÈME
(Cream puff)

Ⅲ. 세계적인 훌륭한 요리명장의 일생

1. 마리 앙뜨완 캬렘(Marie-Antoine Carême) : 1783~1833

캬렘은 1783년 프랑스 Paris(파리)에서 출생하여 50세를 일기로 사망하였다. 캬렘은 프랑스에서 요리사이자 제과사 이였다. 가난한 석공의 16번째 아들로 태어나 그의 나이 10살 때(1794년) 아버지로 부터 파리 근교의 작은 음식점에서 마지막으로 저녁 식사를 같이 먹은 뒤 길거리에 그를 버려졌다. 그 후 그는 작은 음식점을 전전하다가 Maine(마이네)라는 성문근처의 한 요리사로부터 요리의 기초를 배워 16세에 Paris(파리)의 유명한 제과업자들 중의 하나인 Vienne(비엔)가에 있는 Bailly(베일리)라는 가게에 훈련생으로 들어가 수년 동안 일했다. 그곳에서 재능과 배움의 의지를 인정받아 Bailly(베일리) 제과점으로 부터 공부를 계속할 수 있는 도움을 받았으며, 특히, 왕립도서관 건축 자료실에 들어가 건축모형 사본을 뜰 수 있도록 허락을 받았으며, 따라서 그가 만들어낸 제과모형들 중 어떤 것들은 Bailly(베일리)가게의 중요한 고객들인 나폴레옹 1세로부터 제과모형들이 찬탄과 경이의 평을 받았다. 그것은 피에스 몬테라 불리는 웨딩 케익 위의 장식용 과자로서 당시 연회의 인기품목으로서 빠져서는 안 되는 것이었다. 또한 그는 유명한 의사인 Jean Alice(장 알리스)를 만나고 그로부터 조언과 격려를 받아 자신감을 갖게 되었다.

그의 재능과 근면함으로 그는 단시간에 파리에서 두각을 나타내었고 그의 탁월한 재능을 듣고 있던 Bailly(베일리)가게의 단골 손님이었던 당시 프랑스 외무장관인 Talleyrand(탈레랑)로부터 시중을 들어줄 것을 제안 받았다. 그는 Talleyrand(탈레랑 ; 귀족출신 외교관이며 정치가)의 개인 조리장으로 20년간 지도하였는데, Talleyrand(탈레랑)는 캬렘이 제공하는 요리의 맛, 모양과 화려함을 느끼는 감각과 재능으로 외교관들을 위한 음식을 훌륭하게 만들어 내었다.

그는 George(조르지) 4세가 된 영국 섭정왕자와 함께 Vienne(비엔)궁전, 영국대사, Begration(베거레이션)공주, Steward(스튜어드)경을 위해서도 훌륭한 요리를 만들어 주었다. 캬렘은 요리사, 제과사 실무뿐만 아니라 이론가이기도 했으며 요리 역사에 대한 일가견도 가지고 있었다.

그는 말년을 Rothschild(로스차일드) 남작가에서 보냈으며 Laurent Tailhate(로렌 타일헤이트)로부터 "숯과 고기 굽는 기구로 요리의 천재성을 발휘하는 불꽃을 발휘하는 요리장"이라는 평판을 들었다.

캬렘의 저서로는 Le Pâtissier Pittoresque(1915), Le Maitre d' hotel français(1822), Le

Pâtissier royal parisien (1825)등을 출판하였으며 그리고 L' art de la cuisine au XIX Siècle (1833)을 마지막으로 출판하였다. 이 마지막 저서는 총5권으로 되어 있으며, 마지막으로 준비한 2권은 그의 제자인 Plumerey(프루머리)가 대필하여 마무리 하였다.

그의 요리작품은 위엄 있고 장중한 문체로 집필되어 있다. 캬렘이 출판한 요리책을 이용하여 황제, 왕실, 공주 및 일반 요리장들에게 화려한 요리가 되도록 하는데 크게 기여 하였다.

Alexandere(알렉산드) 1세는 Talleyrand(탈fp랑)외교관에게 이렇게 말했다. "캬렘은 우리가 요리를 알지 못하고 그냥 먹던 것에 요리는 화려하고 예술적이라는 것의 무엇인가를 알게 만들었다"고 후에 술회하였으며, 그를 가르쳐 "왕실 왕들의 조리사이였으며, 조리사중의 왕"이라고 하였다 한다.

2. 위르뱅 뒤브와(Dubois, Urbain) : 1818~1901

뒤브와(Dubois)는 화려한 요리의 대가 캬렘(Carême)과 그 후 Escoffier(에스코피에)가 나타나기까지의 중간적 위치에 실존한 훌륭한 요리사였지만, 그의 주요한 명성은 수많은 요리 저술활동을 활발하게 하고 있었으며 요리이론가적인 학자였다는 점에 있다.

뒤브와는 프랑스 사람으로서 러시아 황제에게 20년(1864년~1885년)이나 봉사한 훌륭한 요리사인 그가 요리업계에 남겨진 유산은 그 때까지의 프랑스요리 서비스방법을 러시아식 서비스 방법으로 바꾸어 놓았다는 것이다. 그 때까지 프랑스식 요리 서비스방식은 한번에 요리 전부를 식탁위에 올려놓아, 호화스러움과 예술적인 감상을 하기에는 좋은 방법이었으나, 뜨거울 때 먹어야 할 음식도 손님 입에 들어 갈 때는 싸늘하게 식어버리는 단점이 있었다. 그 때문에 뒤브와(Dubois)는 러시아 같은 추운지방 기후의 상황에서는 프랑스식 요리 서비스방식이 무리가 있다고 느꼈다.

그리하여 생겨난 러시아식 요리 서비스방식이란 각 코스마다 요리를 1인분씩 각 접시에 나누어 담아 서빙 하는 것이었다. 현재 프랑스에서 행해지고 있는 프랑스식 요리 서비스방식은 이 두 가지 방식의 장점을 잘 살린 방식으로 지금 까지 세계 각국에서 이 서비스 방식이 행하여지고 있다.

그의 저서로는 다음과 같은 7권이 소개 되고 있다.

• La cuisine classique (1856), • La cuisine artistique (1870), • L' Ecole des cuisinieres (1876), • La nouvelle cuisine bourgeoise pour la ville et pour la campagne (1878), • Le grand livre des patissiers et des confiseurs (1883), • La cuisine d' aujourd' hu i(1889), • La patisserie d' aujourd' hui (1894).

3. 조르쥬 오귀스트 에스코피에(George Auguste Escoffier) : 1846~1935

1846년 프랑스 Villeneuve-Loubet(빌뇌브 루베)에서 출생하여 1935년 Monte Carlo(몬테 카를로)에서 89세를 일기로 생을 마침. 그는 13세 때 부친이 학교를 그만두게 함으로써 숙부가 개업한 프랑쉐라는 레스토랑에서 조리사를 시작, 그 후 파리의 르 · 프치 · 무랑루스 식당에서도 일하였다.

그는 키가 몹시 작았기 때문에 오븐의 불꽃으로부터 머리를 보호하기 위하여 항상 굽 높은 목제 구두를 신고 다닌 것으로 유명하였다. 지금도 유럽의 전문 요리인들이 조리장에서 목제 구두를 신고있는 것도 그의 흉내를 내는 전통인 것이다.

그의 위대한 업적은 그의 동료인 요리사 Phileas Gilpert, Emile Fetu와 함께 저술한 Le guide culinaire(1903년)라는 요리책을 출판하였다. 이 요리책은 고전적이고 진부한 프랑스 요리를 개혁한 "현대 요리법의 신약성서"라고 까지 일컬어질 정도의 지대한 평가를 1세기동안 받아 왔으며, 현재까지도 전 세계적으로 요리법의 바이블로 계속 인기를 받고 있다.

그의 저술한 Le guide culinaire(1903년)요리책과 보완적 요리책인 Le livre des Menus(1912년)요리책은 아직도 애용되는 바로 그 요리책이다.

그는 이 책을 통하여 지금까지의 경험에 의한 요리를 정확한 수량과 수치를 이용하여 요리를 만드는 방법을 소개함으로서 현대 요리서적의 기본적인 기초를 확립하였다.

에스코피에가 주로 근무하였던 호텔은 스위스의 몬테카를로의 그랜드호텔과 로잔의 National(내쇼날) 호텔, 그리고 런던과 파리에 있는 Ritz(리츠)그룹의 리츠 호텔에서 총주방장으로서 크게 명성을 떨쳤다.

그는 결혼은 하였지만 근무시간 이외의 대부분을 호텔에 있는 아파트에서 혼자 지냈고 부인은 Monaco(모나코)에서 살았으며 슬하에 자녀는 없었다고 한다. 그는 평생 일요일을 제외하고는 오직 요리하는 일에만 전념을 하였으며 술, 담배는 하지 않았고 평소에 화를 내는 일이 전혀 없었다고 하며, 음식도 맛있는 것은 되도록 삼가 하였고 과일과 쌀밥만을 즐겨 들었다고 한다.

그의 하루일과는 조리사들의 음식준비 감독과 주방점검으로 시작해서 오전에는 식당지배인과 서빙접객원들과의 음식판매에 관한 미팅을 통하여 고객의 기호파악을 하였고, 오후에는 음식준비 감독과 준비 점검을 실시한 후 매일 동일한 장소로 산책을 다녀온 후 낮잠을 자고 오후 6시부터 9시까지 근무를 규칙적으로 하였다고 한다.

그리고 매일 영업 종료 후 남은 음식은 종교단체를 통해서 헐벗고 굶주린 고아원 같은 곳으로 보냈다고 한다.

그는 뛰어난 창조성을 지녔으며 음식을 예술성으로 연결시켜 당시 권력자 및 부자들 그리고 연예계의 유명한 인사들과 친분을 가져 그의 요리재능을 빛나게 하였으며, 특히 오페라 가수들과 친밀한 교분을 가졌다고 한다.

그가 창조한 메뉴 중 오페라 가수들을 위하여 만든 요리에는 호주의 Dame Nellie Melba인 오페라 가수를 위하여 Peche Melba와 Poire coupe Melba의 명칭을 붙여 만들었고, 또 Adelina Patti인 가수를 위하여 Poularde Adelina Patti를 만들었으며, 그리고 유명한 여가수 Sarah Bernhardt를 위하여서는 Fraisese Sarah Bernhardt 를 만들었다고 한다. 그리고 Ice Carving(아이스 카빙 조각)에도 일가견을 가지고 있었다고 한다.

특히 그는 사려 깊고, 성실하고, 친절하고, 마음이 따뜻하여 여러 사람들에게 도움을 많이 주었다고 한다. 그리고 요리사들이 출 퇴근할 때는 훌륭한 외출복으로 갈아입도록 하여 요리사라는 긍지와 자부심을 갖도록 하였으며, 이것을 계기로 새로운 요리사 신분을 만들어 내기도 했다. 그러나 주방에서만은 규율을 엄격하게 지키도록 하며, 항상 개인감정을 억제하도록 지시하였고, 아무리 급하고 바쁜 경우라도 서두르라고 재촉 하지 않았다고 한다.

오늘날 우리가 접하고 있는 요리주방의 시스템을 만든 창시자이기도 하며, 프랑스 레스토랑 주방의 운영이 부분화되어 있었던 것을 통합 조정 운영을 시도하여 성공한 것도 그의 아이디어였고, Dubois(뒤브와)의 러시아식 음식서비스 방법을 도입하여 현재의 음식 서비스 순서를 창안한 사람도 그였다. 고객으로부터 주문 받은 전표를 3장으로 만들어 한 장은 주방, 한 장은 접객원, 또 한 장은 캐셔에게 돌아가도록 하고, 특별히, 전표에 고객의 성명을 적어 그 고객이 재차 방문하였을 때 그가 선호하는 음식이 무엇이라는 것을 미리 알아차리는 고품위 음식 서비스의 기틀을 마련한 것도 그였다.

에스코피에는 프랑스 정부로부터 1920년 레종 돈뇌에흐(legion d' honnesur)훈장을 수여받았으며, 후에 프랑스 귀족 단체의 정회원이 되어 모든 요리사의 사회적인 지위와 명예를 높이는데도 크게 공헌을 하였다.

1966년에는 정부가 그가 태어난 집을 요리 예술 박물관으로 개조되었다.

오늘날 저명한 요리전문가 및 미식가, 요리연구가 등, 요리책을 쓰는 사람들은 모두 에스코피에의 요리교본을 응용하고 있다. 21세기 현재 프랑스요리 원리 이용하여 요리를 직접 만드는 전문요리사까지 그가 만들어낸 세계적인 요리법을 이용하지 않은 사람은 단 한사람도 없다고 할 수가 있다.

Escoffier(에스코피에)가 죽은 후에는 전문 요리장의 개인 경력을 표기하는 것 중 가장 권위가 있는 것은 상을 수상하고, 표창을 받거나, 훈장을 받은 것보다 Escoffier와 함께 공부하고 실무를 수업했다는 것을 최고로 여겼다고 한다. 그리고 그는 세계적인 요리명장 이였다.

Ⅳ. 특수 야채와 향신료 목록

〈Salad용〉

순 번	품 목	단 위
1	무순이(Kaiware)	PK
2	가텐그레스(Gaten Cress)	PK
3	치커리(Chicory)	PK
4	래드 치커리(Red chicory)	PK
5	황금 호박(Yellow Squash)	KG
6	차빌(Chervil)	PK
7	차이브(Chive)	PK
8	콘 사라다(Corn Salad)	PK
9	그린 비타민(Gree Vitamin)	PK
10	서머 샐러드(Summer Salad)	PK
11	알파파(Alfalfa)	PK
12	크레숑(Water Cress; Cresson)	PK
13	로메인 레터스(Romane Lettuce)	KG
14	청경채(Chung Kyung Chai)	PK
15	교나(Giona)	KG
16	체리 토마토(Cherry Tomato)	PK
17	단 네리온(Danaelion)	PK
18	쏘렐(Sorrel)	PK
19	사라다나(Saladana)	KG
20	미츠바(Michba)	PK
21	보레코레(Borecole)	KG
22	버터 헤드 레터스(Butter Head Lettuce)	KG
23	가부(Gaboo)	KG(단)
24	릭(Leek)	KG
25	메지소(Mejiso)	PK
26	레디쉬(Redish Red)	PK(KG)

〈해조류 Salad용〉

순 번	품 목	단 위
1	백도사까노리(Tosakanori White)	KG
2	적도사까노리(Tosakanori Red)	KG
3	청도사까노리(Tosakanori Green)	KG
4	청모도끼(Motoki Green)	KG
5	적모도끼(Motoki Red)	KG
6	오고노리(Ogonori)	KG
7	마후노리(Mafunori)	KG
8	청마쓰노리(Matsnori Green)	KG
9	백마쓰노리(Matsnori White)	KG
10	곤부(Gonbu)	KG
11	컷 와까메(Cut Wakame)	KG

〈뷔페 나물용〉

순 번	품 목	단 위
1	미츠바(Michba)	PK
2	서머 샐러드(Summer Salad)	PK
3	콘 샐러드(Corn Salad)	PK

〈일식용〉

순 번	품 목	단 위
1	꼬마가지(고낫스; Baby Eggplant)	PK
2	기노메(Kinomea)	PK
3	고나(Giona)	KG
4	낫도(Nattow; Leaf)	PK
5	시소(Siso; Japanese Sesame)	PK
6	채화(Vegetable Flower)	PK
7	메지소(Small Sesame Leaf)	PK
8	오이꽃(Cucumber Flower)	PK
9	가지꽃(Eggplant Flower)	PK
10	가부(Gaboo)	KG(단)
11	릭(Leek)	KG
12	래디쉬(Redish Red)	PK(KG)

〈Hot vegetable용〉

순 번	품 목	단 위
1	황금호박(Yellow Squash)	KG
2	청경채(Chung Kyung Chai)	PK
3	꼬마당근(Baby Carrots)	PK
4	브레코레(Borecole)	KG
5	꼬마가지(Baby Eggplant)	PK
6	가부(Gaboo)	KG(단)
7	릭(Leek)	KG
8	이태리 토마토(Italian Tomato)	PK
9	페티 토마토(Petti Tomato)	PK

〈Decoration & Herbs용〉

순 번	품 목	단 위
1	레몬밤(Lemon Balm)	PK
2	애플민트(Applemint)	PK
3	페퍼민트(Peppermint)	PK
4	오레가노(Oregano)	PK
5	마죠람(Majoram)	PK
6	타라곤(Tarragon)	PK
7	딜(Dill)	PK
8	차이브(Chive)	PK
9	타임(Thyme)	PK
10	세이지(Sage)	PK
11	처빌(Chervil)	PK
12	아까시소(Red Siso Leaf)	PK
13	시소(Siso; Japanese Sesame)	PK
14	희수(Hyssop)	PK
15	이태리 파슬리(Italian Parsley)	PK
16	코리앤더(Coriander)	PK
17	바질(Basil)	PK
18	릭(Leek)	KG

순 번	품 목	단 위
19	사라다나(Saladana)	kg
20	새러타스(Celutuce)	kg
21	고스레터스(Gos Lettuce)	kg
22	사보이 양배추(Savoy Cabbage)	kg
23	래드 볼 치커리(Red Ball Chicory)	100g(PK)
24	그린 비타민(Green Vitamin)	50g(PK)
25	교나(Giona)	kg
26	크레송(Water Cress)	20EA
27	샬롯(Shallot)	kg
28	황금 호박(Yellow Souash)	kg
29	붉은 양파(Red Onion)	3EA(PK)
30	알라딘 호박(Aladin Souash)	kg
31	구슬 양파(Pickling Onion)	15EA(PK)
32	노란 빈스(Yellow Beans)	kg
33	브로콜리(Broccoli)	kg
34	부르셀 스포로스(Brussels Sprouts)	kg
35	콜리플라워(Cauliflower)	kg
	양상추 일종(Batter Head Lettuce, Romame Lettuce)	
36	꼬마당근(Baby Carrots)	10EA(PK)
37	래드 콜리플라워(Red Cauliflower)	PK
38	둥근 당근(Ball Carrots)	10EA(PK)
39	기노메(나무, 순; Kinomea)	10EA(PK)
40	가부(Gaboo)	4EA(PK)
41	오가부(Large Gaboo)	kg
42	붉은 가부(Red Gaboo)	kg
43	노란 체리토마토(Yellow Cherry)	27EA(PK)
44	체리토마토(Cherry Tomato)	27EA(PK)
45	노란 표주박 토마토(Yellow Peac Tomato)	30EA(PK)
46	페티 토마토(Petit Tomato)	9EA(PK)
47	이태리 토마토(Italian Tomato)	9EA(PK)
48	빨간 표주박 토마토(Red Peac Tomato)	30EA(PK)
49	무순이(Kaiware)	60g(PK)
50	시소(Japanese Sesame)	10EA(PK)
51	직시소(Japanese Sesame Red)	10EA(PK)
52	알파파(Alphapa)	50g(PK)

순번	품목	단위
53	메지소(Small Sesame Leaf)	10g(PK)
54	꽃오이(Flower Cucumber)	10EA(PK)
55	꼬마가지(Baby Eggplant)	7EA(PK)
56	둥근가지(Ball Eggplant)	EA
57	가지꽃(Eggplant Flower)	10EA
58	콜라비(Kohlrabi)	kg
59	래드 콜라비(Red Kohlrabi)	kg
60	파스닙(Parsnip)	30EA(PK)
61	벨지움 앤다이브(Chicory Witioof)	kg
62	닷사이(Datsai)	100g(PK)
63	채심(Chai Shim)	100g(PK)
64	꽃부추(Chive Flower)	100g(PK)
65	유나(Hiuna)	100g(PK)
66	엔사이(Ensai)	100g(PK)
67	칠리체(Chilichai)	kg
68	게람(Gairam)	100g(PK)
69	홍채태(Hong Chaitai)	100g(PK)
70	고부고사이(GobuGosai)	kg
71	쓰루무라사끼(Srumuraski)	100g(PK)
72	스프셀러리(Sup Celery)	100g(PK)
73	쎄리폰(Selrifon)	kg
74	적 장대근(Long Radish Red)	9EA(PK)
75	길구고사이(Ball Gosai)	
76	홍 환대근(Large Radish Red)	kg
77	스파쿠라(Sphakura)	9EA(PK)
78	롱 스파쿠라(Long Sphakura)	9EA(PK)
79	화이트 래디쉬(White Radish)	9EA(PK)
80	오색 래디쉬(Five Color Radish)	9EA(PK)
81	래디쉬(Radish Red)	9EA(PK)
82	그린 래디쉬(Green Radish)	kg
83	레인보우 래디쉬(Rainbow Radish)	kg
84	세이지(Sage)	10EA(PK)
85	바실리쿰(Italian Basilikum)	10EA(PK)
86	차이브(Chive)	10g(PK)
87	다라곤(Tarragon)	10EA(PK)

순 번	품 목	단 위
88	서머 세이보리(Summer Savory)	10EA(PK)
89	마죠람(Sweet Majoram)	10EA(PK)
90	로즈메리(Rosemary)	10EA(PK)
91	허리하운드(Herehound)	10EA(PK)
92	코리앤더(Coriander)	10EA(PK)
93	루바브(Rhubarb)	100g(PK)
94	머스타드(Mustard)	100g(PK)
95	뿌리 파셀리(Root Parsley)	kg
96	쏘렐(Sorrel)	100g(PK)
97	타임(Thyme)	20EA
98	사랑또랑(Cirantoran)	20EA
99	오레가노(Oregano)	20EA
100	라벤다(Lavender)	20EA
101	처빌(Chervill)	20EA
102	레몬 밤(Lemon Balm)	20EA(PK)
103	페퍼민트(Peppermint)	25EA(PK)
104	켓트민트(Catmint)	25EA(PK)
105	카모마일(Chamomile)	100g(PK)
106	버레이지꽃(Borage Flower)	15EA(PK)
107	아티초크(Artichoke)	
108	레벤진(Levenzan)	100g(PK)
109	미츠바(Michba)	
110	애플민트(Applemint)	40EA(PK)
111	스윗바질(Sweet Basil)	20EA(PK)
112	래드 치커리(Red Chicory)	100g(PK)
113	체화(Vegetables Flower)	10EA(PK)
114	맛슈(Masiu)	50g(PK)
115	청 오쿠라(Green Okura)	7EA(PK)
116	적 오쿠라(Red Okura)	7EA(PK)
117	꼬마오이(Small Cucumber)	10EA(PK)
118	묘가(MioGa)	
119	아까다데(Red Leaf Bud)	10g(PK)
120	시소꽃(Sesame Flower)	10EA(PK)
121	보후(BoHoo)	
122	파슬리(Parsley)	kg

순 번	품 목	단 위
123	청경채(Chung Kyung Chai)	3EA(PK)
124	오까하지끼(Okahijiki)	100g(PK)
125	소요(Soh Yoh)	100g(PK)
126	오크립(Ork Leaf)	kg
127	레드 고사이(Red Gosai)	kg
128	미니스타(Ministar)	kg
129	마노아(Manoa)	kg
130	샐러리(Selery)	kg
131	양상추(Lettuce Head)	kg
132	펜넬(Fennel)	kg
133	릭(Leek)	kg
134	딜(Dill)	10EA(PK)
135	치커리(Chicory)	20EA(PK)
136	버터 헤드레터스(Butter Head Lettuce)	kg
137	피클 오이(Pickling Cucumber)	7EA(PK)
138	이태리 치커리(Italian Chicory)	kg
139	메가부(Meagaboo)	6EA(PK)
140	블레코레(Borecole)	kg
141	로메인 레터스(Romane Lettuce)	kg
142	여주	
143	낫도(Nattow)	100g(PK)

참고문헌

1. Batali Morio (1998), "Simple Italian Food", Clarkson, N Potter Inc. 2. Bishop Jack (2002).
2. "Italian Classics", Boston Common Press .
3. Bocuse Paul (1991), "The New Professional chef".
4. Brody Lora (2005), "Desserts".
5. Child Julia (1970), "Mastering the Art of French Cooking".
6. Escoffier (1979), "Le Guide Culinaire".
7. Ferrigno Ursula (2003), "Italian", Quadrille Publishing Ltd.
8. Great Chefs (1992), "Great Chefs of Chicago".
9. Grigson Jane et al. (1980), "The Book of Ingredients", Dorling Kindersley Ltd.
10. Italian Cooking (2001) Anness Publishing Ltd. joanna Lorenz.
11. Lawson Nigella (2001), "Gastronomy of Italy", Chrysalis Books Group.
12. Lorenz Joanna (2004), "Italian Food and cooking", Annes Publishing Ltd.
13. Lorenz (2001), "The Italian Cooking", Anness Publishing Ltd.
14. Lorenz Joanna (2001), "Italian Cooking", Anness Publishing Ltd.
15. Lorenz Joanna (2004), "Italian Food and Cooking", Anness Publishing Ltd.
16. Lorenz (2001), "The Italian Cooking", Anness Publishing Ltd.
17. Parragon Publishing (2000), "Pasta Italian".
18. Pauli Eugue (1979), "Classical Cooking the Modern Way".
19. Renaud Cointreau & Cie (1991), "Le Cordon Bleu".
20. Saito Masao (1986), "Fruit Watching", Graphic-sha Publishing Ltd.
21. Starfire Book (2001), "Italian Easy Cooking".
22. Teubner Christian (1983), "The Great Dessert Book", The Hamlyn Publishing Group.
23. Walsh Richard (1987), "French Cooking Made Easy".
24. Wendt Sue (1987), "French Cooking Made Easy".
25. Williams-Sonoma (2005), "Desserts", Weldon Owen Inc.
26. Zabert Arnold (1988), "Kochen".

27. The Foundry, Ltd. (2002) "Italian & Pasta".
28. Starfire book (2001) "Italian Easy Cooking".
29. UK, "Pasta Italian" (2000), Parragon Publishing.
30. UK, "Italian & Pasta" (2002), The Foundry, Ltd.
31. 각종 "특급호텔 조리 메뉴 및 매뉴얼 요리노트"(1978~2011).
32. 다니엘 마르뗑(2000), "프랑스 요리의 기초".
33. 박정준(2010), "이태리 전통 요리 〈파스타〉", 석학당.
34. 박정준(2001), "정통프랑스요리", 대왕사.
35. 박정준 (2006), "기초 서양요리", 기문사.
36. 박정준 외(2001), "현대인의 성인병과 식생활", 학문사.
37. 박정준 외(2003), "건강을 위한 운동과 식사 다이어트", 학문사.
38. 박정준 (1989), "특급호텔 프랑스요리 주방운영에 관한 연구", 경희대.
39. 서진영 역(2008), "음식문화의 수수께끼", 한길사.

저자 약력

학 력

경원대학교 영문학과 졸업(문학사)
경희대학교 경영대학원 호텔경영학과 호텔경영전공(호텔경영학 석사:호텔&조리)
대구대학교 대학원 경영학과 관광경영 전공(호텔경영학 박사:호텔&조리)

교직 경력

대구산업정보대학 조리과 학과장 조교수 역임(1990~1994)
대구미래대학 조리과 학과장 및 산학협력처장 부교수 역임(1994~2004. 2월)
광주 남부대학교 교수, 호텔관광학부 학부장 및 호텔조리학과 학과장,
외식대학원 석,박사과정 주임교수, 세계요리개발연구소 소장, 인력개발원장 (2004. 3월~현재)

경 력

서울 로얄호텔 조리부 근무
서울 롯데호텔 조리부 근무
서울 신라호텔 조리부 근무
라마다 르네상스호텔 서울 조리부 프렌치 주방장 근무
라마다 르네상스호텔 시드니 조리부 헤드쉐프 근무(호주 시드니)
특급호텔 홀리데이 인, 쉐라톤 호텔 및 전문 레스토랑 총주방장(호주 시드니) 근무

일반 경력

동남아 지역 호텔 조리 연수(2000)

대만, 싱가폴 지역 조리 연수(2002)

캐나다 벤쿠버 지역 초특급호텔 조리 연수(1998 ~ 2010)

호주 시드니이스트 요리칼리지-메뉴관리 및 알콜관리자격증과정취득 연수(2001년)

전국 관광호텔 조리자문 역임(1991~2012)

대구 경북지역 조리기능사 실기 감독 역임(1990~2003)

한국조리사 중앙협회 대구지부 조리자문 위원(1996~2003)

호텔 & 외식산업 및 관광개발 연구소 수석 컨설턴트 역임(1999~2002)

전국 호텔경영 타당성 심사위원(2006~2009)

광주광역시, 전라남도 조리기능사, 제과제빵사 등 실기 감독 위원(2003~2012현재)

광주광역시 지방기능경기대회 요리부문 분과장 및 심사장(2005~2010)

국제기능올림픽대회 요리부문 한국위원회 공로표창장 수여 받음(2009)

전남 지방기능경기대회 요리부문 분과장 및 심사장(2011~2012)

전남 지방기능경기대회 전남도지사 요리부문 심사위원 표창장(2012)

전국기능경기대회 요리부문 심사위원(2012)

세계호텔조리학회 회장(2012~현재)

대한관광경영학회 부회장(2010~현재)

한국관광산업학회 상임이사(2010~현재)

각종 전국요리대회 심사위원 및 평가위원, 출제위원 위촉

20여편 논문 및 20여권 저서 다수

정통 프랑스요리 바이블

첫째판 1쇄 인쇄 | 2013년 2월 18일
첫째판 1쇄 발행 | 2013년 2월 28일

지 은 이 박정준
발 행 인 장주연
출판기획 최현정
표지디자인 김민경
발 행 처 군자출판사
등 록 제4-139호(1991. 6. 24)

본 사 (110-717) 서울특별시 종로구 인의동 112-1 동원회관 B/D 6층
Tel. (02) 762-9170 Fax. (02) 764-0209

www.koonja.co.kr

· 파본은 교환하여 드립니다.
· 검인은 저자와의 합의 하에 생략합니다.

ISBN 978-89-6278-683-5
정가 32,000원